烙印歷史的頂尖人物

彩色圖解版

圖說劉邦

Liu Bang

季燁 著

目錄 CONTENTS

前言

「時世造英雄」。

所以阮籍登臨廣武澗，充滿鄙夷地迸出一句傳世名言：「世無英雄，故使豎子成名」！

這句話一下子流傳了一千多年。誠然，他就是個「豎子」——他卑賤細微，查不到譜系也找不著先祖，說到底，他當初連個名字都沒有。他不信鬼神，也不敬聖人，不講道德，也沒有什麼信義，他粗鄙無文，胸無點墨，行爲放誕，動輒辱人，並且毫不爲恥，洋洋自得。

但是就是他，好像天生一雙慧眼，不僅洞察時勢，精於判斷，會一下子抓住時機，並且，他會「造勢」——有條件他要幹，沒有條件，他也會想盡一切辦法，創造形勢，從而滿足自己的欲望，實現自己的夢想。

也不知道爲什麼他會有那麼多心計，在他那裡陰謀詭計總能最大限度地發揮作用——你能以此鄙視他嗎？連黑格爾都說過：人和動物不同之處就在於，人是有智謀的動物。

就是這樣一個人，在蜂起的群雄中，幾乎是白手起家，卻第一個挺進秦都咸陽，摘取了翦滅暴秦的歷史桂冠。

就是這樣一個人，在短短五年裡，將統帥十八路諸侯兵力數倍於己、力拔山氣蓋世的西楚霸王項羽圍困在垓下，迫他自刎於烏江，終於奪取天下創立了空前強大的漢帝國。

就是這樣一個人，軍事才能平庸，頂多統帥十萬軍隊，卻將「連百萬之軍，戰必勝，攻必取」的一代軍事英才韓信捉弄於股掌之中，爲他馳騁沙場，爲他打下大半壁江山，爲他的統一大業立下無可替代的功績。但是這個韓信，卻又被他一次又一次地奪去兵權，在有可能獨立從而造成三分天下的局面時，心懷感激而不忍背叛他，最終成了他的階下囚、刀下鬼，再續了一曲「飛鳥盡，良弓藏，狡兔死，獵狗烹」的千古悲歌。

就是這樣一個人，使視地位、權勢、金錢爲浮雲那般瀟灑清高的高門貴冑之後張良，一次又一次投入他的門下，爲他運籌帷幄，策劃陰謀陽策，甘心情願作他的幕僚。

就是他，成爲中國歷史上第一個登上皇帝寶座的布衣，創立了中國歷史上國力最強盛、氣魄最宏大、子孫承繼蔭澤長達四百年之久的中央集權的大漢王朝，以至於到了今天，我們還承襲著他的餘蔭，以「漢族」、「漢人」自立於世界民族之林，以「漢子」、「好漢」、「男子漢」來表達我們對英雄的渴慕。

每當翻開這一頁歷史，我就禁不住要問：爲什麼他——這個連自己親爹都目之爲無賴的人，能戰勝生爲人傑、死爲鬼雄的項羽？爲什麼成就千年帝業、在世界歷史上都占有一席地位的竟是他？

這難道僅僅是「時世造英雄」能夠概括的嗎？

司馬遷在《秦楚之際月表·第四》中說：「王跡之興，起於閭巷，合從討伐，軼於三代，向秦之禁，適足以資賢者爲驅除難耳。故憤發其所爲天下雄，安在無土不王。此乃傳之所謂大聖乎？豈非天哉，豈非天哉！非大聖孰能當此受命而帝者乎」？

我相信天才，但我總無法誠信「天意」。我想探究的，就是歷史爲什麼屢屢爲他提供機會，接納他甚至任他塗抹？這個天才是如何抓住機遇、如何在時代的風浪中馳騁，最終並獲得成功。

你可以不喜歡他，甚至鄙視他，但是你卻無法忽視他，不能忽視他的功績，他對於中華民族的貢獻，以至他在世界歷史上的地位，他就是中華民族歷史上第一位平民皇帝——劉邦。

楔子

一、神龍之子

都說他是神的兒子。

有一天，他的母親到野外去，經過一片汪洋大澤。這時候，大地上一片陽光燦爛，和風煦煦，大澤上微波粼粼，岸邊青草柔柔。也不知怎麼一回事，她恍兮惚兮，竟不由自主依在澤邊睡著了。

不知過了多久，她恍惚看到澤上波起，天上騰雲，然後，在翻滾的波濤與雲霧之中，朦朦朧朧的，有一團金紅色的光從天上冉冉飄下，霎時間，她的眼前雲霞繚繞，赤光四射，一條龍，怒角崢嶸，鱗光閃耀，倏忽出現在她的面前。說也奇怪，此時她全身癱軟，毫無推卻之意，乖乖地順從地任天上來的神龍與她交合。

此時，大地上景象瞬間驟變，霹靂乍響，電光閃閃，天色漆黑，四野裡鳥獸紛紛逃竄。他的父親在家，突然感到心裡發毛，坐立不安，不由自主地起身去找他的女人。在村外大澤邊，一副景象駭得他張口結舌，全如木雞一般——天上電閃雷鳴，烏雲壓頂，澤中水波翻滾，濁浪排空。黑沉沉的天地之間，澤那邊，在裊裊紅雲氤氳蒸騰之中，一條赤光燦燦的蛟龍，正與他的女人纏繞在一起。男人呆呆定著，看著，四肢動彈不得，頭腦也鏽住一般。過了好一會，只見一陣煙騰霧起，波濤翻滾，蛟龍擺動了幾下，倏然不見了。

回到家中，女人就有了孕。十個月後，一個男孩呱呱落地了。

這男孩生下來狀貌就與眾不同，鼻梁高挺，額角寬闊，額頭高聳，眉毛的線條特別分明；最讓人驚奇的是他的左腿上密密麻麻一片黑痣，數數，不多不少整七十二顆。這可非同凡響——七十二黑子，正應了赤帝七十二日這個數字。一年三百六十日，木火土金水各居一方，各得七十二日。皇朝帝運也都是按照木火土金水這個順序承遞的。漢承堯運，他和堯帝一樣也是赤帝。這七十二黑子，正是爲「帝」的一種徵兆。還有，一年二十四節氣七十二物候，五日一候，從祖宗們開始就是這麼計算日子的。

大型花崗岩雕塑群《華夏龍脈》（局部）：漢高祖劉邦，陝西西漢高速公路秦嶺二號隧道。

鄉里中鄉親們聽說了，都拎著羊肉美酒，湧到劉家來祝賀。一看那孩兒，頓時驚訝不已：「哎呀，這是龍相呀！」這一下，屋裡門外一片肅然，人們頓生敬畏之意。從此，這個神龍的兒子就來到了人間，完成著上天賦予他的神聖使命。

也有傳說他的母親遊洛池，有一隻金光燦燦的寶雞，口銜紅光閃閃的寶珠，從池上一掠而出，那赤珠光芒奪目，耀得太陽都黯然失色。他的母親驚駭之極，目圓瞪，口大張，驟然間，那赤珠竟倏然落入她的口中！然後她就有了孕，就生了他。

後來他長大了，開始幹大事了，種種奇徵異兆就更經常地繚繞著他。他到酒店飲酒。豪飲過後，就在店中酣睡，店中人常常會看到，在他的頭頂上，有條巨龍，怒角崢嶸，鱗甲閃光，在橘紅色的雲靄中，影影綽綽，倏忽盤旋。可是他呢，渾然不覺。

後來這種事多了，人們對他越來越敬畏，他走到哪裡，哪裡人們就會指指點點，在後面尾隨著他。於是他到哪裡，哪裡就會熱鬧非凡，買賣家的生意也就特別興旺。

有一次他的妻子帶著兩個孩子在田裡鋤草。有個老漢走過來向她討口水喝。喝罷水，老人並沒有急著道謝趕路，卻盯著她端詳了良久，說：「夫人您是天下貴人。」然後又給兩個孩子看相。說：「夫人您將來之所以能大貴，就是因爲這個男孩！」那個女孩，也是貴相。他聽說後，追上老人，請求爲他相面。

老人大驚，說：「剛才不才斗膽爲您的夫人和公子小姐看了相，他們的貴相完全要仰仗您，您的相眞是貴不可言吶」！

可惜，等到他終於大貴成爲天子，想要報答這位老人時，儘管多次派出得力幹將，多方尋找，卻無論如何也找不到老人的去處了。

他剛開始起事時，有一次在大澤中夜行，有條巨大的白蛇擋住了去路。眾人嚇得畏縮不前，他卻揮劍立斬了這條擋道的白蛇。當他醉醺醺入睡後，有個老女人在路上哭著向後面的人說：「白蛇是我的兒子，是白帝之子，剛才，他被赤帝之子斬殺了！」說完就倏忽不見了。於是，跟隨他起事的烏合之眾就對他分外敬畏，所令必行，他所在縣邑的青年們也都紛紛趕去投奔他。

那時候，他帶領著起義者藏匿在芒山與碭山（江蘇省碭山縣南）之間的沼澤地帶。他所隱匿之處，天上總籠罩著五色彤雲，他的妻子往往能根據天上的雲氣找到他。

曾經有方士對秦始皇說：「東南方有天子雲氣。」秦始皇驚駭不已，統一後始皇多次到東方南方巡遊，就是爲了壓住這東方的天子之氣。他聽說後，心中自疑，連忙再次隱蔽到芒碭的荒山野澤深處去了。

以上所說的就是煌煌大漢帝國的開國皇帝——劉邦。

漢高祖斬蛇想像圖。

中國的帝王在古代傳說中常常是天神與人交媾的結晶。傳說少典國君的妃子附寶，在野外祈禱，見大雷電繞北斗樞星，感而懷孕，二十四個月後生下黃帝。黃帝生下來便相貌出眾，頭額明亮如太陽，眉宇聳如龍骨。再比如商、周、秦的始祖，他們的出世，不是母親吃了神燕之卵，就是女子踐踏了神的足跡。在我們今天看來，這些古代部族世代流傳下來的神話傳說，是上古氏族社會對於本部族起源的認識，曲折地反映了當時只知有母不知有父的情況。至於劉邦，他既然是漢代的開國皇帝，當然也應該是神之子，於是就有了上面那種種奇幻的傳說。

不過也有些神話可能是作爲剛剛起義的劉邦自己造的輿論，和大澤鄉起義時魚腹狐祠的「陳勝王」一樣，是借助鬼神之力以發動與威懾烏合之眾。也有的可能是當時的民間傳說，表達了百姓對英雄的仰慕與敬畏。

二、他到底是誰？

照理說，一個如漢朝那樣偉大輝煌的王朝的開創者，有如日月行於中天，追蹤他的足跡應該是輕而易舉的。事實卻遠不是那麼回事。劉邦到底是誰，他的家世究竟怎樣，他早期的確切情況是什麼樣？我們至今也沒弄清楚。《史記》爲我們提供了最早也是最可靠的情況，《漢書》略有增刪，此外只有《資治通鑑》雜取了些微野史材料，連野史也如鳳毛麟角，其餘的就眞杳如黃鶴淹沒在幾千年的歷史塵埃之中了。現在，我們只能在歷史典籍的縫隙中去捕捉劉邦的家世及早期活動的蹤跡了。

我們說不清他的家世。

班固在《漢書》中說：他的始祖是三皇中的堯帝；在夏朝時他的祖先劉累，學「擾龍」，就是學習馴服龍的「馭龍術」。大概也因此他的祖先又叫「御龍氏」。以後劉氏家族在商、在周、在晉、在秦、在魏，最後遷到了豐邑。他的祖父曾任豐邑長官豐公。楚地稱地方長官爲「公」，豐邑曾屬楚，故稱「豐公」。

這就是所謂「漢承堯運」。它不止證明了劉邦血統的高貴，更證明了漢王朝的興起是「君權神授」。

只是人們普遍認爲這是後代

留公遺像

據《漢書》記載，劉姓始祖是夏朝的劉累。圖為劉累畫像。

的漢儒們爲他們的開國皇帝劉邦續上的尊貴的家譜。可惜漢儒們最關鍵的證據——《春秋》中晉史蔡墨說的一段話「陶唐氏（指堯）既衰，其後有劉累，學擾龍，……」這段話，很早就被人認爲是作僞了，起碼唐代古文大師孔穎達就表示過這個意思。

江蘇徐州沛縣（漢高祖劉邦故里），漢城公園漢街及牌坊。

事實上，我們能確切知道的，只有他家姓劉，是秦時泗水郡沛縣（今江蘇省沛縣）豐邑中陽里人。他的父母叫什麼名字？《史記》說：「父曰太公，母曰劉媼。」實際上，「太公」就是「老太爺」，「劉媼」就是「劉太婆」。有的書說他的父親叫劉瑞，有的書說叫劉執嘉，也不知到底是哪個。對他的母親我們知道的就更少得可憐了，連她姓什麼都不清楚。據錢鐘書《管錐篇》考證，她姓溫。她的名字有人說叫「含始」，也不知由來，而且，這名字用今天的白話翻譯，就是「蘊含著始祖」，總帶點漢儒阿諛附會的味兒，讓人覺得不可信。

《太平廣記》裡有一段劉邦鬧鬼以正其母姓的故事：有一天漢高祖的在天之靈正在天上冶遊，忽然看到治史的王生正在寫漢代史，他上前去看，正看到王生竟然把他外祖父家的姓氏搞錯了，氣得破口大罵王生：「你這個蠢極笨極的書呆子！朕廟外《泗水亭長碑》記載得一清二楚，我外祖父家明明姓『溫』，你這個笨蛋怎麼敢記成『媼』！」這裡只純粹是說笑話，還是有所依，我們不得而知。結果她到底姓什麼，還是搞不清楚。

那麼他家裡是幹什麼的？班固說他的祖父是豐公，也沒有佐證。可以知道的是他家有些產業，主要是土地，但不多，須自己耕種，女人也得下地幹活。他在外作泗水亭長時，妻子呂雉得拖著兩個年幼的孩子下地薅草。此外，他家可能還做點小買賣。朋友多有織席、屠狗的市井之流，父親作太上皇時，總懷念家鄉那些屠戶、小販、酤酒賣餅的朋友。如此看來，他家與市井的關係非常密切。即使當初他的祖父眞的作過豐公，後來也是敗落了。

其實連他本人的名字也存在著疑點。中國從漢代開始避諱，凡記皇帝，一律不寫名。《史記》對他，只寫了兩個字：「字季」，伯、仲、叔、季，「季」是兄弟排行中的老末，並非正式起的「字」。至於他的名字「邦」，據說是當了皇帝以後才起的。

他的年齡，有兩種說法。《史記》南朝宋裴駰《集解》引晉人皇甫謐的說法：「高祖以秦昭王五十一年生，至漢十二年，年六十三。」清代杭世駿據皇甫謐定的生卒年，校爲六十二歲〔即生於周赧王延五十九年（西元前二五六年），卒於漢高祖十二年（西元前一九五年），享年六十二歲〕。第二種說法，《漢書》唐顏師古《注》引晉人臣瓚（姓氏不詳）的說法：「帝年四十二即位，即位十二年，壽五十三。」（即生於西元前二四七年，卒年同第一種說法，享年五十二歲。）多數人傾向於有明確生年的前者，但兩說以後者爲是，理由如下：

《史記》記載「及壯，試爲吏，爲泗水亭長」，「壯」是三十歲。假若他生於前二五六年，至沛縣起兵（秦二世元年，前二〇九年），泗水亭長已當了十七、八年，什麼樣的心氣和志向，能經得起這麼長時間的磨蝕？況且此時他已是四十八、九歲的人了。古人壽命本短，年近半百的人，無論從體力還是從心態說，領頭造反似乎都不大可能；且起事後連年征戰，艱苦異常；登帝基後，日理萬機，連年親征平叛，如此顛沛奔馳，所需要的是超人的體力精力，五、六十歲的老翁，又多傷、病，他如何能長期承受？

再，從現有記載看，如果他生於前二五六年，則他的八個兒子，和起碼七、八個女兒就都集中在四十歲以後生育。這太不正常。而三十歲既是他散蕩的收尾階段，也還屬於正常人的生育旺盛期。

總之，劉邦生於西元前二四七年，去世時是五十二歲，這更合情理些。

爲什麼會出現這種身爲煌煌大漢帝國皇帝卻給後人留下了無盡疑惑，以至於不得不問「他到底是誰」的情況，「高祖起細微」（出身卑微）恐怕起了決定性的作用。因此我們至今無法見到煌煌漢代開國皇帝的眞姓名和早期的眞面目。

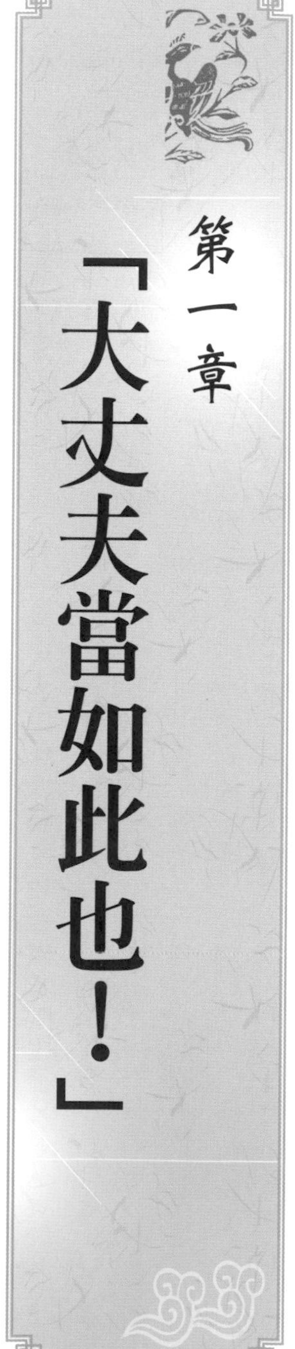

第一章 「大丈夫當如此也！」

一、不安分的劉季

西元前二四七年，秦始皇即位的那一年，秦王朝即將進入鼎盛的時期。在泗水郡沛縣豐邑中陽里，在嘩嘩流淌的太行堤南岸，一個姓劉的人家裡，一個呱呱大哭的男孩降生了。這是一個普普通通的孩子，和別的孩子一樣，生下來臉上又紅又皺，像一個小老頭。只是這個小傢伙顯得特別的不安生，一出世就又踢又踹，哭聲特別響亮。要吃了，要尿了，冷了，熱了，要求有一點得不到滿足，就扯開嗓門不停地哭鬧，把爹媽折騰得不亦樂乎。取名字倒沒費劉老漢什麼事，順著「老大」、「老二」叫下來，叫他「老么三」就是了，大家都是這麼叫的。

在中陽里，老劉家算得上是中等戶，有房有地，日子能過得去。老劉家添丁進口，賦稅會增加，負擔自然會加重，但老劉還是高興，家業興旺，先需人丁興旺嘛。老劉年輕時也貪玩好樂，《西京雜記》卷二：「太上皇……平生所好，皆屠販少年，酤酒賣餅，鬥雞蹴鞠（踢球），以此爲歡」。不過年紀越大，他的想法越簡單，也越實際，多置產業，發家致富，吃穿不愁，樂享天年。

已經沒有什麼資料可以讓我們了解劉老三兒時的詳細情況了，能夠確切知道的是，在他出生的那一天，中陽里還有一個叫盧綰的孩子出世了。兩家老人是非常親密的朋友，劉老三和盧綰也從小就親密異常，後來又在同一天被大人送去讀書。從後來的情況看，劉老三大半生粗俗少「文」氣，討厭任何與書有關的東西等等，小時候的書顯然是完全沒有讀好。

我們可以想像出兒時的劉老三是如何的不安分。

漢代宮苑的鞠城，作訓練士兵所用。古稱踢足球為「蹴鞠」，本為軍訓之用，後演變為遊戲。漢時，由於漢高祖劉邦的推行，蹴鞠已經發展成一項非常專業化的運動。漢朝皇室中的蹴鞠規模很大，設有專門的球場。

這孩子肯定從小就聰明異常，一雙小黑眼睛精亮精亮的，一轉一個主意，就是大人也轉不過他。再加上生來相貌出眾，兩哥哥跟他確實無法相比，當爹媽的就難免對他有些溺愛嬌縱，所以這劉季從小就無拘無束，規矩禮法全不放在眼裡。

在書塾裡，他也定是讓先生最頭疼的，不只自己不好好念書，還帶著別的學生和先生鬥法。沒過幾天就被先生趕出講堂。從此他更自由自在了。

別看劉老三個頭不是頂大的，勁兒也不是頂大的，但是他刁鑽詭譎，機警異常，膽子大，點子多，跟那些懵懵懂懂的村裡頑童在一起，不必說他就是中陽里的孩子頭。

他會帶著頭淘氣，愛欺負人，戲耍人，愛惹是生非，更少不了鼓動小孩們打架鬥毆。跟著他打架鬥毆，小孩們都特來勁，頭破血流，哭哭啼啼，都還覺得挺榮耀。大人們都搞不清楚這劉老三到底用了什麼法子，讓大群孩子服服帖帖，心知他不是善主兒，卻也無可奈何。

這劉老三有一樣好處，就是豁達大方，一面他要拔尖兒，稱王稱霸，可是他又挺能忍讓，不計較小事；好吃好喝的，他可以自己不吃不喝，全拿出來給那些孩子。所以很多人也都說他心眼兒好，仁義。不過給誰不給誰，給多給少，什麼時候給，什麼時候不給，他那小心眼兒裡可是有數的。光這一招，就把那些孩子緊緊抓住了，這是多少大人一輩子也沒學會的。

二、不務正業的無賴

到二十歲時，他就有了個

「字」——劉季。《禮記．曲記》：男子二十「冠而字」，頭髮束起來，取個字。他們家也不是什麼大戶，和里中其他鄉親一樣，「字」也不過就是順著排行「伯」、「仲」、「叔」、「季」叫下來，因爲他是老末，就叫了個「季」。從此我們就叫他劉季了。

年輕的劉季有幾個特點：好酒，好色，好歌舞，好交遊，絕不肯從事家庭生產作業。

劉季酷好飲酒，能豪飲。爲人極是慷慨大度，有錢時手面極大，從不算計小錢零頭，要是沒錢呢，他也並不侷促不安。常常有這樣的情況：口袋裡空空地來到王大娘（或是武二嫂）的酒店，大大剌剌地衝著王大娘打個招呼：「今天我可沒有現錢」。

王大娘趕忙迎出來：「沒事，沒事！您只管喝！跟我您還客氣什麼！」他哈哈笑著，「好啦好啦！有什麼酒菜儘管端上就是了！」隨著王大娘端上來的好酒小菜，他就有滋有味地喝起來。有時候他是自斟自飲，不過更多的時候他是帶著一大幫朋友，熱熱鬧鬧地喝酒划拳，吆三呼四。他賒帳，王大娘一點也不在乎：他一來，小酒店生意就特別的好，能比平常多賣出好幾倍的酒！別說是賒的，就是他根本不給錢，酒店非但賠不了，也照舊能賺。故而王大娘、武二嫂、張仲、李伯這些大大小小的酒店都將他奉爲上賓，到了年底結帳時，常當著劉季的面兒把他的欠據折斷，大方地一筆勾銷。

他能豪飲，醉則酣歌暢舞，或則倒頭就睡，也不擇時地。他喝酒常常是伴著歌舞的。沛縣秦時屬楚地。楚人好歌好舞，特別是喝了酒，更是邊歌邊舞，痛快淋漓。這劉季雖然不愛讀書，但是卻彷彿天生的，他能夠即興起舞、即興作歌，自吟自唱。現在流傳下來的幾首署名劉邦的歌，都可以在文學史上書上一筆。好酒、好歌舞的愛好，他一生都沒有改變。

再說好色。他精力旺盛，欲望強烈，娼寮妓館、酒肆歌坊，是他常出沒的場所。但是他之喜愛女子，在之於「色」，並不涉及感情。那個時代，酷烈激蕩，人們的感情線條粗，何況劉季這種又實際又無賴的人呢。

劉季把他爹好玩樂好交友的秉性全繼承了下來，稍長幾歲，他就不滿足幾十家人家的中陽里那小天地了。他先在家鄉豐邑，後來又跑遍沛縣全境，盡情遊逛交際玩耍。集市上那些屠狗宰羊的，酤酒賣餅的，製陶的，織席的，舞刀的，賣藝的，都廝混得很熟，其中屠狗的樊噲等人，還有一些看監獄的小獄卒們，都和他酒肉不分，成了最好的朋友。

在這些方面，他青出於藍，遠遠勝過他老爹。他爹是雖玩樂交友卻不出圈兒，永遠把發家致富多買田地多置產業放在第一位。

劉季可不。他受不了像父兄那樣，天還沒亮就要下地，起早貪黑，汗珠子落地摔八瓣，累得腰彎背駝；天天如此，年年如此，被死死地拴在土地上。劉季心裡看不起父親和兩個哥哥，更看不起鄰里中那些只知埋頭種地的泥腳板們，他可不想這麼過一輩子。

在劉家，老三是指望不上的人。他不肯下地，也不肯從事家庭的一應生產事務，更不肯把心思放在置產發家上。劉家三兄弟，老大自幼孱弱多病，做不了；老二年輕力壯卻不肯幹，家庭的重擔就全落在老二頭上了。同樣爹娘生就的兩隻手，老二是放下耒耜（犁田的農具）就拿起鍤（鐵鍬），忙完了地裡忙家裡。春耕、夏耘、秋獲、冬藏，採伐薪柴，支應官差徭役，全是老二張羅。這老二置產發家的心勁兒還挺足，處處精打細算，摳出每一文錢來置買田宅，他成了一家的頂樑柱。農忙時連小孩子都給趕下了田，可是老三想幹就幹，不想幹甩手就走，心無所掛，懶散游蕩。

劉季有他自己的事情。他在外面四處交遊，呼朋喚友。慷慨大度，沒有一點摳摳縮縮的小家子兒氣，家裡的東西，隨手就拿出去送人。他還愛往家裡帶人，住宿吃喝，大呼小叫，搞得家人怨聲四起，氣得他爹連罵他「無賴！」「看看你二哥，再看看你！這麼老大不小的了，都還不能爲這個家出上一份力呢！」劉季全然沒放在心上，依然故我，老漢最後沒辦法，乾脆分了家，免得全家人一滴血一滴汗置下的產業，都被他浪蕩光！

「無賴」，古人有兩種解釋，一說「賴」是「利」，「無賴」即「無利入於家也」；也有一種

鐵五齒耙，西漢農具，1980年福建崇安漢城遺址出土。

說法：江湖之間，謂小兒多詐狡猾爲無賴。先秦時也稱爲「賴子」、「惡少」。《荀子》「奪攘苟得無恥者，謂之賴子」、「無廉恥而嗜乎飲食，可謂惡少也」，這種「無賴」就是我們今天說的「流氓」。不管怎麼說吧，反正這劉季是不務正業，在社會上流蕩，於家庭毫無進益。

這時候的劉季，已經屢有違法犯紀，要躲匿官府這類事了。看來這時候，他已經開始有了自己的團伙，每次躲避官府，總有不少人跟隨。

有一回，劉季又犯了事，帶了幾個人東躲西藏的。沒飯吃，就趁月黑風高，把同伙帶到大嫂家去吃。大哥劉伯，自幼孱弱，娶妻不久就夭折了，只剩下寡嫂和一個年幼的侄兒，生活很是不易。劉季這次帶了好幾個人來吃飯，吃了一頓又一頓，大嫂心中疼得不行。三番五次，大嫂心中的怨怒就忍不住了。

這一天幾個人又來了，渾身上下髒兮兮的，一個個困乏得像爛泥一樣，往屋裡一坐，就等著大嫂端上飯來。可是左等右等，就是不見飯端出來。接著，就聽見灶間大嫂用勺子使勁刮鍋的聲音，空飯甑給刮得吱吱聒聒響。那聲兒越來越大，聒噪不已，屋裡那幾個漢子也就明白了，站起身來紛紛告辭了。

劉季心中疑惑，走到灶間，掀起鍋蓋，登時火冒三丈——半鍋剛煮好的黍羹，動還沒動過呢！他狠狠地瞪了大嫂一眼，鍋蓋一摔，破門而去，從此恨上了大嫂。這個仇，十幾年後他終於報了。

三、一方風土養一方人

班固在《漢書．地理志》中說：「凡民函五常之性，而其剛柔緩急，音聲不同，繫水土之風氣，故謂之風；好惡取舍，動靜亡常，隨君上之情欲，故謂之俗。」大意是說：老百姓性情的剛柔緩急，口音語調，這是由水土（即自然環境）決定的；而他們的好惡取捨，行爲舉止的變化及規律，則是隨著統治者的情感與欲望而變化的——這就是所謂「風俗」。

劉季的家鄉沛縣（今爲江蘇省沛、豐兩縣），地處淮北平原上，在今江蘇省的西北端，東臨微山、昭陽兩湖，北、西接魯南，西南是安徽省的西北犄角。這沛縣春秋時屬宋國。相傳堯帝興起於成陽（即今山東西南部的定陶），舜曾在宋之雷澤捕魚爲生，商湯在亳地停留過，故而宋地百姓猶有先王遺風，厚道重理多君子。劉季雖然一生都不是君子，但他爲人的大度豁達，也可能多少受了先王遺風的浸潤。

春秋戰國時期，沛又先後爲吳、越之地，但更多時候歸屬於楚。《史記．貨殖列傳》云：「夫自淮北沛、陳、汝南、南郡，此西楚也。」（這「沛」指漢高祖所置沛郡，範圍比沛縣大）楚莊王稱霸，疆土一直擴拓，西到了今河南南陽（緊臨秦國南關武關），北部覆蓋了今天山東南部，自然包括沛郡。以後楚被秦打敗，先後遷都陳、壽春，都離沛地不遠。這沛縣豐邑被席捲在歷代大楚雄風之中，風土人情受楚風俗影響浸潤，頗具楚人習俗。春秋宋國先王遺風，北鄰鄒魯的周公遺風，孔子教澤，都不敵剽悍的楚之雄風。楚地富川澤山林之饒，刀耕火種尚不足奇，瓜果蠃蛤，遍地爲食，飽則足矣，並不思積蓄，不憂凍餓，亦不思千金，所以楚民多豪氣，所謂「急疾有氣執」，勇狠好鬥，生氣十足。戰國秦漢世代武風以楚爲最盛，這是當時及後世所公認的。《貨殖列傳》說到沛縣所在的西楚：「其俗剽輕（剽悍輕捷），易發怒，地薄，寡於積聚。」沛縣澤藪遍布，河汊縱橫，土地薄瘠，卻同樣剽悍好鬥，不思積蓄；且「輕」，輕捷，輕浮，靈活，機動。到劉季出生時，沛、豐已受楚文化薰陶百年有餘了，故楚人急疾尚武、不拘泥之氣當然也影響了他。劉季之不拘成法，豪爽樂施，不事家人生產作業，好交遊好酒色，喜楚歌楚舞短衣短衫，憎惡儒生，等等，都是一百多年來楚風楚俗浸潤家鄉在他身上的直接體現。

又，戰國後期，魏王室東遷，豐邑曾作過魏的國都。魏既有原河東地區先王遺教，又有河內地區紂之遺風，民俗剛強，多豪傑侵奪，不重恩義，不講禮儀，父母尚在兄弟就分家分產。劉家太公尚在就將老三分出另過，可能也是此風俗所致。這種剛勁侵奪，不重恩義，不講禮儀的作風，在劉季的身上都可以看到。

小小豐沛，幾百年間，櫛風沐雨，南北東西，交相融會，加之本地的自然條件，都融進了太行堤河南岸那個生來就不安分的劉季的血脈之中。

時代給了劉季更大的影響。春秋戰國時，出現了中國古

彩繪對鳳紋漆圓耳杯，戰國，江陵馬山一號墓出土。耳杯是古代用來盛酒或盛羹的器具，最早出現於東周，一直沿用至魏晉，以戰國時楚人製作的漆耳杯最為精美。

代第二次城市建設高潮，產生了很多工商業比較發達的城市，在沛縣周圍的就有諸如齊臨淄，楚郢都、陳、宛，魏大梁、定陶等工商業非常繁榮的天下名都。城市風貌呈現了紛繁的色彩，求利逐富蔚然成風，各色人物紛紛登台，宦吏、俠客、顯貴、隱士、士子、娼妓，還有「任俠兼併」的閭巷少年。而且城市集中了各種娛樂活動，吹竽、鼓瑟、擊筑、鬥雞、走犬、蹴鞠、對弈、投壺、謳歌、飛戈、擊劍、舉鼎……那麼多有趣的娛樂活動，吸引了大量求利逐富之人和游民惰民。到了秦漢時，社會經濟更有了不同程度的發展，逐末者日增，浮游者漸多，爲流氓勢力的滋生與發展提供了社會基礎。劉季的「不事家人生產作業及其他」，「無賴，不能治產業」，他的四處交遊等等行徑，既有其產生的社會條件，又有代表性。劉季腳踩著田土，心嚮往著城市，他有大抱負，他要在更大的天地裡施展。

更重要的是，劉季生年與秦始皇執政恰是同一年。當他睜開眼睛，懂得看一看這個世界的那一天起，他看到的就是秦始皇欲吞天下的咄咄逼人之勢，就是鄉居布衣、野澤黔首紛紛捕抓時機、馳騖騰躍、施展鴻圖的一幅幅生動畫卷。秦始皇前相呂不韋是個被貴族鄙視的商人，後相李斯更出於布衣，但他們都抓住了時機，成就了功名。用李斯的話說就是：「處卑賤之位而計不爲者，禽鹿視肉，人面而能強行者也。」戰國七雄爭霸，給了游俠說客、布衣之士充分的施展才能的機會，那些成就功名的布衣的輝煌戰績、自身大展鴻圖的滿腔抱負，使李斯發出「詬莫大於卑賤，而悲莫大於窮困」的吶喊。這吶喊和他的平地飛升，驟貴爲秦相，輔佐秦始皇掃蕩六合，行統一大業的事跡，正是春秋戰國以來豪強蜂起，布衣馳騁的集中體現。統治階級的思想，從來就是社會的主導思想，這一切，不

齊國故城模型，山東臨淄齊國歷史博物館。

會不給正在成長中的劉季原本就不安分的心靈深處打下深深的烙印。

在這南北東西融會的民風和秦王朝特有的世俗的影響之下，自負才智的劉季，怎麼會老實順從地在家種田置產？怎甘於像他父兄一樣面朝土地背朝天，一輩子守著一方小院幾畝薄田？人生在世就要幹一番大事業的大丈夫之氣湧動在他胸中，鼓湧著他廣爲結交，上下活動，謀求機會，以展心志。

四、大丈夫當如此也！

有一年，劉季到咸陽服徭役，看到了秦始皇。

這一年最有可能是秦始皇二十七年（西元前二二一年）。秦末在京都咸陽及附近的驪山地區有過兩次大規模的徭役，一次是在秦始皇二十七年，第二次是在秦始皇三十五年。

秦統一過程中，每破滅一國，就要在咸陽北面山坡上仿建一座該國宮殿。二十六年統一完成，就在渭南修長信宮，修甘泉前殿，修通往咸陽的甬道、馳道。這種大規模的徭役，是要徵調全國的民夫的。第二次是秦始皇三十五年，徵調刑徒七十萬人修阿房宮，修驪山墓，是次劉季「以亭長爲縣送徒驪山」，以此造反，這是後話。

秦始皇二十七年，泗水郡沛縣豐邑的二十八歲的農家子弟劉季服徭役來到咸陽。長途的艱難跋涉，勞作的艱苦繁重，都不能窒息這個漢子心中拱動的火焰。走出了豐邑，走出了沛縣，

陝西西安，仿建的阿房宮。阿房宮是秦始皇在統一六國之後，於驪山修建的豪華宮殿。阿房宮遺址位於秦都咸陽上林苑內，距今陝西省西安市西郊約15公里處。

走出了泗水郡，他知道了，世界原來是這麼的大！關中平原黃土地上，螞蟻般往來勞作的人群，如此闊大的場面，都使他眼界大開。雙腳插在泥土裡，彎腰躬身，蓬頭垢面，汗流浹背之時，心中拱動的，是「決不能作蟻民！」的火焰。就在這時，他看到了秦始皇。

始皇登基，繼承先輩遺功，治法興兵，終於在二十七年（西元前二二一年）呑併諸侯，統一了天下。此時，始尊皇帝，威震四海。始皇出行，黔首民夫，例行是絕對禁止觀看的，但是二十七年時的秦始皇，剛剛翦平諸侯，君臨天下，收天下兵器，鑄十二金人。他既沒有在博浪沙遭張良遣請壯士的椎殺（二十九年），也沒有微行咸陽，蘭池逢盜（三十一年），他躊躇滿志，自信天下太平。這一天，始皇車駕出巡，六匹馬拉著車在寬闊的馳道上飛奔，始皇心中暢快，忽發奇想：讓百姓瞻仰皇帝威儀，以示國泰民安！於是命令撤去前後驅逐人群的衛隊，一任百姓觀看。就在這一天，劉季看到了秦始皇。確切地說，他看到的是浩浩蕩蕩的皇家儀仗隊，是威風凜凜的武士行列，騎兵隊陣與車駕。

秦始皇每次出巡，都有豪華的儀仗和龐大的車隊。統一後的首次出巡當然更是隆重。《後漢書．輿服志》記載：僅隨從的車輛，最隆重的「大駕」是八十一輛，次之的「法駕」減半。中間是威風八面的秦始皇御駕，稱金根車，六匹昂首奔馳的黑色駿馬挽駕。秦時尚黑，故始皇大駕皀蓋黑馬。隨從車輛，按五行配五色，有五色安車和五色立車，又稱爲「五時副車」；還有能調節溫度的（車日皿）（車京※）車。這五色屬車全部是黑色的車蓋，紅色的內裡，上面布滿兵器。前面的隨從屬車蒙虎皮，最後兩輛懸豹皮。這一套雄偉驚人的鋪張排場，耀武揚威的車駕儀仗，是兼受了東方各國儀仗的特點：「秦滅九國，兼其車服，故大駕屬車八十一乘也，尚書、御史乘之也」。

今秦始皇陵西側出土的銅車馬，據考證就是按「五時副車」所造的。挽車的馬是河曲馬，膘肥體健，佩帶著明光燦燦的金銀絡頭構件。御手頭戴切雲冠，腰佩長劍。車蓋和輿都繪有變形的夔龍鳳卷雲和雲氣的花紋作裝飾。車衡兩端及駕馬的軛鉤都裹金鏤花作裝飾。整套銅車馬總重爲一千二百公斤，部件達三千四百六十餘個，金質飾件七百三十七件，銀質飾件九百八十三件。這麼作工精美、雍容華貴的銅車馬，僅是陪葬明器中秦始皇巡行車隊中的副車，由此可以想見秦始皇生前出巡時場面的隆重。

秦始皇陵銅車馬。1980年12月在秦始皇陵封土西側7公尺多深處發掘出兩乘大型銅車馬，體積約為實際大小的一半。兩車各駕四匹駿馬，車上各有一名御手，造型十分逼真傳神。車、馬、人及全套御具均為青銅鑄造，另施彩繪，並有金銀飾件。

話說泗水郡沛縣民夫劉季服徭役來到秦朝首都咸陽，始皇巡行，縱觀，他才有機會看到那壯觀的場面。只見浩浩蕩蕩的車隊和豪華的儀仗，駿馬奔騰著，滿天旗幟飄揚，符節晃動。皇帝就端坐在中間那輛披著黑色錦繡車蓋的六馬車上。當然這些劉季不可能看清楚，他看到的是陣勢，是氣派，是那鋪天蓋地而來的雄偉場面。

他的心砰砰跳著，渾身的血都熱了，拔出深陷在泥水中的雙腳，扔掉手裡的鐽土，眼中放著光，幾乎喊出聲來：「嘿！大丈夫在世一生，就得活得像這個樣兒！」（喟然太息曰：「嗟乎，大丈夫當如此也！」）

一個民夫，見到帝王的旗仗，豔羨之情勃然而發，即燃起他心中不甘平庸的英雄之氣，這不啻是劉季壯年「試爲吏」、後來造反、逐鹿中原、成就帝王之業的加油站。這也是那個時代特有的氣象，建功立業，不甘平庸是那個波瀾壯闊、英雄輩出的時代的聲音，即使在平民百姓中也能聽到它在回響。

微時的劉季，大丈夫之志與流氓無賴之習在他身上交相輝映，好像對比鮮明其實是非常和諧地共處。這「志」與「習」的交織，構成了劉邦一生的主旋律。

第二章 造反

一、泗水亭長

納粹的宣傳機器戈倍爾說過這麼一句話：「能夠征服街道的人總有一天會征服國家，因爲任何形式的強權政治和專制國家都根植於街道。」戈倍爾和我們的主人公劉季的情況當然不一樣，但是，所有最後能征服國家的人，其早期必定能征服他所居住活動的基層單位。小劉季在中陽里孩子們中間是一霸，隨著年齡的增長，隨著活動範圍的擴大，他所到之處，都成爲那個範圍內的征服者。

三十歲了，劉季決心到官場去試試。自從在咸陽見到秦始皇之後，他就更不能安於小小中陽里、小小豐邑了。他要成就大功業，不枉大丈夫活於一世！於是他著手去活動。

他只能走「推薦」這條路。秦代官吏的銓選有不同途徑，大多數官吏是靠軍功而得到爵位和官職的，也有從皇帝的侍衛人員中選拔任用的，或經由朝廷應召入仕的，這些，劉季都沾不上；他「試爲吏」的唯一途徑只可能是經由在職的官吏推薦，這也是當時選拔官吏的一個渠道。這自然要靠活動，劉季素日的喜交遊跟慷慨大度在這個時候起了決定性的作用。活動的結果是當上了泗水亭亭長。

泗水亭在泗水東岸、沛縣東南。據《水經注》，泗水源於魯卞縣北山，流經沛縣東，春秋時許由隱居於沛澤，後來就以澤名爲縣名，三國時爲小沛縣，即呂布轅門射戟的地方。縣城設在泗水之濱。泗水亭在縣城東南的小丘上，位於泗水東岸。後人還在此處建了高祖廟，廟前立碑以志紀念。

亭長是個芝麻官。依秦制，

縣下設鄉，鄉下每十里設亭，供行旅者停留膳宿。亭長是管理一亭的小官，兼管訴訟治安，緝捕盜賊。也有說，亭長是基層機構的行政長官，五家爲一伍，十伍爲一里，十里爲一亭，十亭才是一鄉。不管怎麼說吧，劉季總算是邁出了「大丈夫」之業的第一步。

作了亭長，由於工作關係，使他有更多機會接觸與結交縣裡官吏和地方權勢人物。

地位最高，關係最密切的是沛縣主吏掾蕭何。蕭何與他同鄉，沛縣豐邑人。所謂主吏，是秦代郡守、縣令屬下的功曹吏，主管總務、人事，參與政事，是縣令屬下最重要的屬官，縣政府中最有勢力的人之一。蕭何是沛縣地方官吏中的佼佼者，他曾和監督檢查郡縣工作的秦朝御史一道工作，篤於職守，精通業務，頭腦清晰，辦事迅速有條理，十分稱職，備受御史賞識。經御史上報中央政府，蕭何被任命爲泗水郡的主吏。後來在考核官吏工作中他又是第一名，所以秦御史對他大爲讚賞，幾次要奏請中央提拔他，倒都被他婉言謝絕了。

曹參，也是沛縣人。任沛縣獄掾，相當於我們現在的縣地方法官，與蕭何皆「居縣爲豪吏」。

任敖，沛縣獄吏，管監獄的官吏。

夏侯嬰，也是沛縣人，爲沛廄司御，就是爲縣衙掌管馬車的；後來通過考試補爲縣吏。

王陵，沛縣縣豪，本縣地方上極有勢力的豪強。

可以看出，劉季所交遊，遍布沛縣政府機構內最主要的部門，最重要的官吏。後來交遊範圍又超出了本縣，結交外縣的豪傑豪吏。其中最密切的是昔時魏國外黃縣縣令張耳。張耳本是大梁人，曾作過魏公子無忌也就是著名的信陵君的門客，娶了外黃一富家美女，後來作了外黃縣令。在當時，張耳名聞遐邇，劉季曾多次到外黃拜見他，有時在外黃一住就是幾個月。

有記載的，除了從小一起長大

蕭何（？～前193年），秦末沛縣（今江蘇）人，漢初名臣，諡號文終侯，漢初三傑之首。本圖出自清末《歷代名臣像解》。

呂公（漢高祖劉邦元配夫人呂雉的父親）像，清代丁善長（1860～1902年）繪。

的盧綰外，只有一個樊噲是殺狗的屠戶，平民出身。

身爲一介平民，家族與官府並無瓜葛，而交遊卻遍布衙門且多權門重勢，顯而易見地表露了不甘平庸、不甘卑賤、不甘寂寞的心志。

有人爲此斷言「劉邦巴結官府」。不錯，劉季眼睛盯著高門大戶，廣交豪吏，確實有「巴結」的成分，但是，事情的奇特之處恰恰就在這裡。《史記》、《漢書》都有這樣的記載：「廷中吏無所不狎侮」，「素易諸侯」（一向輕視那些官吏）。

曾有一次，縣令的好友呂公因躲避仇人來到沛縣，眾官吏都帶著賀禮來拜會，蕭何主持收納賀禮的事宜。劉季看到蕭何鄭重其事地宣布：「進賀禮不滿千文錢的，坐在堂下。」他頓時心生惡念，於是大搖大擺地走上去，在進謁的名片上大筆一揮──「賀錢萬」，其實他一個子兒也沒帶。呂公一看大驚，趕忙起身到門口迎接他，請他登上大堂，坐上座。蕭何了解劉季，對呂公說：「這位劉季一向愛說大話，很少能說到做到。」可是呂公這時已經完全被劉季的相貌和氣勢震懾住了，根本沒有理會蕭何的話。劉季看到堂上堂下賓客們的驚異之色，看到蕭何的眼光和他遞話給呂公的神態，就愈發地要狎侮眾客。於是他大模大樣地坐在了上座，一點也不謙讓。這本是一場小騙局，一次小示威，沒想到卻讓呂公看上了他，招他作了女婿。消息傳出，蕭何等人自然驚愕，以後更不敢把劉季輕看了。

小小亭長，竟如此狂傲！在法紀嚴刻的秦代官場，他這樣妄自尊大，不拘禮法，和周圍環境實在是極不協調。可是他反倒如魚得水，悠哉游哉。這個蕭何，後來被他完全鎮服住了。劉季以亭長身分爲縣裡送民夫到咸陽服徭役，出發時，別的官員，每人送他三百錢禮錢，獨蕭何送五百，顯示了他倆不同一般的關係。後來劉邦在沛縣起事，劉邦與項羽爭天下，劉邦作皇帝，蕭何都是他最得力的助手。

劉季當亭長，也不是個安分守職的亭長。傲慢無禮，狎侮廷吏，這還是小事，他還常常幹些觸犯法律的事，造成不少麻煩。

有一次，劉季與縣吏夏侯嬰鬧著玩，把夏侯嬰打傷了。被別人告到了官府。按照秦朝法律，官吏傷人，加重處罰。在審訊中，劉季矢口否認，這很容易理解；奇怪的是夏侯嬰自己也一口咬定不是劉季打的。定不了案，就給擱下了。後來找到了確鑿的旁證，結果夏侯嬰因爲給劉季作僞證，被關入監獄，關押了一年多。更奇的是，夏侯嬰無論如何也不改口。主管牢獄的官員爲了讓夏侯嬰招出實情，用鞭子抽板子打不下幾百下，可是夏侯嬰就是一口咬死了不是劉季打的。

就這樣，劉季在皮開肉綻的夏侯嬰的遮擋下，始終沒被治罪。這夏侯嬰也是沛縣人，當初他任沛廄司御（掌車駕）時，就跟劉季關係非同一般。每次駕車送客人、使者，回來路過泗水亭，他總要和劉季促膝暢談，待匆匆趕回縣裡卸車餵馬，常常已是紅日西沉了。後來劉季沛縣起事，夏侯嬰就開始爲他駕車，一直到他駕崩，夏侯嬰始終擔任太僕，一生對他忠貞不二。

還有一次劉季犯法躲藏，負責追捕的小吏就把他的妻子呂雉抓了起來。有個獄吏不知劉季厲害，竟對呂雉動起輕薄來。獄吏任敖一見，頓時火冒三丈，一通拳打腳踢，直打得那人血肉模糊，連哭爹叫娘的氣兒都沒有了。爲此任敖當然也得吃官司，而且比夏侯嬰還重得多。

劉季就有這個本事，他能使縣府裡大大小小的官吏們敬他重他怕他懼他，甘心情願爲他所用，有的甚至代他挨罰受過，如同親隨家奴一般；而他泰然受之，完全是一副理所當然的架勢。就是豪強豪吏，也絕不敢輕視他，這個本事，他一生受用無窮。

這些事例，明明白白地向我們展示了這樣一個事實：劉季的結交官府，不是一個「巴結」能概括的。仿佛有一種無形的力量，控制著沛縣衙門的機構，影響著全縣的勢態。這力量隱隱的，但顯然是無所不在地與沛縣的主人——以縣令爲代表的官家對峙著。這力量的源頭就是劉季，一個小小的亭長。

劉季究竟靠什麼形成這股力量的呢？顯然靠的不是小小亭長的勢力，而是他的能力。不過，由這些人團結之緊密，相互配合救助之默契廣泛，以及劉季起事後這些人自然而然跟著他並成爲他的骨幹來看，我們有理由認爲，劉季此時可能已形成了一個組織的雛形，一種類似於古代流氓幫會或今天黑社會那樣的組織，半靠組織半靠義氣，半公開半祕密。官府對它半睜眼半閉眼，它對官府時有觸犯又常有和平共處。只有這樣我們才能解釋何以劉季在當亭長之前、之後，多次觸法犯事，在秦法苛刻的大環境下，他卻能躲避一陣就沒事了；也才能解釋縣中豪吏、豪強何以對一個小小的亭長另眼看待，客氣有加。泗水亭長職位雖低，但給他施展抱負提供了一個活動天地。

二、呂公嫁女

劉季貪戀女色，卻並不急於娶妻。古人尚早婚，秦漢時習俗，女子十四五歲即當嫁人，男子弱冠（二十歲）即論婚娶。可是劉季直到壯年（三十歲）當了亭長以後才正式娶妻，娶的是單父（今山東省單縣）人呂公的女兒呂雉。

這門姻緣顯然是一種攀緣，從歡迎宴會的規模足見呂公之尊貴。前面我們已經講到了，劉季誑稱「賀錢萬」，蕭何告誡呂公：「劉季一向好大言。」可是這話呂公一點也不想聽。這是爲什麼？原來這呂公最好相面，別看劉季穿著普普通通，頭上還戴了頂竹篾皮編織的帽子——這是他當了亭長之後專門派巡捕到薛縣訂製的，平時他總戴在頭上（等到作了貴人之後，這種帽子仍然受到他的青睞，總戴在頭上，被後世稱爲「劉氏帽」），他的氣派可是不凡。進了大堂，毫不謙讓，昂然入上座，席間暢談豪飲，旁若無人。以至於呂公愈看愈驚：此人鼻梁高挺，額頭突出，幾縷美髯鬚在胸前飄蕩，高聳的眉骨下，一雙眼睛銳利靈活，端的是狀貌不凡，氣宇軒昂。這龍顏貴相，軒昂氣派，讓呂公愈發傾慕，立時起了嫁女之心。

呂后彩塑，河南永城芒山漢興園大漢殿。

原來呂公生有二子二女，大女兒呂雉，字娥，正待字家中，這女子相貌並非特別出眾，只是性情非常剛強，頭腦清楚，所謂品貌端莊，人品出眾。加上呂公的地位財富聲望，前來求親的人絡繹不絕，連沛縣縣令都曾派人帶上禮物前來，想約為兒女親家。但是這些通通被呂公回絕了，從這個大女兒一出生，他就認定這個女子面相非常，其貴無比，必須給她配一位相最貴的人。今天，呂公要等的那個人終於來了。

宴會到了最後，客人們都一一告辭了，呂公看劉季有起身離席之意，就給他使了一個眼色。劉季何等聰明之人，馬上領會了呂公留他之意，於是就穩坐酒宴，輕斟慢飲，直等到所有的客人都走光。

呂公看著眼前的劉季，心中喜愛，就開門見山地提出了婚事：「我從年輕時起就喜好給人相面，經我相面的人數不勝數，但是沒有一個人的面相能比得上你劉季。大貴之相呀！希望你自珍重。我有個親生女兒，就讓她給你當個掃地捧簸箕的小妾吧。」

劉季一聽，喜出望外。他馬上起身叩頭謝恩，喜得呂公連連擺手，「好，好，好！」連聲不絕，一面又回頭大喊添酒加菜，與劉季直飲得盡興才散。

堂上呂公與劉季歡談暢飲，卻急壞了後堂的呂夫人，酒宴結束，她衝著醉醺醺的呂公發了火：「老爺，您以前總說咱們這女兒相好命貴，不比常人，口口聲聲要把她嫁給貴人。人家沛令是朝廷命官，又是你情深意篤的好朋友，咱危難之中投奔他，他解衣推食，待咱恩義不淺！他託人跟您提親，您都不答應。我以為老爺您要給女兒尋個什麼貴人呢，原來……您怎麼啦？竟把女兒胡亂許給那個小小的亭長，那個什麼劉季……」說著說著竟哭了起來。

呂公興頭上卻被她潑上這麼一盆涼水，又被她攪得沒辦法，一跺腳，大聲喝道：「這種事，你個娘兒們家的懂什麼！」一甩手走了。

這件事上，光見母親哭鬧，卻不見當事人呂雉有什麼反應。秦漢時古風未盡泯滅，男女婚姻尚頗重本人意願，不像後世專由父母作主。張耳的妻子先嫁了個丈夫，嫌他無能，跑到父親的朋友家，後來父親的朋友幫她挑選了張耳作丈夫，她的家族也予以承認，還拿出大量錢財給張耳交遊。卓文君奔司馬相如亦是一例。至於公主再嫁三嫁，且要自己挑選的事，史書中記載的也很多。由呂雉的堅毅剛強，凡事總有自己的主見來看，倘若她本人真反對的話，恐怕總會鬧出點名堂來的。現在是沒有一點這方面的蛛絲馬跡，見到的倒是呂雉嫁給劉季以後，吃苦耐勞，全力支持他的「大事」。看來這個姑娘倒還有眼光，比她母親的「老娘兒們見識」要高明多了。

與地方上勢力最強的家族之一聯姻，無疑給劉季的活動和發展帶來巨大的好處，提高了他交往的層次，擴大了影響，經濟上也大有收益。劉季謀臣陳平少時家貧，就是娶了富人張負的孫女後，貲用（送東西給別人的費用）益饒，交遊日廣的。前面講過的張耳，還有張耳的刎頸之交陳餘等不少人，都是娶了富家女，有了豐厚的財力，才逐漸交遊日廣，影響益大的。

呂公之所以看上劉季，當然不會僅僅由於劉季相貌堂堂，生有貴相。爲女兒選婿，對於權勢中人來說，總是要有政治上的考慮。呂公新來乍到，雖然有沛令的靠山，但是要擠進盤根錯節的沛縣地方勢力中也並不是那麼容易的事情。選劉季作女婿，恐怕也並非沒有藉劉季力量打通地方關節，以站穩腳跟，再圖發展之意，也難怪他斥罵老太婆「這種事，你個娘們兒家懂得什麼！」由這事也能看出劉季當時已不是個普普通通的泗水亭亭長了。

呂公終於把女兒呂雉嫁給了劉季，她就是漢高祖劉邦的皇后呂后。嫁給劉季之後，呂雉相繼爲他生下一女一男，這就是後來的魯元公主和孝惠皇帝劉盈。

娶妻生子之後的劉季，行徑與從前並無二致。初時，劉太公給兒子們分了家。沒了父兄的督責，劉季越發不將家人生產放在心上；再說後來又當了亭長，除乞假歸視外，常住亭中。家裡只有呂氏一人，既要撫育兩個年幼的孩子，又要侍弄家中那幾畝薄田，從春到秋，稼穡耕耘，家裡家外一應活計全靠呂雉這一把手，日子過得忒不輕鬆。就說有位老人爲他一家相面那次吧，呂雉一個人帶著兩個小小孩在烈日下薅草，其辛苦可想而知；而劉季此時已然是從亭裡告假歸家，卻不在地裡幫助幹活，跑到鄰居家串門，游蕩夠了出來聽說相面之事，才急忙跑去追那位老人的。對大戶人家的千金小姐來說，這種日子，其艱辛困頓是可

陝西咸陽，漢代魯元公主陵墓。魯元公主是劉邦和呂雉的長女，名不詳。姿色秀麗，頗受母親呂雉寵愛。嫁趙王張耳之子張敖為妻。

想而知的。但呂雉確是少見的剛強，她沒有一點富家千金的嬌貴之態，下嫁劉季，眞的是「嫁雞隨雞，嫁狗隨狗」了。再苦再累，心中忍著，輕易不露半分。爲此，無賴成性的劉季也不能不敬畏她幾分。對劉季的「大業」，呂雉全力支持，功不可沒。

此時的劉季，好色之性是否略有所減不得而知。我們知道的是他這時尙有一個庶長子劉肥，是「外婦」曹氏所生。好酒之習卻毫不減色。

劉季的相貴，這是他的岳父大人第一個發現的，後來又有那位相面老人更加明確地指出了這一點。從他終於貴於天下後派人四處尋找老人這舉動，可以看出來，劉季對這次相面是非常重視的。我們可以想像出當時的情景：

老人說出劉季「君相貴不可言」之後，劉季又一次長揖到地，對老人說：「老人家，如果眞如您老人家所言，小子絕不敢忘記您的恩德」。

老人拱拱手，飄飄洒洒地走了。劉季恭謹地目送著老人，心中拱動的火焰，幾乎要衝騰而出了！他對自己大聲說：「劉季，劉季！幹不成大事業，枉自爲人！枉自爲人」！

三、風雷激蕩的年代

這是一個風雷激蕩的年代。

秦始皇以其吞天吐地的氣概統一了中國，建立了空前的中央集權的大帝國，這是中國奴隸制向封建制轉化的關鍵時期，標誌著由分封割據的局面向統一的中央集權的封建制過渡這個歷史轉變的基本完成。

秦始皇統一後在位十二年，做成了許多有利統一的重大業績：建立中央集權制度，推行共同的文字，劃定共同的地域，促進共同的經濟制度、共同的文化、共同的倫理道德。這些業績，大大利於統一國家的形成，因之他成爲偉大時代的代表人物。

但是始皇君臨天下，爲了顯示勝利者的無上威勢，窮奢極欲，濫用民力，驕縱放恣，弄得海內鼎沸，民怨不已。他想在自己活著時，做完一切要做的事，好讓子孫世守，二世三世以至萬世傳之無窮，所謂「常職既定，後嗣

秦兩詔文銅權，衡器。該權肩部刻有「左」字，環體刻始皇廿六年和二世元年詔文。古代的銅權相當於現代的秤砣。秦銅權是秦統一中國以後，國家度量衡的標準器物。

循業」是他最大的願望。他所做的耗民力最大的有這樣幾件事情：

造宮室。始皇滅六國。繪各國宮室圖，在咸陽北照樣建築。共建有宮室一百四十五處，從各國遷掠來的美女萬人以上。又在長安西面修建阿房宮，僅修建好的前殿，東西五百步，南北五十丈，庭中可坐萬人，殿中可立五丈高的大旗。計始皇宮室，關中三百，關外四百。項羽入關，火燒咸陽秦宮室，大火三月不熄，足見秦宮室之規模。

修墳墓。始皇即位之初，即在驪山造墳墓，併六國後，愈發變本加厲，徵發所謂罪人七十餘萬繼續建造。

修築長城。

北防匈奴，南拓南疆。

……

秦時人口二千萬左右，造宮室墳墓一百五十萬，守南疆五嶺五十萬，蒙恬北防匈奴率三十萬，築長城假定五十萬，加上其他雜役，總數不下三百萬人，占總人口的百分之十五。使用民力如此急促巨大，幾近殺雞取卵，實非民力所能承擔。秦始皇更以苛暴的刑法，動輒將閭左農民判爲罪人，驅之服勞役。秦時，民居閭中，貧者居左，富者居右。按秦律，徵徭役不徵閭左貧民，這是保護生產力的必要措施。始皇末年，各種諸如「不徵閭左」的利國利民的措施被破壞，徭役空前繁重，迫使大量農民背井離鄉。民生動搖，人心浮蕩，農民起義實際已接近爆發了。

秦王朝法術刑賞制度的狹隘經驗傳統及秦始皇個人暴戾殘刻的性格，使他統治下的秦國極端專制，刑罰極端殘酷，被六國稱爲「虎狼之國」。秦始皇的「焚書坑儒」又使廣大士階層絕望，轉到反對方面。六國貴族，名門強宗在等待時機，皇帝官僚孤立寡助。

始皇三十年（西元前二一七年七月），秦始皇歿於沙丘平鄉出巡途中。據說臨終時眼睛瞪得比

秦始皇驪山陵寢中壯觀的軍容。

核桃還大，有人說他在焦急地等待公子扶蘇趕來，承接國祚；也有人說他等待的是方士徐市從東海尋來長生不死仙藥……可是，他哪裡會想到，僅僅一年多以後，承擔著偉大歷史使命的統一王朝就走上了毀滅之路呢？

秦二世矯詔篡位，倚依趙高，屠戮宗室手足，「盡除去先王故臣」（《史記·李斯列傳》），對始皇的將相大臣，各級官吏進行了清洗和大屠殺，蒙毅、蒙恬被處決，十二位公子在咸陽街頭被處決，十五位公主在杜郵（西安市西境小鎮，白起死處）被車裂（五馬分屍），其餘王子或自殺或被逼死。對於百姓黔首，秦二世則愈發厲行督責，昏暴無比，以嚴刑酷法威懾，致使「刑者相伴於道，而死人日成積於市」。賦稅已重至徵收田租，三分取二。還肆無忌憚地增派徭役，公然徵發閭左貧弱修阿房宮；又徵調各地勇士屯衛咸陽。皇家豢養的狗馬、奇禽、異獸，每天所須飼料太多，胡亥下令全國郡縣，運輸豆料、雜糧到咸陽，車夫的口糧全須自帶。又下令咸陽三百里內的穀米，百姓自己不得食用，一律上繳政府。秦始皇統一之初「黔首安寧」的社會局面被破壞殆盡，農民疲憊不堪，了無生計。

「秦始亂之時，吏之所先侵者，貧人賤民也；至其中節，所侵者富人吏家也；及其末途，所侵者宗室大臣也。」（班固《漢書》）當時，上至王公大臣，中間富人官吏，下至廣大百姓，「人人思亂」；更有那六國後裔、舊王公貴族、其門人故舊，心懷滅國之痛，時時伺機報仇；全國各地，動蕩不安，所謂「四海鼎沸，草澤競奮」（趙翼《廿二史札記》卷二）。秦王朝崩潰的條件全部形成，「山雨欲來風滿樓」，一場革命就要爆發了。

終於，二世元年（前二〇九年）秋七月，天雨連綿，數日不斷。九百名被徵調去漁陽（今北京密云縣西南）的戍卒們被阻隔在蘄縣大澤鄉。按秦法，「誤期當斬」，陳勝吳廣高呼：「王侯將相寧有種乎！」「今亡亦死，舉大計亦死，等死，死國可乎！」斬木爲兵，揭竿而起，中國歷史上第一次農民起義爆發了！

陳勝吳廣高舉義旗後，只十天左右，連續攻克了五座縣城。起義軍所到之處，貧苦農民踴躍參加，隊伍如同滾雪球一般迅速擴展。等到抵達陳丘（今河南省淮陽縣，古陳國）時，戰車已有六、七百輛，騎兵千餘、步兵數萬人。於是，陳勝在陳縣稱王，

陳勝吳廣起義

陳勝者，陽城人也，字涉。吳廣者，陽夏人也，字叔。陳涉少時，嘗與人傭耕，輟耕之壟上，悵恨久之，曰：「苟富貴，無相忘。」庸者笑而應曰：「若為庸耕，何富貴也？」陳涉太息曰：「嗟乎，燕雀安知鴻鵠之志哉！」

二世元年七月，發閭左適戍漁陽，九百人屯大澤鄉。陳勝、吳廣皆次當行，為屯長。會天大雨，道不通，度已失期。失期，法皆斬。陳勝、吳廣乃謀曰：「今亡亦死，舉大計亦死，等死，死國可乎？」陳勝曰：「天下苦秦久矣。吾聞二世少子也，不當立，當立者乃公子扶蘇。扶蘇以數諫故，上使外將兵。今或聞無罪，二世殺之。百姓多聞其賢，未知其死也。項燕為楚將，數有功，愛士卒，楚人憐之。或以為死，或以為亡。今誠以吾眾詐自稱公子扶蘇、項燕，為天下唱，宜多應者。」吳廣以為然。乃行卜。卜者知其指意，曰：「足下事皆成，有功。然足下卜之鬼乎！」陳勝、吳廣喜，念鬼，曰：「此教我先威眾耳」。乃丹書帛曰「陳勝王」，置人所罾魚腹中。卒買魚烹食，得魚腹中書，固以怪之矣。又彊令吳廣之次所旁叢祠中，夜篝火，狐鳴呼曰「大楚興，陳勝王」。卒皆夜驚恐。旦日，卒中往往語，皆指目陳勝。

吳廣素愛人，士卒多為用者。將尉醉，廣故數言欲亡，忿恚尉，令辱之，以激怒其眾。尉果笞廣。尉劍挺，廣起，奪而殺尉。陳勝佐之，并殺兩尉。召令徒屬曰：「公等遇雨，皆已失期，失期當斬。藉弟令毋斬，而戍死者固十六七。且壯士不死即已，死即舉大名耳，王侯將相寧有種乎！」徒屬皆曰：「敬受命。」乃詐稱公子扶蘇、項燕，從民欲也。袒右，稱大楚。為壇而盟，祭以尉首。陳勝自立為將軍，吳廣為都尉。攻大澤鄉，收而攻蘄。蘄下，乃令符離人葛嬰將兵徇蘄以東。攻銍、酇、苦、柘、譙皆下之。行收兵。比至陳，車六七百乘，騎千餘，卒數萬人。攻陳，陳守令皆不在，獨守丞與戰譙門中。弗勝，守丞死，乃入據陳。數日，號令召三老、豪傑與皆來會計事。三老、豪傑皆曰：「將軍身被堅執銳，伐無道，誅暴秦，復立楚國之社稷，功宜為王。」陳涉乃立為王，號為張楚。

《史記‧陳涉世家》

國號「張楚」，義軍揮師西進，矛頭直指秦都咸陽。

陳勝振臂一呼，各地豪傑紛紛響應，起義如風起雲湧。當是時也，楚地聚至數千人以上的義軍，數不勝數。各地豪傑並起，天下百姓雲聚響應，如影而從。統一的秦王朝，土地集中，而農民又被緊密地組織起來。商鞅變

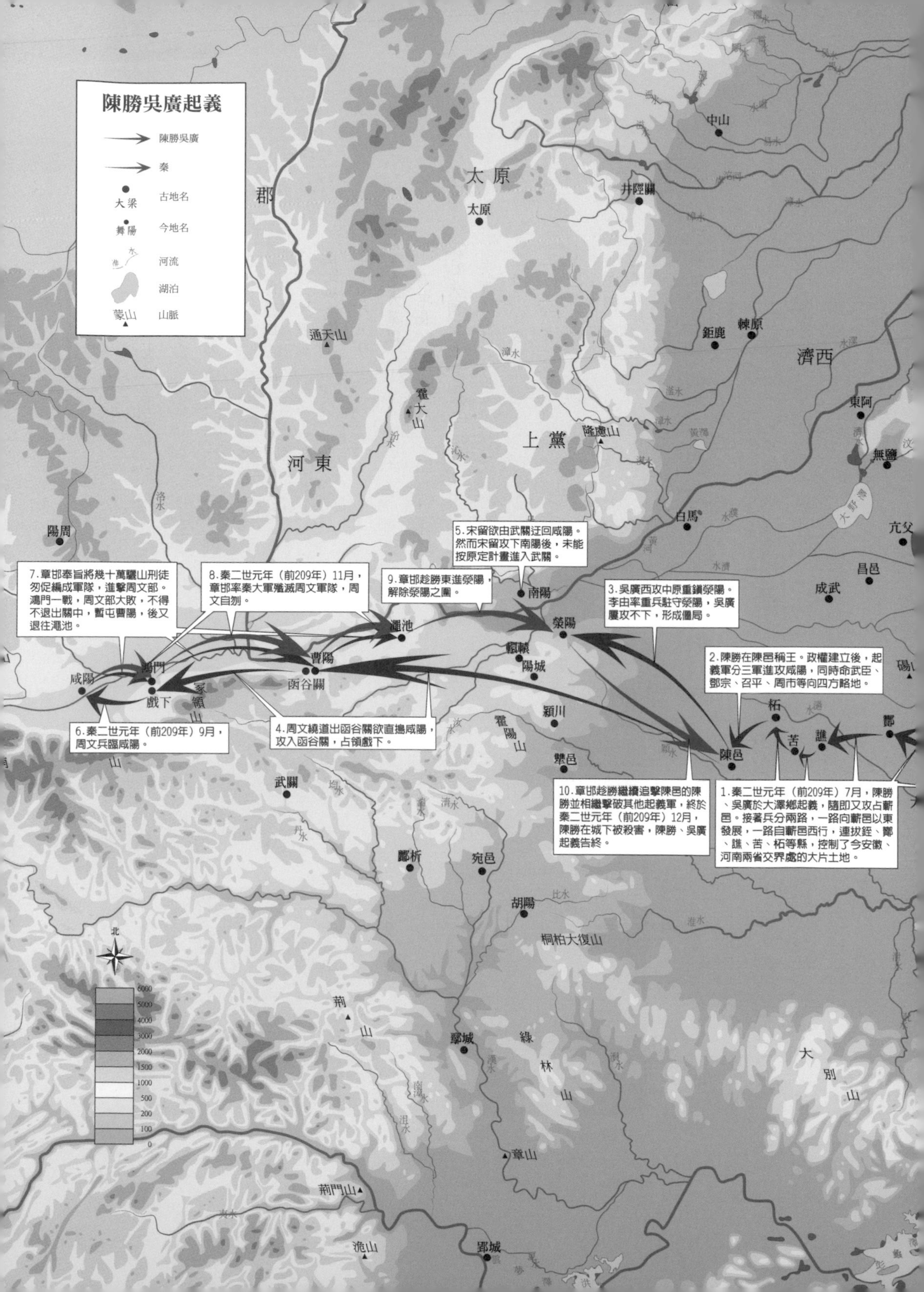

陳勝吳廣起義
陳勝吳廣
秦
大梁 古地名
舞陽 今地名
河流
湖泊
蒙山 山脈
1.秦二世元年（前209年）7月，陳勝、吳廣於大澤鄉起義，隨即又攻占蘄邑。接著兵分兩路，一路向蘄邑以東發展，一路自蘄邑西行，連拔銍、酇、譙、苦、柘等縣，控制了今安徽、河南兩省交界處的大片土地。
2.陳勝在陳邑稱王。政權建立後，起義軍分三軍進攻咸陽，同時命武臣、鄧宗、召平、周市等向四方略地。
3.吳廣西攻中原重鎮滎陽。李由率重兵駐守滎陽，吳廣屢攻不下，形成僵局。
4.周文繞道出函谷關欲直搗咸陽，攻入函谷關，占領戲下。
5.宋留欲由武關迂回咸陽。然而宋留攻下南陽後，未能按原定計畫進入武關。
6.秦二世元年（前209年）9月，周文兵臨咸陽。
7.章邯奉旨將幾十萬驪山刑徒匆促編成軍隊，進擊周文部。鴻門一戰，周文部大敗，不得不退出關中，暫屯曹陽，後又退往澠池。
8.秦二世元年（前209年）11月，章邯率秦大軍殲滅周文軍隊，周文自刎。
9.章邯趁勝東進滎陽，解除滎陽之圍。
10.章邯趁勝繼續追擊陳邑的陳勝並相繼擊破其他起義軍，終於秦二世元年（前209年）12月，陳勝在城下被殺害，陳勝、吳廣起義告終。
太原
中山
井陘關
鉅鹿
棘原
濟西
東阿
無鹽
上黨
隆慮山
河東
通天山
霍大山
白馬
陽周
亢父
昌邑
成武
南陽
滎陽
澠池
曹陽
函谷關
鴻門
戲下
咸陽
冢嶺山
轘轅
陽城
潁川
霍陽山
郟邑
陳邑
柘
苦
譙
酇
武關
酈析
宛邑
胡陽
比水
淮水
桐柏大復山
荊山
鄀城
綠林山
大別山
章山
荊門山
郢城
漳水
沁水
汾水
洛水
丹水
濟水
汝水

法，「令民爲什伍」，將散漫的個體農民編制起來。這些束縛農民的組織，恰恰又使農民聚合起來，使農民起義能迅速擴展壯大，彼此呼應，故爾大澤鄉起義迅速波及全國。一場鏟除暴秦的革命轟轟烈烈展開了。

四、解縱驪山徒

在各地響應陳勝的義軍中，有一支並不起眼的隊伍，那就是劉季率領的起義軍。

劉季怎麼起義了呢？

秦始皇末年，朝廷頒詔，令各郡縣遣送罪徒，西至驪山構築始皇陵。沛縣縣令指派劉季以亭長身份爲縣裡押解刑徒西去。這是最苦的差使。罪犯中多是輕罪重判的閭左貧弱，本就含冤叫屈，聒噪不已；如今又要千里跋涉，飢渴疲頓，不堪忍受；遠看前途，服刑罪犯，絕少生還，去驪山，無異於去投虎狼之口。因此，越到後來，刑徒們逃跑越厲害。作爲押解人員，不能按期如數將刑徒帶到驪山也會受到重罰，甚至殺頭。苦差使派到劉季頭上，他也不能不接著，硬著頭皮上了西去之路。

果不其然，剛出沛縣外城，一個不留神，就跑掉了幾個人；前行數里，又少了幾個；夜間投宿，翌日晨起，不用數，就知道又跑了好幾個。劉季孑然一身，既不便追趕，又無力彈壓，自忖道：「這樣下去，不到咸陽，恐怕也要跑光了。千辛萬苦，到得驪山也沒有好下場……」。

走到了家鄉豐邑西邊的沣澤邊，主意已然拿定，於是命眾人停下，拿出酒來給喝了個夠，然後一個個解開刑徒們身上的繩索器械，對他們說：「你們趕緊跑吧，自己去尋條生路」！

陝西西安驪山俯瞰。秦始皇陵位於陝西西安以東30公里的驪山北麓，高大的封塚在巍巍峰巒環抱之中與驪山渾然一體。史料載，秦始皇用了大約38年的時間，約72萬人修築了他的陵寢。

眾刑徒沒料到押解的亭長會來這一手，先是愣住，既而感激涕零。內中有人不由得替劉季擔心：「您不忍我們去送死，慨然釋放，我們縱然有了生路，只是您怎麼回去交差呢」？

劉季大笑道：「你們全跑了，我自然也只能去逃命了，難道我還會去報縣自尋死路不行」？

此言一出，頓時有十餘漢子拜倒在劉季腳下，齊聲道：「如劉公這般大德，我等無以報答，反正也是沒有活路，情願隨從劉公，為您效力，共圖活路」！

劉季慨然應道：「要活命也只能躲藏到山裡去。去也罷，留也罷，你們自己拿主意。」於是眾皆散去，只有這十幾個精壯漢子留在了劉季身邊。

劉季乘著酒興，連夜穿過澤西湖沼地帶；十餘壯士，前後相從。因怕官府知悉追趕，不敢走大路，只得在澤中找小路前行。澤中泥濘難行，且多荊棘，夜色晦暗，劉季醉眼迷離，不辨方向，就派了個人去探路。跌跌撞撞之中，忽聽前面喧嘩，探路人急匆匆回來報告說：「前面有條大蛇擋住了去路，那蛇長有好幾丈，白花花的，真嚇人！咱們還是退回去再找條路吧」！

劉季勃然作色：「咄！壯士前行，何畏區區蛇蟲！」說罷，獨自向前走去。行不多遠，果然看到了一條白花花的大蛇擋住了去

芒碭山

芒碭山位於河南商丘永城以及黃淮大平原上，屬皖北丘陵的西延部分，有「仙女峰」之稱。芒碭山海拔一五六．八米高，由十多座小山頭組成如保安山、僖山、夫子山、鐵角山、黃土山、周山等，以漢梁王墓群和漢高祖劉邦斬白蛇一事而聞名。

春秋時期，芒碭山屬宋國領土。孔子去曹適宋，恰好經過芒碭山避雨。秦代初秦始皇置碭縣，又置碭郡。秦朝末年，漢高祖劉邦斬白蛇起義。而陳勝起義之後卻被車夫莊賈殺害，被埋葬於芒碭山主峰南側山腳下。現在該處存有陳勝的墓塚跟郭沫若手書的石碑。到了西漢時期，芒、碭二縣分別屬於梁國和沛郡。梁孝王劉武曾在芒碭山左右築東苑，包括落猿岩、棲龍岫、鶴州、雁池、鳧島等風景。東漢時，芒縣改稱臨睢縣。在東漢末年，曹操曾設「摸金校尉」及「發丘將軍」盜取及發掘永城芒碭山山上的漢梁王墓群七十二船寶物。劉備、張飛等曾與曹操爭奪徐州，張飛敗走後據守芒碭山，並築寨稱王。至今山寨仍存有兩餘米的石牆。

芒碭山的南側山腳下有一座高祖廟，用以紀念漢高祖劉邦斬白蛇起義一事。另外，亦有傳說是當時劉邦隱藏之處的紫氣岩。

路。見人來，蛇首高昂，蛇眼圓睜，口中吐出信子，嘶嘶作響。劉季全無懼色，掣出寶劍，手起劍落，將蛇一劈爲二；而後撥開死蛇，向前走去。眾人驚魂甫定，小心翼翼地跨過死蛇，跟著他繼續趕路。

從這事中，我們能看出劉季的豁達、無畏與氣度。後世所言劉季澤中斬蛇有老女人哭訴「赤帝之子」如何如何，就是從這件事演化的。且說斬蛇後劉季愈發自命不凡，而那十幾位相隨者，對劉亭長則不僅是感激欽佩，從這天起對他更是一天比一天敬懼起來。

五、亡命野澤

劉季領著十幾壯士，避入芒碭二山中蟄居潛伏。這劉季帶人潛入此二山，無非爲避禍，因而時時遷移，蹤跡飄忽，時時提防被人察知行蹤，提防官府的追捕。後來他們尋到一處山谷。那山谷掩藏在大山深處，人煙罕見，深邃幽靜，密林遮蔽，溪水淙淙，很宜於作聚眾藏匿的根據地。後世傳說芒碭山中有個皇藏峪，就是因此而得名。

那一陣子日子想來是非常不好過，山窮水惡，沒有物產。十幾名壯漢，個個肚大如牛，吃了上頓沒下頓，不做土匪，他們絕不可能熬過這段極其艱難的時日。

這個時候，劉季常常暗地裡派人下山刺探，他自己也伺機下山活動，活動的主要目的大概就是聯絡他昔日的朋友和交遊者。他們給了他幫助，甚至冒著生命危險救助他，使他得以支撐下來。

有一次，劉季親自下山活動，潛入沛縣地域，被官府發現了。官軍在後面窮追不捨，劉季在前面倉皇逃竄。眼看就要追上了，正在這萬分危急時，忽然路邊樹叢後閃出一個人來，牽著一匹

樊噲(?～前144年)，沛縣(今江蘇省沛縣)人，少時以屠狗為業。西漢開國功臣，大將，以勇著稱。漢朝建立，任左丞相，封舞陽侯。

馬，口中連連輕聲呼喊：「快！快！快上馬！」匆忙之中，劉季顧不得多謝，抓過馬繩，翻身上馬，這才逃離險境。贈馬人叫單父聖，沛縣本地人。這危難中的救助，令劉季感激不已，記掛終生。後來劉季在沛縣起事，這單父聖跟著當了個小兵卒，直到高祖十二年（西元前一九五年）十月，劉季不忘給馬之功，封他為共侯，封地中牟，享二千三百戶。

蕭何曹參一般循吏，雖不能再與劉季公開往來，不過暗中還會與他聯絡，給他一些必要的幫助。

那一幫獄卒小吏們，則不乏公開為他鳴冤叫屈或是為他奔走幫忙甚至不惜身家性命為他解救危難的，如任敖。這些人的成分原就以流民、俠客為主，他們是劉季多年聚合的幫派中的基礎力量之一，為了幫劉季，他們可以置秦王朝懲治官吏的苛法於不顧，很顯示了戰國以來的俠客風度，這也是很自然的。

劉季的密友如盧綰、樊噲之流就更甭提了。

必須得提的是呂雉。作為一個大戶人家的千金小姐，下嫁劉季後，辛勤勞作，哺育兒女，替劉季支撐門庭，這都不在話下。現在又作了逃犯家屬，擔驚受怕，又被關進了監獄，遭侮辱，受欺凌，她一個女人家，可以想像她的艱難困頓。但是我們所見到的呂雉，卻是從沒有一點沮喪，軟弱。在劉季的朋友們的幫助下，從監獄裡設法逃脫後，她就拖著兩個小兒女，一路風塵，四方流落，輾轉尋夫。後來終於在芒碭山深處，找到了劉季。她與一雙小兒女的到來，無疑給落難中的丈夫巨大的心理安慰與支持。劉季再豁達大度，在這樣窘困的局面下，內心也是極其渴望得到安慰與支持的。年輕的呂雉，以她的見識、她的剛毅、她對丈夫的理解與支持，贏得了劉季的敬重。不過劉季享受了一番家庭的溫暖之後，立即就把妻兒打發走了，女人孩子到底是拖累。自此以後，呂雉倒是常來常往，大概是建立了比較正常的聯絡方式和一套應付官府的辦法。

不過傳說中的呂雉尋夫與此不太一樣。據說在芒碭山方圓幾十里的水澤深處、亂石嶙峋的深山裡，她和別人一起去找劉季一干人，別人漫山遍野亂尋亂覓，常常無功而返，她卻從不走冤枉路，一找就找到。劉季也感到很奇怪，問她是怎麼回事，呂雉回答說：「你住的地方，天上總飄浮著五彩雲氣，我就看準了雲氣去找，一準找到你」！

劉季聽了，心裡高興極了，這「雲氣」是帝王之兆。秦始皇帝曾經讓方士給他望過四方之氣，方士講過：「東南方有天子之氣」。所以秦始皇曾經多次東巡，以鎮服這天子之氣。劉季早就聽說過這些，現在從妻子口中聽到，又這麼言之鑿鑿，他就更加確信無疑了。他知道自己將來必定要成就大業，故而心中大喜，但是同時他心中頓生畏懼——始皇帝三十六年（西元前二一一年），火星侵占心宿天區，有隕石從東郡上空落下，到地上成了石頭，百姓中有人在隕石上刻了幾個字：「始皇帝死而地分」。始皇聽說後，派御史挨次審問，沒有人服罪，於是始皇就下令，將隕石邊的所有居民全部抓起來，殺掉，然後燒毀了那塊隕石。始皇帝多次東巡，最近一次沿長江而下，一直到了會稽，向天下顯示皇帝的絕對權威，以彈壓住東南的天子之氣。劉季怕事情泄露，就趕緊躲藏到更隱密的地方去了。

紙包不住火，呂雉憑頭頂上的雲氣找到劉季的事情不知怎麼就傳開了，一傳十，十傳百，一時間，沛中沸沸揚揚，人心浮動，尤其是年輕人，聽到這事，差不多都想去依附劉季。劉季的隊伍越擴越大了。

「天將降大任於是人也，必先苦其心智，勞其筋骨，餓其體膚，空乏其身，行拂亂其所爲，是以動心忍性，增益其所不能。」孟軻這話說得確實是有道理。一年多的流亡生涯，對劉季的磨練著實大。劉季的傲慢輕狂，放誕不拘，固然是他的個性所致，但是與他自幼生長的環境也大有關係。劉家那種小康以上的經濟狀況，使被嬌慣的孩子有條件能夠「不事家人生產作業及其他」甚至游手好閑。身上沒有擔子，心中沒有壓力，本性自由發展，能力充分發揮，毛病也高度膨脹。可是一年多的流亡生活，那種極端匱乏的物質條件，還有時時須謹慎小心，處處要戒備提防的生存環境，使他懂得了什麼叫艱難困苦，什麼叫按捺性情，他更明白了尤其是不能隨意耍大爺脾氣，他學會了隱忍，學會了裝笑臉。即使最生氣的時候，如果需要，他可以立刻變出笑臉。這是一種修養，沒有較長

柱莖圓首銅劍，秦代。劍的發展在秦朝時達到了巔峰，也是當時士兵的基本配備，作戰的主要武器。

時間的非常艱苦的磨練，是難以成就的。當然，劉季聰明絕頂，這一套本事，他從小也並非不會，他所以能以一個小小泗水亭長，在沛縣左右逢源，廣植勢力，自然得有這套本事。而且心中的自負，與生俱來的狂傲，並沒有因爲流亡而減退，他就不信他會總這麼倒運。越苦越磨練他的意志，他就等待著翻身的那一天呢。不過，只有經歷了流亡之後，劉季才更明確地認識到，爲了實現大目標，必須犧牲小利益，爲了大欲望，必須會隱忍。他已經能自覺地運用那套本事了，並且運用得得心應手，幾乎可以稱得上是修成正果了——必要的時候，幾乎可以完全遮住劉季充溢全身的狂傲之氣，使他平添一種長者風度。這一套使劉季終生受用無窮。

就這樣一直到秦二世元年（西元前二〇九年）七月，爆發了陳勝吳廣起義。

六、沛縣擎義旗

這時候的全國形勢，正如布滿乾柴的大火爐，原本就到處潛伏著火種，「張楚」政權建立後，各地奮起響應，起義形成燎原烈火。「數千人爲聚者，不可勝數」。比如，陵人秦嘉，銍人董緤，符離人朱雞石，取慮人鄭布，徐縣人丁疾等起義於淮北；昌邑人彭越也聚眾數千起義；驪山黥徒英布在今江西鄱陽聚兵數千。六國貴族後裔也紛紛起兵。項梁，故燕國大將項燕之子，帶領侄子項羽殺會稽郡郡守殷通，舉兵起義；田儋，故齊國皇族，擊斬狄邑縣令，宣稱自己是齊王，向東收復故齊國土地；故韓、趙、魏後裔亦紛紛舉事。各郡縣父老百姓苦於暴秦的苛政，紛紛誅殺官吏，響應陳勝。值得注意的是陳勝義旗一舉，四海呼應，就連秦王朝的地方官吏也爲之所動。

劉季，就是在這樣的局勢下參加起義的。

這一年秋九月，也就是陳勝起義後兩個月，沛縣縣令看到各郡縣紛紛起來，斬殺郡守縣令以應陳勝，恐怕自己遭到同樣的命運，於是打算響應起義，順勢投機。

看出縣令的心思，縣主吏蕭何、獄掾曹參對縣令說：「您是秦政府任命的官吏，今天打算背叛秦政府，率領沛縣子弟起事。就怕萬一沛縣人反對，豈不是進退兩難？您不如把潛逃在外的亡命之徒們找回來，能有好幾百人。有了這些人在您左右，就可以威懾沛縣，到那時侯，眾人就不敢不聽您的了」。

沛縣令一聽，連聲說有道理。蕭何、曹參順勢就提起，說那原泗水亭長劉季解縱驪山徒，完全是出於無奈，亡命澤中，時刻思歸，意欲歸屬，今澤中那些亡命之徒卻都很服他。倘將他召回，定有裨益。縣令聽了很是歡喜，就命蕭何、曹參去尋訪合適的人選，好派出去把劉季和那些亡命徒們找回來。蕭曹找來了樊噲，推薦給縣令。

看著蕭何、曹參帶上來的這個人，縣令心中不由得直發緊，這人體格健壯，相貌粗魯，一雙牛眼，一頭亂髮，一臉的凶氣，縣令不禁後悔了：「這些亡命之徒，我難道能駕馭得了他們」？他早就聽說那劉季交遊甚廣，勢力遍布縣內外，也曾和這小亭長打過幾次交道，甚是難對付。縣令眼前不禁浮現出劉季那傲睨一切的勁頭兒，那雙深不可測的眼睛，令人難以捉摸……這，豈是能依賴、指揮之人？縣令連忙把縣尉找來，倆人商議來商議去，決定把蕭何、曹參抓起來殺了，免得他們作內應。

誰知門外有耳，有那親蕭曹的兵丁偷聽到了他倆的談話，慌忙趕去告訴蕭曹。蕭曹大驚，隱約已聽到外面人馬喧鬧，他倆急忙溜出後門，登上防禦不甚嚴的城牆，趁無人注意之時，跳將下去，投奔劉季。就這樣，沛縣主吏蕭何、獄掾曹參正式參加了起義的隊伍。

再說沛縣城裡，聽到蕭曹縋城而逃的消息後，縣令都尉愈發驚惶不安。就在這時，守城的兵丁跌跌撞撞趕來報告，說城外來了一幫人，看樣子有百十來人，

曹參(?～前190年)，字敬伯，沛(今江蘇沛縣)人，秦時為沛獄吏。西漢名將，被封平陽侯。本圖出自清末《歷代名臣像解》。

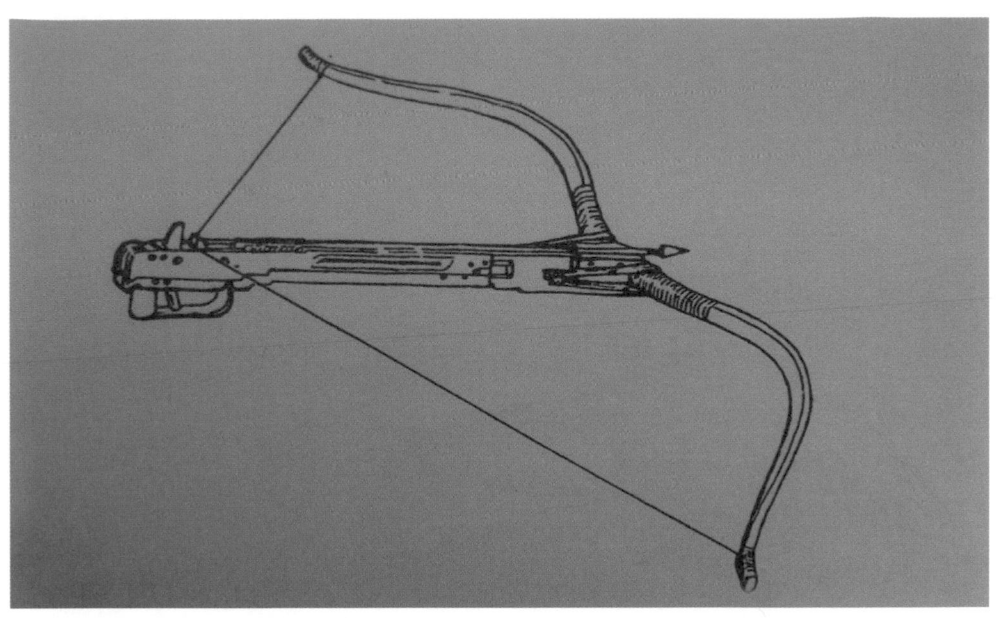

戰國弩復原示意圖。弩是由弓發展而來，但它的殺傷力比起人力拉引的弓，不僅射程更遠、射速更快，且殺傷力亦更大。

拿刀舞棍的，喊著要進城！原來是樊噲已經把劉季和他的那一伙人召回來了，半路上又遇上了蕭曹，於是一路殺將回來。慌亂之中，縣令連忙下令關緊城門，加強防禦，決不能讓那伙人進城！

劉季這時已是百多人的頭領了。別看這些人衣衫襤褸，蓬頭垢面，可個個精神振奮，摩拳擦掌，藏匿在芒碭山中一年多了，露宿風餐，偷偷摸摸，快把人憋死了，今天終於盼來了出頭之日！劉季走在人群的前頭，黎黑削瘦，目光炯炯，大丈夫施展抱負的機會來了！

沛縣城下。

城門緊閉，城牆高大堅固，城頭刀戟林立，劍拔弩張，戒備森嚴。劉季的隊伍一到沛縣，就被阻止在城門前。怎麼辦？

劉季看著堅固的城池，不必再看自己的隊伍，他的心裡也是一清二楚的：自己這百十口子人，哪可能攻下縣城呢。他把目光轉向了在一邊沉吟不語的蕭曹。蕭何說：「天下動蕩，人心思亂。沛縣城中百姓，苦於秦苛政暴斂，也不是一日之事了。別看城防戒備森嚴，城中百姓卻未必心服。依我看，強攻不如德服。」劉季眼睛一亮：「您的意思是——」

「修書一封，設法送進城去，講清道理，申明利害。城中那些有威望的長者、有地位的豪傑們一旦被爭取過來，那麼沛縣城中的老百姓們自會起來。恐怕搗毀縣府、誅殺縣令及其手下、大開城門迎接我們，都是可能發生的」。

劉季一聽，不禁連聲說：「好主意！好主意！」然後命蕭何急速書寫。告沛縣父老書是這樣寫的：

沛縣父老兄弟們：

天下苦秦久矣！苛政暴斂，父老深受其害。現在您們還在爲秦王朝派的縣令守城賣命。您們可曾想過，現如今各地豪傑並起，風湧雲從，所過之地，無不順風而降。倘若您們還在爲秦吏把守城池，無論是哪一路豪傑來到，都將屠戮咱沛縣全城。那時候，咱全城父老百姓都將遭受殘殺！沛縣父老弟兄們，倘若今天您們能起來共同誅殺縣令，推選沛縣子弟中一位可以領頭的人作首領，帶領我們響應起義的諸侯。那麼您們的家室就可以保全。不然，全城老老小小都將遭到屠戮，那可就太不值得了！

劉季把這帛書綁在箭上，挽弓搭箭，「嗖」地一箭射將上去。

看過劉季的帛書，沛縣城中的豪紳長者緊急商議。其中令史（縣令屬下的書吏）夏侯嬰、獄吏任敖等本就是劉季的人，這時更是趁熱打鐵，四下活動。父老們帶領眾人占卜，大吉，終於下定了決心，於是率領縣中青年，浩浩蕩蕩攻打縣衙。城中人心思變，役卒們早就無心跟隨了。人們竟沒有遇上什麼抵抗，一路衝進後院，抓住縣令，一刀結果了他的性命。然後返身湧到城門洞下。有個士卒名叫彭祖的，最先衝到門前，奮力頂起粗大的門桿。城門大開，歡聲雷動，劉季

戰國時期長鋌箭鏃，北京宣武出土。因戰爭頻繁，武器也愈益強化。「鋌」是箭頭後部插入箭杆的部份。這種長鋌箭鏃形體甚大，加重了質量，提高了飛行動能，進而增強了穿透力。

帶領著他的隊伍呼嘯著湧入沛縣城。

在一片歡呼聲中，劉季和迎接他的父老們會合了。父老們談起了今後的打算，熱烈懇切地對劉季說希望他來當沛縣縣令，帶領大家叛秦自立。

劉季堅決推辭說：「天下當今大亂，諸侯紛紛起事，如果首領選得不當，就會一敗塗地。我劉季並非吝惜自己的性命，劉季這條命也並不值錢。我擔心的是自己的能力薄弱，不能保全父老兄弟，那就後悔不及了。這可是件大事，希望大家再推選能夠勝任的人」。然後劉季指著身邊的蕭何曹參說：「蕭曹二位德高望重，諳熟吏事，且是沛縣故人，最爲適合」。

蕭何曹參二人都是文官，一向循規蹈矩，兢兢業業，膽小謹愼，將身家性命看得最爲關重，從不敢越雷池一步。這次跟隨舉事，也是出於無奈。他倆心中一直是惴惴不安的，惟恐大事不成，被秦王朝絕種滅族。一聽劉季要推舉他們作首領，趕緊推卻，一連氣兒地說「劉季最好！劉季最好！」父老們也都說：「還是您最合適。平時我們就聽說過您的種種奇聞怪事，都是說您定能成大事，顯大貴。況且這一次我們占卜，沒有比你劉季更吉利的人了」！

劉季還是再三推讓，可是舉誰誰都不敢領頭，最終還是立劉季作了沛公。在進攻沛縣以及被推舉爲沛公這件事情上，我們初次見識了劉季的政治策略及才能，他已經開始懂得運用政治攻勢，並且初次表現了他「作姿態」的政治手段。

九月初吉，劉季在沛縣衙門就任沛公。按秦律，一縣人數過萬者稱公。又，沛爲楚地，楚人稱縣令爲公，故劉季任沛職，稱沛公。《史記》自劉季作了沛公，就稱他爲沛公了；我們也遵從史家的習慣，以後也把他叫做沛公。沛公帶領眾人祭祀黃帝和蚩尤，殺牲畜取血，祭旗釁鼓。

之後，即授蕭何爲丞，曹參爲中涓（掌傳達之職），夏侯嬰爲太僕。此外，樊噲爲舍人，任敖爲門客。然後，沛公就命那班年輕豪俠的縣吏，去四處活動，很快就集合了兩三千人。這些沛中子弟，跟隨沛公轉戰南北，後來成爲統一大業的基幹。

時勢造英雄。秦漢之際的激蕩風雲，造就了中國第一次農民大起義的英雄陳勝吳廣，也爲中國第一位平民皇帝的出場創造了條件，鋪設了廣闊的舞台。劉季就這樣加入到秦末起義的洪流之中。

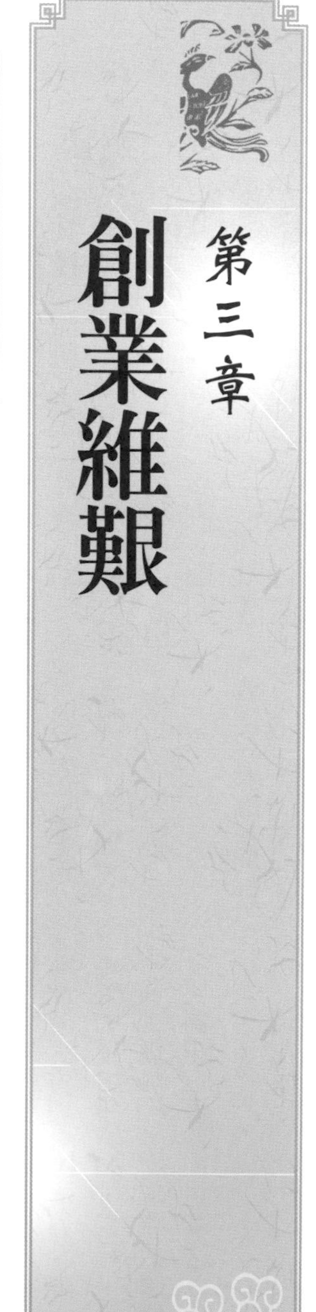

第三章 創業維艱

一、群雄並起

秦二世元年（西元前二〇九年）九月，是個諸侯蜂起、熱鬧非凡的月分。

這個月，沛公在沛縣舉事，聚兵三千，很快成爲義軍中的一支勁旅。就在同時還發生了幾件大事：

第一件事，陳勝在陳丘稱王，建立了張楚政權後，集中主力，組成三路大軍，西進去攻打暴秦。第一路吳廣數戰數捷，包圍了滎陽。第二路宋留攻占了南陽後，進攻武關。尤以大將周文統帥的第三路軍戰果最爲顯著，西進勢如破竹，所向披靡，到達函谷關時，已然是戰車千輛，步兵十萬。九月，攻破函谷關，大軍浩浩蕩蕩直抵戲城，距咸陽僅一百多里了。兵臨城下，嬴胡亥慌忙下令大赦，任少府（負責主持農林事物）章邯爲大將，集結被赦的驪山刑徒幾十萬和所有「奴產子」（家奴），迎戰楚軍。結果楚軍寡不敵眾。周文只得引兵後撤。這一仗雖然被打敗了，但是強烈地震撼了秦政府，消耗了秦軍的有生力量，更給關東其餘義軍以巨大的鼓舞。

與此同時，關東另外幾支義軍也發展神速。就在沛公起義的同時，下相人項梁在吳中起兵。項梁是楚名將項燕的幼子，楚亡國後，項梁帶領侄子項羽心懷家國之仇，逃到吳中，暗中培植力量，隨時等待有朝一日，報家國之恨。聽到陳涉起義的消息，項梁不禁歡呼：此乃天亡秦之時也！此時，會稽郡守殷通迫於形勢，想乘機起事，先發制人，召來項梁商議。項梁趁機命項籍殺了殷通，宣布起義。很快徵得子弟兵八千，個個膂力方剛，精強健壯。項梁義軍日益壯大，威名四揚。

就在同一個月，故齊國皇族

田儋在齊地起事稱王。春秋時，陳國的公子完避禍奔齊，稱田氏。後來他的十世孫取代姜氏統治齊國。秦始皇滅六國，齊國是最後一個，距今僅僅十一二年。齊國因爲當時沒有反抗，所以沒有遭到大的破壞，豪族的勢力得以較完整地保持下來。特別是皇族田氏家族，無論在經濟還是在政治方面都保存廣泛的影響。他們也隨時等待時機。陳涉起義，九月，其大將周市大軍到狄邑（今山東省高苑縣）。狄邑縣令緊閉城門，堅守不降。田儋誘縣令出庭，趁機殺死了他，然後自稱齊王，領兵收復故齊國的土地。

漢函谷關城樓遺址上的建築殘跡：十字拱。函谷關最早在春秋戰國時代由秦國所建。「因在谷中，深險如函而得名。東自崤山，西至潼津，通名函谷，號稱天險。」由於函谷關易守難攻，秦朝末年各地起義抗秦後，新立的楚懷王為盡快平息戰亂，宣告誰先入關中，得為關中王，此處所提的關即是函谷關。

八月，陳勝派往故趙國攻打城池收略土地的武臣，在邯鄲自立爲趙王。

九月，趙將韓廣自立爲燕王。

同時，楚國大將周市，派人到陳丘去迎接故魏國王子寧陵君魏咎當魏王。

到了二世二年（西元前二〇八年）正月，韓國舊貴族韓成又略韓地，稱韓王。

此外，還有大大小小的貴族後裔也聚眾割據。

就這樣，大澤鄉起義後短短的兩個月中，中國大地上，就出現了秦、楚、趙、燕、齊、魏數國並立，項梁、劉季、彭越、英布、酈商等數不勝數的起義隊伍各自爲政的局面。

二、保衛家園

在這些造反隊伍中，沛公劉邦的這兩三千人馬是個毫不出名的小不點兒。他們的第一步就是北上攻打胡陵、方與——在這一帶也算是大地方了。進攻並不順利。胡陵，方與二縣城門緊閉，拒不出戰。沛縣區區小三千的子弟兵，實無力攻克。

正在僵持之中，家鄉來了消

息，泗水郡郡監帶領大軍來討伐豐邑，不日即到！沛公聞聽，連忙撤軍，帶領隊伍日夜兼程，搶在那郡監之前，趕回了豐邑。剛剛關上城門，就見遠遠煙塵蔽天，緊接著秦軍開到豐邑城下，把它包圍起來。

兵臨城下，一種威壓頓時籠罩了全城。城下「秦」字大旗在秋風中呼呼呼地響，秦軍的鎧甲齊整，刀槍閃光。自己的部下，衣衫襤褸，裝備不齊，有的人手裡拿的竟然還是在家裡幹活用的鋤頭、鍬甚至木棒，沒有經過訓練，也沒有打過仗。投降、講和，自然決不可能，大丈夫既舉大事，就當拼盡全力，豈有不戰自退之理！

且說那位郡監平，雖然表面氣勢洶洶，其實底氣並不足，他的軍隊數量不足，他是中央政府派來負責監察的，根本也沒有帶兵經驗。第一天，城裡不見動靜，他也沒敢下令攻城；第二天，城裡還是沒有動靜，他也還是沒敢下令進攻。圍了兩天，他正拿不定主意時，不想半夜裡，本軍的營帳在殺聲中突然起火了，霎時間火光沖天。火光中沛公突然將兵殺出城來，就像一股阻擋不住的洪水，從邑門裡奔湧出來。一時間，殺聲四起，吼聲震天。秦軍睡夢中突然天降祝融，正待奪門逃命，不想沛公的人馬又像從地下冒出來的一樣，突然出現在面前，長槍短劍鋤頭木棒一齊打來，直殺得秦軍人仰馬翻，鬼哭狼嚎，郡監平帶著殘部落荒而逃。

家鄉保衛戰打了個大勝仗，眞是令人歡欣鼓舞！全軍上下一片歡騰。

十一月，沛公命將軍雍齒守衛豐邑，自己引兵北上，攻擊薛城。薛城在沛縣東面六十多里，但因中間阻隔著一片汪洋大湖（即今之微山湖），他們只能繞陸路長途跋涉去進攻薛縣。選中薛城是因爲這個時候，泗水郡的郡守「壯」（姓不詳）正帶領著他的部下聚集在這裡，郡監「平」也是從這裡出發，攻擊豐邑，被擊敗後又逃回到這兒的。

沛公的大軍壓境，在城下叫陣挑戰，郡守「壯」被起義軍從郡府相地趕出來，一路流亡，士氣低落。郡監被人家殺個落花流水，今日若不迎戰，軍心必散，他不得不集結部隊，出城迎戰。

沛公命左司馬（掌管軍政的官員）曹無傷率兵迎戰，又派樊噲諸人增援。沛公軍士氣高漲，奮力殺敵秦軍即刻潰散。沛公命曹無傷帶人追趕，到戚縣城下，曹無傷手起刀落，泗水郡守壯翻身倒地，身首兩分。

沛公大獲全勝。然後，北上回師，在方與城下停住了腳步，準備進攻。方與城內外，一派緊張的備戰氣氛。

就在這時，家鄉豐邑突然傳來了一個可怕的消息——秦軍血洗中陽里，將與沛公同齡男子全部殺光！

三、雍齒和豐邑的背叛

今天江蘇省豐縣太行堤河岸有個村庄叫金劉庄，相傳是漢高祖的誕生地，史稱中陽里（也叫陽里）。鄉裡人傳說這個村子原俗名劉庄，因沛公率領沛縣百姓造反，秦軍報復，屠其鄉里全部同齡男子，鄉人爲避禍，遂改名爲金劉庄，一直流傳至今。這個傳說可信。因爲有確切歷史記載，就在這時，秦軍章邯的部下，一個叫「夷」的司馬（軍政官），率軍東來，從相縣（安徽省宿縣北）直到碭邑（今安徽省碭山縣）大軍所到之處，血腥屠殺，他們把對敵於造反的楚人的仇恨全都傾瀉在楚地百姓身上。沛縣就在這一帶，沛公造反且率軍殺了泗水郡守、郡監，秦軍顯不會放過他的家鄉，肯定報復得格外凶殘。

就在這時，又來了一個壞消息——豐邑守將雍齒挾城投降了魏國！

陝西西安，秦始皇兵馬俑坑内穿戰袍鎧甲的武士。

原來，陳勝大將周市從齊狄邑退兵後，擁立魏國後裔魏咎爲魏王，他自己作了宰相，一路爲魏國擴充地盤，來到沛公的根據地沛豐。他派人去游說雍齒：「豐邑，曾經是大梁的遷都之地，本來就是魏國的領地，當然應該回歸魏國所有。今天，我大魏平定收復的城市已經有幾十座了。您如果

雍齒

雍齒（？～前一九二年），秦末漢初泗水郡沛縣人。原為沛縣世族。秦二世皇帝元年（前二〇九年），劉邦反秦稱沛公，雍齒隨從。但雍齒素輕劉邦，翌年，在劉邦最困難的時候，雍齒獻出了豐縣投靠了魏國周市，劉邦大怒，數攻豐邑而不下，劉邦因此對雍齒非常痛恨。後雍齒屬趙，再降劉邦。

高祖六年（前二〇一年），漢高祖劉邦恩賞功臣封為列侯。但聽說有人不服，天天發牢騷，劉邦問計於張良，張良說「陛下最恨誰就先賞誰，這樣所有人才有得賞的希望」。劉邦於是封雍齒為什方侯（二千五百户）。

漢惠帝三年（前一九二年），雍齒去世，諡號肅侯。

能夠投降，我大魏國就封你爲侯，還讓你守衛豐邑。如果你不投降的話，那麼我們就要屠殺豐邑全城，男女老少，片甲不留！」於是雍齒率城投降。周市封其爲侯，仍舊讓他領兵把守豐邑。

雍齒率豐邑投降，除了害怕被秦軍或魏軍屠戮之外，他還有一個深藏的心思，那是要擺脫劉季這小子。雍齒是沛縣的豪強，在地方上也是有頭有臉的人物，他從來沒有把劉季那個小亭長放在眼裡過。及至劉季射帛書與城中父老，城中百姓簇擁著他和幾位長者豪紳共同起事，迎立劉季作沛公。在那種氣氛下，他不得不順應民情，擁立劉季。可是顯然他無論如何也看不慣劉季那小人得志的樣子，更沒法忍受他對自己頤使氣指，專橫跋扈。從第一天起，他就生了離異之心。今天魏國來招降，他立即投降，反過來爲魏國把守豐邑。

沛公決沒有想到雍齒會來這一手！豐邑是他的家鄉，更是他的根據地，他決不能丟掉這個立足點，他必須拚力搶回來！

雍齒是以逸待勞。沛公屢次進攻，都沒有得手。那豐邑百姓，被雍齒裹脅著，也做不了主，又怕被魏國軍隊屠城，只得隨同雍齒附魏。況且，他們都是劉季的鄉親，劉季少時的劣跡，他們肯定也是記憶猶新。現在劉季突然變成了一縣之長，指手畫腳，發號施令，恐怕他們多少覺得有點莫名其妙，搞不清楚是應該追隨他還是應該反對他。所以劉季率部趕回豐邑，號召父老起來反魏殺掉雍齒時，他們沒有響應；劉季指揮部隊攻打邑城時，他們也沒有幫忙。

沛公屢屢受挫，心情甚是抑鬱，又因爲長途跋涉、作戰，勞累困頓，生起病來。不得已，只得引兵撤回沛縣。躺在病床上，他的心裡當然不會平靜，他恨透了雍齒，也恨豐邑的鄉親背叛他。他咬牙切齒，一定要報這個仇！

這年正月，他率部去留縣（沛縣東南），投靠東陽人寧君和凌縣人秦嘉擁立的楚王景駒，希圖得到援助部隊收復豐邑，未果。於是沛公聯合寧君西進，在蕭縣（今江蘇省蕭縣西）與秦軍遭遇激戰，沒有取勝，又撤回留縣。二月，沛公再與寧君聯軍攻擊碭邑，猛攻三天，終於攻克了這座曾被秦軍血洗過的城市。收編了六千人馬，其中除了自覺參軍的碭邑志士外（他稱帝後所封侯爵中有不少是從碭邑追隨的），主要是投降的秦武裝部隊，加上原有的三千人，沛公有了九千人的一支勁旅。

沛公時時惦念他的豐邑，三月，從碭邑乘勝追擊，再攻陷下邑（今江蘇省碭山縣東）後，他又一次攻打豐邑。雍齒知道倘若城池被攻破，那將是什麼後果，所以愈發堅守，任沛公軍怎麼攻打，豐邑就是攻不下。沛公無奈，快快撤回留縣。心中愈發怨恨雍齒和豐邑人。

沛公對雍齒的怨恨，深入骨髓。後來雍齒隨魏王豹歸順，處處小心翼翼，漢王不忘舊仇，只是始終沒有尋出他的差錯，沒法下手。沛公也不肯原諒他的家鄉豐邑的父老鄉親們，作了皇帝，路過家鄉時，在沛縣歡歌暢飲，封沛縣作他的湯沐邑，免除沛縣百姓的賦稅勞役，並且世世代代永遠免除。他卻不封豐邑。沛縣父老反復請求，他才勉強答應豐邑也比照沛縣。但是，他卻沒有再踏上豐邑一步。

四、遇張良

沛公去留縣投靠景駒的路上，遇上了張良。

這一天，沛公率軍剛剛走出沛縣不遠，就看到從南面來了一支隊伍，個個年輕體壯。爲首的是一個儒雅溫文的中年人，相貌竟如美貌婦人。兩支人馬相遇後，竟同往留縣去投奔景駒。沛公心中不禁驚異，交談中知曉此人姓張，名良，字子房，十年前因避禍逃遁到下邳。自「張楚」振興，天下響應，他也聚集了下邳的少年百餘人，前往留縣投靠楚王景駒。

沛公大驚：「足下莫不是博浪沙刺殺始皇的那位義士張良」？

張良莞爾一笑：「不敢。鄙人確是那個張良」。

沛公萬萬沒有想到，一手製造了震動天下的博狼沙狙擊秦始皇案的人，誰都以爲其相貌必定是魁梧奇偉，卻誰知眼前的這位竟是如此的嫵媚娟秀如同美婦人！由此愈發奇之。

張良（？～前186年），字子房，戰國時韓國人，西漢傑出的軍事謀略家，漢高祖劉邦的謀臣，漢王朝的開國元勳之一，與蕭何、韓信同被稱為漢初三傑，被封留侯，諡文成侯。

張良與沛公成就帝業關係非同一般，我們在這裡需要先對他作些介紹。

張良的祖先是韓國人，祖、父先後爲五代韓王作過宰相。秦滅韓，時張良年少，未曾事韓。韓國滅亡後，張良家有奴僕三百人，弟死不厚葬，卻用全部家產訪求刺客，下決心刺殺秦始皇，爲韓國報仇。五世相韓的貴族血統與家族榮讐，是他向強秦復仇的根本原因。

張良曾經在淮陽（國名、郡名，地在今河南省中部，治所在陳縣，即今淮陽縣）學過禮（典章制度），到東方會見過隱士倉海君。後來他找到了一個大力士，造了一百二十斤重的大鐵錘（秦漢時的一斤相當於今天的半斤多一點兒，所以這一百二十斤約等於今天的六十多斤），作好了刺殺秦始皇的準備。

秦始皇二十九年（西元前二一八年）東巡，途經陽武縣（今河南省原陽縣東南）博狼沙（又叫博浪沙）。張良和大力士暗中埋伏在此，當始皇的車隊走到時，大力士猛地跳出，甩出大鐵錘。可惜，鐵錘擊中的是一輛隨從副車。張良僥幸逃脫。這是秦始皇統一中國以來，頭一次遭到刺客襲擊，這使他大爲震怒，命令全國各地大舉搜索十日，務必捉拿那個逃跑的刺客。一時天下緊急萬分，張良四處逃亡，最後在下邳（今江蘇省睢寧縣西北）躲藏起來。

據說張良在下邳遇上了一位圯（橋）上老人，老人故意把鞋扔到橋下去，然後對著張良說：「小子，去，給我揀回來！」然後又伸著腳說：「把鞋子給我穿上！」張良看他年老，忍氣照著他說的去做了。老人說：「孺子可教。五天後的拂曉，來此與我相會。」說完，並不理會驚得目瞪口呆的張良，徑自而去。

五天後，老人藉口張良遲到，拂袖而去，讓他五天後再來。

下一次老頭如法炮製。

再下一次，張良不到半夜就去了，老人非常高興，從懷裡掏出一編竹簡，說：「這編書你好好讀吧，讀了這本書就能做帝王師。十年以後你會發跡，有大作爲。十三年後你小子會在濟水的北面，谷城山下那塊黃石就是我。」說完就走了，再沒有留下一句話。而張良終其一生竟再也沒能見到這位老人。

張良與圯上老人相遇想像圖。

這編寶貝，乃《太公兵法》。姜太公輔佐周文王，「天下三分，

蘇東坡《留侯論》

古之所謂豪傑之士者，必有過人之節。人情有所不能忍者，匹夫見辱，拔劍而起，挺身而鬥，此不足為勇也。天下有大勇者，卒(音：促)然臨之而不驚，無故加之而不怒。此其所挾持者甚大，而其志甚遠也。

夫子房受書於圯(音：宜)上之老人也，其事甚怪；然亦安知其非秦之世，有隱君子者，出而試之。觀其所以微見其意者，皆聖賢相與警戒之義；而世不察，以為鬼物，亦已過矣。且其意不在書。

當韓之亡，秦之方盛也，以刀鋸鼎鑊(音：或)待天下之士。其平居無罪夷滅者，不可勝數。雖有賁(音：奔)育，無所復施。夫持法太急者，其鋒不可犯；而其勢未可乘。子房不忍忿忿之心，以匹夫之力，而逞於一擊之間；當此之時，子房之不死者，其間不能容髮，蓋亦已危矣。千金之子，不死於盜賊。何者？其身之可愛，而盜賊之不足以死也。子房以蓋世之材，不為伊尹、太公之謀，而特出於荊軻、聶政之計，以僥倖於不死，此圯上老人之所為深惜者也。是故倨傲鮮腆(音：顯舔)而深折之。彼其能有所忍也，然後可以就大事，故曰「孺子可教」也。

楚莊王伐鄭，鄭伯肉袒牽羊以逆；莊王曰：「其君能下人，必能信用其民矣。」遂舍之。句踐之困於會稽，而歸臣妾於吳者，三年而不倦。且夫有報人之志，而不能下人者，是匹夫之剛也。夫老人者，以為子房才有餘，而憂其度量之不足，故深折其少年剛銳之氣，使之忍小忿而就大謀。何則？非有生平之素，卒然相遇於草野之間，而命以僕妾之役，油然而不怪者，此固秦皇所不能驚，而項籍之所不能怒也。

觀夫高祖之所以勝，而項籍之所以敗者，在能忍與不能忍之間而已矣。項籍唯不能忍，是以百戰百勝而輕用其鋒；高祖忍之，養其全鋒而待其弊，此子房教之也。當淮陰破齊而欲自王，高祖發怒，見於詞色。由此觀之，猶有剛強不忍之氣，非子房其誰全之？

太史公疑子房以為魁梧奇偉，而其狀貌乃如婦人女子，不稱其志氣。嗚呼！而愚以為此其所以為子房歟！

其二歸周者，太公之謀計居多。」這些謀計，是用兵的權謀計策，也是「君人南面之術」。所以後世論用兵以及爲政的權術，都推崇太公。張良捧著這編《太公兵法》，如獲至寶，從此閉門謝客，苦讀法卷。這一讀，就是十年。竟至這編《太公兵法》，八十五篇，篇篇爛熟於心，化入精血，與張良己身融而爲一。

在下邳的十年中，張良從一個只知道復仇的熱血漢子，變成了一出奇謀平定天下的奇士，據說全靠這本《太公兵法》。這當然說得太神了，不過十年的學習修養是可以改變一個人的。蘇東坡有一篇著名的文章《留侯論》，對這件事有精妙的論述。他認爲張良受書一事「其事甚怪」，世人都認爲是「鬼物」，其實，怎麼知道就不是秦時的隱士，出來測試一下張良呢。他認爲老人的用意不在書，而在警示張良要能「忍」：「夫老人者，以爲子房才有餘而憂其度量之不足，故深折其少年剛銳之氣，使之忍小忿而就大謀。」因爲那個時候秦太強盛，正「以刀鋸鼎鑊（殺人武器）待天下之士」，那些老老實實什麼也沒幹的人被夷滅九族的，尚且數不勝數。在這個時候，有大勇者，必須能忍，「卒然臨之而不驚，無故加之而不怒」，這才是「天下有大勇者」。張良就是悟透了老人的眞意，才能十年修養，成就大業的。蘇軾還談到張良對劉邦事業的貢獻，主要在於他教會劉邦「忍」：對項羽、對韓信，都是「忍之，養其全鋒而待其敝」，最後戰勝他們。

且說沛公路遇張良，交談中，張良略講《兵法》，聽得沛公驚異不已。許多長期以來無法解答的問題，今天被這位韓國人鞭辟入裡地分析透了，於是就一再邀請張良加入他的隊伍。張良也欣然同意，他覺得遇上了知音。他曾多次向其他將領們提供建議，出謀劃策，然而那些人卻沒有一個能領理解會，惟獨沛公，你一點他就透，而且有自己的見解。張良感嘆道：「劉季眞是天縱奇才！」決心不再他往，從此張良就一直跟隨並爲他成就大業立下奇功。

五、投奔項梁

秦二世二年（西元前二〇八年）十二月，不是沛公一個人倒霉。這個時候，轟轟烈烈的陳勝吳廣起義遭到了失敗。首先是西路軍失敗：大將周文在戲城抵擋不住秦將章邯率領幾十萬大軍，退出函谷關，又東撤至澠池，孤立無援，終至失敗，周文自殺。

假王吳廣，率大軍西進滎陽（今河南省滎陽縣）城下，被部下殺死，部隊在敖倉被章邯擊潰，滎陽失守，全軍覆沒。

周文、吳廣兩支隊伍的失敗，使楚國不僅元氣大傷，也喪失了禦敵的屏障。章邯向陳縣大舉進犯。陳勝率軍迎戰，終因眾寡懸殊，楚軍大敗，十二月，陳勝經過下城父，被車夫莊賈刺殺。

由宋留率領的楚國第三支西路

軍，正西指武關，聽到陳勝犧牲的消息，軍心動蕩，南陽再度叛變。章邯軍阻住了東歸之路，宋留進退無據，苦不能支，只好乞降。秦二世即命車裂示眾！

陳勝的失敗，既有秦軍強大、農民軍沒有經驗等原因，也有他主觀方面的原因，一個平民，驟然貴爲國王，他的種種弱點全部放大，如今人錢鐘書所言，一個人的弱點，有如猴子的紅屁股和長尾巴，平時蹲坐在地上看不出來，一旦他高升了，就像猴子爬上樹一樣，紅屁股和長尾巴就全暴露出來。他如果不警惕，就必然導致失敗。但是，「陳勝雖已死，其所置遣侯王將相竟亡秦，由涉首事也。」（《史記·陳涉世家》）陳勝領導的中國第一次農民起義的功績，將永垂青史。

同時，趙國也發生了變亂。國王武臣被部下李良殺死。張耳、陳餘收拾殘兵敗卒，集結數萬人，又攻打李良。李良戰敗，投降了章邯。張耳、陳餘到第二年正月擁立趙國後裔趙歇作了趙王。

這個時候，只有項梁的隊伍，自會稽起兵，發展異常迅速，短短一兩個月中，江東大片土地，悉爲項梁所占。十二月，陳勝犧牲，其派往廣陵（今揚州市）攻城略地的召平，假托陳王的命令，賜封項梁爲楚王的上柱國（相當於相國，多係榮譽爵位），並命他迅速帶兵渡

項梁

項梁（？～前二〇八年），秦末著名起義軍首領之一。楚國貴族項氏的後裔，項燕的兒子，西楚霸王項羽的叔父。項梁世代為楚國貴族，項梁之父項燕是名將，在秦楚戰爭中，被王翦打敗，於是殉國。項梁世代祖先，多是楚國將領。項梁因殺人，與侄子項羽避仇，遷居吳中（今蘇州）。項梁在吳中威信頗高，賢士大夫皆出其下，當地的大事全由他出面主辦。項梁利用這種條件暗中招兵買馬，訓練子弟。

陳勝吳廣起義爆發後，項梁叔侄於秦二世元年（前二〇九年）殺會稽太守殷通，發會稽郡、吳中郡約八千子弟起義響應，陳勝王之使者假託陳王命令，拜項梁任張楚政權上柱國（上柱國，原楚國置，是統領軍隊的最高將領），催促其即刻渡江西進，項梁於是率項羽等八千子弟渡江，屢勝秦軍。陳勝死後，項梁聽從軍師范增之計，立楚懷王之孫熊心為王，仍稱楚懷王，項梁自號為武信君。項梁曾敗秦將章邯，在雍丘陣斬秦將李由，後因輕敵，亦無視韓信的諫言，在定陶被章邯打敗而戰死。

江西進，攻打秦軍。於是項梁帶領八千子弟兵渡江西進。渡江後，他首先聯合了故東陽縣（今江蘇省盱眙縣）小吏陳嬰爲首領的兩萬義軍人馬，接著英布和蒲將軍也都帶著自己的軍隊趕來投奔他。

項梁的人馬一下子發展到六、七萬人，軍隊駐紮在下邳（今江蘇省北部邳縣西南）。項梁又打垮並吞併了楚王景駒的隊伍。

且說沛公以近萬人之眾，竟還是沒有收復豐邑。秦嘉已然覆滅，項梁軍排山倒海的氣勢，項梁的威望與號召力，項氏大軍迅速發展的速度與前景，使沛公立刻做出了選擇：改換門庭，投靠項梁。

沛公作這項選擇也不是沒有風險的。因爲這個時候，項梁也打了敗仗：秦大將章邯，率部抵達彭城西面約二百里的栗縣（今河南省夏邑縣），項梁部將朱雞石、餘樊君迎擊。結果餘樊君戰死，朱雞石大敗而還。項梁斬朱雞石，率軍東退到薛城。沛公這個時候去投靠項梁，是需要一定的膽識的。

沛公帶領著幾百騎兵，趕往薛城晉見項梁。這薛城就是當初沛公起兵後斬殺泗水郡守「壯」的地方。

結果收穫頗豐：項梁撥給他五千名士兵，十位五大夫級的將領，讓他去收復豐邑。五大夫是秦朝爵位的第九級，大概相當於我們今天的中校。項梁怎麼會這麼慷慨，第一次相見就這麼大方地撥增兵將呢？出於策略方面的考慮是首要的，他受挫東退，兵力顯然不足以抗御章邯，他需要擴充力量。撥增部隊給沛公去收復失地，雙方都有好處：沛公後方鞏固，力量加強了，項梁自己的力量也自然會加強。

同時，我們沒法不佩服沛公的個人魅力。他在項梁受挫時主動前往投奔，這無疑會給項梁一個很大的鼓舞；他能知道項梁這個時候需要什麼，能及時提出雙方聯合的建議；他也懂得什麼時候提出自己的要求，這個要求又是那麼合乎情

西楚霸王圖。

理；他還有一項特別的本事，能讓陌生人一見面就喜歡他，信任他，敢借兵給他。

沛公薛城借兵，軍威再振，遂第三次攻打豐邑。前一次雍齒已經是強弩之末，這一次，面對著兵勢大振的沛軍，他終於頂不住了，城關迅速被突破，守軍四散奔逃。雍齒見大勢已去，只得飛身上馬，西奔魏都臨濟。

豐邑北面是齊國，正西是魏國，南面臨楚，距三國國都都很近，是個戰略要地，又是沛公的故鄉，沛公軍隊中很多將士也是這一帶人，他們起兵後，又長時間地轉戰在豐、沛，這裡是他的根據地，豐邑一天不收回，沛縣一天不得安寧。因此，攻占豐邑，對於沛公軍的發展，具有不小的意義。對於沛公本人來說，終於把胸中那一口惡氣吐出來，他可以放心地睡一覺了。

六、初識項籍

收復了豐邑，還沒等早盼望的那一覺睡夠，就得到項梁的通報，請沛公速去薛縣，參加擁立楚懷王的典禮。這次薛城之行，沛公結識了大名鼎鼎的項籍。

項籍是個奇人：身高八尺有餘，力能扛鼎，氣可拔山，人說他的眼睛是「重瞳子」（兩個瞳仁），和傳說中的舜帝一樣。年少時學書學劍，學學他就煩了，項梁教他兵法，可是略知大概後，又不願繼續學下去了。秦始皇最後一次東巡到達會稽（山名，在今浙江省紹興縣東南），渡浙江（即今浙江省錢塘江），項梁和項籍一起去觀看鑾駕。看到秦始皇那不可一世的氣派，項籍衝口而出：「彼可取而代之！」項梁大驚，趕緊捂住他的嘴：「休得胡說！倘被聽見，要滅咱三族哩！」一面心中卻大爲驚嘆讚賞，是個奇才！

項籍自恃勇氣才力，不肯虛心向學，更不願深入鑽研某一專門技藝，這既反映了他性格的粗疏豪放，同時也是春秋戰國以來尚武鬥勇之傳統的反映。貴族的血統和亡國毀家的世仇對鑄造幼年項羽的性格起了決定性的作用，使他不可能安於平庸的順民生活。用一位學者的話說，同樣是觀始皇御駕出遊，劉邦「喟然太息曰：『嗟乎，大丈夫當如此也！』」表明的是一個平民不甘平庸的豔羨之情；而項籍在始皇雄壯威赫的儀仗面前所發出的「彼可取而代之！」這句話，表達了一種在血與火的格鬥中敗落的貴族東山再起的雄悍之志、復仇之志，以平等的對手自居的輕蔑悍戾之氣。

這一次各路大軍會聚薛城，項籍名聲大震，這是因爲他剛剛屠戮了秦軍重鎮襄城。項籍奉命攻打襄城，幾次發動進攻，都遭到拼死的反擊，損失慘重。這一下項籍火了，親自率領突擊隊，架起雲梯，揮舞著長劍，抵擋著如同雨點般的箭矢，奮不顧身地爬上城牆，逢人便砍，開出一條血路；後面大軍跟著他一路衝殺，終於攻克了襄城。襄城守軍全部放下武器，出城投降。項籍怒火未息，下令屠城，並把城中男女老幼全部坑殺！然後，項籍扔下一座空蕩蕩的死城，東歸報功來了。項籍的殘暴令人髮指。不過，這種動輒屠城的暴行不是項籍的發明，也沒有在項籍這兒終止，古代戰爭的野蠻殘酷由此我們可以略見一斑。

在各路義軍相繼受挫，項梁軍栗縣朱雞石樊餘君大敗，項梁不得不東撤薛城之後，項籍的勝利，無疑對起義軍是一個巨大的鼓舞，對薛縣軍事會議的召開、對擁立楚懷王是一個促進。攻克襄城的赫赫戰功，使項籍更加意氣風發，也越發相信自己的武勇神威，越發顯得驕縱狂傲。

七月，項梁引兵北上攻打亢父（今山東省濟寧市南）。欲攻未攻之時，適逢連綿大雨，幾晝夜不停，只得暫停攻勢。相持之中，忽然傳來一個壞消息：秦軍大將章邯，降魏破齊！魏王魏咎投降自焚，齊王田儋陣亡！現在章邯大軍正緊圍齊軍於東阿（今山東省陽谷縣），齊魏危在旦夕！

魏齊滅亡，楚將難繼。於是項梁馬上下令全軍，北上救援東阿被圍困的齊軍。

東阿城下，項梁軍全然不顧疾行二百餘里路的疲勞，和章邯軍展開了激戰。章邯是一路勝利，勢如中天；項梁則是國恨家仇，蓄滿胸膺，況且他這是第一次和章邯相遇，正如下山之虎，勢不可擋。兩軍在慢一陣緊一陣的秋雨中，在遍地的泥濘中展開了激烈的肉搏戰。一時間，武器的激烈碰撞聲、人哀鳴馬嘶叫混成一團，血水、雨水、泥水流在一起。那楚人個個不怕死，專往中間處拼殺，無人敢擋。最前鋒是一員大將，立馬橫槊，英氣逼人，這正是力能扛鼎的項羽。最後，秦軍終於不敵楚軍的同仇敵愾，勇狠剽悍，加之遠離故土長期作戰，又不習東方水土，疲憊病弱，不堪重擊，直被楚軍殺得落花流水，大敗如山倒。章邯倉皇間，趕緊收拾潰敗的軍隊，向西撤逃而去。

此次北救東阿，有悍將項羽、大將龍且等，而沛公勢單力薄，又沒有什麼武藝，只是一個普通的參與者。他不過是眼見得項氏叔侄一個統帥英明，一個大將神勇，不禁暗自叫絕。自己也就愈發賣力作戰，以期立大功，有更大建樹。

機會來了。

大軍西去逐北之際，項梁另派項羽和沛公，率領軍馬，向南進攻城陽（今山東省鄄縣東南）。沛公和項羽配合得很好。城陽頑抗，於是，待攻進城去，項羽仍是老作風，大舉屠殺，全城浸在一片火海、血河之中。這時候，作爲項羽的同僚，我們沒有聽到沛公反對的聲音。視大規模的屠戮殘殺爲勝利的標誌，以此來炫耀武力，威懾敵人，這似乎是上古戰爭的一個慣例，是那個時代殘存的野蠻、蒙昧遺跡的集中體現。不要說在這支聯軍中項羽說了算，就是沛公有發言權，我們也看不出他對此有什麼不同見解，後來單獨率軍作戰時，他也曾使用過這樣野蠻的手段。

血洗城陽之後，項劉大軍又揮師西去，在濮陽城東，項劉大軍與秦軍展開了激烈的戰鬥。秦軍不敵楚軍攻勢，丟盔卸甲，大敗而逃，逃到濮陽城裡，緊閉城門，再不出戰。章邯一面集結部隊，堅守不戰，一面派人環城牆外挖溝渠，決河引水，以阻撓楚軍的攻勢。

章邯守衛得太過堅固，於是，項羽劉邦又引兵向東南方向進軍，去攻打定陶。定陶地處要衝，歷來是兵家必爭之地。但是，定陶城池堅固，糧草充足，守城的秦軍兵多將廣，又懼怕項羽殘暴屠城，拼死抵抗，所以項劉聯軍發動了多次攻勢，竟沒有攻下城來。看看定陶的局勢，項羽和劉邦再三商議，決定先避開秦軍的精銳主力，放棄定陶，轉而進攻雍丘。

雍丘是個縣，就是今天河南省杞縣，在定陶的西南方二百來里。河南是個古戰場，處處是要衝。而項劉之所以要去攻打雍丘，大概是因爲這個時候，秦朝宰相李斯之

濟水菏澤定陶故城段。定陶古稱陶，是一座歷史悠久的中原古城，早在四千多年前的新石器時代，人類就在這裡漁獵耕種，繁衍生息。自春秋至西漢八百多年間，一直是中原地區的水陸交通要道和古代重要都會，享有「天下之中」的美譽。

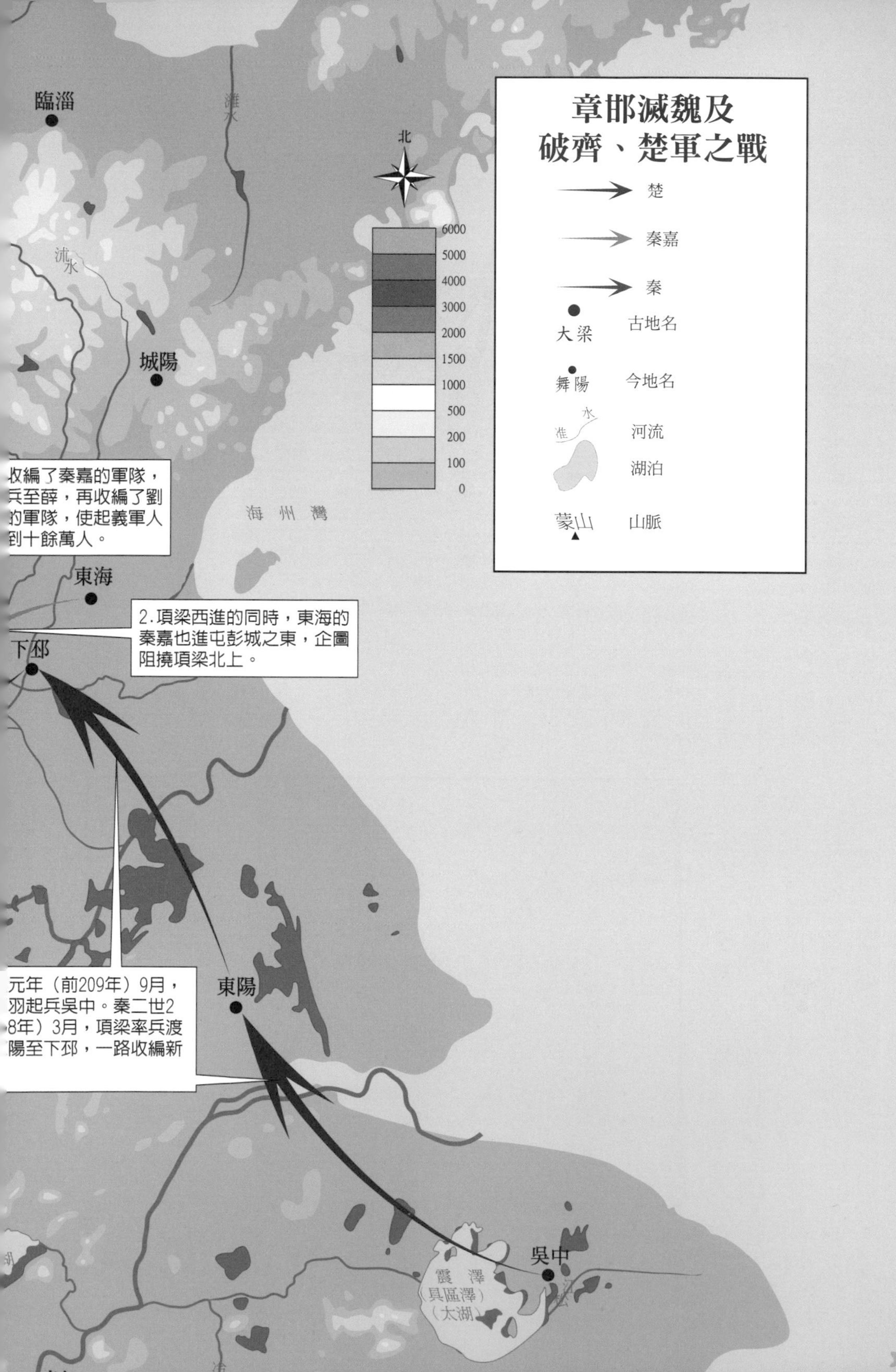
章邯滅魏及
破齊、楚軍之戰
楚
秦嘉
秦
大梁
古地名
舞陽
今地名
淮水
河流
湖泊
蒙山
山脈
北
6000
5000
4000
3000
2000
1500
1000
500
200
100
0
臨淄
淮水
沭水
城陽
海州灣
東海
下邳
東陽
吳中
震澤
（具區澤）
（太湖）
收編了秦嘉的軍隊，
兵至薛，再收編了劉
的軍隊，使起義軍人
到十餘萬人。
2.項梁西進的同時，東海的
秦嘉也進屯彭城之東，企圖
阻撓項梁北上。
元年（前209年）9月，
羽起兵吳中。秦二世2
8年）3月，項梁率兵渡
陽至下邳，一路收編新

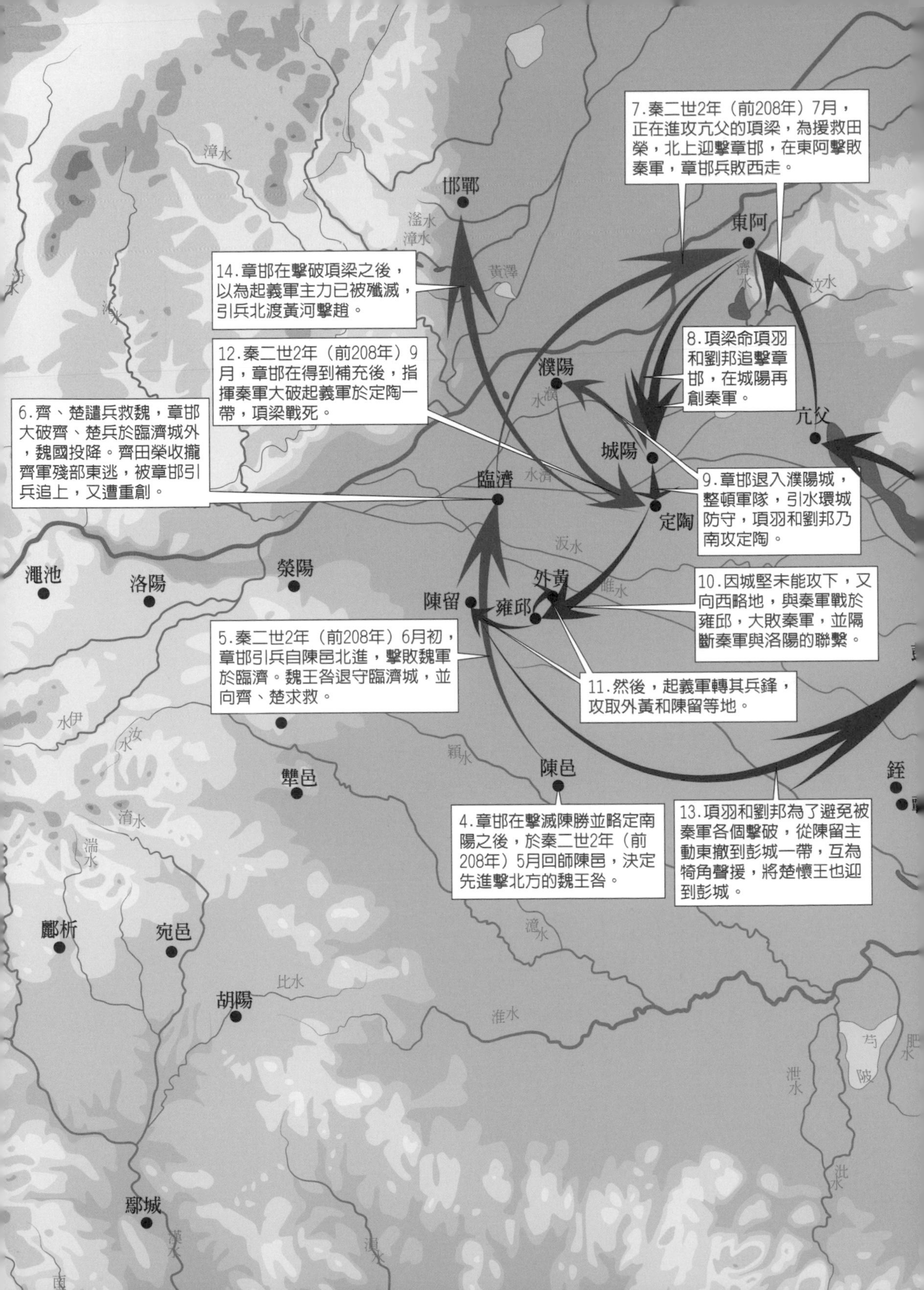
7.秦二世2年（前208年）7月，正在進攻亢父的項梁，為援救田榮，北上迎擊章邯，在東阿擊敗秦軍，章邯兵敗西走。
8.項梁命項羽和劉邦追擊章邯，在城陽再創秦軍。
9.章邯退入濮陽城，整頓軍隊，引水環城防守，項羽和劉邦乃南攻定陶。
10.因城堅未能攻下，又向西略地，與秦軍戰於雍邱，大敗秦軍，並隔斷秦軍與洛陽的聯繫。
11.然後，起義軍轉其兵鋒，攻取外黃和陳留等地。
12.秦二世2年（前208年）9月，章邯在得到補充後，指揮秦軍大破起義軍於定陶一帶，項梁戰死。
13.項羽和劉邦為了避免被秦軍各個擊破，從陳留主動東撤到彭城一帶，互為犄角聲援，將楚懷王也迎到彭城。
14.章邯在擊破項梁之後，以為起義軍主力已被殲滅，引兵北渡黃河擊趙。
4.章邯在擊滅陳勝並略定南陽之後，於秦二世2年（前208年）5月回師陳邑，決定先進擊北方的魏王咎。
5.秦二世2年（前208年）6月初，章邯引兵自陳邑北進，擊敗魏軍於臨濟。魏王咎退守臨濟城，並向齊、楚求救。
6.齊、楚遣兵救魏，章邯大破齊、楚兵於臨濟城外，魏國投降。齊田榮收攏齊軍殘部東逃，被章邯引兵追上，又遭重創。
漳水
邯鄲
滏水
漳水
黃澤
東阿
濟水
汶水
濮陽
亢父
城陽
臨濟
濟水
定陶
汳水
澠池
洛陽
滎陽
外黃
睢水
陳留
雍邱
伊水
汝水
潁水
陳邑
犨邑
銍
淯水
湍水
酈析
宛邑
濄水
比水
胡陽
淮水
芍陂
肥水
泄水
淠水
鄢城
漢水
溳水

子、秦政府三川郡（治所在今洛陽市）郡守李由正據在這小小縣城裡。他和別的秦地方官一樣，被趕來趕去，流亡至此的。流亡流亡，誰都能想像出他的狼狽處境。項劉選中了他和雍丘，更多的是爲炫耀軍威。

在這裡我們須插上一筆，交代一下秦朝廷內你死我活的鬥爭。李斯出於私心，協同趙高矯旨擁立嬴胡亥，殺公子扶蘇之後，就一步步被逼就範。趙高仗恃著胡亥的寵幸，專權橫行，濫殺無辜。他怕大臣奏事時揭發他的罪行，就花言巧語哄騙胡亥深藏內宮。李斯對此很是不滿，趙高就釜底抽薪，構築陷阱，決心摧毀李斯。他故意在胡亥玩得樂不可支的時候讓李斯去求見，以激怒胡亥。然後在胡亥面前誣陷李斯圖謀不軌，說故楚國地界上的盜賊，比如陳勝之流，都是宰相鄰縣的人，雙方有濃厚的鄉情。還誣陷李斯長子李由，身爲三川郡守，盜賊經過三川，他不攻擊，而且聽說李由和盜賊之間書信往來十分頻繁。胡亥聽了又驚又恐，就派使者到三川去調查。恰巧這時李斯和右宰相馮去疾爲了挽救秦王朝頹敗的局勢，共同上奏章，請求暫停阿房宮工程，削減邊防軍輪換次數。胡亥竟下令逮捕馮去疾和李斯。馮氏父子自殺。趙高聲稱李斯李由父子叛亂，逮捕他的親屬、朋友和賓客。趙高審判李斯，嚴刑拷打竟達千餘次，李斯忍受不過，只得服誣。又因爲趙高屢用詐術，李斯不敢翻供。項劉軍到達杞縣時，李斯正在獄中遭受磨折。

這些情況，李由不可能不知道，而且，朝廷派來調查的使者已然出發，即日將要到達三川。李由心中的痛苦、憤懣、恐懼，是難以言表的。他無路可走：回到咸陽，死路一條；他更不能反叛，他的父母家人都在獄中，朝夕不保，何況以他的思想地位而言，根本不可能反叛；於是，他就只剩下了一條路：戰死在平叛的戰鬥中。

算不算天遂人願呢？聽到楚國大軍轉來進攻雍丘，李由率領郡中殘部，剛剛衝出雍丘縣城門，就遇上了項羽和劉邦的聯軍。當頭一員大將策馬挺劍直衝過來，這正是沛公部下大將曹參。曹參自從跟隨劉邦在沛縣以中涓的身份起事之後，就成爲沛公軍中一員最是功勛卓著的大將。沛公軍首攻胡陵、方與，攻破秦泗水郡監的部隊，攻克薛城，再占胡陵，攻打背叛了的方與、豐邑，在碭邑東面打敗血洗碭邑等地的秦軍司馬夷，進擊不可一世的章邯的隊伍，解放淪陷的楚國國都陳縣，攻打爰戚、亢父，等等，都是曹參擔任主攻或身先士卒首先衝上城樓的。這樣一員戰將，李由哪裡是他的對手？

只幾個回合，就被他一槊捅下馬來，結果了性命。

可憐一代名相之子，就這樣在內外夾攻之下，一命嗚呼了。但是，他的死，雖然證明了他的清白——欽差大臣到達杞縣，真相大白，馬上回稟朝廷，証明李由並沒有謀反；但是這於李斯冤獄絲毫無補，趙高報告胡亥的是：欽差大臣已證明李由謀反。於是，李斯被判五刑（一、面上刺字；二、削鼻；三、砍下雙腳腳趾；四、用鞭捶死；五、斬首，剁成肉醬），夷三族。赴刑場的路上，李斯對次子說：「我們牽著獵狗，同出上蔡（河南省上蔡縣，李斯故鄉）東門，追逐狡兔，那多好呀！可惜，再也不能了！」說罷，父子相對大哭。李斯死後，趙高當了宰相，事無大小，全權處理。秦朝的滅亡也就來到了。

項籍的狂傲，他那種居高臨下、不可一世的貴族氣派，讓人們不由自主地懼畏他。他的殘暴也使許多人心生反感，比如剛剛被從民間羊群中找回來的楚懷王之孫芈心，就對他血屠襄城的暴行耿耿於懷。但是卻看不出沛公和項羽有什麼芥蒂，沛公豪爽痛快，尤其是喝起酒來，那更是暢快淋漓，不醉不罷休，這是最對項籍脾氣的。但是沛公內心裡當然明亮如鏡：項籍不過是個乳臭將乾的毛頭小子，他能把這小子看個底兒朝天。但是他力單勢薄，又沒有根基，他必須倚重於項籍，不僅做他最得力的助手，還要親近友好。他做到了。

當時又有誰能想到，這一段交誼幾年後卻演化成了一場轟轟烈烈的、決定中國歷史命運的楚漢戰爭呢？

趙高（?～前207年）　秦二世即位後，設計陷害李斯，並成為丞相。後派人殺死秦二世，不久後被秦王子嬰所殺。

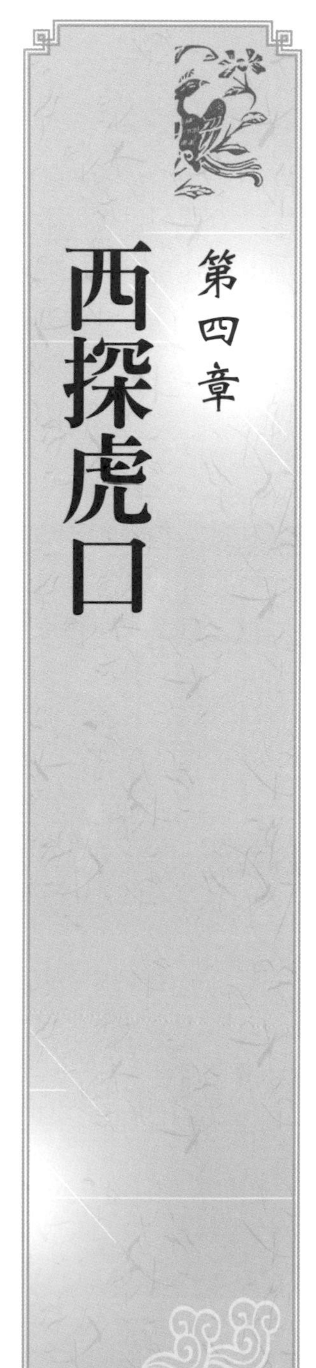

第四章 西探虎口

一、擁立楚懷王

秦二世二年（西元前二○八年）五月，項梁邀請沛公到薛縣參加擁立楚懷王的大典。

原來項梁得到了陳勝確實死亡的情報。楚王陳勝是一面大旗，正是召平矯陳王詔，命項梁渡江西進後，才有陳嬰、蒲將軍、英布、劉邦等將領率部投靠，使他的軍力短時間內迅速擴大，師出有名，號召天下，這一點項梁心中是非常清楚的。楚王一歿，軍心即散。群龍無首，大業難行。必須重立楚王。問題是立誰？項梁此時當然有心自己承擔這個角色，除了他，難道還有誰有這個實力和權利嗎？因此他才決定在薛縣召開軍事會議，請來他所轄制的各路軍事力量，「共同商議大事」。

沛公對此大概也不會毫無所聞，但是，項梁的實力、項梁對他的厚惠，都使他必須持定這樣一種態度：不管項梁有什麼打算，他反正得去，並且一定得擁護。接到使者，他即刻整裝，叫上張良，帶了百來個侍衛，縱馬朝薛縣飛馳而去。

這時，薛縣內，項梁正在進行著一場激烈的思想鬥爭。

項梁想當楚王的這點心思，居巢人范增早就洞若觀火。他特來勸說項梁：「陳勝當楚王六月而亡，這毫不足奇。何有此說？秦國滅亡六國，楚國最爲無辜。自從我們懷王被秦昭王騙入秦國扣留未還以來，至今已有八、九十年了，可是楚國百姓依然懷念他，哀憐他的命運，爲楚國被暴秦欺侮而悲憤不已。所以楚南公說出了那句讖語：『楚雖三戶，亡秦必楚』！如今陳勝首倡起事，不擁立楚王的後代而自己去當楚王，他沒有深厚的根基和氣勢，所以不可能長久。今天您起兵江東，我故楚的將軍們，蜂擁而起，爭相歸附您，就是因爲您家幾代都是故楚國的將領，最有資格重新擁立芈姓楚王的後代。請將軍您三思」。

這位傴僂老者的一席話，說得項梁心悅誠服，他知道自己當楚王於大事無益，於是接受了范增的意見，派人四處尋訪打探，終於找到了故楚懷王的孫子芈心，其正窮困窘迫，流落在民間給人家牧羊。項梁馬上派遣大吏重臣多人，持奉輿服，即日往迎。

沛公趕到薛縣時，已是六月，派往迎駕的大吏們已經奉駕歸來。各路軍馬都已聚齊，項梁向大家申明擁戴楚懷王孫「芈心」之事，眾將領無不極力贊同。沛公心中也是佩服，覺得項梁這一招確是高明。

即位大典上，沛公第一次見到了芈心。他身著法服，莊嚴肅穆，一派王者的高貴氣度，沛公不禁心中暗暗驚嘆：不愧是王家後裔，即使淪落民間牧羊，那儀表、氣派，仍是和平民百姓大不一樣！

爲號召對故楚懷王仍然心懷感情的楚國遺民，項梁、范增等議定，仍尊芈心爲「楚懷王」，定都盱眙（江蘇省盱眙縣）。至此，楚、趙、燕、齊、魏、韓六國全部由舊貴族後裔復立。項梁自稱武信君，又因爲英布戰功卓著，封爲當陽君。沒有給沛公封什麼爵位，因爲現在他還勢單力薄，地位不高，又沒有什麼顯赫的戰功，他只不過是個小小的角色。

擁立楚懷王是一個標誌，說明起義軍由分散又趨向集中，並匯成一股大的洪流，平民起義又由低潮進入了一個新的高潮。

但是，就在這個時候，起義軍遭受了致命的重創。原來東阿城下大破秦軍，緊接著，項梁又率領大軍，直搗定陶，再獲全勝。前方又傳來了項羽劉邦攻克雍丘、斬殺三川郡守李由的捷報。一連串的輝煌戰績，使項梁不禁有些飄飄然起來，認爲章邯徒有虛名，不過爾爾，秦軍強弩之

范增像。

末，不堪一擊。主帥的情緒，是全軍的標尺。項梁的飄飄然，導致了整個楚軍的輕敵驕傲，紀律鬆懈、戰備弛慢。

就在這時，章邯突然發動了全線進攻。楚軍倉促迎戰，被秦軍兜面猛擊，霎時間落花流水，潰不成軍，項梁竟在亂軍之中命赴黃泉！

這時候，項羽劉邦聯軍正在陳留城下備戰。他們攻打下雍丘之後，就向東去攻打外黃（今河南省杞縣東，民權縣西南）。外黃堅守，未下，於是，轉向西去進攻陳留。時值秋雨連綿，從秋七月直至九月，霪雨竟一直沒有停歇，給攻城造成了極大的困難。

就在這兩軍相持之中，聽到了定陶慘敗、項梁陣亡的噩耗。項羽聞聽，頓時放聲大哭，沛公也是淚下沾襟，掩面而泣，將營內外，一時哭聲震天。沛公終究老成些，又不似項羽和那些江東來的部將、士卒們與項梁的關係、感情那樣深厚，所以很快就冷靜下來，待到項羽哭聲漸弱，情緒穩定後，就和項羽商量道：「武信君猝然陣亡，軍心震恐。陳留是斷難再克了。只怕是秦軍業已得到消息，氣焰越發囂張。以震恐對囂張，我們的前途大爲不妙呀！我們還是撤軍東還吧」。

項羽茫然地看著他，懵懵懂懂的，半天才回過味兒來，想了想也是，於是點點頭說：「好吧，撤回去吧。」於是，沛公又和他商議撤軍的路線、程序等，並向建議會合呂臣軍，一同撤還江左。楚懷王芈心遷到彭城。各將擇地分駐。呂臣軍駐彭城東，項羽軍駐彭城西，沛公軍駐碭郡，彼此列爲犄角鼎立，相互倚重支援。

由於項梁的犧牲，楚軍氣勢頓挫，幸虧項梁手下項羽劉邦等幾員大將，在危難之中，撐住了傾斜的大廈，頹塌的局勢。但是，這種相對穩定的、內部勢力均衡的局面，很快就分化、改變了。

二、派誰西進

章邯擊破項梁，遂認爲楚軍喪失主帥，群龍無首，雖有楚懷王芈心，卻不過是個徒有其名的傀儡，構不成威脅。於是他就移軍北上，大舉掃蕩趙地，張耳陳餘慌忙擁著趙王逃往鉅鹿（今河北省平鄉縣西南）固守。章邯派秦將王離、涉間率軍團團包圍鉅鹿，自己則帶兵駐紮在鉅鹿城南面的棘原。趙王歇被圍在鉅鹿城裡，情況萬分危急，屢屢派人向楚懷王求救。

楚懷王芈心和人們想像的傀儡國君並不一樣，別看是從牧羊人中找出來的，他卻很有政治頭腦。遷都到彭城以後，他馬上把力量最大的項羽和呂臣的軍隊合併起來，自己親自統帥，然後給他們至高的封號和朝中高官：封項羽爲長安侯，又加封他爲魯公（今山東省曲阜市。本春秋時魯國都城，當時爲薛郡治所）。封呂臣爲司徒（楚國的司徒職掌後勤事物，與一般所說的六卿之一職掌教化的司徒不同），呂臣的父親呂青爲令尹（相當於丞相）。而力量弱小的沛公的軍隊他沒有收回，任命沛公爲碭邑長，令碭邑兵駐守碭邑，封武安侯。由此可看出他對沛公的信任。

趙國屢次求救，懷王任命宋義爲上將軍（軍中的最高統帥），號稱「卿子冠軍」，項羽當次將，范增當末將，其他將軍一律隸屬於宋義，率軍救趙。

就在派遣主力北去救趙的同時，楚懷王給了沛公一項特殊的任務——命令沛公帶領他的軍隊向西進發，攻城掠地，繼續項梁未竟的業績，直接打擊暴秦。懷王是徵詢宋義等眾老將對時局、戰事的看法之後作出了這個決定的。主力北去救趙，但是不能丟掉主攻目標，項梁西向進攻，所過皆克，造成了巨大的威力與影響。現在項梁陣亡，造成了權力眞空。懷王希望抓住這個機會，能眞正掌握楚國的領導權，包括軍權，他不願再當傀儡國君，自己的命運全操縱在別人手裡。從這個派主力救趙同時派軍西進的決定可以看出他的政治抱負，才能，以及他力圖有所作爲的努力。

這個時候，秦軍非常強大，氣焰囂張；而楚軍自項梁被章邯打敗陣亡之後，軍力大爲削弱，士氣低落，常常被秦軍追得狼狽逃竄，眾將提起秦軍，談虎變色。更不要說楚軍全部精銳主力北上，自己只能帶領小股部隊西進，這無異於以卵擊石，自投虎口。

懷王在遍召眾將商議攻秦對策時，看到眾將的猶豫不決，於是斷然提出了許諾：「先入定關中者爲王！」話音落地，議事廳卻突然一片寂然——盡管懷王做了這麼具有誘惑力的許諾，但是困難太大了，大家一時還猶豫不決，不敢出頭應承。

這時候，沛公劉邦站了出來：「末將願往！」一言既出，滿座皆驚。

就在大家還沒有回神來時候，又有一個粗礪的聲音響了起來：「我也願往！」眾將一看，這人卻是項羽。

兩個人都願往，卻各有各的心思。項羽是懷抱著對秦王朝的刻骨仇恨——原本就懷有家國之恨，現在更加上項梁被章邯殺害的切齒之痛，滿腔激憤，決心復仇，所以他根本不想敵我力量懸殊這類問題，他更不怕死，只要能鏟除暴秦，他什麼都不怕！

沛公劉邦也不怕死，這可能是天生的習性，想幹大事的人，就不能把生死看得太重。不過他之所以要求承擔這項前途渺茫、似乎是毫無希望的任務，主要不是出於對秦王朝的仇恨去冒險，而是懷王的承諾太吸引人了。「作關中王」這是他想也不曾想過的事情！想當初，他站在役夫的隊列中，雙腳踩著關中的泥土，滿懷豔羨地看著秦始皇的威武豪壯奢華的儀仗，發出「大丈夫當如此也！」的喟嘆，但那個時候，他根本不可能想到當關中王；沛縣起事，轉戰南北，他想過發展勢力，攻城略地，但也沒有想到過他自己能當王。「關中王」！這是多麼響亮的頭銜！何等的尊貴，何等的誘惑！這是一件不管冒多大險都值得的事情！

沛公之主動要求這個極其艱巨的任務，也在剎那間腦子裡來回轉了幾個圈兒，迅速做出了理智的考慮判斷：他必須獨立發展力量，不能老是跟在項羽這個目空一切的毛頭小子的身後；現在是一個機會，如果成功了，前途不可計量！況且，儘管困難重重，但畢竟不是毫無希望，畢竟有自己的隊伍，有與秦軍作戰的經驗。城池，攻得下就攻，攻不下就走唄，也不是沒有這方面的經驗。走著瞧吧，先抓住這個機會，搶過這個任務再說，天無絕人之路。

懷王沉吟良久，未做答覆。遣散眾人之後，他留下宋義等老臣老將商議：「諸位愛卿，項羽劉季，我們派遣哪一位最好呢」？

老將們異口同聲：「項羽不行！剽悍驕橫，決不可委以這般

卷雲紋瓦當，秦代。瓦當出現於西周，秦漢時已普遍使用。瓦當是指筒瓦頂端下垂的部分，可蔽護房檐，防雨水浸蝕，延長建築物的壽命；同時也有裝飾作用。雲紋瓦當占秦宮殿遺址出土瓦當的大多數，足見為當時瓦當上最流行的紋飾。

重任」。「項羽性情太過於凶殘！攻克襄城，大發淫威，將襄城男女老幼，全部坑殺；攻打城陽，又將全城百姓，任情屠戮，幾乎斬盡殺絕；所過之處，無不殘滅。這樣殘暴，怎能將重擔交給他」？

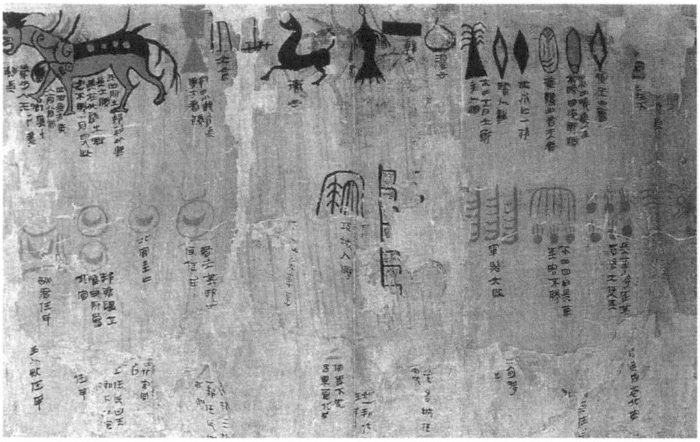

帛書雲氣占圖。1973年出土于湖南長沙馬王堆3號漢墓，為帛書《天文氣象雜占》的一部分。圖中所用字體，雖是隸書，但篆書意味還非常濃厚，可見這幅帛書的傳抄，至遲不晚於西漢初期，也不可能更早。

「楚國數次輕率西進，像陳勝、項梁這般聲勢浩大，都歸於失敗，實在應該認眞吸取教訓，再不能單純依賴武力去冒險了」。

「秦地父老百姓，被秦政府的殘酷統治蹂躪得太久了，今天我們不如派遣一位義師長者，以仁義爲號召，向西行發，沿途約束軍紀，不去侵犯百姓，並隨時告諭秦地父老。非至萬不得已，不加誅戮。果能如此，秦地就有可能簞食相迎，望風而降」。

「沛公最是位忠厚長者，定能勝此重任」。

懷王聞言大喜，這話眞說到他的心坎上。於是拒絕了項羽的請求，派他率大軍北去救趙，而派沛公向西奪取土地。

這個決定，是劉邦一生中的又一個重大轉折。

三、輾轉收兵

沛公領了西進的命令，自是躊躇滿志。雖然因爲諸多困難，總不免焦慮、擔憂，但是，像任何時候一樣，一旦拿定了主意，他腦子裡想的就不是「難不難」的問題，更不是「成不成」，而是下一步——「應該怎麼辦」。

向西去直接攻擊秦王朝的老巢，首先要解決的問題就是兵力必須擴大。沛公從起事以來所統轄的部隊，沛縣子弟兵三千，接受碭邑武裝部隊六千，收豐邑時向項梁借兵五千，仗打完了得還；雖然攻克了城陽、雍丘，打敗了秦軍，但他是項羽的屬下，也輪不到他擴充實力。此時他的部隊，即使一個未曾傷亡，撐死了也就是萬把人。這支萬把人的隊伍，要一直向西進攻，直搗咸陽，確實無異於以卵擊石。

那就想辦法擴大。他設法使懷王下旨，讓他收集楚軍散部。原楚王陳勝、武信君項梁都曾統率過十來萬的大軍，被章邯擊敗以後，有很大一部分流散在各地，有的自己樹幟起義，也有的當了強盜。沛公西進之前，就先收集了這些散兵游勇，大大擴充了自己的力量。

秦二世三年（西元前二〇七年）冬十月，沛公領命，踏上西進征程。不過我們看到，西進西進，沛公並沒有向西進發，而是經過碭邑，轉而向北，到達城陽。城陽沛公並不陌生，兩三個月以前，他剛剛和項羽一起攻克並屠戮過這個城市。在城陽縣的西面一個叫杠里的地方，沛公軍與秦軍對壘而陣，打敗了這支秦軍。然後，沛公又引軍南下，到達成武（今山東省成武縣），擊敗秦政府東郡（治所在今河南省濮陽縣）郡尉（郡軍事長官）。兩仗打下來，士氣大漲，於是沛公又乘勝揮軍東向，去攻打昌邑（今山東省金鄉縣）。昌邑在豐邑西北七十多里處。這個階段，沛公的仗無論怎麼打，都圍著根據地豐、沛轉，他的實力在這輾轉流動中逐漸鞏固增強了。

沛公軍剛剛到達昌邑城下，就見遠處來了一支人馬，爲首的一個大漢年紀略長，面色赤紫，臂膊粗壯異常，雖已近深秋，卻依然打著赤膊。原來這是昌邑義軍首領，名叫彭越，率領千餘徒眾，前來助沛公攻打昌邑城。

彭越別名彭仲，一向在巨野澤（也叫大野澤，在今山東省巨野縣）中打魚，膂力過人，有膽有識，也曾經與一些人合伙爲盜，幹些殺人越貨的勾當。陳勝起義，項梁繼起，海內鼎沸，相率叛秦。巨野澤中的年輕人也禁不住心動，都勸彭越起事，據地抗秦。彭越說：「兩龍正在爭鬥，暫且等等再說。」過了一年，巨野澤中的年輕人聚了百餘人，定要彭越作首領，彭越不得已，只好答應了。他和這些人約定，明天日出時集合，誰遲到斬首。第二天，彭越一早就在集合地點等著，人們陸陸續續來到了，有十多個人遲到，最後的那個人竟至日上中天才姍姍而來。等人到齊了，彭越說：「我年紀大了，本不想作

「王」字青銅衡，戰國楚地文物。此衡桿是提系桿秤的雛形，其長度相當於戰國時的一尺，正面均刻度線。

諸位的首領，大家強請，只好從命，那麼大家就必須服從我的命令。昨天約好今日遲到者斬，今日違約遲到者共計十餘人，不可盡誅，只有將最後一個人斬首示眾。」大伙都笑起來，說：「何至如此？以後再不敢就是了。」彭越臉色鐵青，毫不理會眾人的調侃，命令手下：「著他綁了！立即斬首！」眾人大驚，這才知道自己推選的這位首領是認真的，而且是無情的，自己將要參加的這樁事情不是鬧著玩兒的。他們嚇得哆哆嗦嗦的，竟不敢仰頭看彭越。

彭越就這麼懾服了這幫流民盜賊。從此，彭越號令如山。彭越收集諸侯散卒，很快隊伍就聚到了一千餘人。一聽說楚軍沛公到昌邑境攻打縣城，彭越就帶領這千餘人前來助戰。

誰知昌邑守將據城頑抗，城

彭越助漢王

沛公之從碭北擊昌邑，彭越助之。昌邑未下，沛公引兵西。彭越亦將其眾居鉅野中，收魏散卒。項籍入關，王諸侯，還歸，彭越眾萬餘人毋所屬。漢元年秋，齊王田榮畔項王，乃使人賜彭越將軍印，使下濟陰以擊楚。楚命蕭公角將兵擊越，越大破楚軍。漢王二年春，與魏王豹及諸侯東擊楚，彭越將其兵三萬餘人歸漢於外黃。漢王曰：「彭將軍收魏地得十餘城，欲急立魏後。今西魏王豹亦魏王咎從弟也，真魏後。」乃拜彭越為魏相國，擅將其兵，略定梁地。

漢王之敗彭城解而西也，彭越皆復亡其所下城，獨將其兵北居河上。漢王三年，彭越常往來為漢游兵，擊楚，絕其後糧於梁地。漢四年冬，項王與漢王相距滎陽，彭越攻下睢陽、外黃十七城。項王聞之，乃使曹咎守成皋，自東收彭越所下城邑，皆復為楚。越將其兵北走穀城。漢五年秋，項王之南走陽夏，彭越復下昌邑旁二十餘城，得穀十餘萬斛，以給漢王食。

漢王敗，使使召彭越并力擊楚。越曰：「魏地初定，尚畏楚，未可去。」漢王追楚，為項籍所敗碧陵。乃謂留侯曰：「諸侯兵不從，為之柰何？」留侯曰：「齊王信之立，非君王之意，信亦不自堅。彭越本定梁地，功多，始君王以魏豹故，拜彭越為魏相國。今豹死毋後，且越亦欲王，而君王不蚤定。與此兩國約：即勝楚，睢陽以北至穀城，皆以王彭相國；從陳以東傅海，與齊王信。齊王信家在楚，此其意欲復得故邑。君王能出捐此地許二人，二人今可致；即不能，事未可知也。」於是漢王乃發使使彭越，如留侯策。使者至，彭越乃悉引兵會垓下，遂破楚。（五年）項籍已死。春，立彭越為梁王，都定陶。

《史記·魏豹彭越列傳》

上石矢如雨，直打得楚軍抱頭逃竄。幾次進攻，不僅沒有攻克城池，反被秦守軍殺得丟盔卸甲，傷亡不輕。

昌邑難下，沛公不想在這裡消耗力量，遂決定改道南下進兵。彭越故土難離，又散蕩慣了，沛公只好與他作別，但道後會有期，遂率部一直往南開。

途中，沛公發了一筆意外之財。走在半路上，迎面遇見了一支隊伍，不是楚軍就是魏軍，大約有四千餘人。沛公乘對方不防備，襲擊了它並把他們全部併入自己的隊伍中。此時魏豹已收復了二十多座故魏國城池，已被楚王封爲魏王。沛公並不管是不是自己人，「實力」，是縈繞他心懷的最重要的事情，於是，他毫不遲疑地殺了剛武侯，繳了他的械，奪取了他的軍隊。遇到這種情況，沛公是從來都不手軟的。

四、高陽酒徒智取陳留

二打昌邑未下後，沛公開始西進。他一直在楚地盤桓，還不曾攻克過什麼城池，但是他的力量大大發展了。西進途中，晝行夜宿，遇山爬山，遇水涉河，所過城池，能收就收，不能收就走，一路曲折逶迤前進。這一日來到了陳留境內高陽鄉。

陳留在今河南省開封市東南，杞縣西北。高陽有一位老儒，姓酈名食其。他飽讀詩書，滿腹經綸，能言善辯，狂傲不羈。卻因家境貧寒，沒有任何謀生的資本，飄零落拓，只得作了個看管里門的小吏。不過，別看他地位卑賤，但是他在縣裡卻是一位極有名氣的人，連那些有名望有權勢的賢士豪強都不敢隨便對待他。縣中人們都稱他狂先生。

等到陳勝、項梁起義，各種隊伍，今天一撥，明天一起，接連幾十個將領帶隊路過高陽。酈先生觀其行，聽其言，覺得那些將領都沒什麼眞本事，卻都器量狹小，專門喜歡講究繁縟瑣碎的禮節，又自以爲是，聽不進豁達有氣量有眞知灼見的言論，他將這些人統統稱爲齷齪小才，不足以成事，於是就竭力躲開這些人，還免不得揶揄嘲笑，口吐狂言。

這一次沛公率軍打到了陳留郊外，正好沛公有個騎兵和他是同里的鄉親，回到里中，酈生見到他就問：「聽說沛公非常傲慢，看不起人，但是他這人卻又有遠大的志向，有大的謀略，果眞如此」？

騎兵告訴他說：「確實如此。沛公雖然傲慢，但是卻喜求豪傑，所過必問，若有智士與談，倒是歡喜非常，並不輕視。這一次到陳留，沛公還屢次問及縣中的賢士豪傑呢」。

酈生聽了忙說：「這眞是我所願意結交的人，你能不能為我作介紹？你見著沛公，就告訴他說：『我們鄉里有個酈先生，六十多歲了，身高八尺，人們都稱他狂先生。他自己可說他不是狂先生，而是讀書多智，能助人成大業。』」

騎兵一聽，連連搖手，告訴酈生：「沛公最討厭儒學。有的賓客戴著儒生的帽子來，沛公竟能當場掀掉那人的帽子，在裡面撒尿！平時和賓客談話，一談起儒學，他就破口大罵。先生您怎能以儒生的身份去遊說呢」！

酈生笑笑說：「你只管照我的話去說就是了」。

騎兵見酈生這等自信，也想試試他的見識，於是就等了個時機，把酈生教他的那些話一字不改地說給了沛公。沛公也未多言，只令騎兵去召酈生來見。這時候，沛公正住在高陽的驛館中，酈生來求見，遞上自己的名片。沛公命人帶進他來，自己卻坐在床上，直攤開兩腿，讓兩個年輕女子給他洗腳，見酈生進來，如若罔見。

酈生看見這般情景，走到沛公跟前，竟不跪拜，只行了一個拱手禮，朗聲道：「足下是要引兵

酈食其

酈食其（前二六八年～前二〇四年）陳留高陽（今河南開封杞縣西南）人，是漢王劉邦的謀臣。

家境貧寒，但仍嗜酒如命，常混跡於酒肆中，人稱高陽酒徒；喜讀書，性豁達，有心計；對殘暴的秦朝非常痛恨，對奮起抗秦的陳勝、項梁寄予很大希望，但酈食其發現這些人心胸狹窄，不足為交，因此一直隱居未出。當劉邦攻打陳留時，酈食其聞知劉邦抱負大，胸襟廣闊，喜結交，就前去投奔。曾為劉邦成功勸降陳留秦軍，為劉邦一統天下做出了貢獻。事後劉邦將他封為廣野君。

但可惜的是劉邦命其與齊國和平談判，本來已成功，但正在攻齊的韓信在蒯通唆使之下起了妒忌之心，以未收到劉邦停戰命令為由揮軍攻齊，連破多座城池，齊王田廣聞信大怒，將酈食其烹殺。酈食其自知必死，面無懼色，說：「舉大事不細謹，盛德不辭讓」。

劉邦平定英布後，分封時很掛念酈食其，想封其子酈疥為侯，雖然酈疥多次領兵打仗，但軍功未至於封侯，劉邦仍破例封酈疥為高梁侯。

李白在《梁父吟》裡寫道：「君不見高陽酒徒起草中，長揖山東隆准公。入門不拜騁雄辯，兩女輟洗來趨風。東下齊城七十二，指揮楚漢如旋蓬」。

滅亡秦國呢，還是要幫助秦國攻打各諸侯國呢」？

沛公一聽，頓時破口大罵：「混蛋儒生！你難道不知道天下苦於暴秦這麼久了麼？諸侯一個接一個地攻打秦國，你怎麼敢說我要幫助暴秦攻打兄弟國」！

酈生毫無懼色，從容回答道：「如果您眞心想聚集民眾組成正義之師去討伐無道的暴秦，那麼你爲何用這種無禮的態度對待長者呢？慢待賢智之士，還想有人來爲你獻計進謀嗎」？

聽得此言，沛公趕緊站其身來，整理衣冠，請酈生上座，然後謙和地向他道歉。酈生這才開始談起他的見解，給沛公分析六國合縱連橫的形勢和它們各自的成敗，口若懸河，滔滔不絕。聽得沛公甚是高興，就招待酈生吃飯。席間，沛公迫不及待地問及伐秦之策，酈生說：

「您在沒有任何組織訓練的民眾之中起事，糾集了一些散亂的士兵，人數還那麼少。以這不滿萬人的隊伍，卻想徑直去攻打強大的秦王朝，這不就是人們常說的驅羊入虎口嗎！爲您打算，我看應該去進攻陳留。陳留是天下的要衝，四通八達，進可攻，退可守；並且現在城中又貯積著很多糧食，足爲軍需。我和陳留縣令相識多年，請奉您的命令前往陳留縣城招安。如果他不從命，請您舉兵攻城，我作內應，城可立下。得到陳留，您一定能夠招集眾多人馬，那麼您就可以順利地實施進破關中的計畫了」。

「白米萬石」陶倉，西漢。1953年河南洛陽金谷園出土。

酈生說服沛公後，就連夜趕到陳留縣城去見縣令。老朋友相見，也顧不得敘談友情，酈生開門見山，單刀直入，勸說縣令：「秦王朝暴虐無道，所以天下人都紛紛反叛它。今天如果您能順應潮流，與起義的人們聯合，就可以成就大功業；可是如果明知暴秦滅亡在即，卻偏要爲它據城死守，我實在是爲您感到危險」！

縣令聽到此，連忙頓足擺手：「足下休言，足下休言！秦法最爲嚴苛，萬萬不可亂說，亂說要滅族的！我不能答應您，您說的話也不是我心裡想的，您別說了」。

酈生聞聽此言，就不再言語，回到後房躺下了。半夜裡，他悄悄爬起來，潛入縣令的睡房，揮刀斬了這位老朋友的頭，然後縋下城，來到沛公營帳，獻上縣令首級。於是，沛公就率軍攻城，沛公讓人把縣令的首級掛在長竿上，高高挑著讓城裡人看，一面高喊：「趕快投降！你們縣令的頭正在這裡。誰後投降，這就是榜樣！」樹倒猢猻散，縣令既死，陳留縣眾當然也就不再堅持，於是紛紛投降沛公。

沛公占據陳留，自己駐紮在縣南城門上，縣城庫存的武器全部拿出來武裝自己的部隊，糧倉裡儲備的糧食足夠軍需之用。酈食其又招來了他的弟弟酈商，酈商早已經起義並且擁有一支四千人的隊伍。劉邦封酈食其爲廣野君，酈食其從此成爲劉邦的職業外交家；封酈商爲將，統領留縣的軍隊，跟隨自己輾轉作戰，最後西進入關。

占據陳留，這是沛公西進秦國的關鍵一步。他的西征軍力量原本異常薄弱，開始的幾個月，他們只能在現在的山東省、河南省交界徘徊，進展不得。直到攻取了陳留，才得到了整頓發展的機會。在這裡，沛公招募軍士足有六、七萬，又充分利用了陳留的軍械與糧草儲備，他的部隊由不滿一萬人，一下子擴展成了實力雄厚、裝備精良的大隊伍。沛公以陳留爲據點，在那裡停留了三個月，進進出出，頻繁活動：進攻開封、與秦將楊熊戰白馬又在曲遇大破之、南攻穎陽並屠之、北攻平陰、南戰洛陽、直至六月收宛城。三個月後，沛公軍由此進發，一路順風，攻入武關，滅亡了秦朝。

沛公之所以能夠得到陳留，其關鍵又是得到了酈食其。討厭儒生儒學，這是劉邦固有的觀念，這既與他從小就不愛念書、浪蕩成性有直接關係，更是那個時代的固有特色。尙武崇力，是人類祖先現實生活在意識形態中的直接反映，這種觀念一直延續到秦漢時代。這也與楚人急疾剽悍，勇武好鬥的地方性格大有關係。項羽之習書不成去學劍，學劍不成又去學兵法，兵法仍然學不進去的粗疏性格，就是那個時代性格的典型表現。劉邦對待儒生的態度，刻畫出那個時代的風氣、地域特色和他個人性格中的流氓習性。但是，劉邦從酈食其身上，看到了儒術與儒生的不一樣，看到使用酈食其的巨大作用。這對他日後不以外表取人，不以學派取人，不以出身、經歷取人，看人只問才幹、作用——這是他奪取天下的至要法寶，並且起了決定性的作用。頭腦靈活、目標明確、隨時改變自己不符合實踐需要的觀念、及時修正自己的方針計畫等，這就是劉邦高於項羽的地方。陳留，也是劉邦思想躍進的一個基地。

五、賺宛城收南陽

秦二世三年（公元前二〇七年）三月，劉邦以陳留爲基地，向西北攻擊開封（今河南省開封市），未能攻克。在開封正北面大約二百里的白馬縣（今河南省滑縣）境內，與秦軍將領楊熊遭遇，打了一仗；緊接著又南下，在開封西面的曲遇（聚邑名，在今河南省鄭州市和開封市之間的中牟縣東）東面和楊熊軍進行會戰。這時張良跟隨韓王攻城略地，在穎川（今河南省禹縣）一帶打游擊，聽說沛公攻克陳留，出入轉戰，遂趕來助戰。有了張良的鼎力協助，沛公軍大獲全勝。楊熊

河南南陽漢宛城遺址：望仙台。南陽古稱宛，古宛城為周、秦之際興建，兩漢盛極一時，是著名的古城之一。

狼狽退敗，一直向西，逃到了滎陽（今河南省滎陽市）。滎陽是軍事重地，是西進關中的要衝，決不能有半點閃失！秦二世不能允許敗逃之將潰敗之師敗壞大秦帝國的形象，影響秦軍的士氣，於是立刻派使者到滎陽降旨，立誅楊熊，巡迴示眾！

獲取了這個大勝利，楊熊又死，沛公自思近地無大患，遂揮軍乘勝進擊，又南下近二百里，攻打穎陽（今河南省許昌市西南）。沛公採取的是避實擊虛的靈活戰術。這時秦主力軍集中在趙國鉅鹿一帶，被楚國主力牽制著，所以秦政府不可能在穎陽投入很大的防守力量。可誰知，穎陽守軍雖不多，卻居然敢據城頑抗！沛公親自督攻，竟連接數日才得攻克，以致損失了些人馬。

攻克之後，沛公即命屠城！這一爲泄憤，二爲示威，警告各地守軍和百姓，頑抗沒有好下場！穎陽離先前項羽攻克後坑殺了全城老少的襄城不遠。可憐關東百姓，本來只受暴秦蹂躪，如今各路豪雄起來反抗暴秦，卻使他們橫遭如此暴虐！沛公之所謂「仁義之師」也大露崢嶸了。

又發生了一件事：趙國（趙歇）有員偏將名叫司馬卬的，不顧趙國正面臨著滅頂之災，卻悄悄率領自己的部隊西進，也想南渡黃河，從而搶先入關。沛公聞聽，立即揮師北上，進攻平陰（今河南省孟津縣東），控制了黃河渡口，阻止了司馬卬的進軍，斷了那小子想當關中王的念頭。

然後，沛公又南下，在洛陽東面遭遇了秦軍，戰不利，向東穿過轘轅。轘轅山在洛陽正東面七八十里，今偃師縣東南。山路崎嶇，據說有十二曲，需要盤旋環行，所以稱之轘轅。這裡形勢

「漢併天下」瓦當，1951年陝西臨潼櫟陽出土。「漢併天下」一類建築用瓦當，常出土於陝西關中地區，均是為紀念劉邦戰勝項羽，統一天下，建立西漢王朝而製的。

險峻，是有名的要隘，故而又有人稱之爲轘轅關。然後，沛公軍向東南走了一百五六十里，回到陽城（今河南省登封縣東南），收集軍中的馬匹、騎兵，重新組建成生力軍一路南下，準備從秦軍守備薄弱的武關進入關中。

此時張良正率領著韓王的軍隊跟隨著沛公。雖然張良輔佐韓王成收復了十餘座故韓國城池，但終不敵秦軍的強大攻勢，又全被秦軍一一收回了，所以他們一直在打游擊。這一回西進，沛公與張良再次相遇，他是絕不會再放走張良的。穿過轘轅關隘，沛公軍一路勢如破竹，接連收復了十幾座故韓國城市。於是，沛公請韓王成留守陽翟（韓故都，今河南省禹縣，在登封縣東南約一百里），自己則偕同張良，繼續南下。替韓王成收復了十幾座城池，既對得起韓王成，也讓張良走得心地坦然。

南陽郡，郡治在宛城（今今河南省南陽市）。聞聽沛公軍南下進攻，南陽郡守呂某著了急，慌忙引兵北上迎擊，被沛公軍殺得大敗，一路落荒，直逃到南陽郡府宛城，堅閉城門。沛公追至城下，見城上守卒陣列，城門緊閉，一副下決心死保的陣勢。沛公不想在此圍攻，浪費時間，於是引兵繞過城池，迤邐西去。

西去路上，張良一直在沉思，行約數里，他毅然叩住馬，對沛公說：「沛公，我看咱們繞過宛城恐怕不行。不攻下宛城，那麼我們往前進的每一步，都隱藏著後患：強秦在前面打擊我，宛城的守軍從背後攻擊我，敵人前後夾擊，我們進退失據，這實在是很危險的」。

沛公聽了一拍腦門，「哎呀，不是先生您說，我可就犯了大錯了！馬上回軍，強攻宛城」！

張良連忙拉住他說：「沛公，我看不如這麼這麼辦……」。

沛公大喜，遂按照張良的計策，傳令各軍，偃旗息鼓，抄小道回宛。爲遮人耳目，路上又換上秦軍的旗幟，靜悄悄地潛行，黎明時分，回到了宛城，把它密密匝匝地包圍了起來。布置停當，放起號炮，頓時宛城上空響起炸雷！

南陽郡守見楚軍西去，以爲大禍已去，驚魂甫定，還未及安眠，忽聽城外炮聲震天，忙登城俯視，見宛城已然被團團包圍起來，環軍如蟻，數不勝數，當頭一面大旗「沛」，原來楚國沛公軍又回轉來！小小一座宛城，哪禁得住近十萬大軍的重壓！況且自己又是沛公的手下敗將，決無力量還擊。呂郡守左思右想，只有死路一條。於是他拔出劍來準備自刎。

這時忽然身後一聲急呼：「主公且慢！死時尚早呢！」回頭看，卻是門客陳恢。陳恢向郡守侃侃談起了他的見解並自薦去說服沛公。此路不通再自刎不遲。

陳恢從城上縋下，被押到沛公帳前，跪拜行禮，然後侃侃談起來：「我聽說楚王和足下有約在先：先入關攻佔咸陽者爲王。現在足下停留在這裡攻城，要知道宛城是個大郡的都城，連城數十，百姓眾多，糧食儲備十分充足，城內軍民都認爲投降必死，所以萬眾一心，都要登城死守。足下倘阻停在這裡，士兵傷亡必定很多；倘解圍離去，宛城守軍又必定會尾隨追擊。如此，則足下前會失去先入咸陽的機會，後又有遭受強大宛軍襲擊的危險。您想一想，這是不是太不值了」？

沛公聞言，如當頭棒喝，心中一震。陳恢覷見沛公神色，知道自己已經打動了沛公的心，於是他繼續往下說：「我爲您著想，倒不如明約招降，封南陽郡守爲侯，仍讓他留守南陽，而您就可以率領宛城的軍隊繼續西進。這樣對雙方都有好處，何樂而不爲呢？況且，這樣一來，又爲那些沒有降服的城市樹立了榜樣，他們聽到您不但不殺南陽郡守，還封他爲侯的消息，一定會爭先恐後地打開城門迎接足下。那麼您西進就可以暢行無阻了」。

沛公喜出望外，痛快地答應道：「好！就照你說的辦！」馬上封原秦南陽郡守爲殷侯，仍留守南陽；因陳恢有功，封他爲千戶（官名），隨殷侯留守。旋即沛公招集宛城人馬，引以俱西。

果然，沿途城邑，無不聞風迎降。以後是經丹水（今年河南省淅川縣西南，丹水北岸），出胡陽（又名湖陽，在今河南省唐河縣西南），下析（在今河南省西峽縣）、酈（今河南省南陽市西北）一路順風，勢如破竹。在丹水，原秦將戚鰓、王陵起義，分別被封爲高武侯、襄侯。

在湖陽，沛公還遇上了秦番縣令吳芮的一員偏將梅鋗，於是協同在一起攻擊析、酈等地。隊伍越走越大，又一路嚴申軍紀，影響也越來越大，眞眞的勢如破竹，所向無敵，前面徑直就是武關了。

「先入定關中者王之」，楚懷王的許諾，至今還像初次聽到時那樣有力，那樣振奮人心。這個夢就要成眞了。

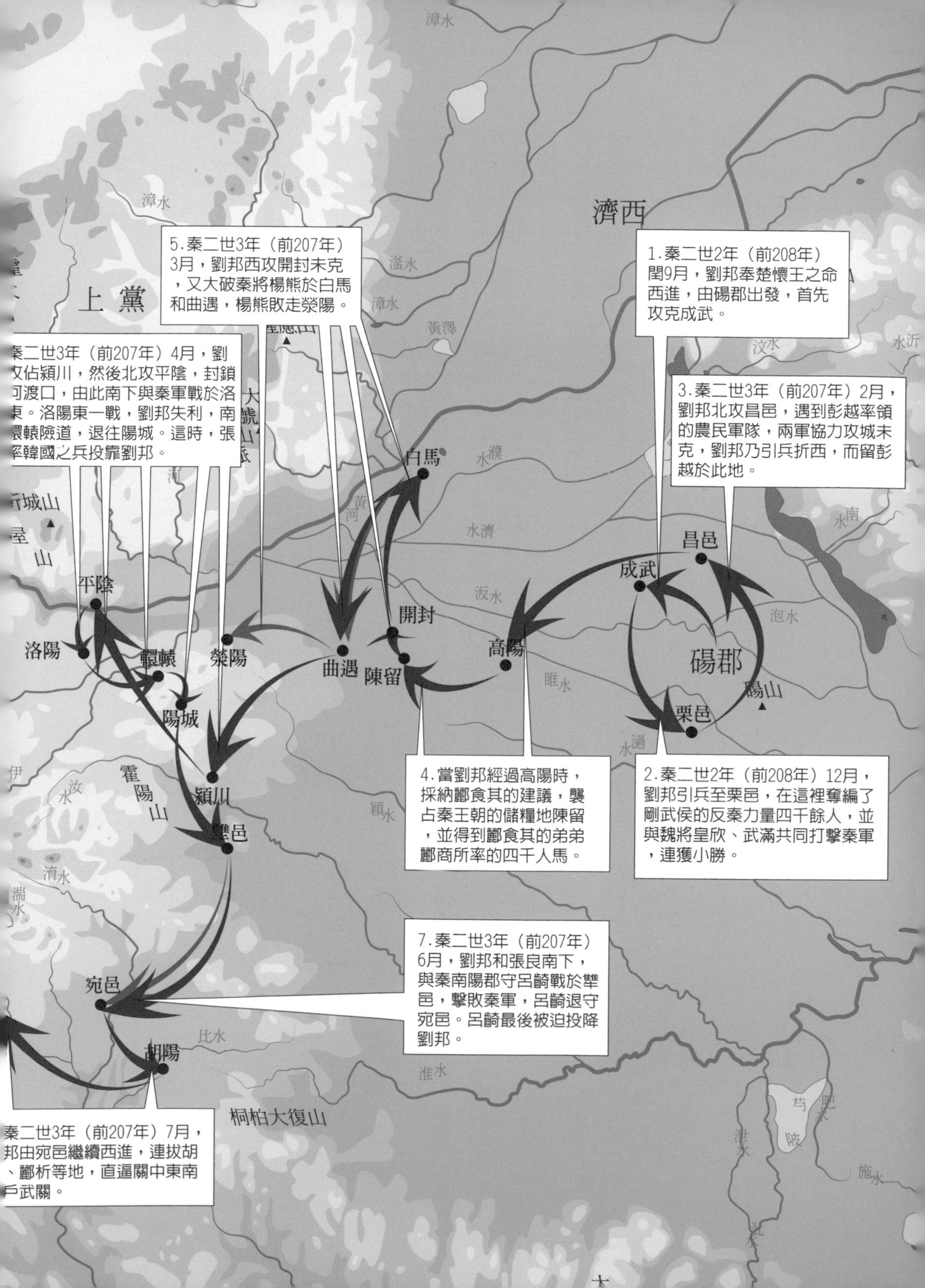

漳水
漳水
濟西
上黨
滏水
漳水
黃澤
汶水
水沂
5.秦二世3年（前207年）3月，劉邦西攻開封未克，又大破秦將楊熊於白馬和曲遇，楊熊敗走滎陽。
1.秦二世2年（前208年）閏9月，劉邦奉楚懷王之命西進，由碭郡出發，首先攻克成武。
秦二世3年（前207年）4月，劉
攻佔潁川，然後北攻平陰，封鎖
河渡口，由此南下與秦軍戰於洛
東。洛陽東一戰，劉邦失利，南
轘轅險道，退往陽城。這時，張
率韓國之兵投靠劉邦。
3.秦二世3年（前207年）2月，劉邦北攻昌邑，遇到彭越率領的農民軍隊，兩軍協力攻城未克，劉邦乃引兵折西，而留彭越於此地。
白馬
濮水
黃河
水濟
昌邑
成武
平陰
汳水
開封
泡水
洛陽
轘轅
滎陽
曲遇
陳留
高陽
碭郡
睢水
碭山
陽城
栗邑
過水
霍陽山
汝水
潁川
潁水
犨邑
4.當劉邦經過高陽時，採納酈食其的建議，襲占秦王朝的儲糧地陳留，並得到酈食其的弟弟酈商所率的四千人馬。
2.秦二世2年（前208年）12月，劉邦引兵至栗邑，在這裡奪編了剛武侯的反秦力量四千餘人，並與魏將皇欣、武滿共同打擊秦軍，連獲小勝。
淯水
湍水
7.秦二世3年（前207年）6月，劉邦和張良南下，與秦南陽郡守呂齮戰於犨邑，擊敗秦軍，呂齮退守宛邑。呂齮最後被迫投降劉邦。
宛邑
比水
胡陽
淮水
桐柏大復山
肥水
芍陂
秦二世3年（前207年）7月，
邦由宛邑繼續西進，連拔胡
、酈析等地，直逼關中東南
戶武關。
施水

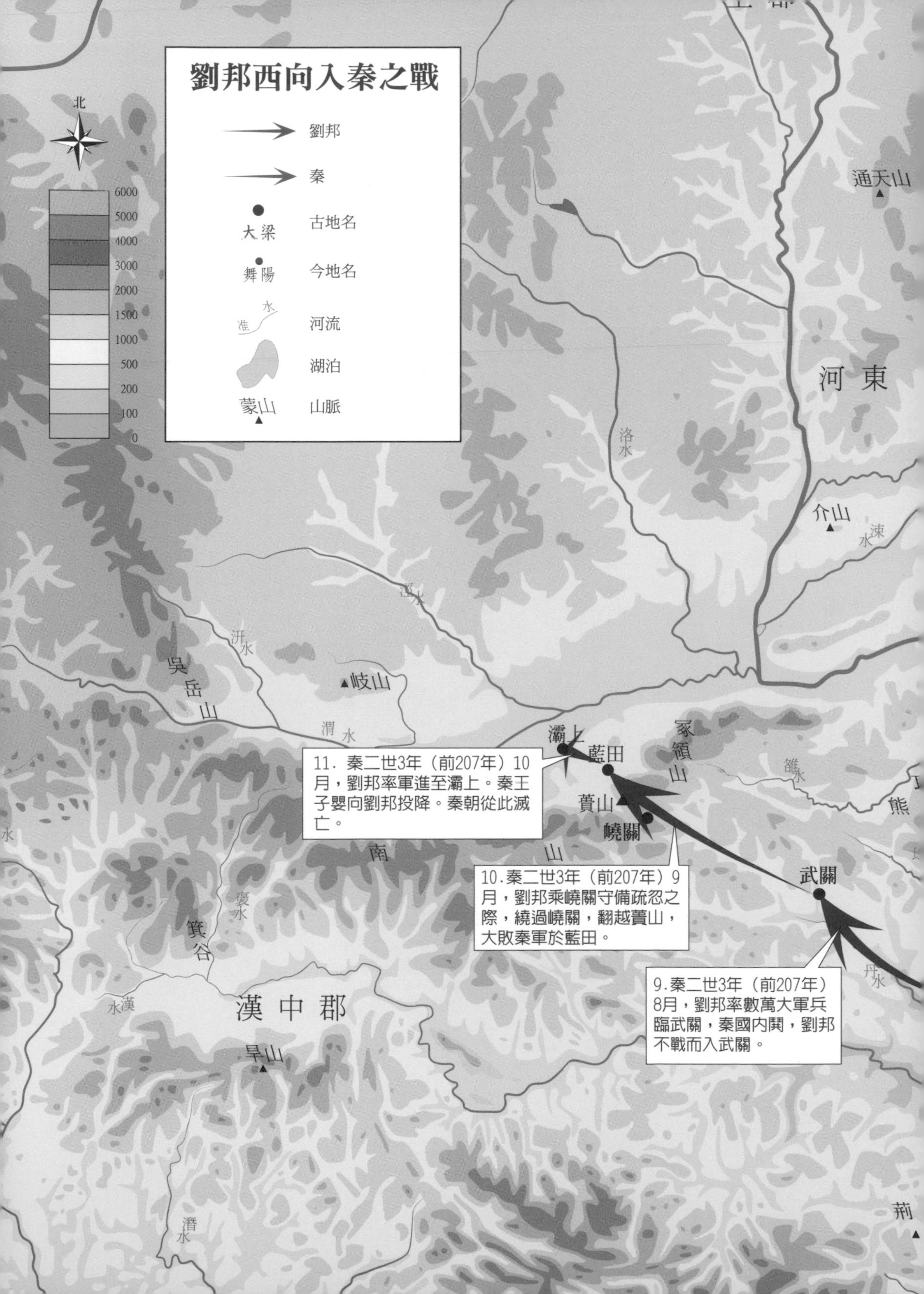

劉邦西向入秦之戰
劉邦
秦
古地名
大梁
今地名
舞陽
河流
湖泊
山脈
蒙山
北
6000
5000
4000
3000
2000
1500
1000
500
200
100
0
通天山
河東
洛水
介山
涑水
涇水
汧水
吳岳山
岐山
渭水
灞上
藍田
冢領山
雒水
蕢山
嶢關
南山
武關
熊
褒水
箕谷
漢中郡
漢水
旱山
丹水
潛水
荊
11. 秦二世3年（前207年）10月，劉邦率軍進至灞上。秦王子嬰向劉邦投降。秦朝從此滅亡。
10.秦二世3年（前207年）9月，劉邦乘嶢關守備疏忽之際，繞過嶢關，翻越蕢山，大敗秦軍於藍田。
9.秦二世3年（前207年）8月，劉邦率數萬大軍兵臨武關，秦國內鬨，劉邦不戰而入武關。

第五章 滅秦

一、「先入關者」

陝西省丹鳳縣東四十公里，在秦嶺餘脈伏牛山的崇山峻嶺之中，有一條險峻異常的峽谷，在谷澗中一塊比較高的平地上，高高矗立著一座雄關，這就是秦南關——武關。它和潼關、蕭關、大散關共稱爲秦之四關。武關板築壘牆，堅固無比。關的東面沿山盤曲，崖懸壑深，狹窄難行，山環水繞，險阻天成。

秦二世三年（西元前二〇七年）秋八月，劉邦率領十萬大軍，西進到達武關關下，沒有停息，即刻發動攻擊。武關守軍進行了頑強抵抗。但是，寡不敵眾。幾年來風起雲湧的反秦鬥爭，消耗了秦軍主力；好不容易以釋放刑徒和奴產子湊起來的軍隊，又被楚軍牽制在趙國鉅鹿。秦朝廷也沒想到楚軍會從南面攻擊，故而武關雖險，卻除了少數守軍竟然沒有什麼防守力量。沛公大軍抵達城下，迅雷不及掩耳，武關守將倉皇無措，來不及調兵遣將，防禦部署，匆匆迎戰，幾個回合，就被沛公大將搠下馬來，片刻之間，大軍橫掃如捲席，一舉攻陷武關！十萬楚軍浩浩蕩蕩開進關來。秦王朝的南關，就這樣淪落了，這也是秦王朝氣數已盡的指標。

據說攻陷武關後，沛公軍將武關的男女老幼全數屠殺，看來是爲了震懾敵威，更爲了向世人宣告——我沛公終於攻進了強秦，我是「先入關者」！

劉邦終於在諸侯中最先攻入了關中，進入了秦國本土！

二、拒分關中

八月，沛公劉邦率領十萬大軍，攻陷武關，隨即指揮大軍，迅疾西向，咸陽就在咫尺之間了。

戰火已經燒到了秦國的心臟，趙高知道遮瞞不住了。當初，他哄騙秦二世，殘殺宗室，構陷李斯，從而獨攬大權。他為了徹底控制朝廷，恐怕朝中官員們不肯聽話，就預先進行了一次檢測：他派人把兩隻鹿牽到金鑾殿上，對胡亥說：「這是兩匹馬」。胡亥笑了，說：「宰相您搞錯了。這是鹿，您給當成馬了」。趙高堅持說是馬，爭持不下，胡亥就詢問左右和朝中大臣。大家都害怕趙高，沒有人敢回答，被胡亥逼急了，有的就順著趙高的話，說那是兩匹馬，也偶爾有人按照實情，說那不是馬是鹿。趙高都暗暗記在心裡，凡是說了實話的，他都暗地裡用法律條文構罪陷害。滿朝官員，再沒有一個人敢於講真話，更沒有人敢於指出他欺君的罪行。那秦二世又昏庸乖僻之極，最是討厭下面人向他報告壞消息。派往關東的御史，凡是回來實情稟告的，他竟都嚴加懲治，甚至誅殺。這就使趙高更加為所欲為了。他為了控制贏胡亥，不斷地哄騙他「關東盜無能為」。甚至項羽生擒王離等大將、章邯屢屢戰敗、要求增加援軍的告急文書雪片般飛來、關東各路諸侯將領分別率領軍隊向秦政府集中進攻等等消息，他都向秦二世封鎖，搞得秦二世自以為天下太平，越發高枕無憂，終日淫樂。

現在劉邦大軍攻陷了武關，「關東盜無能為」的謊言再不能遮瞞了，趙高這才害怕起來。他怕秦二世翻臉，把他殺掉，就假裝生病，不再上朝。胡亥久不見趙高來朝見，又聽說關東軍已經進入了武關，大驚失色，派使臣去責問趙高，問及有關盜賊的情事。趙高害怕了，一時間竟六神無主。狗急跳牆，他知道躲不過去了，一不做，二不休，索性發動了政變。

趙高和女婿咸陽令閻樂、弟弟郎中令（皇宮警衛隊長）趙成一

武關

武關，位於陝西省商洛市丹鳳縣東的少習山峽谷之間武關河的北岸，歷史悠久，春秋時名「少習關」，戰國時改為「武關」，與函谷關、蕭關、大散關稱為「秦之四塞」，是春秋戰國時代秦國的南大門。

前二九九年秦昭王約楚懷王在武關會面。懷王不聽昭睢、屈原勸告，決定前往武關，結果被秦國扣留。秦王脅迫懷王割地，懷王不肯，被秦扣留，老死秦國。

前二〇六年八月，劉邦起義部隊由此入關，逼近咸陽。

同密謀策劃後，遂發動了政變。他們借口捕賊，讓閻樂領兵一千多人闖進皇宮，趙成爲內應，驅散宮廷警衛，凡敢於抵抗的，一律格斃。

那秦二世哪裡想到會發生如此巨變！被亂軍追得狼狽逃竄，左右也如鳥獸散。待逃到寢宮時，身邊只剩下了一個宦官攝於皇帝的積威，不敢逃跑。胡亥哆哆嗦嗦問：「你爲什麼不警告我，以至於鬧到這步田地」？

宦官回答說：「就是因爲我沒有早警告你，否則，我還能活到今天」？這時候，閻樂已經帶著追兵來到了寢宮，秦二世束手就擒。

秦二世死到臨頭，居然還提出了「願得一郡爲王」、「願爲萬戶侯」直到「願與妻子爲黔首比諸公子（比照王子待遇）」這樣種種愚蠢可笑的要求，當然全都落空，被迫自殺。趙高於是召集朝臣宣布秦二世的罪狀，並宣稱，秦本是王國，始皇統一天下才改稱皇帝。現在秦只保有關中一隅，還是恢復稱王爲好。於是擁立子嬰（扶蘇的兒子）當秦國國王，把嬴胡亥像平民一樣隨隨便便埋葬了。至此，秦二世年二十三歲，總共當了三年的皇帝。

三年來，趙高把秦二世玩弄於股掌之中，最後獨攬大權，控制了整個秦王朝。他機關算盡，自以爲聰明得計，其實他的倒行逆施恰恰是自掘墳墓。他的胡作非爲，瓦解了秦王朝的統治機構，促成了秦軍事統帥的投降，葬送了秦軍主力。從沛公西進入關的進程也可以看出，秦王朝的覆滅完全是由於政治上的解體。如果單從軍事上看，劉邦連奪取一座中等城市也很困難，根本談不上遠征關中。但是，他進軍關中沿

秦二世胡亥墓。

途的秦地方官吏卻人人自危，各懷鬼胎，只求保住自家性命，幾乎沒有人認眞抵抗。所以當他主要採取安撫政策，發動政治攻勢，局面一下子就改觀了，各地大多望風歸順，使他進展神速。趙高的所作所爲，客觀上加速了秦王朝的滅亡。趙高的倒行逆施，也爲他自己掘了墳墓。

三、智破山堯關

且說沛公軍進入武關後，這一日正在行進途中，忽然前面先頭部隊派人來報，說是秦國朝廷派了使者前來講和。原來趙高殺了秦二世，看到楚軍進關的陣勢，料定無力阻擋，遂悄悄派人來聯繫，想跟沛公約定，他那裡將秦宗室全部屠戮，沛公也偃旗息鼓，雙方共同分割關中，各自爲王。聽著趙高使者的話，沛公覺得這事十分蹊蹺，會不會是秦王朝的緩兵之計？會不會還有什麼其他的企圖？這一想，他就清醒了許多，再想到，原本是六國聯合抗秦，現在自己若單獨和秦瓜分關中，難道不會引得關東諸侯群起而攻之？尤其是，懷王約定「先入關中者王之」，原本是整個關中，這樣一分，就只能得一半了！這等賠本賺吆喝的買賣決不能答應！於是他斷然拒絕了趙高的請求：「回去告訴你家主人，我沛公乃堂堂楚軍大將，怎會與弒主逆閹媾和！」於是繼續率軍西進，直指山堯關。

接到沛公斷然拒絕的消息，趙高無奈，知道自己無望南面稱孤，只得另打主意控制子嬰。九月，趙高讓嬴子嬰齋戒，沐浴吃素，定好日期去朝拜太廟（君王祖廟），準備正式接受玉璽。子嬰早就得心腹太監祕報，知道趙高遣使前往楚營求和，要大戮秦宗室，自稱爲王，與楚軍沛公平分關中。所幸楚軍沛公拒絕了。子嬰對趙高早就心懷警惕，知道趙高遲早會動手。事既如此，不能再遲疑，於是子嬰招來他的兩個兒子商量：「趙高把二世皇帝謀殺在望夷宮中，怕群臣們討伐，假裝公義，推我坐上國王寶座。我聽說他已經和楚國約定，消滅秦國，他就在關中稱王。現在故意讓我齋戒，約好了朝拜太廟，他肯定要在那裡對我動手。」於是子嬰父子商量好，稱病不去太廟。

齋戒到第五天的時候，趙高三番五次派人來催促子嬰赴太廟，子嬰就是推脫不去。趙高急了，果然親自出馬來催。喊著：「國家祭祀大典，大王怎麼能夠不去主持？」一隻腳剛邁進子嬰的齋宮，就被埋伏在門後面的刀斧手一擁而上，殺死在齋宮門內。

子嬰斬殺了趙高，馬上下令夷趙高三族。於是往告祖廟，嗣登大位。就在這時，山堯關的告急文書雪片般飛來，子嬰遂緊急徵兵遣將，東往守山堯關，抗擊楚沛公大軍。

山堯關在今陝西省商縣西北，離藍田不足百里。沛公一路順利，又風聞秦王朝內部的動亂，心想主喪軍亂，增兵也無大益。於是他馬上點將，下令率兩萬人馬，去攻打山堯關。

張良看到沛公的部署，知道沛公眞沒有把眼前的這些秦軍放在眼裡，但是張良可知道哀兵必勝的道理，他也深知秦軍的實力，他更了解沛公軍的實際軍事力量，於是勸阻沛公說：「秦軍目前的力量實際還很強大，山堯關險要，我們萬萬不可輕敵！我聽說山堯關守將是一屠夫之子，作買賣的小子們最貪利，容易被財寶打動。我看咱們不如雙管齊下：您呢留在軍營中，一面派人作先行，準備五萬人的糧食，並且在附近的各個山頭多多懸掛楚軍的旗幟，以此作爲疑兵來迷惑、威懾秦守將；一面，您再派酈食其多多帶些金銀財寶，去遊說山堯關守將，許諾重利來收買他們。這樣，不傷卒損將，即可攻克關」。

沛公按照張良的計策，一面大布疑兵，一面派酈食其、陸賈這兩位能言善辯之士前往山堯關遊說。秦山堯關守將果然被疑兵所惑，又見財眼開，利令智昏，表示願意締結休戰盟約，與楚軍共同西進攻取咸陽。沛公見不戰就可以西進，很是高興，馬上吩咐左右：「傳下去，息兵！」他準備馬上締約，然後聯軍西進。

張良在一旁連忙拉住：「沛公，不可，不可。這只是山堯關

周勃(?～前169年)，沛縣(今江蘇沛縣)人，西漢開國功臣，名將，被封為絳侯，官至右丞相，秦末漢初的軍事家和政治家。清末《歷代名臣像解》。

守將自己的打算，他獨自一人想叛變，又怕部下反對，才有這種反應。我們如果驟然與他們聯合，共同西進，就怕萬一他的部下發生變亂，偷襲我們，那可就麻煩了！不如現在趁著秦守軍上下猜忌，守將兀自高興之時，正可以利用他的懈怠對他們發動攻擊」。

沛公一聽，「言之有理，言之有理！」馬上命部將周勃帶領大軍，繞過山堯關，翻越蕢山（在藍田縣東南），從背後對秦軍發動突然襲擊。

且說山堯關秦將正以爲酈陸二生去後，楚軍必來續約，戒備鬆懈，專心等待。這時，猛聽得殺聲四起，即有許多敵兵，從營後湧殺出來。秦軍將領、軍士茫然不知所以，被楚軍兜頭殺來。刀光閃處，人頭落地。秦軍立刻潰敗，四散而逃。周勃率軍趁勢追擊，斬殺敵軍，頃刻踏平秦軍營壘。

這邊，沛公引大軍從東面進入山堯關，接應周勃，頓時秦軍潰如山倒。楚軍凶狠追殺，在藍田（今陝西省藍田市）南郊大破敵軍。接著在藍田北面與秦軍大戰，終於消滅了秦關中守軍。自此，秦王朝再也沒有軍事力量能夠與楚軍對抗了。

在攻取山堯時候，沛公下令全軍，所過之處，毋得擄掠！違者格殺！秦人大喜，秦軍馬上鬆懈了鬥志，遂大破之。

藍田到咸陽，半天的路程。咸陽指日可待了。

哦，咸陽！

四、秦王子嬰屈辱迎降

西元前二〇六十月，劉邦大軍挺進霸上（即灞水西面的白鹿原，在今陝西省西安市東南，因灞水流經其地，故稱「霸上」）。這一年劉邦被封爲漢王，漢與秦採用同樣的曆法，以十月爲歲首，所以從這個時候起，我們就改稱「漢元年十月」了。

秦政府已經瓦解，沒有力量反抗，秦王子嬰只好請求投降。這一天，子嬰坐著白馬拉的喪車，脖子上套著繩索——表示自己是

進咸陽子嬰獻降彩塑，河南永城芒山漢興園大漢殿。

個該死的俘虜，向勝利者服降請罪；捧著皇帝用的各種印信：皇帝的玉璽、派遣使者傳達皇帝命令或調兵遣將用的憑證「符」、使臣外出所持表示皇帝親臨的「節」，在秦都咸陽西北軹道亭（今西安市東北）路旁，下車敬候投降。

沛公領著全軍，精神抖擻，整隊馳入，刀槍劍戟，在初冬的陽光下熠熠閃耀。沛公按馬勒韁，徐徐走到子嬰面前。子嬰雙淚長流，屈膝就跪，伏在道旁請降。可憐子嬰只當了四十六天秦王，就把秦室江山，拱手奉獻，替人承擔了亡國之名。

一代天驕秦始皇的子孫，不但把嬴氏幾百年苦心經營的空前強大統一並幻想傳之千秋萬代的國家拱手交給了別人，而且竟是這樣屈辱，這恐怕是秦始皇無論如何也想像不到的。秦自建立封國至滅亡，凡五百七十三年，就是自建立王國起，至高祖元年（前二〇六年）滅亡，立國也有一百三十五年。賈誼曾說，以秦那麼一小塊土地，能夠奪取天下最高權力，脅迫八州朝拜它，後來又統一天下，聲勢蓋世。想不到，一人作難，祖宗七廟全部摧毀，身雖死而被天下恥笑。原因何在？就在於不知道推行仁義；也在於前後攻守之勢正好相反。其實，秦國之亡，亡於君王殘暴昏聵，亡於始皇二世，造孽太深。

看到殘酷屠戮蹂躪關東百姓的暴秦君主竟這樣屈辱地跪倒在自己的腳下，眾將領不禁情緒激昂，紛紛吼道：「殺了他！」「宰了他！」「你們也有今天！」怕留著子嬰滋生後患，更因爲對暴秦的仇恨情緒，大家都主張殺掉他。

聽著諸將的紛紛議論，沛公一直沒有搭話，等得大家說得差不多了，沛公才不緊不慢地說：「當初懷王遣我入關，正因爲我能寬容大度，不爲已甚；何況，他已經投降了，再殺掉他，一定不吉利。大家就不要多說了」。於是喚來主管官員，把子嬰交給他囚禁起來，自己率領眾將領，西進入咸陽。

龍紋空心磚局部紋飾，秦咸陽宮遺址，中國國家博物館。

五、還軍霸上

沛公劉邦大軍攻陷秦國首都咸陽，進入秦宮室，立刻就花了眼。沛公軍都是鄉野中來的烏合之眾，驟然見到仙境一般的秦宮殿，驚訝得張口結舌；及至想到自己是勝利者，恍然大悟，馬上一窩蜂地闖進國庫，像強盜一樣，大秤分金，小秤分銀，鬧鬧哄哄，亂成一團。

夔紋大瓦當，1977年出土於秦始皇陵北面的建築遺址中，大半圓形，高48公分，徑61公分，背有埇殘長32公分。

其時沛公已然無法顧及這些了。進入秦宮殿以來，他自己也是目不暇接，砰然心動。但見金鑾寶殿，巍峨雄壯；進入後宮，更是雕樑畫棟，曲榭迴廊，一重重宮室，層層疊疊；待進得寢宮，更見奇珍異寶，聲色犬馬，重重帷幕，輕雲繚繞，端的是豪華富貴，恍若走進天上仙境一般。及至看到成千上萬的美女，粉嫩嬌羞，裊娜生姿，不禁惹動了沛公那天生的好色心腸，腳也綿軟起來，半步也挪動不得了。於是當夜就留宿在秦王的寢宮裡，嘗盡了溫柔富貴之鄉的滋味。這一來，他就再也不想回到涼颼颼、冷清清、到處是硬邦邦的軍營中去住了。

在這齣鬧劇中，只有少數人保持了清醒的頭腦。頭一個是蕭何。隊伍一攻入咸陽，他就逕直找到丞相府，進去之後，他一不要陳滿府第的珍玩財寶，二不睬花枝招展的嬌姬美婢，逕直進入藏書密室，將其中的全國山川地圖、各郡百姓的戶籍檔案全部搜羅起來。後來又找到御史衙門，把秦朝的「律令圖書」都給收起來，帶到霸上，妥爲保管收藏。這些律令圖書記載了秦王朝的法律制度、關口要塞、全國戶口、各地經濟資料等等，蕭何是要了解並留待日後檢查，以知天下險要關塞、人口和財富的分配多寡情況。這些檔案資料，在後來楚漢戰爭中發揮了極爲重要的作用。項羽進咸陽後一把火燒了三個月，燒毀了整個咸陽城，蕭何搜集的這些資料，就成了唯一的寶貝。蕭何不愧爲佐漢元勛，自

樊噲

舞陽侯樊噲者，沛人也。以屠狗為事，與高祖俱隱。

初從高祖起豐，攻下沛。高祖為沛公，以噲為舍人。從攻胡陵、方與，還守豐，擊泗水監豐下，破之。復東定沛，破泗水守薛西。與司馬夷戰碭東，卻敵，斬首十五級，賜爵國大夫。常從，沛公擊章邯軍濮陽，攻城先登，斬首二十三級，賜爵列大夫。復常從，從攻城陽，先登。下戶牖，破李由軍，斬首十六級，賜上閒爵。從攻圍東郡守尉於成武，卻敵，斬首十四級，捕虜十一人，賜爵五大夫。從擊秦軍，出亳南。河閒守軍於杠里，破之。擊破趙賁軍開封北，以卻敵先登，斬候一人，首六十八級，捕虜二十七人，賜爵卿。從攻破楊熊軍於曲遇。攻宛陵，先登，斬首八級，捕虜四十四人，賜爵封號賢成君。從攻長社、轘轅，絕河津，東攻秦軍於尸，南攻秦軍於犨。破南陽守齮於陽城。東攻宛城，先登。西至酈，以卻敵，斬首二十四級，捕虜四十人，賜重封。攻武關，至霸上，斬都尉一人，首十級，捕虜百四十六人，降卒二千九百人。

項羽在戲下，欲攻沛公。沛公從百餘騎因項伯面見項羽，謝無有閉關事。項羽既饗軍士，中酒，亞父謀欲殺沛公，令項莊拔劍舞坐中，欲擊沛公，項伯常屏蔽之。時獨沛公與張良得入坐，樊噲在營外，聞事急，乃持鐵盾入到營。營衛止噲，噲直撞入，立帳下。項羽目之，問為誰。張良曰：「沛公參乘樊噲」。項羽曰：「壯士」。賜之卮酒彘肩。噲既飲酒，拔劍切肉食，盡之。項羽曰：「能復飲乎？」噲曰：「臣死且不辭，豈特卮酒乎！且沛公先入定咸陽，暴師霸上，以待大王。大王今日至，聽小人之言，與沛公有隙，臣恐天下解，心疑大王也」。項羽默然。沛公如廁，麾樊噲去。既出，沛公留車騎，獨騎一馬，與樊噲等四人步從，從閒道山下歸走霸上軍，而使張良謝項羽。項羽亦因遂已，無誅沛公之心矣。是日微樊噲奔入營譙讓項羽，沛公事幾殆。

明日，項羽入屠咸陽，立沛公為漢王。漢王賜噲爵為列侯，號臨武侯。遷為郎中，從入漢中。

《史記・樊噲列傳》

有他長遠的目光、見識和精細之處，這也是在秦長期為良吏所養成的素質。

如果說蕭何的見識舉動和他的經歷、文化水平、本身素質有重大關係，那麼還有一個人，他的清醒，就很耐人尋味了。這個人就是樊噲。沛公軍中不少將領，或是當過強盜，或是作過流民，他們的出身加上長期流動作戰，攻城略地，養成了濃厚的流寇習氣，並不把瓜分勝利果實當作一件什麼了不起的壞事。進入秦宮室，看見山似的金銀財寶，他們得意忘形，這就是他們自己的勝利果實，不要白不要！老子從東方一直打過關，現在是我們消滅了天下仇敵秦國，我們就要跟著沛公稱王關中了，這些金銀財寶自然應該我們首先享用，難道還要留給後面的那些諸侯軍嗎！

這些人中，獨有樊噲，不僅沒有加入到這類似搶掠的行列中，而且，他清醒地看到了這樣做的危害，尤其是看到沛公竟也糊里糊塗地掉進了秦宮室的溫柔富貴之鄉不能自拔，心中異常著急。他闖進沛公居住的秦寢宮，劈頭就問：「你想得天下呢？還是只想作個富家翁就夠了？！我看這些奢侈華麗的東西，正是秦朝覆滅的原因。沛公您何需此物？請速速回到霸上軍營，千萬不要在這裡久留！」這樊噲人粗話粗理不粗。他也和周勃、灌嬰等人一樣，出身低微。周勃是個織席的，也兼做吹鼓手，灌嬰是個賣繒的小販，樊噲是個殺狗的屠戶，沒有文化，也沒有什麼從政的經驗。他從沛公在豐邑時就開始跟著沛公，流亡起事，關裡關外，轉戰流徙，屢建戰功。他是個粗人，但是在這關鍵時刻，他卻深明大義，出語不凡，可以看出他的不同尋常。這也就難怪爲女兒選婿一向十分嚴格的呂公，把大女兒呂雉嫁給劉季之後，爲什麼會把小女兒呂須許給這個粗人樊噲。正因爲他與沛公的這層關係，所以他才敢於對沛公直言相勸。

可是沛公聽不進去，反倒有些惱怒。他並不把樊噲放在眼裡，現在讓他攪了自己的好心情，非常不高興。樊噲看沛公陰沉著臉，知道他發怒的厲害，也知道自己無法勸阻，於是也不再多說什麼了，轉身去找智士張良。沛公對別人都可能發脾氣耍態度，惟獨對張良，自從在留縣相遇之後，敬重有加，幾乎是言聽計從。

這就說到保持清醒的第三個人了，這就是張良。張良出身五世相韓的貴冑之家，見過大世面，心高志大；又經歷過大的政治動盪，有過大動，歷經過大磨難；之後深入研讀兵法，潛心修煉，有大學問，因此，他韜略不凡，胸有天下。在這關鍵時刻，他不可能不清醒。不過他知道沛公對自己言聽計從，所以反倒不肯輕易說話。現在他必須說話了，此時不說，就可能釀成大錯。

張良來到沛公寢宮，開門見山：「正因爲秦國荒唐殘暴，您才能來到這裡。您既然號召爲天下除殘去暴，就應該反秦弊政，大力更新，就應該對這些東西表示厭惡，這才是將來圖謀大事的資本。現在剛剛進入秦都，您就被這些東西弄得頭昏腦脹，也想居此為樂，恐怕昨日秦亡，明日公亡呀。何苦為了一時安樂，自敗垂成？這可眞成了助桀為虐，幫助別人幹壞事了。有話道『忠言逆耳利於行，良藥苦口利於病』，希望您接受樊噲的建議，回到霸上。」張良的話言之鑿鑿，沛公不好不聽，只得吩咐起身，出了秦寢。

沛公這人就有這個長處，他能採納別人的意見，不管自己怎麼不高興，只要你說服了他，他就會強扭著自己去做。張良從打天下的大局給他陳述利害，說得他汗流滿面，他知道自己必須聽從。於是他下令封閉秦宮殿的大門，將秦宮中所有的貴重寶器財物全都封存好，婦女各就原處，封閉所有的倉庫府第，派軍士嚴加看守，自己率眾將回到霸上軍營中。

六、約法三章

秦王朝的殘刻統治，刮剝得關中百姓本就十室九空；聽說關外諸侯軍打入關中，戰爭中百姓慘遭兵燹的種種，使關中百姓震恐異常。但是沒有想到，自從進入武關以來，沛公一直勒令部下，凡所過之處，不得擄掠。關中百姓喜出望外，民心帶動軍心，所以秦軍才那麼快地瓦解。進入咸陽，沛公又不殺投降了的秦王子嬰，更使秦地百姓信服。現在他又封閉秦宮室府庫，還軍霸上，不搶掠，不擾民，紀律嚴明，作風清正。深得秦地百姓愛戴擁護，紛紛傳揚楚沛公軍是仁義之師，沛公所到之處，百姓處處歡迎，提供方便。沛公在不十分情

約法三章

漢元年十月，沛公兵遂先諸侯至霸上。秦王子嬰素車白馬，系頸以組，封皇帝璽符節，降軹道旁。諸將或言誅秦王。沛公曰：「始懷王遣我，固以能寬容；且人已服降，又殺之，不祥。」乃以秦王屬吏，遂西入咸陽。欲止宮休舍，樊噲、張良諫，乃封秦重寶財物府庫，還軍霸上。召諸縣父老豪桀曰：「父老苦秦苛法久矣，誹謗者族，偶語者棄市。吾與諸侯約，先入關者王之，吾當王關中。與父老約，法三章耳：殺人者死，傷人及盜抵罪。餘悉除去秦法。諸吏人皆案堵如故。凡吾所以來，為父老除害，非有所侵暴，無恐！且吾所以還軍霸上，待諸侯至而定約束耳。」乃使人與秦吏行縣鄉邑，告諭之。秦人大喜，爭持牛羊酒食獻饗軍士。沛公又讓不受，曰：「倉粟多，非乏，不欲費人。」人又益喜，唯恐沛公不為秦王。

《史記・高祖本紀》

《漢高祖入關圖》，宋朝趙伯駒繪。描繪楚漢相爭時，項羽抵達潼關，漢高祖已入咸陽的場景。

願的情況下做了這些事情，他逐漸從中嘗到了甜頭。

十一月，回到霸上後不久，在蕭何、張良等人的推動下，沛公召集部下主要謀臣將領和咸陽的豪傑雅俊商議：「諸位，今天我率部來到關中，看到百姓們的苦痛，心中萬般難忍。因爲當初和諸侯們同受懷王的約定：『先入定關中者王之』，故爾我將忝爲關中王。既爲關中王，就須爲關中父老百姓除弊興利。今天特地請父老們來這裡，只爲和諸位商議探討，應該怎樣改法制律？」經過一番商討，統一了意見，簡約言之爲「約法三章」。

第六章 鴻門宴

一、秦楚鉅鹿之戰

這個時候，中國大地上發生了好多大事。最重要的就是楚國主力軍在項羽的領導下，在鉅鹿大破秦軍主力，解救趙國成功。不可一世的秦將章邯率秦軍主力向楚軍投降。沛公之所以能夠輕而易舉地進入武關，一個非常重要的原因就是項羽所部楚軍主力在趙國鉅鹿吸引了章邯率領的秦軍主力。

諸位看官要問了，不是楚懷王任命宋義爲上將軍，號卿子冠軍，統帥楚軍主力救趙嗎，怎麼項羽又成了統帥了呢？原來宋義率軍北上，到達安陽後，竟一連在此駐紮了四十六天，不肯前進。項羽急了，闖進主帥營帳，大聲向宋義說：「我聽說秦軍把趙王圍困在鉅鹿，咱們趕快引兵渡過黃河，楚軍在外面進攻，趙軍在裡面接應，內外夾擊，就一定能攻破秦軍」！

宋義說：「你錯了。牛虻是用來叮咬牛的，不是用來消滅虱子的。現在秦軍正在攻打趙國，打勝了呢，它也必然消耗得差不多了，我們正可利用他們的疲憊；它若打不勝呢，我們更可以率領部隊大張旗鼓地西進，這樣我們的一定能夠消滅秦國。因此，我們應該讓秦、趙兩國先鬥……」「不對！」項羽衝勁十足。宋義見狀，臉色變了：「項將軍，若論披堅執銳，上陣打仗，我宋義不如您；若論運籌帷幄，坐行決策，您恐怕不如我宋義吧？」說著，轉過頭來對身邊的傳令官下達命令：「立即通令全軍：猛如虎，狠如羊，貪如狼，倔強不聽命令的，一律斬首！」然後，臉色鐵青，再不理會項羽。

項羽自起事以來，何曾遭到過這等待遇，氣得滿臉通紅，卻也無可奈何，只得氣哼哼地退下了，那心裡卻窩著滿腔怒火，隨

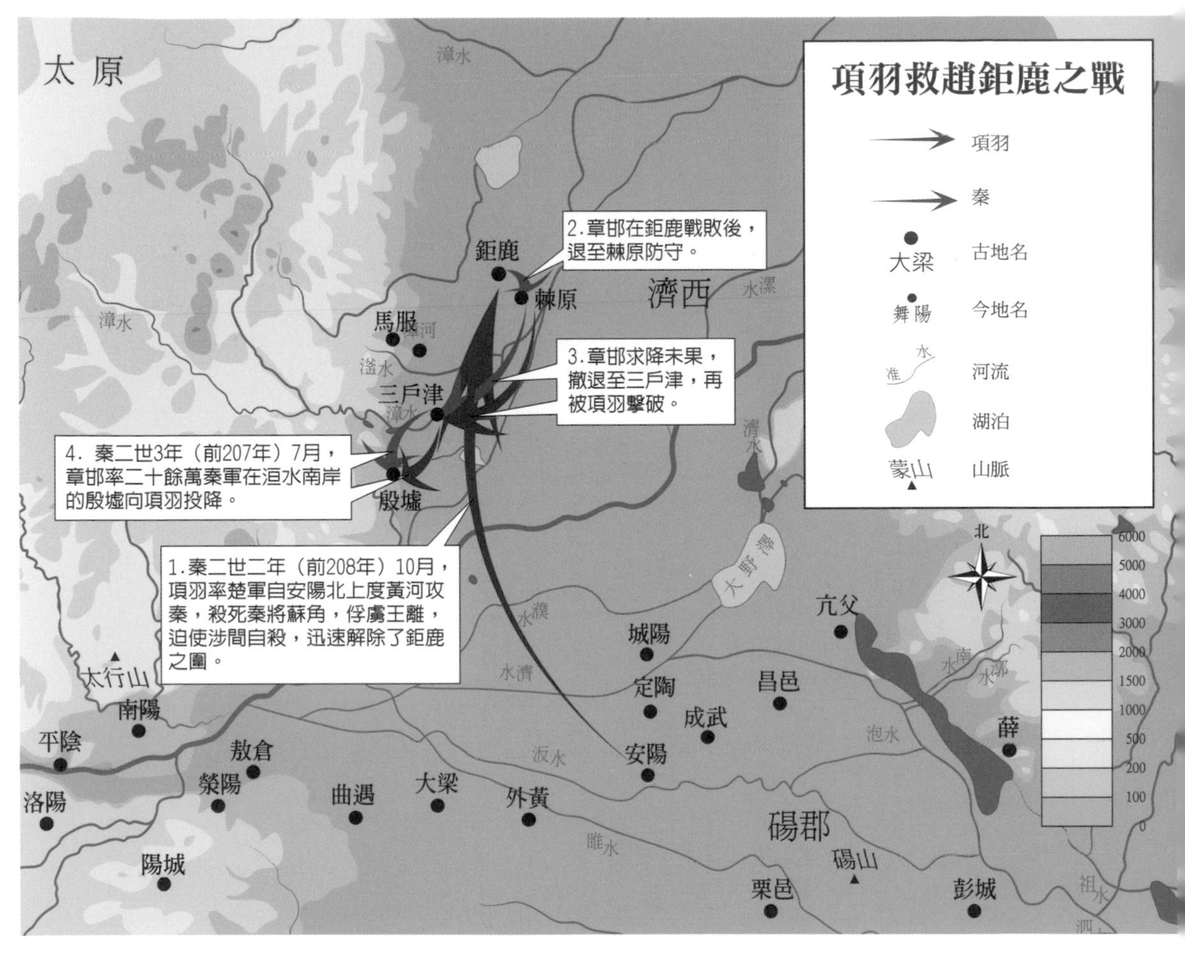

時要爆發出來。

正在這時，發生了一件事情，給了項羽機會。宋義派他的兒子去輔佐齊國，親自送到無鹽這個地方，擺宴送別。這時正值嚴冬，天寒地凍，卻又下起了大雨，士兵們缺衣少食，又凍又餓。項羽見狀，就在軍中號召：「現在正該楚趙合力，共同攻打秦軍，他宋義卻久留不前進。如今接連年成不好，因災歉收，人民飢苦，士兵凍餓，每天以豆子、芋頭充飢尚且不能果腹，軍無存糧。可是他宋義呢，卻大擺宴席，飲酒盛會！不去過河吃用趙國的糧食，與趙國合力攻擊秦軍，卻說什麼『利用他們的疲憊』。秦軍那般強大，新生的趙國如何能夠打敗秦軍！秦軍占領了趙國，就會越來越強大，哪裡會有什麼『疲憊』的機會讓我們利用！況且我們楚國剛剛吃了敗仗，懷王坐不暖席，把全國軍力集中起來交給上將軍，國家安危，在此一舉！現在他不體恤士兵，卻去鑽營私利，這哪裡是什麼國家的棟樑之材」？

對宋義的久留不進，軍中本就十分不滿，項羽這慷慨激昂的講話，如同一篇討宋檄文，激發了大家胸中的義憤。第二天早晨，眾將進見上將軍，項羽乘著人心浮動、不滿情緒越來越高漲之時，突然拔劍而起，斬殺了宋義，迅疾割下他的頭在軍中示眾，然後發布命令說：「宋義與齊國陰謀反楚，楚王下密令，讓我殺死他」。

眾將本來就沒有人不怕項羽的，現在他不但斬殺了宋義，而且還說出了那麼一大套道理，這套道理慷慨激昂，義正辭嚴，沒有人不服。於是，首先是項家軍的將領帶頭高呼：「最先擁立懷王的就是項將軍家，現在又是將軍您誅滅了亂臣賊子，我們擁護項將軍作上將軍！」項羽於是代理了上將軍的一切職權，馬上派人追殺了宋義的兒子，又派人回去向懷王報告情況。懷王無可奈何，只得答應讓項羽擔任上將軍，全軍，包括當陽君黥布和蒲將軍這樣的大將都歸屬項羽統領指揮。

項羽殺掉卿子冠軍，威震楚國，名聲傳遍諸侯。他先派英布和蒲將軍率領兩萬士兵渡過漳河，援救鉅鹿，二位將軍驍勇善戰，一出征就旗開得勝。這時，駐紮在鉅鹿北面的陳餘緊急求救。項羽親自率領大軍渡過漳河去救援。

出發前，項羽下令全軍，砸碎所有的炊具，燒毀駐紮的營壘，每人只帶上三天的乾糧。大軍剛渡過漳河，他馬上命令：「沉掉所有的渡船！」項羽是以此向全體士兵表示他勇往直前、拼命殺敵，誓不回頭、決一死戰的決心。

項羽必勝的決心和英勇無畏的豪氣，在全軍引起了巨大的反響，士卒們都抱定了必死的決心，跟隨項羽前進，楚軍同仇敵愾，氣壯山河。於是，一到鉅鹿就包圍了王離，截斷他們運輸給養的甬道，然後，與秦軍展開了殊死的搏殺。楚軍終於大敗秦軍，殺了蘇角，活捉王離，迫使涉間自焚。

當是時也，楚軍雄冠諸侯。鉅鹿城下，來救援趙國的諸侯軍營壘有十好幾座，但都被秦軍嚇得膽戰心驚。當楚軍進攻秦軍時，諸侯軍的將領都躲在壁壘上觀看，竟沒有一個敢出來幫助楚軍。楚秦交戰時，但見士卒們無不以一當十，衝鋒陷陣，個個勇往直前，拼死砍殺。楚軍像從天而起的狂飆，橫掃殘雲，殺聲震天。這等陣勢，直嚇得壁壘上觀戰的諸侯們，無不人人戰慄驚恐，面無人色。待到楚軍大勝，項羽召見諸侯軍將領們時，他們的戰慄驚恐達到極點，以至於進轅門時，不由自主雙膝發軟，跪將下來，一個一個全是用膝蓋跪著「走」到項羽座前，誰也不敢抬起頭來仰視項羽。從此，項羽成為各路諸侯聯軍的最高統帥，楚、齊、趙（張耳、陳餘、張敖）、燕等國和許多小股的隊伍，都聽從他的指揮。

這是秦二世三年（西元前二〇七年）歲首，十月。秦軍統帥章邯的部隊駐紮在棘原，項羽軍駐紮在漳南，兩軍相持。秦軍王離所部是原來蒙恬率領的抗擊匈奴的精銳部隊，全部被項羽殲滅，秦軍士氣大衰。章邯所部久戰疲困，經此打擊，更無鬥志。兩軍尚未交戰，章邯就幾次退卻後撤。秦二世派人責問章邯，章邯恐懼，就派長史（類似祕書長）司馬欣專程回到咸陽陳述前方情況，請示機宜。章邯離開咸陽已經有兩年了，其中發生的劇烈變化，他並不太了解。司馬欣晉見宰相趙高，在門房等了三天，趙高拒絕接見。司馬欣感覺不妙，急忙通過各種老關係，四處打聽尋訪，種種蛛絲馬跡說明，朝廷裡似乎醞釀著什麼陰謀，嚇得他急忙抄小路，返回軍中。趙高果然派人去追捕，沒有追趕上。司馬欣回到軍中，向章邯報告：「朝中趙高執掌最高權柄，群臣沒有一個敢說話的。我們如果戰勝楚國，趙高肯定妒忌，從而加害於我們；我們如果打敗了呢，更是死路一條。請將軍深思」。

陳餘這時也寫信給章邯，列舉秦大將白起、蒙恬因功勞太大，反被誅殺的前車之鑑，規勸章邯投降，並指出

轅門，即軍營大門。在將領辦公地點的前方，常用馬車之轅木對立而成進出口，以便於士兵駐守，遂稱「轅門」。圖為河南新密黃帝宮八卦轅門。

白起之死

長平之戰後，趙國主力部隊被盡數殲滅，而秦軍再接再厲準備一舉滅亡趙國。韓、趙兩國大為恐慌，共同派遣使者攜帶重金對秦相范雎進行遊說。范雎以秦國士兵征戰操勞需休養為由，勸說秦昭襄王答應韓、趙兩國求和。秦昭襄王聽從范雎的建議，答應韓國割讓垣雍（今河南省原陽縣西北）、趙國割讓六座城池為條件進行和談。雙方於正月停戰，白起得知此事後與范雎產生矛盾。

之後趙國違約，秦昭襄王見趙國違約不割六城，反而與東方諸國聯合對付秦國，準備再度進攻趙國。白起此時患病，不能帶軍征戰。秦昭襄王向其詢問，白起認為此時趙國國內財力充實，加上外交成功，建議昭襄王不要攻打趙國。但秦昭襄王不聽從白起的勸告，於前二五八年派五大夫王陵攻打邯鄲，趙國軍民奮起反抗，王陵陣亡。此時，白起痊癒，秦昭襄王又要白起再攻趙國。白起說：「秦國在長平大敗趙軍，不趁趙國恐慌時滅掉它，反而坐失良機，讓趙國得到時間休養生息，恢復國力。現在趙國軍民上下一心，上下協力。如果攻打趙國，趙國必定拚死堅守；如果向趙軍挑戰，他們必定不出戰；包圍其國都邯鄲，必然不可能取勝；攻打趙國其他的城邑，必然不可能攻下；掠奪趙國的郊野，必然一無所獲。我國對趙國出兵毫無戰功，諸侯就會產生抗秦救趙之心，趙國一定會得到諸侯的援助。我只看到攻打趙國的危害，沒有看到有利之處」。白起從此稱病不起。

秦昭襄王發怒，說：「沒有白起我就不能消滅趙國嗎？」於是另派將領攻打趙國，但數戰皆敗。這時白起說：「秦王不聽我的意見，現在怎麼樣了？」秦昭襄王聽後大怒，親自去見白起，強迫他前去赴任。白起又勸說秦王此時不宜出兵，秦昭襄王聽後轉身而去。

秦昭襄王免去了白起的官爵，將其貶為普通士卒，命其離開咸陽（今陝西省咸陽市東北）遷往陰密（今甘肅省靈台縣百里鄉），但白起患病，沒有立即動身。過了三個月，前方秦軍戰敗的消息接踵而來，秦昭襄王更加憤怒，於是命人驅逐白起。白起走出咸陽西門十里路，到了杜郵（今陝西省咸陽市東北）時，范雎對秦昭襄王說：「白起遷出咸陽時，很不服氣而且口出怨言。」秦昭襄王於是派使者賜給白起一把劍，命他自盡。白起仰天長嘆道：「我到底有什麼過錯竟落得這般結果？」過了一會說道：「我本來就該死。長平之戰趙國投降的士兵有幾十萬人，我用欺詐之術把他們全都活埋了，這足夠死罪了。」白起隨後自殺。《戰國策》記載為白起離開咸陽七里時，被秦昭襄王所派使者絞殺。

秦政府中埋藏著那麼多的危機，趙高必然要嫁禍於他，「有功亦誅，無功亦誅」的前景；然後向他指明反戈擊秦的唯一出路：「現在上天要秦國滅亡，這是無論傻瓜還是聰明人都清楚且深信不疑的。你對內無法直言規勸，對外又是一個將要亡國的帶兵官，孤立無靠，卻又打算安然長存，這豈不是一個天大的悲劇！將軍，您為什麼不回軍倒戈，參與各國合縱聯盟，將來瓜分秦國，自己南面稱孤？比起伏在砧板上被腰斬、妻子被殺，你以為哪一種結局更好」？

章邯禁不住動心了，就派代表和項羽祕密接頭。談判進行中，項羽為了懾壓他，命蒲將軍率領精銳部隊，連夜急行軍，向秦軍發動突然襲擊，又大獲全勝。緊接著，項羽親自率領大軍追殺剛剛戰敗的秦軍，在汙水（流經河南省臨漳縣境）三度大敗秦軍。章邯再也無法支撐，派密使再次求見項羽，要求投降。項羽對諸將說：「我們糧草不足，不如接受章邯投降」。全體一致贊同。秦二世三年七月，雙方在殷墟（今河南省安陽市）訂立盟約。章邯見到項羽，痛哭流涕，陳述趙高的種種罪行和迫害經過。項羽封他為「雍王」，安置在楚軍中，隨楚軍行動；封司馬欣為上將軍，統帥歸降的秦軍，作先鋒與諸侯軍一起進攻關中。

消滅了秦軍主力的項羽率領大獲全勝的楚軍主力和諸侯軍統共四十萬，揮師西向，浩浩蕩蕩進軍關中。

鉅鹿這場驚心動魄的大拼殺，是反秦戰爭中扭轉乾坤的決定性一戰，這一戰擊滅了秦軍的主力，從此，秦王朝一蹶不振，再也不能組織起任何戰略性的反擊，秦統治集團內部矛盾也迅速激化，很快陷於土崩瓦解。年輕的項羽在這次大戰中以勇敢果決、一往無前的英雄氣概，扭轉了戰爭危局，成為反秦戰爭中當之無愧的領袖。

但是，項羽畢竟是楚國舊貴族的代表人物，他所率領的楚軍主

陝西省綏德蒙恬將軍墓。蒙恬（?～前210年），秦朝名將。蒙恬北防匈奴多年，威震北方。秦始皇駕崩後，因為支持太子扶蘇，被宦官趙高設計處決。

力，除了少數首義的江東子弟，多是以項氏楚將世家聲望和囚死在秦的楚懷王名義號召來的楚人子弟。在項羽的神威剛勇和楚軍的奮不顧身中，固然有民眾對殘暴的秦統治者的仇恨，但更多的是根深蒂固的秦楚幾百年的宿仇。項羽的英雄氣魄，代表著楚國貴族向秦國復仇的強烈意志。這種強烈的復仇心理和渴望表現英雄品質的強烈感情，使他以不可一世的氣概完成了誅暴秦的歷史任務，但是他又被它們所左右，埋下了日後敗給劉邦的凶機。

二、項羽入關

這一年十一月，項羽率領幾十萬諸侯軍，浩浩蕩蕩向西開來，想率先攻入函谷關。他並沒有忘記楚懷王的許諾。

在這支隊伍中，還有章邯投降帶過來的二十萬秦軍。從前東方各地民眾來到關中服徭役，經常遭到秦國軍民的欺凌侮辱。現在秦軍投降了，諸侯聯軍的官兵趁機報復，把他們當奴隸驅使，動輒打罵，橫肆凌辱。秦軍上下，心懷疑懼，怨恨非常。他們常常在一起竊竊私議，埋怨章邯等人帶他們投降：「章將軍逼迫我們投降，跟隨諸侯軍西進。他們把我們當奴隸俘虜，橫加凌辱驅使不說，咱們的命運怎樣眞不可測。如果能夠攻進函谷關，擊破秦政府，那當然很好；最怕的是戰而不勝，那麼各國將領就會把我們裹脅到東方去，而秦政府就會殺掉咱們的父母妻兒，那該如何是好？」議論之聲，紛紛不已，竟有些沸沸揚揚的趨勢了。

有些將領聽到了風聲，就稟告了項羽。項羽聽了心中甚是不安，忙將英布、蒲將軍等人召到中軍營帳商量計議。幾個人都是匹夫，沒商量幾句就取得了一致的意見：「秦軍人數眾多，雖然投降了，心可並不服。等我們攻打函谷關時，與守關的秦軍對面而陣，那時他們一哄而散，都跑到那邊去了，咱們可就危險了！不如採取斷然措施，把他們全殺了！就留下章邯、司馬欣、董翳這幾位高級將領。」商量已定，於是連夜動手，在新安（今河南省新安縣）城南，一舉坑殺了秦軍降卒二十餘萬人！

古代戰爭眞是殘酷之極，動輒幾十萬人幾十萬人地活埋，眞想像不出當時的那種慘境。一夜之間，那是多麼浩大的「工程」！這一戰國末年秦軍曾施於楚、趙等國的殘酷手段，終於又經由項羽的手還報給了秦人。至此，秦軍主力被徹底消滅了，秦統治集團再也沒有力量抵抗起義軍了。然後，項羽心安了，魂定了，繼續率軍西進。殊不知，這一殘酷舉動，從此奠定項羽和秦地父老百姓的不可戴天的仇恨。

且說沛公在霸上聽聞項羽率號稱百萬的大軍，西進函谷關，不禁急得如熱鍋上的螞蟻，想不出個對付的辦法。自沛公還軍霸上、約法三章後，深得關中民心，讀書人也對他很是擁護。看到項羽涉關，關中百姓驚恐，這時，有一位姓解的讀書人來求見，向他建議說：「秦國土地富饒，十倍於關東，地勢又非常險要。聽說章邯投降後項羽已經封他為雍王（關中古代稱雍國），讓他在關中稱王。如果他來了，沛公您就無法在這裡立足了。您應該趕快派軍把守函谷關，不讓諸侯軍進來；同時您在關中加緊徵兵，隨時增援函谷關的守軍，同時加強自己的實力，抵禦諸侯軍。」沛公一聽，正中下懷，就照著做了。

待到項羽率四十萬大軍浩浩蕩蕩開到函谷關，但見城門緊閉，守備森嚴，再一細看，城上的守軍竟然是楚國沛公的軍隊！項羽氣得簡直要爆炸，他絕沒想到，就在自己與秦軍浴血奮戰、終於消滅了秦軍主力之時，劉季那小子竟然游蛇一般，趁機西進，並且先於自己進入了關中，現在竟然還敢派兵把守函谷關，阻擋自己進軍的道路！劉季那小子以為搶先進了關中他就可以當秦王了！癩蛤蟆想吃天鵝肉！他馬上命最驍勇善戰的英布前去攻打函谷關。劉邦的那幾個人怎麼會是項羽大軍的對手！只一個衝鋒，函谷關的城門就被英布的手下衝開了。然後，項羽大軍洪水一般湧入關中。

三、項伯夜馳漢營

十二月中旬，項羽大軍抵達戲水（戲水源出驪山，流經陝西省臨潼縣東，入渭水）西，駐軍在酈邑（今陝西省臨潼縣東北）鴻門。鴻門是山名，東接戲水，南靠高原，北臨渭河，由於雨水沖刷，形成鴻溝，其北端出口處，形似門道，故稱鴻門。今陝西省臨潼縣東約十里路的地方仍有鴻門堡村項王營。

沛公左司馬曹無傷聽說項羽發怒，要攻打劉邦，就派人暗地裡報告項羽，說沛公想稱王關中，令子嬰為相，珍珠寶貝全部占為己有。曹無傷是想借此邀功求封。前此項羽在函谷關就氣得要命，聽了曹無傷的告密，更如同火上澆油，立時暴跳如雷，恨不得立馬殺了劉邦。

這時，項羽最重要的謀士、被尊稱為「亞父」的范增正在中軍帳中，聽到曹無傷送來的情報，面色大變，他急切地對項羽說：「我聽說劉邦在關東時，貪財好色。現在入關了，卻對財寶不予奪取，對美女不加注意，由此可以看出他的志向可不小！我曾經請人看過天象，在劉季的軍營上空，氣流都成龍虎形狀，五彩分明，這是天子之氣。此人決不可輕視！應該馬上攻擊他，決不可延誤！」聽得此言，項羽二話不說，立即下令今晚大行犒賞三軍，明天凌晨，各路大軍會合，向劉邦發動攻擊！

當是時也，項羽統帥著各路諸侯大軍，總共四十萬餘人，號稱百萬，劉邦只有十萬人，一寡一眾，一弱一強；且霸上鴻門，兩地相距只有四十里，中間又沒有任何天塹險隘，項羽大軍一發即至。項羽氣勢正在極盛，劉季小子，破你還不是易如反掌！明天，就會有一齣泰山壓頂、摧枯拉朽的好仗打了！

深夜，四處靜悄悄的，除了游動的哨兵，全營都在酣睡。一個身影左閃右躲，趁著黑，悄悄地摸出了項羽軍營。走出軍營好一段路了，看看身後沒有人，他這才解開纏裹在馬蹄上的麻布，拔出馬嚼子裡的銜枚，然後翻身上馬，朝著霸上飛奔而去。

河南新安縣，漢函谷關城樓遺址。

這個神祕的人物是楚國的左尹（令尹的副職），姓項名纏，是楚軍統帥項羽的小叔叔，人稱他項伯。項伯此一番行動，是事出有因。原來，他與正在劉邦軍中的張良感情異常深厚。當初張良隱居下邳時，項伯爲報血仇，手刃仇敵。殺人之後自知無可倖免，倉皇逃出原籍。秦法暴刻，官吏追捕急促，項伯無所逃避，投奔張良。張良在下邳雖說是隱居，實爲當地豪俠，重然諾、輕生死，抑強扶弱，收納四方流亡豪傑。他與項伯早有交遊，現在項伯急難之中前來投奔，張良自然竭盡所能，救其性命。項伯在張良那裡隱匿了很長時間，張良將他尊爲上賓，不僅專闢講究的宅院供他居住，供奉優厚，而且隨時禮拜，殷勤周到。他二人同樣的六國貴冑後裔出身，與強秦同樣的世代血仇，不共戴天，故爾，越交往越投機，感情越深厚，以致情勝手足，分手時竟依依惜別，難捨難分。這以後項伯總是心中記念張良救命之恩，常欲圖報。現在聞知范增計策，看到侄子項羽要揮軍攻打劉季，那眞如泰山壓頂，小小劉季如何能抵擋得住？劉季命運如何與我並無關係，只是不免爲張良擔憂，到時候玉石俱焚，怎麼對得起朋友！所以，他不顧兩軍對壘、軍紀森嚴，趁夜色潛出軍營，到沛公營前，來救張良。

見到張良，項伯就急切地說：「快隨我走！晚了就來不及了！」張良忙問何故，項伯將項羽下令明晨合擊沛公軍的事情具實以告，並連連催促張良說：「快跟我走！不要跟著劉季一同去送死」！

張良沉吟說：「我不能跟隨您一起逃走」。

「爲什麼？不走只能跟著送死，玉石俱焚，於事毫無補益」！

張良說：「我受韓王之命，替韓王送沛公進入函谷關。沛公今有急難，我如果背地私逃，那是不義。我不能不去告訴沛公一聲。」說罷，不顧項伯阻止，抽身便走。

聽得張良具言以告，沛公嚇得魂飛魄散，戰戰兢兢地問張良：「那我怎麼辦」？

張良問：「是誰給您出主意據守函谷關」？

沛公恨恨地說：「是姓解的那個臭魚爛蝦給我出的主意，說占據了函谷關，派軍隊把守，不讓諸侯軍進來，就可以在關中作穩秦王。我就聽了他的話」。

張良又問：「大王您估計自己的兵力足以抵禦項王嗎？」沛公頓時沉默了，好久，才徐徐地說：「當然比不過項籍的軍力。既已如此，那我們怎麼辦呢」？

張良說：「所幸項伯還在這裡，看來只有懇請項伯在項籍那裡爲咱們說些好話了。請允許我去對他說，就說您絕沒有背叛項王的心思與膽量。您看如何呢」？

沛公問：「先生您怎麼會和項伯這麼有交情呢」？

張良知道沛公不放心，也並不表現出來，只是據實回答說：「早先，秦始皇時，我們就有來往。後來他殺了人，被官府追捕得急迫，我讓他藏匿在我那裡，算是救了他一命。今天事情危急，他就冒著危險跑來告訴我，也幸虧他來告訴咱們」。

沛公靈機一動來了主意，忙問：「項伯和先生您誰的年紀大些」？

張良答曰：「項伯略大我幾歲」。

沛公說：「麻煩先生您帶項伯來見見我，我一定像對待兄長一樣侍奉他。如果他能代咱們在中間說合，我將來一定不辜負他的大恩大德」。

於是張良出去，邀請項伯到中

軍帳中會見沛公。項伯不肯，說：「這恐怕不方便吧？我來向您通風報信，是出於私情。怎麼能夠去見沛公呢」？

張良徑力相勸：「您救沛公，不啻就是救張良。何況天下未定，劉項本爲一家，怎能自相殘殺？自相殘殺的結果，必是兩敗俱傷。如此對您我都大爲不利。所以特來邀請您到中軍帳中，共同商議大事。望君萬勿推辭！」項伯被張良說得無話，又經不住張良百般求告，只得勉強答應隨張良去沛公大營，晉見沛公。

沛公遙見張項二人相攜而入，忙整衣出迎，躬行大禮，一面命軍役擺酒肴出來，延請項伯上座，自己陪坐側旁，殷勤把盞，盛情款待項伯。席間沛公雙手捧著一大杯酒，恭恭敬敬地向項伯祝福，然後要求與項伯結爲兒女親家。項伯正在遲疑支吾，張良急忙起身，高舉酒盞，連連高呼：「太好，太好！劉項兩家，情同手足，當初在關東兩位將軍聯合擊秦，戰功輝煌。今日強秦既滅，大事已定，結爲婚姻，大爲相當！」說著，就舉起酒杯，連連歡呼。如此盛情，項伯不好推辭，只得飲盡杯中之酒。

酒宴上氣氛越來越和諧輕鬆，大伙兒喝得越來越高興。彼此間也越來越親熱、無拘無束。趁此時，沛公彷彿不經意中，向項伯談起了他的苦衷：「我自入武關，毫毛大的東西都不敢沾邊，登記官民人等，封存庫府，專等將軍的到來。我之所以派兵把守函谷關，是爲了防備當地盜匪攻擊和其他突發情況。我日夜盼望著將軍的到來，我怎麼敢謀反呢？」項伯聽了，連連點頭。沛公見狀，起身，向項伯深深地行了一個大禮：「劉季懇切兒長向項王代爲轉圜，表明我這份忠心，劉季決不敢忘恩負義，背叛項王」！

項伯答應了，對沛公說：「明天一定要早些來晉見項王，親自向他道歉。」沛公滿口答應：「是，是，是！當然，當然！」於是項伯又在月色中連夜急馳，趕回項營。到了項王營帳，他把劉邦的話詳細地告訴了項王，見項王沒有什麼不快之色，他又趁機進言道：「劉季如果不先進入武關，摧毀秦政府，你怎麼能這麼順利地到達此地？現在他有大功勞而你卻要攻擊他，這是不道義，恐怕會有失人心的。況且沛公守關，全爲拒盜，進入咸陽，財物絲毫不敢索取，婦女不敢接近，宮室庫府，一律封存，就是降王子嬰，也未嘗擅自發落，不過是專門等著你入關之後，共同商量處置。他能如此，也是很不易了，他如果心中沒有對你的敬畏，怎麼會這般舉動」？

聽得此言，項羽不禁遲疑起

來。項伯趁勢又說道：「明晨劉季要來當面向你賠罪，不如就此好好待他，也可藉此收攏人心。」項羽點了點頭，算是答應了，他想再看看，倘若劉季真有反叛之意，明天在接見時再殺他也不遲。

四、鴻門宴

第二天凌晨，天色方明，沛公就帶了張良、樊噲等人，率領著一百多輕騎兵趕到鴻門項羽軍營。一到轅門，立即下馬，請求執戟的衛士入內通報，自己則側身一旁，立等靜候。待衛士傳來項王旨令，沛公等趨步進入營門。但見兩旁甲士交戟列陣，殺氣森然，沛公不由得心中忐忑，步履越發細碎急促起來。

中軍營帳裡，項羽高坐，左立項伯，右立范增，沛公入而徐趨，至而自謝：「邦未知將軍入關，未能遠迎，今特來向將軍謝罪。」說罷屈下膝來，向項羽叩頭禮拜。

項羽見狀，不由一聲冷笑：「沛公也知罪嗎」？

沛公恭恭敬敬地說：「我和將軍合力抗擊暴秦，將軍您在河北（黃河以北）作戰，我則在河南輾轉游擊，想不到我能先您一步進入關中，仰仗您的虎威摧毀了秦王朝，才能在這裡與您相見。想不到竟有小人散布流言蜚語，挑撥離間，使將軍與我有了隔閡」。

項羽聽得此言，似有所動，笑著說：「這是你的左司馬曹無傷說的；不然，我項籍何至於對你有所懷疑？」說完此話，就轉過頭來命令左右：「擺酒宴來！我要款待沛公！」頃刻，軍役們抬酒上菜，端杯送盞，中軍帳中擺起了豐盛的酒宴。一場劍拔弩張、殺氣騰騰的問罪會審，不知不覺之中，竟變成了一場筵宴。當然，這筵宴之上也是殺機四伏，波折迭起，凶險叢生，爭鬥激烈。這就是歷史上有名的「鴻門宴」。

宴席上，項羽、項伯面向東坐，這是主位，亞父范增面向南坐，沛公面向北，張良向西陪坐。那項羽本是粗豪之人，劉季微詞請罪，委婉申辯，恭謹卑微，他聽得很是有理，恍然之間，覺得面前的是一個弱者，兵不多，將不強，能耐也不大，跪在那兒怪可憐的，怎麼看也不可能對自己形成什麼危害；尤其是劉季說起當初兩人在楚地與秦軍共同作戰的經歷，不禁使他心中頓起溫情：怎麼說，這也是一個曾經共同作戰的故人吶。所以，他命人給沛公斟上酒，自己也滿滿斟了一杯，對沛公真情相勸。且說那沛公雖然向來好飲，此時卻如履薄冰，提心吊膽，怎敢多喝？無奈是項王親自勸酒，又不敢不喝，只得一杯接一杯地和項王對飲。於是，你一杯，我一盞，喝得挺熱鬧，好像全忘了昨日的仇視與怒火。

項羽這樣的態度，急壞了在一旁的亞父范增。劉季是最危險的敵人，決不可留，這一點范增是清清楚楚的。看到項王喝得越來越高興，他心裡越來越著急。他多次向項羽使眼色，又好幾次舉起身上所佩帶的玉玨暗示項羽下決心殺了劉邦，可是項羽好像沒看見一樣，不肯理會。范增一而再、再而三，項羽始終不有所表示，范增忍耐不住了，托詞起身走出營帳。在帳外，佇立著項王手下的眾將官，范增一眼瞅見一位武士，年輕英武，颯氣逼人，此乃項羽的堂弟項莊。

范增趕緊把項莊叫到一旁，著急地對他說：「咱們君王心眼兒太軟，不忍心下手殺劉邦。那小子自己來送死，君王倘若不抓住這個機會，那我們可就後患無窮了！你不妨進去向席上的那些人敬酒，說些祝福的吉利話；敬酒之後，你就請求給他們舞劍助興。在舞劍的時候，尋找機會，刺殺劉邦。不這樣的話，你我之輩都將成為他的俘虜！到那時候，說什麼都晚了！」

項莊聽罷，立時撩衣提劍，大步流星闖進項王營帳，向在座的賓主敬酒祝福，更特意為沛公斟了滿滿一大杯酒，舉到沛公面前，堅持要沛公賞光。看著沛公一飲而盡，然後說：「君王與沛公共飲，應該有所助興。然而軍營之中，沒有什麼娛樂，莊願獻丑，表演劍舞，願君王和貴客共同歡度良辰吉時。」說罷，揮劍起舞。項羽見狀，很歡喜，說：「這是一個好節目。」項莊越發運動掌腕，來回旋轉。旋舞中，那劍路飄忽凌厲，捉摸不定，劍鋒卻盡是對向沛公而去。沛公左躲右閃，嚇得冒起了一身又一身的冷汗。

心中早已要和沛公的項伯，發現情勢不對，趕緊起座出席道：「劍須對舞方佳。」說罷，也拔

鴻門宴的座位安排

中國古代有「以西為尊」的習俗，這可以在許多考古發現和歷史記載中得到證實。世界上最大的帝王陵墓秦始皇陵就是其中一例。秦始皇的寢殿建築在陵園區內西北面，陵墓建造在西南面，整座陵園坐西向東，以此宣示秦國坐鎮西方，統一六國的千秋霸業。

而鴻門宴的典故中，司馬遷也詳述了這個細節。《史記》是這樣記載的：項王（項羽）、項伯東向坐，亞父（項羽謀士范增）南向坐，……沛公（劉邦）北向坐，張良西向侍。所謂「東向坐」就是坐在西面，向東而坐，這種坐法表明項羽當時已居於稱雄天下的尊者地位，劉邦當時處於弱勢，所以只能屈居南面，向北而坐了。

劍起舞。兩叔侄對舞，一個要刺死沛公，一個要保護沛公，兩把雪亮的寶劍，你來我往，兩條閃閃的銀光，交相輝映。激烈的對抗之中，項伯常常以自己的身體翼護著沛公，使項莊無法接近他，更無法出擊。

在一旁陪坐的張良，此時那心也是一下子提到嗓子眼兒，一下子又落入萬丈深淵。看到情勢越來越不妙，他也趕緊找個輒溜出帳外。一出營門，就見樊噲正在門口往裡面張望，他急忙招手把樊噲叫到一旁。樊噲著急地問：「今天的事情怎麼樣了？」張良說：「非常危急！項莊此刻拔劍起舞，他的用意一直都在沛公身上！」樊噲一聽就急了：「事情危急了，我得進去，拼上這條性命，與沛公同生死！」話還沒有說完，已經拔劍擁盾闖進軍門。把守軍門的衛士立即交叉起矛戟，企圖阻止他。樊噲側過盾牌一頓猛撞，那兩個衛士猝不及防，立時倒仆在地上。樊噲一把掀開帷帳，跨入帳中，面對項王，直直地立著，一雙牛眼冒著怒火，直瞪項王，頭髮根根豎立，兩邊的眼角瞪得綻裂開來。

項王一陣心悸，不由得右手按劍，立起身，喝問道：「來客是幹什麼的」？

張良回答道：「是沛公的參乘（立於車右的衛士），叫樊噲」。

項王隨口讚道：「是條好漢！賞他酒！」左右端來一大杯酒，樊噲向項王跪拜謝恩，然後站起身，一仰頭喝了。

項王又命：「再賜給他豬腿吃！」左右故意拿了一條生豬腿，看他怎麼辦。誰知那樊噲竟毫不猶豫，倒扣盾牌，把生豬腿往上一擺，拔出寶劍切了一大塊，血淋淋的，拿起來就吃，大口大口的，好像還挺香。就這樣邊切邊吃，不一會兒就吃完了，抹抹嘴又來謝項王。

項王不由得一笑：「壯士，還能再喝酒嗎」？

樊噲粗聲回答：「我連死都不會躲避，一杯酒還值得推辭嘛」！樊噲可有了發言的機會，他根本不管項王問的是什麼，一鼓作氣再接再厲：「那秦始皇心狠得如同虎狼，殺人總恨不能把人都殺光，用刑惟恐不能使天下人都受盡苦痛。結果諸侯皆反，天下人都背叛他。懷王和各路將領約定：『先打敗秦國，進入咸陽的，在關中封爲

戰國時期・巴，青銅劍。重慶出土。

王。』現在沛公最先打敗秦軍，最先進入咸陽，秋毫不敢有所取，封閉宮室，遠遠地回到霸上駐軍，恭候大王您的大駕到來。之所以派將把守關口，無非是爲了防備盜賊和其他非常情況。如此的勞苦功高，不但沒有得到封侯的賞賜，大王您卻聽信讒言，要殺有功之臣！您不是又走上暴秦滅亡的老路了嗎」？

項王沒有想到，眼前的這個外貌如此粗鄙之人，竟能說出這麼一大套道理，而且是有理有據，氣勢迫人，他一時竟完全想不出應答之詞，只是對樊噲說：「坐」。樊噲就在張良身邊坐了下來。自樊噲進帳項王一與之對話，那項莊之舞就無法再發揮了，等到樊噲又吃又喝又發表長篇大論，范增這一計就徹底破產了。

坐了一會兒，張良用眼光暗示沛公，沛公會意，遂起身告罪去方便，召了樊噲一同走出帷帳。不一會兒，張良也跟了出來，勸沛公速回霸上，切勿停留！沛公說：「剛才咱們出來，也沒有告辭，不聲不響地就走了，恐怕項王會怪罪」。

樊噲說：「幹大事不必拘泥小節，咱講究大禮就別怕小的責備。現在人家是利刀和砧板，咱們如同魚肉，逃命要緊，還講什麼告辭！」說著，扯了沛公就要走。這時，項王似乎有所警悟，派都尉陳平召喚沛公趕緊回去。沛公張良連忙唯唯稱是，待陳平轉身回去復命時，張良、樊噲又催沛公趕緊離去。於是沛公跟著樊噲悄悄地溜出了項王軍營，留下張良向項王復命道歉。沛公把來時的車馬全部丟棄在鴻門軍營轅門外，只單身獨騎一匹馬，樊噲、夏侯嬰、紀信、靳強四人，手提寶劍、盾牌，健步隨行，保護沛公。鴻門與霸上走大道有四十里，可是沛公一行另走他路，從驪山下，抄芷陽小路疾行。走這條小路到霸上沛公軍營只有二十里，沛公讓張良估計時間差不多時，再進去向項王說明。

剛才沛公臨行時，張良問他此次帶了什麼禮物來，沛公說：「我帶了一雙白璧，想獻給項王；一雙

西漢玉璧。玉璧是一種中央有穿孔的扁平狀圓形玉器，是很重要的瑞玉，戰國至兩漢是玉璧的鼎盛時期。

玉斗，想給亞父。看見他們發怒，沒敢進獻。一會兒您就替我獻上吧。」張良答應了。這會兒張良估計沛公差不多已經回到霸上營地了，這才返回項王大帳。進帳就叩頭謝罪說：「沛公不勝杯盞，無法來當面向您告辭。謹派小臣張良奉上白璧一雙，敬獻大王足下，玉斗一雙，敬奉大將軍足下」。

項王問：「劉季到哪裡去了」？

張良回答說：「聽說大王有意責罰他，沛公心中害怕，故而先行躲避，擅自脫身，現在已經回到霸上軍營了」。

項羽接過白璧，放在坐席上。范增看著張良手中的玉斗，氣不打一處生，他看也不看張良，接過玉斗猛地扔在地上，拔出劍，狠狠向玉斗擊去，玉斗立時粉碎。范增恨恨道：「不長進的東西！這小子值不得和他共謀大事，奪取你的天下的，必定是劉邦！我們這些人勢必得當他的俘虜了」！

項羽看著、聽著，眼睜睜地，卻又無話可說，他也似乎覺得今天的事情有點不大對頭，可是又想不清楚問題出在哪裡。范增的話他聽著很是刺耳，可是醉眼朦朧的，他想分辯又已經忘記了該說什麼，於是就自去睡了。

沛公趕回霸上，二話不說，立即誅殺曹無傷。

一場驚心動魄的鴻門宴結束了。

鴻門宴是劉邦、項羽之間的第一次正面衝突。項羽軍事上的絕對優勢，決定了劉邦必須作退讓，低姿態，卑詞請罪，他很成功地作了表演，取得了這場特殊的鬥爭的勝利。而項羽呢，這個動輒屠城、毫不猶豫地坑殺幾十萬人的梟雄，卻在殺不殺劉邦這一個人的問題上，躊躇不決，舉棋不定，最後痛失良機，遺留了無窮的後患。毛澤東在批注《三國志》時曾說過，劉邦是政治家，而項羽不是政治家，這話說得極其準確。在關鍵時刻，劉邦爲了根本利益，不講感情，不擇手段，並且毫不退讓；可是項羽卻任憑感情左右，不向弱者示威，講究風度，完全忘了面對的是潛在的敵人，更忘了這是一場毫無信義友情可言的殘酷的政治角逐，不重利害、不使用權謀，最終只能導致失敗。項羽性格上的弱點，使他成爲中國歷史上悲劇人物畫廊中最著名的也是最可歌可泣的一位。

第七章 還定三秦

一、項羽分封

鴻門宴後沒幾日，項羽指揮四十萬大軍，進入咸陽。現在，他以一個復仇者和勝利者的身分踏上了這塊土地，這座他極端仇視的暴秦的巢穴，實現了他早年「彼可取而代之」的雄大志向。是觸景生情呢，還是早有預想？項羽進入咸陽即命屠城！滿懷著亡國之恨、家族之恨，爲了囚死於秦的楚懷王，爲了先祖項燕、叔父項梁的死，爲了死於秦軍屠刀下的無數故國父老，他痛快而又殘酷地對咸陽城進行了大屠殺。他不分軍民、不分貴賤、不分男女、老幼，一律戮殺。他處決了囚禁在監獄中的降王嬴子嬰和一應秦室宗族，挖掘了秦始皇陵墓，然後，一把大火燒了秦都的所有宮室廟殿，可憐那三百餘里的阿房宮，極盡豪華奢靡，還沒有完全建好，就被楚軍一把大火，燒成一片焦土。這火直燒了三個月，把個幾百年泱泱秦都，變成了一片廢墟。燒殺之後，項羽又將秦宮室中的婦女、財寶洗掠一空，即行東撤。

這場浩劫，使壓抑了幾十年的六國貴族的家仇國恨得以報復，積怨終於有了一個大發洩的機會。但是，由於坑殺二十萬秦國投降士兵的暴行，項羽已經被關中人民目爲惡魔；這三個月的燒殺，更使他與關中父老結下了死結，成爲關中百姓不共戴天的仇敵，也爲他後來在楚漢戰爭中的失敗命運奠下了無法改變的基礎。

項羽東撤之前，有位姓韓的先生向他建議說：「關中地區，擁有險要的地理形勢，山河險隘，擁有四座要塞（東面函谷關，南面武關，在今陝西省丹鳳縣東南；西面散關，即大散關，今陝西省寶雞市西南；北面的蕭關，在今甘肅省環縣西北）作屏障，土地肥沃，物產豐饒。如果在此建都，可以稱霸天下」。

項羽看看被燒成一片焦土的秦宮室，滿目瘡痍的咸陽城，又急於回到東方，就回答說：「富貴不還鄉，如同錦衣夜行，怎能光宗耀祖」？

青銅套杯，戰國・秦，陝西鳳翔出土。鳳翔古稱雍、雍州、雍城，地處關中。為中國著名的民間工藝美術之鄉、青銅器之鄉和西鳳酒鄉的美譽。

韓先生退出後對人說：「人說楚人浮躁，沐猴而冠。此話果然不假。」這話傳到項羽耳朵裡，他即命人將韓先生捉拿，擲入油鍋烹死了。

項羽忌憚沛公在關中稱王，就派人去讓楚懷王勒敕，想不到楚懷王竟回答說：「按先前約定的辦。」本來項羽就對懷王不派他西進，使他失去了先入關中的機會，十分怨恨；如今一聽懷王堅持原約，大爲惱怒，叫道：「熊心算老幾！是我項氏把他從牧羊兒捧起來的，他有什麼功勞，敢在這裡亂說話！想當初我們要起事，不得不暫時擁立他作爲號召以便討伐秦國。事實上，披堅執銳，轉戰沙場，衝鋒陷陣，曝身在深山荒野，流血於城頭馬下，露宿風餐，苦鬥三年，終於滅亡了秦國，平定了天下，這都是各位將領和我項羽的功勞，哪有他半點力量！他有什麼資格『主約』！現在天下已定，我們再也用不著他了」！

春正月，項羽佯尊芈心爲「義帝」（即假帝），卻「不用其命」。後來又下令把義帝從楚都彭城遷往蠻荒的長沙郡郴縣，催促義帝趕快動身。

同時，他大搞分封，《史記・項羽本紀》說：「項王欲自王，先王諸將相。」這年春二月，在戲亭，項羽以軍事統帥的身分，召開了分封會議，在原六國的基礎上，擴大瓜分，分封了十八個割據王國國王。

項羽自封爲西楚霸王，領有九郡，建都彭城。古代楚國有南楚、東楚、西楚之分，項羽建都的彭城，地在西楚，故項羽自稱西楚霸王。霸王就是霸主，諸侯的盟主。他所統領的九郡，爲故魏國和故楚國的大部分地區，大約在今河南省東部、山東省西南部、和江蘇省、安徽省、湖北省的部分地區。

項羽的分封，充分體現了他的狹隘、任人唯親、唯個人好惡行事的非政治家的缺陷，爲自己製造出許多潛在危機，樹立了許多敵人。

項羽最不放心的是沛公，怕他占據形勢險要、土地肥沃的關中地區，將來爭奪天下。可是不把關中地區分給沛公，又違背「先入關中者王之」的約定，而且鴻門宴既已經表示和解，違約既承惡名，又有可能招致諸侯不服起而反對。范增給項羽出了個高招：他們先在大會上堂而皇之地宣稱：「漢中也是關中地區。」然後封沛公爲漢王，首府在南鄭（今陝西省南鄭縣），領有漢中、巴、蜀三郡。漢中在漢水上游，今陝西省秦嶺以南一帶及湖北省西北部，巴郡在今重慶一帶，蜀郡即今成都一帶，都是當時極其荒涼偏僻的地域。尤其是巴蜀，道路極其險阻，是秦政府流放罪犯之所。爲了遏止漢王，項羽把關中地區一分爲三，分給三個秦國的降將：雍王章邯，塞王司馬欣，翟王董翳。這不僅大大刺激了劉邦，也更加傷害了關中百姓。這些做法雖然是勢之所迫，但確是理屈詞窮，一副無賴的樣子，很不得人心，也使他與劉邦結成了死怨。

對待那些「故王」，即反秦戰爭中擁立的各國國王，他賣弄權威，盡量排擠。故魏國地處要衝，項羽將其歸入自己的版圖，於是將原魏王魏豹封爲西魏王，發到河東（今山西省西南部），首府平陽（山西省臨汾縣）。諸侯王派遣跟隨他救趙、進關的將領，他盡封爲王，而把故王分發到偏遠荒僻的地方去。比如燕王韓廣，派他的大將臧荼跟隨項羽西征，結果項羽封臧荼爲燕王，把故燕王韓廣逐出燕國，發配到偏僻的無終作遼東王。趙國大將司馬卬、宰相張耳都被封在原趙國，卻把趙王趙歇發封到荒遠的西北部作代王。齊將田都封爲齊王，田安濟北王，卻將原齊王田市削爲膠東王。張良助漢，項羽銜恨，就遷怒於韓王韓成，藉口韓成沒有軍功，不讓他回到封國去，把他帶到彭城，廢爲侯，不久又把他殺了。卻從此把張良逼上了梁山，死心塌地跟上了劉邦。

有些將領有大功卻沒有被封，比如齊國宰相田榮，起兵較早，卻因爲「數負項梁」，又不服從項羽的命令與約束，而且拒絕發兵加入西征聯軍，就不加封。成安君陳餘，因爲沒有加入西征聯軍，所以也沒有加封。還是許多門客提醒項羽：「張耳、陳餘都是趙國的復國功臣，現在張耳既然當王，對陳餘就不能不加理會。」項羽這才封給他三個縣，封他爲侯。這引起了陳餘的極大不滿。他說：「項羽爲天下宰不平。」這話一語中的。

國家的統一，是歷史發展的必然趨勢。春秋戰國打了幾百年，其潛在的意向，就是爲了打破分封的格局，尋找一種新的秩序。秦始皇順應了歷史發展的要求，結束了春秋戰國幾百年征戰的局面，爲中華民族立下了不朽的功績。這一個大一統的中華大帝國的歷史格局，在秦末農民起義和群雄紛起的戰爭中，必然會分崩離析。在此基礎上，項羽本應該努力統一，但是，他卻搞起了分封，使中華民族重又陷入一個更加支離破碎、戰亂紛起的災難之中。項羽的分封，是他出身教養、性格志向發展的必然，也是歷史的必然。作爲舊貴族階級的代表，舊時代的代表，命運注定了他只能走這樣一條倒行逆施的道路。

但是，正如史家所言，項羽的分封，卻也是迫於形勢，不得不然。首先是地方實力派的力量非常強大。從所封的十八國王來看，屬於楚國系統才三個人，而眞正是項羽部下的，僅只英布一人。其他大多數都是各地在反秦鬥爭中獨立作戰、自成系統的地方實力派，沒有一定的條件，誰也無法忽視他們的既得利益，而強行統一。六國貴族已經掌握了反秦鬥爭的大部分領導權從而恢復了各自的統治，項羽不得不給予承認。所以司馬遷曾經說過「諸侯之相王」，他們是互相承認爲王，並非項羽的特殊恩賜。其次，在當時普遍譴責秦始皇吞併六國爲最大的暴政的時代潮流中，誰敢冒天下之大不韙「廢分封立郡縣」呢？何況項羽頭腦中對秦始皇「廢分封」從而導致他國破家亡的結果一向深惡痛絕，他當然更不願冒這險。其實從項羽的本心講，他最不願意分封諸王，正如後來韓信對漢王劉邦講的，項羽平時待人親切有禮，有「婦人之仁」，但是將領立了功應該論功行賞封爵時，他把刻印好了的印信擺弄舊了都捨不得封給人家。劉邦的一個重要將領王陵也曾批評項羽「戰勝而不予人功，得地而不予人利」。正因爲項羽自己也盤算著怎樣對付諸侯王，所以他給自己選擇了楚魏九郡戰略要地，分封各諸侯王也是

項羽十八諸侯列表

國名	建國時間	君主姓名	都城	領土範圍	備註
西楚	前二〇六年二月	西楚霸王	彭城	梁地二郡與楚地七郡	
漢	前二〇六年二月	劉邦	南鄭	巴、蜀、漢中	漢王稱帝，漢國自動消亡。
九江（淮南）	前二〇六年二月	英布	六、壽春		英布與漢結盟，龍且擊布，布敗走漢，漢王改立其為淮南王。
雍	前二〇六年二月	章邯	廢丘	咸陽以西	故秦降將。
塞	前二〇六年二月	司馬欣	櫟陽	咸陽以東至河	故秦降將。
翟	前二〇六年二月	董翳	高奴	上郡	故秦降將。
西魏	前二〇六年二月	魏豹	平陽	河東	原為魏王，項羽奪梁地，徙王河東稱西魏。
河南	前二〇六年二月	申陽	洛陽	河南郡	原張耳寵臣，因先下河南地並迎項羽，故王。
韓	前二〇八年六月	韓成	陽翟	故韓地	韓成為項梁所立，項羽惱張良數從漢王，又以其為功，不許就過，帶歸彭城，旋及廢為穰侯又殺之，改立親信鄭昌為韓王。
殷	前二〇六年二月	司馬卬	朝歌	河南郡	原為趙將，因隨入關，故封。
常山	前二〇六年二月	張耳	襄國	故趙地	原為趙相，因賢且隨入關，故封。早年與劉邦是故交好友。敗走投奔劉邦，一年多後任韓信副手，滅趙、代，劉邦立其為趙王。
代	前二〇六年二月	趙歇	代	代郡	趙歇原為趙王，陳餘趕走張耳，復迎趙歇為趙王，趙歇陳餘，立陳餘為代王。陳餘不就國，留相趙，遣其相夏說治代。
衡山（長沙）	前二〇六年二月	吳芮	邾		劉邦稱帝，改為長沙王；漢文帝後七年，靖王曙薨，無子國除。
臨江	前二〇六年二月	共敖	江陵	南郡	共敖為楚柱國，擊南郡，封。
燕	前二〇六年二月	臧荼	薊		故燕將，因從入關，故封。漢五年九月反，被殺。其孫女臧兒生漢景帝王皇后（漢武帝之母）。
遼東	前二〇六年二月	韓廣	無終	遼東	原為燕王，因未從項羽入關，被項羽遷王遼東，因不願就封而為新燕王臧荼攻殺，併遼東於燕。
膠東	前二〇六年二月	田市	即墨	膠東	原為齊王，懼怕項羽，想就封而田榮不許，偷偷赴任途中為其相田榮截殺。
齊	前二〇六年二月	田都	臨淄		原為齊將。四月，為田榮所敗，降楚。
濟北	前二〇六年二月	田安	博陽	濟北	六月，田榮擊殺安。安為元城王氏之始祖。

沙河古橋遺址上的古代木橋樁，陝西省咸陽市秦都區釣台鎮資村。沙河古橋遺址位於沙河古河道，為秦漢橋樑遺址。發現的兩座橋相距330公尺，均為木架結構。沙河古橋是秦咸陽城、漢長安城去上林苑和西入巴蜀跨渡灃水的橋梁。

以與他本人的關係的親疏作爲關鍵尺標來權衡的，所以漢王、陳餘、出榮等人才指責他分封不公，帶頭起來反抗。

項羽分封諸侯，試圖以天下霸主的身分與諸侯王共享舊式分封制政治權力的幻想，很快就破滅了。幾百年的戰亂，其潛在的意向，就是爲了尋找一種新的秩序，那就是統一。現在，想恢復分封制而又保持不亂是不可能的。封地大的，要維護和擴大既得利益；封地少的，還有那些沒有得到封地的舊貴族和將領，則要求再分配。因此，分封的結果，不僅加劇了這批王國與人民的矛盾，而且由於分贓不均，相互爭地奪利，他們的內部矛盾更加劇烈了。因而，戰火頓時又起，混亂局面重新出現了。

二、漢王之國

且說沛公劉邦聽聞項羽和范增議定的詭計，自己竟然給發到巴蜀那煙瘴彌漫、罪犯發配之地；又聽說項羽把關中這塊肥肉分給了章邯他們那三個秦國降將，差一點氣瘋了！自鴻門宴卑辭言好，受盡屈辱，事後每每想起，就自覺鬱憤難平。如此忍讓，那項籍仍得寸進尺，現在竟然公開違約，將我發往那不毛之地！胸中積壓了許久的怒火竄騰起來，「那項籍欺人太甚！我決不聽命於他！誓死不去巴蜀」！

蕭何在一旁急忙勸阻道：「大王，決不可莽撞！不去巴蜀，就勢必要與項王對抗」！

漢王只感到胸中怒火一陣陣往上沖，他不理會蕭何，回頭吩咐左右：「馬上傳我命令，立即整頓兵馬，即刻向項羽發動攻擊，討還公道」！

蕭何更加堅決地說：「您難道不知道項王的兵力嗎？彼眾我寡，勢必百戰百敗。除了死，難道還有第二條路嗎？依我看，屈一人之下，伸志於萬民之上，只有商湯、周武才能做到。商湯、周武屈於夏桀、商紂之下，不過是時機未到，因屈以求伸罷了。望您能早日到達巴蜀，先坐上王位，然後收攬民心，召請賢能，充分利用巴蜀的財富，養精蓄銳，擴大軍力，然後再揮軍東指，平定三秦。如此從長計議，進而掌握天下，也不是不可能的」。

沛公聞聽此言，心中怒氣略略平息。再徵詢群臣，張良等皆贊同，沛公這才放棄了與項羽公開對抗的打算，決定到巴蜀去。

這一年的四月，各路諸侯各自回到封國。漢王劉邦也離開霸上，前往封國漢中首府南鄭。沛公既已封爲漢王，從此我們也就稱他爲「漢王」，將這一年稱爲漢元年了。

漢元年夏四月，漢王劉邦引兵啓程，一出咸陽，不日即從杜縣（今西安市東南）南面進入蝕中谷。蝕中谷即子午谷，在今西安市西南。關中地區，地形頗爲優渥，四面環山，中間是個聚寶盆。而咸陽南面，不足百里，就是奇險陡峻的秦嶺山脈，東西綿延千里，將那肥田良土，富庶優渥，盡數給了嶺北的關中。而那秦嶺山區，一派貧瘠荒僻，百里無人煙。

蝕中谷南北縱貫秦嶺，是關中通往漢中的重要通道，一經踏入，只見兩邊崇山峻嶺，懸崖險壑，仰頭不見天日，滿眼的嶙峋巨石，遮天亂木。谷道中，常常並沒有道路，懸崖下面，是奔騰咆哮的河水，只能走峭壁上的棧道。所謂棧道，是在懸崖峭壁上，鑿出一排石孔，每個石孔中插入一根木棍，然後在這一排木棍之上，鋪接木板，就成了驚險的棧道。除了特別危險的地方，有時加上欄杆外，一般棧道就是光光的幾尺寬的木板，寬度僅可以走一匹馬。隔一段距離，有一個較寬的地方，勉強容下兩匹馬錯身。走那棧道實在就是高空驚險表演，一不留神，就可能掉下萬丈深淵。

陝西漢中褒斜古棧道。褒斜道，南口在漢中以北的褒谷，北口在眉縣的斜谷，通稱褒斜谷，全長470公里。

漢軍踏上棧道，每個人都是戰戰兢兢，小心萬分，也不敢往下看，深不見底，一看腿就軟了。膽子小的，緊緊扒著崖壁，哆哆嗦嗦不敢邁腿。漢王的幾萬人馬，走成單線，蜿蜒在幾百里的崇山峻嶺深谷險壑之中。行軍途中，時有跌下懸崖摔死的、受傷的，還有不少人偷偷地開了小差。出了蝕中谷，還是山，還是棧道，就這樣戰戰兢兢，走走蹭蹭，往那不知有多遠的漢中推移。

這一次出發，項羽給了漢王三萬人馬，此外有幾萬人是楚國子弟和其他諸侯軍中傾慕他的自願追隨者。當初進入武關時，他已經擁有十萬人馬，但經過鴻門宴和分封之後，兵力被項王削奪了。他沒有辦法，只能忍氣吞聲，按捺志氣，以待來日。抬頭看看被兩旁山崖遮蔽的天日，聽聽耳邊不絕如縷的抱怨叫苦之聲，尤其是看到沿途竟有不少人乘隙溜掉，他心中的怨恨、憤怒、擔憂、愁悶越積越多，簡直要爆發了。

就這樣一路顛沛勞頓，終於到達了南鄭。匆匆安頓好營帳，即行組織政府委任臣吏。第一個任命蕭何爲丞相。蕭何以下，各級官員將領，各色人等亦皆授職有差，不必細書。

惟獨大將軍一職一時難以確定。今後的戰略方針漢王心中並不明確，這大將軍印信拿在手中，左思右想，把身邊這些將領排著隊想了個遍，然後又把印信放下了。暫且闕如吧，反正現在也沒有仗打。按秦漢的軍事制度，大將軍一職，是有大的戰役舉行大的軍事行動時臨時委任的，此一軍事行動結束，大將軍之職也自行解除。所以漢王一時還不必太著急。

郢爰，戰國・楚，1979年安徽壽縣出土。郢爰是一種切割成小塊使用的長方形金版貨幣，是中國最早的黃金鑄幣之一。郢是楚國的都城。楚金幣是一種稱量貨幣，使用時根據需要將金版或金餅切割成零星小塊，然後通過特定的等臂天平稱量再行交換。因而出土的楚金幣，大都是零星碎塊，大小輕重相差懸殊，而且明顯看出曾被切割過的痕跡。

政府、人事一應重要事情剛剛安排妥當，漢王的心思也暫安定下來，這時候張良前來辭行，要回歸韓國。

張良是韓王成的重臣，理應回到韓王成的身邊，他是出於義氣，才一直跟漢王走到漢中首府南鄭。看看已然安頓得差不多了，於是向漢王告辭回歸。漢王心中甚是不捨，可是他找不出理

由不讓張良回去。離別自然是依依不捨的，漢王這半輩子還沒有感受過這種悵然若失、難割難捨的心情。臨行前，漢王感激張良的鼎力相助與莫大功勞，賜送他黃金百鎰（兩千四百兩），珍珠兩斗。他又請張良用重金饋贈項伯，託項伯向項羽求情，讓他管轄漢中的全郡領地。漢王饋贈的財寶張良自己一點沒留，把它們全部轉贈給了項伯。項伯自鴻門宴後，又聞聽項羽違約，心中很不以爲然，恰逢張良轉來重禮與沛公的託請，自然非常賣力。項羽見沛公沒有什麼異議就答應去了漢中巴蜀，也就痛快地答應了沛公的請求。這是後話。

且說在南鄭張良辭別，漢王一直把他送出褒中（古褒國，今陝西省褒縣東南）峽谷。這是一條五六百里長的峽谷，褒河滾滾湯湯，湍急流淌，兩岸棧道蜿蜒，延綿不斷。出了這棧道南端，再走半日，就是漢中首府南鄭。漢王將張良直送到峽谷北頭，張良一再謝阻，他才停住腳步。

分手前，張良向漢王建議說：「大王，您是不是可以將來路上的棧道全部燒掉？這樣既可以防備可能來自雍王章邯的尾隨偷襲，更可以向天下人表示您志僅於此，沒有東還之意，以此來穩定項王的心，使他不致因戒心太重而加害於您。」漢王深以爲是，於是送走張良後，自己就一邊往回走，一邊隨即燒毀了沿途所有的棧道。

在南鄭，漢王屬下在漢水邊選擇了一片高地，起址奠基，準備爲漢王興造王宮。今天陝西省漢中市城內東南隅尚有一名曰「漢台」的高地，占地四萬多平方公尺，高五公尺，據傳就是西元前二〇六年劉邦受封爲漢王時興建宮廷的基址。登台可以俯瞰全城，眺望漢江。可惜，宮室剛剛興起，情勢遽發變化，漢王在漢中僅僅待了四個月，就東還了。

在漢中軍中情形甚是不好，來時沿途就有許多軍士開了小差；

「沛公為漢中王，王巴蜀漢中四十一縣，都南鄭。王留公于南鄭，收巴蜀租給助軍糧」石刻，四川廣元明月峽古棧道。

經過幾百里山路，到了荒蠻山叢中的南鄭，軍中更是士氣低落，人心渙散。軍中都是關東人，且多是楚人，已然進關滅秦，非但未得賞賜，反而隨漢王發配到這裡。缺衣少食，水土不服不說，最難耐的是思家心切，難望歸期。楚人好楚歌，士兵們流涕悲歌，越唱越難過。到後來，軍中每日盡是悲切淒婉的楚歌聲。逃跑的越來越多，漢王每天都要接到好些士兵開小差的報告，後來連軍官都紛紛逃亡，一連跑了十幾個將領。

漢國上下，愁雲慘淡，籠罩在一片茫然與失望的氛圍之中。

三、韓信拜將

突然有一天，有人急匆匆來報告：「大王，不好了！丞相大人也跑了」！

「胡說！」漢王乍聽，如雷轟頂，連忙大聲呵斥道：「丞相忠心耿耿，恭謹端明，他怎麼可能逃跑？再胡說我殺了你」！

漢王著人去尋，果真不知去向。一連兩天，都沒有找到。漢王如失左膀右臂，急得坐立不安。

這一天，忽見一個人踉踉蹌蹌跑進來，向他施禮，正是他日思夜想的丞相蕭何！漢王且喜且怒，喝罵道：「別人跑倒也罷了，你也跑！爲什麼」？

蕭何呼哧帶喘地回答說：「臣不敢逃跑，臣是去追趕韓信」。

漢王一聽，大怒，罵道：「諸將逃跑的有幾十人，你不去追，偏偏去追個什麼韓信！你明明是在胡說八道，上這兒來騙我！」

蕭何說：「諸將無足輕重，容易物色，去留無所謂。獨這韓信，乃是國中奇才，天下無雙！大王如果願意當一輩子漢王，那您可以不用韓信；如果您想爭奪天下，那麼除了韓信以外，沒有第二個人可以像他那樣幫您！我幾次向您推薦他的原因就在於此。現在只看大王您怎麼決定了」。

韓信是軍中一個小小的治粟

韓信（？～前196年），淮陰(今屬江蘇)人，軍事家，漢初三傑之一。

都尉，蕭何等人多次提起過他，不過漢王都沒有太注意。現在蕭何把他心中最迫切的最大的心病給捅了出來，而且指名非韓信莫屬，漢王就不能不認眞考慮了。漢王說：「我當然也想東歸，怎麼能長待在這裡悶死呢」！

蕭何說：「大王您確定了東進的政策，這樣韓信的去留就更關係重大了。您能任用韓信，就能留住他，如果您不委他以大任，我們終究留不住他」。

漢王說：「我看在您的面子上，請他當將軍」。

蕭何說：「僅只當一名將軍，韓信不可能留下來」。

漢王一咬牙：「好！我就讓他當大將軍」！

於是漢王傳令韓信進帳參見，打算即刻任命他。蕭何說：「大王待人，向來是傲慢無禮，現在任命一位大將軍，竟像呼叫小孩子那麼輕率，這就是韓信之所以離去的原因。您如果眞想任用他，就請選擇一個良辰吉日，親自沐浴齋戒，設置高台和廣場，舉行任命大將軍的正式儀式，登台拜將，隆重典禮，那才行呢。」事到如今，漢王反正都豁出去了，就說：「全照你說的辦」。

這時候的漢王，對韓信其實是一無所知。他之所以這麼大膽地啓用韓信，是因爲形勢迫人，他必須找一個能夠使他回軍東去的願望完全實現的人才；這也是出於對蕭何的了解與信任。蕭何爲人，最是穩重謹慎，他精於判斷，明察秋毫，言必有據，不是百分之百的把握，他不會說得這麼肯定。

韓信到底是何許人？他怎麼能使精明謹慎的蕭何捨命推薦呢？

韓信討飯，明朝謝時臣繪。描繪秦末少年韓信在河邊向洗衣老婦討飯吃的情景。

我們還得從頭說起。

韓信是楚地淮陰縣（今江蘇省淮陰市）人，據說也是舊貴族出身，只是他出生時，家道即已衰落。他自幼只是讀書習武，從沒有學過謀生的技藝；及長，因爲沒有突出的好品行，又不能被推舉去作官，竟至窮困潦倒，衣食無著，常常須投靠別人家吃飯度日，人們大都非常厭惡他。他曾經在下鄉南昌亭亭長家就食，一連吃了幾個月。亭長的妻子就想了一個辦法治他：有一天大清早，亭長的妻子早早就把飯做好，一家人在床上就把飯吃光了。等到了開飯的時間，他去了，一看，盆光碗淨，沒有他的飯，等了多時，不見上餐。他也就明白了這家人的用意，乃掉頭逕去，從此和那亭長也斷絕了關係。

韓信無奈，只得釣魚充飢。有一天，他餓得眼前發黑，暈倒在河邊。這時候，正好有幾個婦女在漂洗絲綿，有一位漂母見他可憐，拿出她自己帶的麥飯，塡在韓信口中。那麥飯又硬又粗，乾得難以下咽，可是對於韓信來說，無異於救命仙肴。從此，漂母天天給韓信帶麥飯來，一連幾十天，直到漂母漂完棉絲。

韓信對漂母說：「老人家，我將來必定重重地報答您！」沒想到漂母竟然生氣地說：「男子漢大丈夫不能養活自己，有什麼面目說報答！我是可憐你，一個王孫公子落魄到這般地步，才給你飯吃。我難道還會期望你報答我？」韓信赧赧而退，心中卻抱定必要報答的心思。

韓信家無長物，唯有一把寶劍，是祖傳的的財產。他每日習劍練武，這把劍總是掛在腰間。淮陰城裡人看這年輕人游手好

江蘇淮安市碼頭鎮胯下橋，據說這便是著名的「胯下之辱」發生地。相傳韓信早年雖貧困潦倒，但劍不離身。一日，有個屠夫對韓信說：有本事的話，你敢用劍來刺我嗎？不敢，就從我的褲襠下鑽過去。於是，當著許多人的面，韓信從屠夫的褲襠下鑽了過去。史書上稱為「胯下之辱」。

閑，窮餓成這個樣子，竟還掛著劍，都很看不慣他。有一次他止在街頭踟躇，有個年輕的屠戶想欺負他，就挑釁說：「韓信，我看你雖然長著個大個子，還專門愛佩帶寶劍，其實呀，你膽子最小了！」韓信緊閉著嘴，不肯回答。那屠戶更加來勁了，又當眾侮辱韓信：「你當眞不怕死，就拿你那寶劍來刺我；要是怕死，你就從我胯底下鑽過去！」說著，就撐開兩條腿，擺出架勢，等著韓信鑽過去。周圍人一看這陣勢，都不再喧嘩了，屏住氣等著看好戲。

韓信仔細地打量著那個屠戶，良久，遂彎下身去，趴在地上，從那人的兩胯之間，爬了過去。滿街的人都轟笑起來，都說沒見過這麼怯懦的男人。

韓信低著頭，也不理會身後人們的轟笑嘲罵，慢慢地走回自己那間不遮風雨的破草屋去。這一夜，他懷抱著寶劍，瞪著眼，在黑夜中整整坐了一通宵……。

等到項梁在會稽起兵反秦，率八千子弟兵渡淮河北上，韓信在淮陰聞聽這個消息，即刻掛上他的全部家當——那把寶劍，投奔了項梁的隊伍。

但是，在項梁的麾下，卻沒有人理會他，他不過是編充行伍，聊領薄餉而已。後來項梁在定陶戰死，韓信又歸屬了項羽，看在叔父麾下的面上，項羽任命他作了執戟郎中。他曾多次向項羽獻計獻策，想以此求得重用，但是項羽都沒有採納，韓信最終對項羽完全失望了。

可能是鴻門宴時漢王的機警、大度給擔任項羽警衛的韓信留下了深刻印象，也可能是入關後眼見耳聞的漢王的作爲、漢王禮賢任能的政治家風度使他產生了希望，漢王入蜀時，韓信從楚軍逃出來，歸順了漢王。但是漢王並沒有發現他，他仍然默默無聞，只作個接待賓客的小官連敖。在艱苦的行軍途中，在南鄭閉塞的環境中，他的志向好像都沒有什麼實現的可能與機會。

後來他犯了法，被判了死刑，被押出法場斬首。十三個同案犯人都已執行完畢，就要輪到韓信了。看著劊子手已經砍捲了刃的大刀，滿地的頭顱，濺滿刑場的鮮血——「難道我韓信今生今世就眞這麼完了嗎？我心不甘哪！」韓信仰頭掙扎時，一眼看到了滕公，他立時狂呼道：「漢王不想成就天下大業嗎？奈何殺死壯士」！

這次行刑，適逢監斬官是滕公夏侯嬰。那夏侯嬰當過滕縣縣令，故稱滕公。他見多識廣，富有經驗，爲人極是厚道仁慈，對

韓信拜將壇，陝西漢中。拜將壇亦稱拜將臺，位於古漢臺西南約200公尺處，始建於西元前206年，是漢高祖劉邦設壇敬祭天地、官拜韓信為大將的古遺址。

漢王又是忠心耿耿，所以深得漢王信任。且說刑場上，滕公猛聽到這一聲呼喊，頓覺不同凡響，忙命刀下留人，將韓信引來交談。滕公不禁大爲驚異，想不到這個死刑犯竟有那樣的宏圖遠見，韜略超絕。他連忙回到漢王處復命，同時極力向漢王舉薦韓信，說他是個不可多得的良才。漢王聽了，就給了韓信一個治粟都尉的職位。治粟都尉雖然比連敖官升了級，卻也不過是個管理錢餉的一般職務，漢王心中並不認爲這個韓信有什麼奇特之處，依然沒有器重他。

滕公向漢王復命之後，又多次向丞相推薦韓信。蕭何一向留意人才，隨時物色，招來共語，果然這韓信是個舉世無雙的大將之才！蕭何馬上向漢王舉薦，爾後又幾次推薦。可是漢王並沒有眞正重視，每天向他薦人求官的太多了，他哪裡應付得過來？再說已經給了那個韓信治粟都尉的職位了，所以他就一直沒予理會。

韓信估計漢王是不打算重用自己了，他決不能窩在這生蠻之地無法施展抱負，於是在一個沒有月亮的深夜，他騎上馬，悄然離去了。蕭何一聽韓信逃亡，大爲著急，也來不及稟告漢王，就連忙躍馬急追，一追就追趕了幾百里路。這樣就發生了前面的故事。

拜大將的日子到了。這一天大清早，由蕭何率領文武百官，在王宮前列隊恭候。漢王沐浴更衣完畢，整衣正冠，出宮登車，向郊外徐徐而來，直抵拜將壇下。但見南北並列兩座高壇，壇高幾近兩丈，周長百步有餘，方方正正，北面高壇前懸著「王」「漢」「劉」字大旗，在晨風中獵獵作響，南面是大將祭拜天地、戰神蚩尤所在。壇下全軍隊列整飭，金盔鐵甲，在朝陽下熠熠閃光，刀槍劍戟，森然列布，一派肅穆莊嚴。

漢王徐徐登上高壇，一列禮官，由丞相蕭何首領，捧著符印斧鉞，列於漢王身側。下面文武百官，金甲熠熠，都翹首佇望，等待著莊嚴時刻的來臨。漢王要拜大將的消息傳出後，曹參、樊噲、周勃、夏侯嬰、灌嬰諸將領都大爲歡喜，都認爲自己積功最高，深得漢王信任，這大將軍之位，非自己莫屬。故而這些將領盼望得最爲焦急。

這個時刻終於到了，丞相蕭何上前一步，朗聲宣布：「請大將軍登壇！」人們的面孔齊刷刷轉向了拜將壇。只見隊列中一人大步趨出，向壇上從容走去。下面的百官眾將不禁目瞪口呆！誰也想不到，選來選去，盼來盼去，登壇的竟是這個地位低微、默默無聞的治粟都尉韓信！

漢王拜大將，全軍皆驚！

且說韓信登壇，軍樂齊奏，響遏行雲，禮官宣儀，因漢王親自授印授符，再授斧鉞，韓信一一拜受。然後趨下，再登後壇，祭拜天地、戰神。再後，由漢王面諭全軍，特別強調：「敢有蔑視將軍、違令不從者，軍法處置！大將軍有權先斬後奏」！

一令而下，全軍失色！

拜將後，漢王才第一次和韓信作了長談。韓信禮拜完畢，漢王賜坐，問道：「丞相屢次向我推薦將軍，將軍有什麼教導我的嗎」？

韓信連忙拱手謝罪，之後，才放膽暢談起來。他單刀直入：「大王，如今您要東進去爭奪天下，您的對手，恐怕只有項羽吧」？

漢王老老實實回答說：「是的」。

「那麼您估計，在勇敢、強悍和軍事力量方面，您和項羽哪一個更強呢」？

漢王沒想到韓信這麼直截了當，愍了好一會兒，才說：「我不如項王」。

韓信又向漢王拱手拜了兩拜，贊同地說：「我也認爲大王您確實不如項王」。

漢王臉上赧赧的，哼了一聲沒說話。韓信好像沒有看見一般，接著說：「不過，我曾事奉過項王，對他有些了解，請允許我談談他的爲人。項王發怒，厲聲咆哮，千人懾服。可是，他卻不知道選拔有才幹的將領，不能任用賢能，只是徒有血氣勇力的匹夫，不足以謀大事」。

漢王聽得此言，心中不由讚嘆起來：「果然有見識。」他和項王共事多次，項王的匹夫之勇他是深知的。韓信又接著往下談：「項王待人，仁慈有禮，言語親切，人有疾病，他甚至會同情得掉眼淚，把自己的食物分給部下吃。但是，等到所任用的人立了功，應當加封爵位時，他卻把刻好了的印信拿在手裡，玩弄來玩弄去，把印的稜角都摸舊了，還捨不得給人家。這就是所謂的『婦人之仁』，怎麼可能成就大事呢」？

「對。」漢王點點頭，他心裡最看不起這種傻瓜了，婆婆媽媽的，大丈夫在世，得幹大業，重大節，捨不得孩子套不著狼。「好，將軍請再接著講」。

韓信接著談起項羽第三方面的弱點：項羽放棄關中這塊險阻肥沃的稱霸寶地，而且因爲驅逐義帝而負義於天下，這實在是沒有遠大的眼光。

韓信接下來又從人心歸向的角度，談了他對項羽的分析：項羽背約，把漢王分發到漢中這個蠻荒之地，而把他自己親信喜愛的人封在關中，玩權弄術，諸侯不平；項羽把義帝遷移到荒涼未開

江蘇淮安市碼頭鎮，石板路盡頭便是韓信故宅。

發的江南去，上行下效，各國豪強也都驅逐自己的國君，占據肥美的土地自立爲王；項王殘忍暴戾，所過之處，無不殘滅，天下人都痛恨他，都不願歸附他。韓信最後總結說：「項羽已經失去了天下人心，他的優勢很容易轉化爲劣勢。大王，這實在是您戰勝項羽的最好條件」！

漢王心裡一下子亮堂起來！他雖然不肯向項羽服輸，但是心裡並沒有什麼底兒，自己和項羽在軍事力量方面，相差太懸殊了！大家都爲項王的氣勢所震懾，漢王亦不能不心懷畏懼。他之不服輸，幾乎可以說是與生俱來的一種本能反應。讓韓信這麼一分析，他清楚了，他戰勝項羽太有希望了！

「大王，您若想戰勝項王，就必須採取和他完全相反的做法」。

漢王向韓信一拱手：「願將軍開導我」。

韓信情緒非常激昂，他不禁站起了身：「大王，您如果大膽起用天下英武果敢的人才，有什麼敵人不能被誅滅！把天下的城邑都分封給有功之臣，那還有什麼人能不對您心悅誠服！您的軍隊高舉著正義的旗幟，順從將士東歸的心願，向東挺進，有什麼敵人不可以擊潰」！

漢王覺得自己都被韓信鼓動起來了。接下來韓信提出了「乘機」之策：應該乘著軍中將士翹首思歸這種銳氣，決計東進，與天下諸侯決一雌雄！

接著韓信分析了秦地民心，指出他們對「三秦」王的痛恨和對漢王的愛戴。

最後他情緒激昂地說：「我認爲，大王如果發兵東進，三秦所屬，只要一紙文書，就可平定」！

漢王大喜過望，他禁不住拉住韓信的手：「將軍，相見恨晚，相見恨晚哪！」他完全接受了韓信的方略，將領們該封的封爵，該賞的行賞，將領們的情緒高漲起來。

然後，漢王就在全軍進行總動員——還軍北上，去平定百姓痛恨的三秦王！接著就下達命令，部署兵力，布置攻擊目標，準備反攻。

四、明修棧道 暗渡陳倉

這一年五月，因對項羽分封怒不可遏，原齊國宰相田榮公開反叛，驅逐了項王封的齊王田都，殺了項羽封的膠東王田市和濟北王田安；趙國陳餘也助原趙王趙歇驅逐了常山王張耳；彭越在田榮的指使下殺了田安，又在魏國土地上游擊作戰。項羽感到了霸主地位的動搖，怒不可遏，要去鎮壓。但是同時，他對漢王又很不放心。

此時張良辭別了漢王已然追隨韓王成來到項羽軍中，他看出項羽對漢王的警覺和猶豫，爲了減輕漢王的壓力，就上書給項王說，據他的了解，漢王入漢中時，隨走隨即燒絕了來路上的棧道，由此看來，漢王並沒有要再回關中的意思。然後他又拿出了齊國田榮和魏地彭越的反叛文告給項王看，並提醒項王說：「很顯然，齊國田榮打算聯合趙歇，共同擊滅西楚國。」看到這兩份文告，聽了張良的話，想想劉邦自進入漢中以後，確實毫無動靜，看來他燒絕棧道確是誠心向自己表示無東回之心，於是項王對劉邦放了心，轉過頭去，一心一意向東去攻打反叛的齊國去了。

東方諸侯的反叛，爲漢王回定三秦創造了條件。這年八月，漢王乘機率大軍北上，去平定三秦。

漢軍北上，將士皆歡欣鼓舞，部隊日夜兼程，艱苦行軍，卻沒有絲毫怨言。第一個目標是項羽在關中堵截漢王東出的第一重要門戶——雍國。

路線，是經過精心策劃的。棧道全部燒毀，走哪一條路？備戰中，漢王和韓信反覆磋商計議路線

2001年6月，陝西寶雞市俯瞰。寶雞在古代曾叫陳倉，是漢代及三國時期的戰略要地。

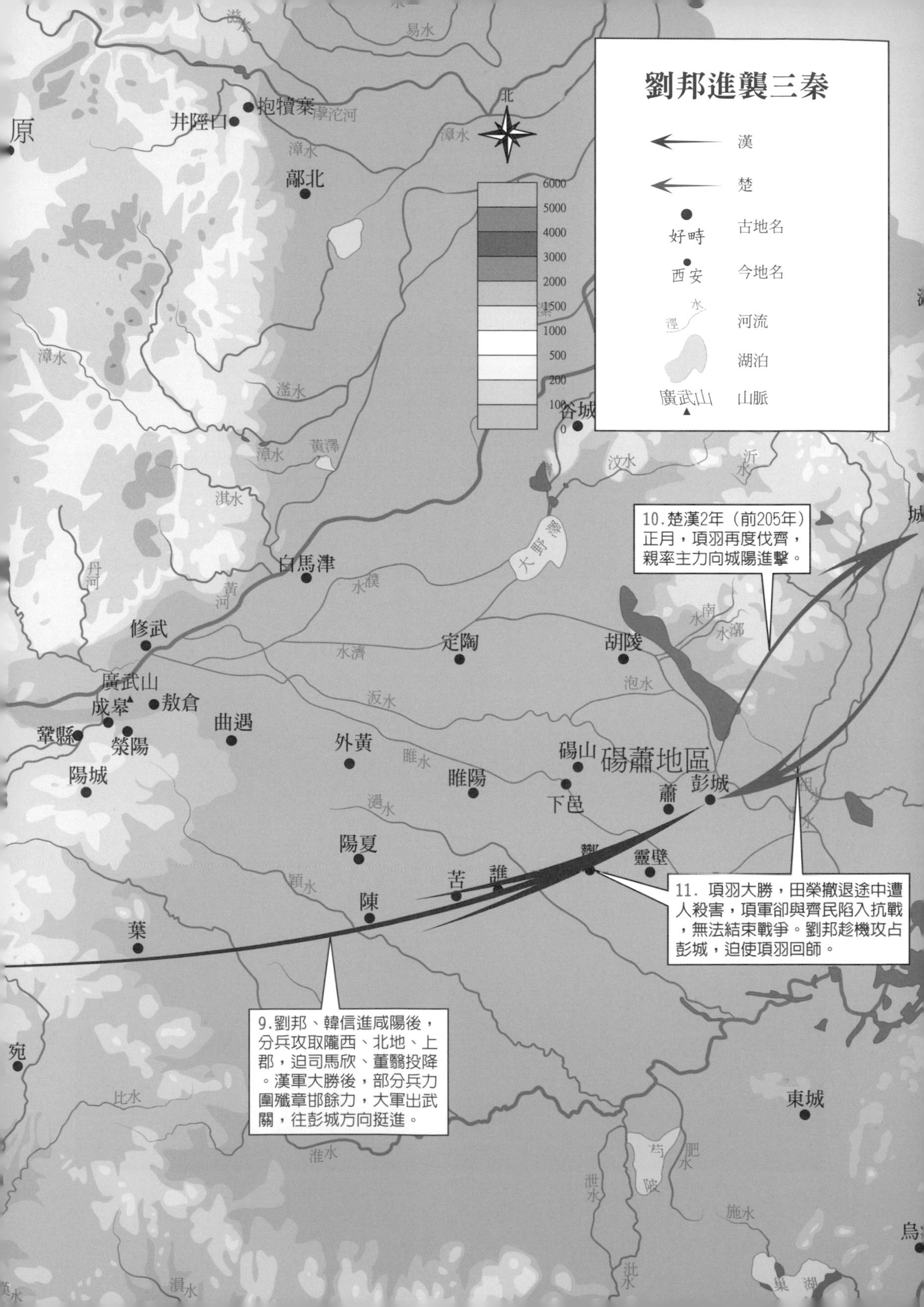
劉邦進襲三秦
漢
楚
好畤
古地名
西安
今地名
河流
湖泊
廣武山
山脈
10.楚漢2年（前205年）正月，項羽再度伐齊，親率主力向城陽進擊。
11. 項羽大勝，田榮撤退途中遭人殺害，項軍卻與齊民陷入抗戰，無法結束戰爭。劉邦趁機攻占彭城，迫使項羽回師。
9.劉邦、韓信進咸陽後，分兵攻取隴西、北地、上郡，迫司馬欣、董翳投降。漢軍大勝後，部分兵力圍殲章邯餘力，大軍出武關，往彭城方向挺進。
抱犢寨
井陘口
鄗北
白馬津
修武
廣武山
成皋
敖倉
鞏縣
滎陽
陽城
曲遇
外黃
定陶
胡陵
碭山
碭蕭地區
彭城
蕭
下邑
睢陽
陽夏
譙
苦
陳
葉
靈壁
東城
谷城
大野澤
宛
原
6000
5000
4000
3000
2000
1500
1000
500
200
100
0
北
易水
漳水
滹沱河
滏水
黃澤
淇水
丹河
黃河
濮水
濟水
汳水
泗水
睢水
過水
潁水
汝水
南水
泡水
比水
淮水
泄水
肥水
芍陂
施水
淠水
巢湖

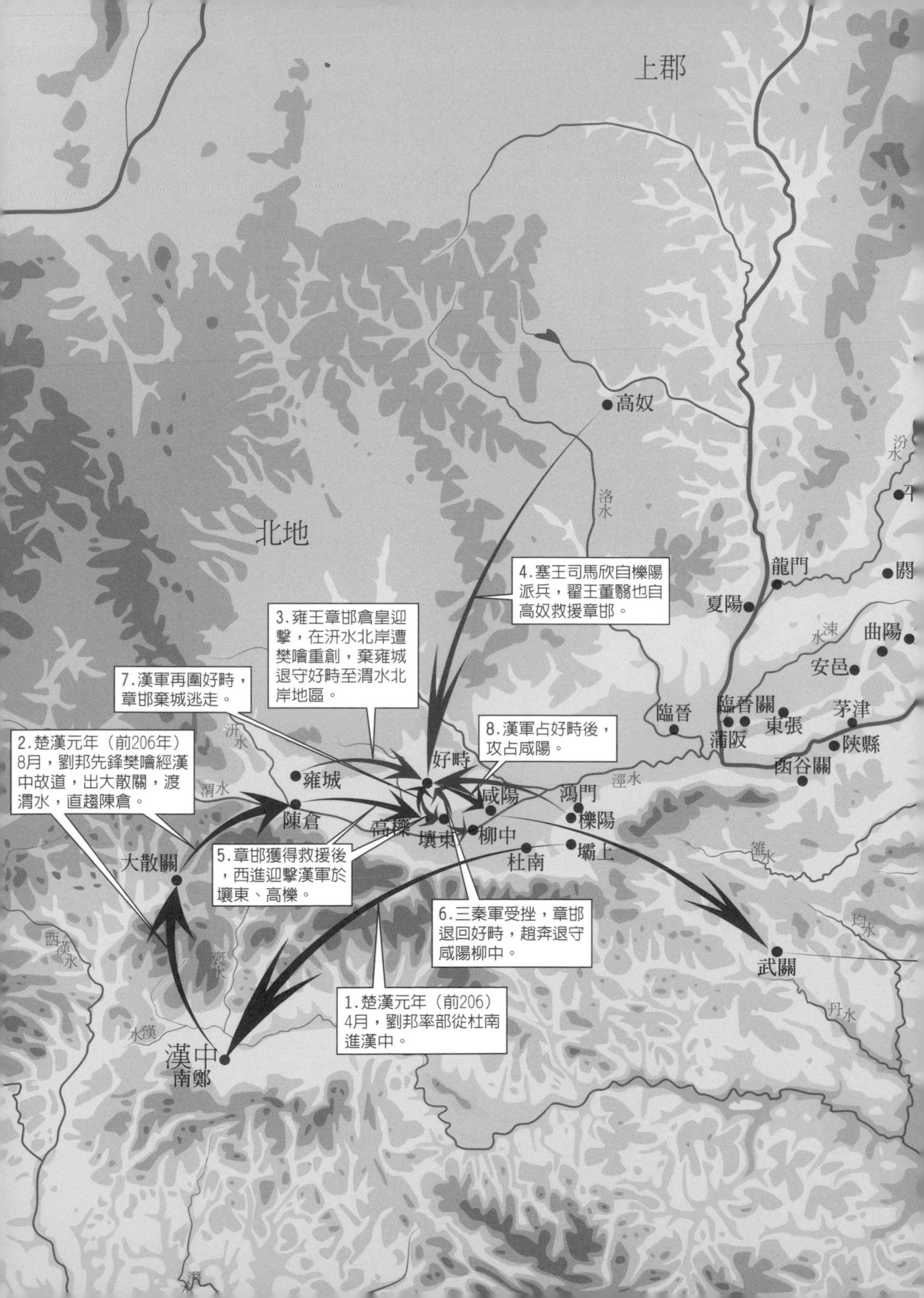
上郡
北地
高奴
洛水
汾水
龍門
夏陽
涑水
曲陽
安邑
臨晉
臨晉關
蒲阪
東張
茅津
陝縣
函谷關
涇水
鴻門
櫟陽
咸陽
好畤
雍城
陳倉
高櫟
壤東
柳中
杜南
壩上
汧水
渭水
雒水
大散關
西漢水
褒水
水漢
漢中
南鄭
武關
均水
丹水
1.楚漢元年（前206）4月，劉邦率部從杜南進漢中。
2.楚漢元年（前206年）8月，劉邦先鋒樊噲經漢中故道，出大散關，渡渭水，直趨陳倉。
3.雍王章邯倉皇迎擊，在汧水北岸遭樊噲重創，棄雍城退守好畤至渭水北岸地區。
4.塞王司馬欣自櫟陽派兵，翟王董翳也自高奴救援章邯。
5.章邯獲得救援後，西進迎擊漢軍於壤東、高櫟。
6.三秦軍受挫，章邯退回好畤，趙奔退守咸陽柳中。
7.漢軍再圍好畤，章邯棄城逃走。
8.漢軍占好時後，攻占咸陽。

問題。韓信提出先繞向西北，走故道（縣名。今陝西省鳳縣東北，接甘肅省兩當縣。也有人說故道即陳倉古道），然後一直向東，出陳倉（今陝西省寶雞市南面），再向東，攻打廢丘——雍國的首府。雍國一定，緊挨著廢丘的咸陽自然就回到漢軍掌握之中，關中其餘二王也會很快平定。

此次進軍，只能成功，不能失敗，故而必得十分謹慎小心。漢王和韓信反覆磋商，決定使用障眼法：出發前，派出若干軍役民夫，擺出要大修棧道的架勢，人挑車載，輸運材料器具，白天運進去，晚上再搗出來，每日來來往往，川流不息，幾百里的棧道也處處都是堆滿材料，擠滿人，好像都在爭分奪秒地抓緊搶險。做出這種架勢，是爲了製造漢王要從棧道進攻三秦的假象，以迷惑敵人。

項羽分封在秦國的三個王中，以雍王章邯軍力最強，最爲難對付。章邯是當初秦國主力的統帥，能征善戰，率領秦軍戰勝了多少義軍，攻破了多少城池！項羽把他封在關中的西南部，建立雍國，就是爲了讓他從北面阻住漢王的回軍。章邯對漢王當然是警惕萬分，戒備森嚴，同時還派了大量的間諜細作去探察漢王的動靜。這幾日情報紛紛回來，說是漢軍大規模地搶修棧道，日夜不停，看樣子要有大的行動。章邯急忙把軍隊主力全部南調雍漢邊境，緊張地等待著漢軍的到來。

誰知道這一天突然接到急報：漢王與韓信竟把主力調往西方，經由故道，突然出現在陳倉！眞好似神兵從天而降。章邯接到急報，一時間竟以爲是什麼人謊報軍情，惑亂軍心，於是接連派出探子斥候，緊急偵探，再次證實，漢軍確實是神不知鬼不覺地突然出現在陳倉，而且是人數極眾，顯然是主力部隊。章邯不禁張皇失措，趕緊調回部隊，倉促西去迎戰，結果大敗而逃。這就是民間著名的「明修棧道，暗渡陳倉」的故事。

韓信點兵

歇後語：韓信點兵～～多多益善

漢司馬遷《史記・淮陰侯列傳》：「上（劉邦）問曰：『如我能將幾何？』（韓）信曰：『陛下不過能將十萬。』上曰：『於君何如？』曰：『臣多多而益善耳。』上笑曰：『多多益善，何 我禽（擒）？』信曰：『陛下不能將兵，而善將將，此乃信之所以 陛下禽也。』」

這裡還有一段小插曲：章邯將全軍調到陳倉要道，所謂「雍軍塞陳」。漢王見狀，自知不是對手，遂決定撤軍。這時有個謁者叫趙衍，是剛剛從漢中追隨漢王的。他建議改道。這個人看來是相當熟悉這一帶的地形，果然道路暢通，漢軍全軍順利通過。

那漢軍是積憤日久，一旦北上東來，士氣大振，一經對陣，眞如猛虎下山，人人奮不顧身，什麼刀槍箭石，統統不怕，只管向前殺去。而那章邯部下士兵，本就是關中子弟，對章邯是痛恨在心，爲他所遣，也是身不由己，勉強從命，怎肯爲章邯賣死力？一碰到漢王如同下山虎般的部隊，立刻四散潰逃。一時間兵敗如山倒，章邯主力潰不成軍。章邯眼見頹勢無可挽回，只得逃往好畤（縣名，在今陝西省乾縣東，現有好畤村）。

韓信指揮著漢軍緊追不捨，在好畤，終於追上了東逃的章邯部，兩軍又是一場激戰。漢軍韓信在中軍，前鋒樊噲，左翼灌嬰，右翼主將周勃。幾員猛將，前後夾擊，四方呼應，勇猛衝殺，竟無懈可擊。這一仗直殺得雍軍丟盔卸甲，潰不成軍。章邯只得留下弟弟章平死守好畤，自己引敗兵退回首府廢丘（今陝西省興平縣南）。

漢軍又以迅雷不及掩耳之勢攻破好畤，繼續東進，以幾萬大軍團團包圍住廢丘。然後派出將領奪取其他城市。漢軍所至之地，望風披靡，雍地很快就爲漢王盡數平定。韓信指揮大軍，擊走守將趙賁，攻破了咸陽城池。然後，再由韓信率軍直指塞、翟等地。眼看著大軍壓境，塞王司馬欣、翟王董翳，知道無法抵抗，於是先後投降。僅只一個月，漢王盡數占領全部關中地區。

漢王已完全占領故秦國土地，於是設立渭南郡（今陝西省西安市東南）、河上郡（今陝西省西安市西北）、上郡（今陝西省綏德縣）。

劉邦和項羽爭奪全國統治權的楚漢戰爭大幕揭開了。

第八章 出關東進

一、東出的觸角

漢元年（前二〇六年）八月，漢王用韓信「乘機」之策，乘項羽東向定齊之機，並乘漢軍渴望東歸的士氣，明修棧道，暗渡陳倉，以迅雷不及掩耳之勢突襲三秦，九月全數占據關中。

現在，漢王守則拒關足以自固，進則足以制東方諸侯。

整備關中山河之固，是自固與東進的基礎。

定三秦之後，漢王即向西部、北部派軍，平定了隴西（郡名。轄今甘肅省東南部地區，郡治在狄道，即今甘肅省臨洮縣）、北地（郡名。轄今內蒙古自治區、寧夏回族自治區和甘肅省、陝西省的部分地區，郡治在義渠，即今甘肅省鎮寧縣西北）、上郡（郡名。轄今陝西省北部和內蒙古自治區西南部地區，郡治在膚施，即今陝西省榆林縣東南），設置了渭南郡、河上郡、上郡，鞏固了關中。

緊接著的一步就是向東伸出觸角。

漢元年九月，漢王派從豐邑起兵時就以舍人的身分跟隨他的將領薛歐、王吸，東出武關，逕往

舍人

舍人，古代官稱。原為貴族家裡的門客，後來成為官職，前冠以頭銜，名稱及職權不同。

舍人之名最早見於《周禮・地官》，是國君的親近屬官（《漢書・高帝紀》顏師古註：「舍人，親近左右之通稱也。」）。秦漢置太子舍人，魏晉有中書舍人。《唐書・職官志》列有中書舍人、太子中舍人、太子舍人、起居舍人、通事舍人、太子通事舍人。

宋朝以後，以「舍人」及「舍」稱官宦、世族、士紳、地主之家的子弟，類似員外，閩南則冠以「阿」字為首，故稱「阿舍」。

南陽會合王陵的部隊，然後一起東進，到沛縣去接漢王的寶眷。

迎來家眷是政治上的一面旗子。既要做關中王，就需外有朝廷、內有後宮，接來明媒正娶的王后呂雉，才是穩坐關中的王者氣派。何況一家老小留在沛縣，早晚會出麻煩的。漢王更重要的目的是向東伸出觸角。

漢王選中了武關。他知道占據了武關東面的南陽郡，既可以鞏固關中，又可以據此攻擊九江淮南，從南面威脅楚國。南陽現在是漢王的同鄉王陵在鎮守，那王陵原是沛縣豪強，厚重少文，愛縱任意氣，不喜謀略，也不想修身養性。他在地方上具有極大的影響。漢王當亭長時，就和王陵交往甚密，史書記載是「兄事陵」——像事奉兄長那樣恭奉他。以後沛縣舉事，王陵卻不願追隨。原因想來不會太複雜，不過是劉季原是小兄弟，事事恭奉著自己，現在要倒過來，難以忍受。還有一個原因：王陵和沛縣同鄉、魏將雍齒是莫逆之交，他們都同樣看不大起泗水亭的小亭長劉季；雍齒當初跟隨了劉季後悔不迭，於是舉豐邑投降了魏國，倆人成了仇人。王陵吸取了雍齒的教訓，於是就在南陽一帶，聚集了幾千人馬，拉起了自己的隊伍。後來沛公奉懷王命西進，在丹水（縣名。今河南省浙川縣西南，丹水的北岸）招降了當時的襄侯王陵。王陵知道非此即彼，不可能自成一家，歸屬了漢王。然後漢王讓他率領原有的幾千人馬就地留在南陽駐守。現在漢王回軍平定了三秦，當然要先抓住南陽這個橋頭堡，再派人暗中來和王陵聯絡。

漢王回定三秦，項王正在齊國征討，欲還不能，據說接到張良上書，說：「漢王不過是因爲沒有得到原先答應給他的關中的位置，才回師三秦的；關中一歸了他，他就不敢再前進了。」項王於是帶領大軍留在齊國征戰。張良的上書恐怕只能有一次，到底是回定三秦之前還是之後？那就不得而知了。

項王爲了遏止漢王出武關，想招降王陵，控制南陽。但是幾次試探，王陵都沒有反應。於是項王派人去沛縣，抓來了王陵的老母親，囚入軍營。他想王陵是個孝子，抓住了老娘作要挾，當兒子的自然會歸順。

等王陵派使者來交涉時，項王故意把王陵的母親安排到最尊貴的東面上座，想以此拉攏王陵。項王哪裡知道，王陵的老母乃是一位深明大義、性情剛烈的老人，她知道項羽的用意。使者來會談時，她端坐一旁，一言不發。使者告辭，她尾追著來到無人之處，流著眼淚說：「請帶話給我的兒子，讓他好好效忠劉邦，不要因爲老娘的緣故，三心二意。劉邦是一位忠厚長者，終有一天會成就大業。爲了免得我兒爲難，我要讓你親眼看到我死在這裡。」說罷抽劍自刎，氣絕身亡！

項羽不明白爲什麼連一個老太太都不肯向他屈服，他氣急敗壞，強烈的羞辱感使他瘋狂，下令烹煮了王陵老母親的尸首。項羽弄巧成拙，招降不成，反使王陵死心塌地跟定了漢王劉邦，直至最後平定了天下。

且說王陵與薛歐、王吸軍隊會合之後，共同東進，前往沛縣。項王即刻派大軍封鎖了陽夏（縣名。治所在今河南省太康縣。吳廣就是這個地方的人），把他們阻擋在這裡，無法前進。不管漢王派軍東進的藉口是什麼，項王反正是不會讓他往東挪動一步的。

二、清掃自家門口

此時的漢王，顯然已經不滿足於做一個關中王了。他要乘勝前進，擴大戰果。東進，是他必然的選擇。派軍東去迎來寶眷，顯然只是第一步棋。下一步就要在全面東進之前，先將與關中接壤的幾個國家清掃乾淨。

漢二年（前二〇五年）十月，漢王率主力軍東向出函谷關（今河南省靈寶縣境內，故秦國四關之東關）至陝城（今河南省陝縣，在今三門峽市南，緊鄰函谷關），打的旗號是慰勞關外（函谷關以東）的父老子弟，這當然也是一種收服人心的口號，更重要的，這是一次威力的展示，對東門口的幾個國家形成了強大的威懾作用。

第一個目標是韓國。韓國西境緊臨故秦國，從關中東進，首先就要經過韓國。項王當初不讓韓王成歸國，最重要的原因就是不放心。及至項王在向東去攻打反叛的齊、趙時，西邊漢王卻明修棧道，暗渡陳倉，竟以迅雷不及掩耳之勢迅速回定了三秦！而且，他隨即就派了軍隊東出武關

陽城陶量，戰國．韓，1977年河南登封出土。「陽城」是地名，在今河南登封。

了！項王氣得怒火中燒，覺出中了張良的計。可是這個時候，他正陷在齊國無法拔身；張良也已經離去平定故韓領地了。項王索性命令手下殺掉了韓王成，封自己的部將鄭昌爲韓王，堵在漢王家東門口，以阻擋漢王的東進。

張良在韓國聞聽韓王成在彭城被項羽殺害的音訊，趕緊化了裝，抄小路西逃到關中，投奔漢王。漢王大喜，馬上封他爲成信侯。張良因爲身體瘦弱多病，所以自己從來不帶兵打仗，他只是跟隨在漢王的左右，出謀劃策，在所有大的戰略問題上，他都有特殊的貢獻。

空首布陶范，春秋・晉，鑄錢工具之一。

漢王出關，任故韓襄王韓倉的孫子韓信爲韓國上、中、下三軍太尉（掌管軍政的最高武官），派他去奪取故韓國的領土（爲了區分於漢王所拜大將韓信，我們將其稱爲韓王信）。韓王信向東攻城略地，向項王封的韓王鄭昌發動突襲，一舉攻破了其都城陽翟（今河南省禹縣）。鄭昌只得投降。十一月，漢王封韓王信爲韓王，率領韓國部隊，跟隨漢王作戰。

河南王申陽，原來是張耳最寵愛的親隨，因首先攻下三川郡，又在黃河邊上迎接楚軍，被項羽封爲河南王（都城在洛陽）。漢王大軍東向，他不戰而降，歸屬了漢國。

漢二年三月，漢王再率軍向東北，通過古代秦晉之間重要的通道臨晉關（在今陝西省大荔縣東黃河西岸，又叫蒲津關），從關下的蒲津渡口，東渡黃河。西魏王魏豹聞訊，率部從首府平陽啓程趕來，追隨漢王。魏豹是故魏國王族後裔，其兄魏咎曾被陳勝立爲魏王，後被秦軍章邯所敗而自殺，魏豹再立爲魏王。項羽分封天下諸侯，想占據魏國的故地，遷魏豹爲西魏王，首府在平陽，即今山西省臨汾市。魏豹非常不滿，所以主動跟隨漢王反楚。

漢王合併了魏國部隊，直指河內（即今河南省黃河以北地區）。殷王司馬卬從首府朝歌（今河南省淇縣）匆忙趕來迎戰，大敗而逃，漢軍攻破朝歌，俘虜殷王。

前此，常山王張耳，被陳餘率

本部及所借齊國軍隊擊潰，逃往漢國，在廢丘晉見漢王。漢王給了他優厚的待遇。

自漢元年八月漢中北上，一個月內平定了雍、塞、翟三國；僅僅四五個月，就又接連收復了河南、韓、魏、殷四國，加上張耳的常山國殘部和自己漢國的大部隊，漢王現在是統帥著九國大軍，勢力陡增。

在此期間，漢王明令各諸侯王的部將，凡率眾一萬或獻地一郡前來投降的，封爲萬戶侯。

三、喜得陳平

這個時候，漢王又得到了一個人才。

這是在攻破殷國之後，漢王駐軍修武。有一天，漢王身邊的近臣魏無知向漢王稟報，有個楚軍將領陳平，前來投誠。漢王接見了前來求見的一行人，賜飯後命他們去客舍休息。

大家都走了，只有一個人留了下來，對著漢王深深作了一個揖，說道：「大王，小臣爲有機密要事而來，我所說的，不能捱過今日」。

這個人就是陳平。陳平是陽武縣（今河南省原陽縣東南）戶墉鄉人。年輕時他和兄長陳伯同住，家裡非常貧窮，只有三十畝田地。陳平從小惟好讀書，及至長大，無師自通，瀏覽百家，尤好黃老。哥哥不但不勉強他下地，且讓他出外遊學，自己在家裡田裡苦掙苦熬；還因爲他的嫂子對他不尊重，竟至休掉了她。

等到陳平成年該娶親了，富人家沒有誰肯把女兒嫁給他，娶窮苦人家的女兒，陳平自己又感到羞恥。過了好久，聽說鄉里一位富人張負的孫女，年輕貌美，可是接連五次嫁人，丈夫都死了。遠近人家沒有誰再敢和她談婚論嫁的。陳平一聽說這事，當即決定娶她，他不怕「克夫命」，誰的命能比得上他硬！

正巧鄉邑中有人家辦喪事，平時陳平因爲家裡窮，不管誰家有喪事，他都去服務，這次他知道張負肯定會來吊唁，就更加賣力。果然張負很快就注意到了陳平。陳平佯裝不知，忙碌到深夜才離開。張負悄悄尾隨他，左拐右繞，一直跟到他的家。張負沒有想到，儀表堂堂的陳平，竟然住在這麼僻陋的巷子裡，緊靠著城牆根，路面坑洼不平。陳平的家更是破爛不堪，連門都沒有，拿張破爛席子擋上。他更想不到的是，就是這麼破爛的房舍，門前竟然有好多車輛停留的痕跡，一看就知道是高官貴人的車，輛粗距寬的。看來這位陳平眞不簡單，貧窮至此，而所交遊者卻這麼多，這麼廣泛，且高官貴人，都親自上門來拜訪他。

他不禁喜從中來，不顧兒子的反對，說：「面相俊美得像陳平這樣的，怎麼可能長久貧窮卑賤呢！我一定要把孫女嫁給陳平！」家人拗不過他，最後終於把孫女嫁給了陳平。張負還借錢給他作聘禮，給他錢舉辦婚禮宴會。

孫女臨嫁之前，張負鄭重其事地告誡她說：「你千萬不要因為陳平貧寒就輕慢他，你嫁過去要小心服侍他，服侍兄長陳伯要像服侍父親一樣，服侍嫂子要像服侍母親一樣。」張負倍愛陳平，嫁過孫女之後，定期給予資助，慷慨大方，使得陳平用度寬餘，交遊面也一天比一天寬廣了。陳平乖蹇貧困的命運也終於改觀。

陳勝起兵稱王，派周市平定了故魏國的地方，立魏咎為魏王，陳平此時已辭別了兄長，來到臨濟侍奉魏王。魏王任命他作太僕（管理馬車的官員），這是一個閒職，陳平不甘寂寞，常常向魏王提出見解，出謀劃策。那魏咎是個平庸之輩，沒有遠見，也沒有分辨能力，陳平的建議，不但沒有引起他的重視，提多了他倒嫌煩。這個時候，陳平聽說有人在魏咎那裡進讒言，說他的種種壞話，陳平心中既無奈又感到恐懼，於是就逃離了魏國。

過了一段時間，項羽救趙成功，西進爭奪土地來到黃河邊，陳平就去投奔項羽，並跟隨項羽進入關中，後來又隨其到彭城，但項羽始終沒有重用他。漢王東進，殷王司馬卬一看形勢不好，就叛楚獨立了。項王封陳平為信武君，率領魏王咎留在楚國的部下，前往朝歌，打敗並降服了殷王，大勝而返。項王很高興，任命陳平為都尉，賞他金子二十鎰（一鎰為二十或二十四兩）。二十鎰約為四百五十兩）。都尉是比將軍略低的武官，官雖不甚大，但是總算是有了一個用

陳平（?～前178年），西漢陽武戶牖鄉（今河南省蘭考縣）人，以謀略見長。

武的機會，陳平爲此還是很感到欣慰的。但是天有不測風雲，過了沒有多久，漢王攻破了殷國，殷王又投降了漢王。項王聞訊，大怒，一想那殷王的朝三暮四，就恨前日收服殷王的部下，我又封你官又賜你金子，可是沒有兩天，那殷王就又反叛了！你們這些就知道邀功請賞的廢物，壞了我的大事！項王越想越氣，立時吩咐左右，馬上派人回到彭城，去誅殺那些平定殷國的將吏們！

消息傳來，陳平寒從心底生，跟隨項王這些日子，他算摸清了項王的脾氣秉性了，一不做、二不休，三十六計走爲上策！陳平連夜封好項王賞的金子和都尉的官印，交人待時奉還給項王，自己則隻身一人，手中執持著一把劍，連夜逃出楚軍營地，抄小道逃跑了。坐渡船過黃河的時候，船夫們見他這樣一個相貌非凡的美男子，仗劍獨行，就知道他定是逃亡的將領，當然懷藏金玉寶器。船夫們貪念起意，遂時不時地拿眼睛楸他，只等機會下手。陳平是怎樣一個聰明絕頂的人，他一見這架勢，就明白了船夫們的心思。於是他故意把衣服脫光，幫助船夫們撐船。這一計果然奏效，船夫們見他赤身條條，囊中空癟，知道他沒有金銀寶貨，也就沒有動手殺他。這樣他才到了修武，找到老熟人魏無知，請他引見，投奔漢王。這才有了前面晉見漢王的事情。

再說漢王見陳平這樣一個美丈夫，不禁對他有些另眼看待，就答應聽他談談他那些「不能捱過今日」的「機密事情」。陳平於是侃侃而談，漢王越聽越高興，對這個人也是喜歡得不得了，就問他：「您在楚軍裡擔任什麼官職？」陳平回答說：「擔任都尉」。「好，本王今日就任命你爲都尉，做我的參乘，主持護軍的工作。」參乘是古代陪坐在主帥車子右邊的將領，起平衡主帥戰車和保護主帥的作用。護軍是監督各部將領，協調各部的工作，權力很大，位置舉足輕重。

任命一宣布，一時間軍中喧鬧不已：「大王得到一個楚國的逃兵，不知道他本領的高低，當天就與他同乘一輛車，還讓他監督我們這些老將！」這些不平之詞傳到漢王耳朵裡，他不但沒有改變自己的決定，反而表現得更加親近陳平，後來又帶著他東進去攻彭城。直到漢王當上皇帝，駕崩，陳平一直跟在他身邊，得到他的極大信任。

爲什麼他們倆第一次會談漢王就那樣喜愛他，不顧眾將的反對堅持委他以重任，他們倆到底談了些什麼？陳平爲漢王所出的計謀多爲詭祕的計策，許多都是祕而不宣，不能外傳的，所以他一生多隱祕。一般說來這次大概也是如此，但是這一次我們又可以根據後來的一些事情，譬如陳平爲漢王策劃的離間楚項王與梗骨之臣范增等人的計策，推測出一些東西來：前來投誠的陳平，必定將項王營壘中的各色人等及整個項王營壘內部的情況、關係、弱點等等，全盤爲漢王分析個底兒朝天。

後來，漢軍彭城慘敗後，周勃、灌嬰等也紛紛在漢王面前詆毀陳平：「別看陳平是個美男子，有什麼用？不過是裝飾衣帽用的美玉罷了，他肚子裡未必有奇謀異策。」漢王聽得多了，也並不在意。但是有一次他們提出了這樣的問題：「陳平品行極端惡劣。我們聽說他在家時，和他嫂子私通；侍奉魏王不能容身，逃出來投順了楚王；侍奉楚王又不相投機，又逃出來投降漢王。如今大王信任他，委他以重任，讓他監督眾將。可是我們聽說陳平竟然接受眾將領的金錢，誰給的錢多，誰就得到好的待遇，給的錢少，待遇就差。陳平，實在是個反覆無常的亂臣賊子，希望大王好好審查他」。

漢王一向認爲自己有察人之明，不會看錯人，可是沒有想到這一回眾將領提出這麼多的事情來，看來問題眞的是很嚴重。正逢彭城慘敗，九諸侯紛紛叛離，漢軍中彌漫著對投誠者的不信任。於是漢王把魏無知找來，指著他的鼻子罵道：「你推薦的好人！你看看眾將領都說了些什麼！你要壞老子的大事，看我宰了你！」魏無知等漢王大發了一陣雷霆之後，才不慌不忙地說：「我向大王您推薦時所說的是才能，而大王您剛才所說的是品行。即使堅守信約如抱橋柱而死的尾生、孝順如商高宗武丁之子孝己那樣好的品行，可是在決定勝負命運的關鍵問題上，他要是沒有什麼有用之處，這樣的人，陛下您哪有功夫去使用他們呢？如今楚漢相持不下，我向您推薦人才，只考慮他的計謀是不是眞的對國家有利，至於和嫂子私通、接受金錢之類的小節，哪裡值得大王您去懷疑呢」？

小節，譬如和嫂子私通，這事聽起來難堪，其實和漢王眞正關心的事情並沒有什麼大關係，這一點漢王還是心中有數的。但是陳平由魏奔楚，又由楚來漢，這樣變化無常，而且接受賄賂，這可是不能容忍的大事！於是漢王又把陳平召來斥責他：「先生事奉魏王不相投合，就轉去侍奉楚王，如今又跟隨我活動，講信

河南原陽縣陽阿鎮，漢丞相陳平祠內壁畫。

用的人難道應該這樣三心二意嗎？」陳平說：「我事奉魏王，魏王不採納我的意見，我才去投奔項王。項王不能信任我，他所親信、使用的，都是他們項氏本家和他的大舅子小舅子，即使有奇謀之士也不能重用，況且，他是非混淆，殷王投降，他惱羞成怒要殺無辜，我這才離開楚軍。聽說大王您能夠用人，我才歸降大王您。我空身而來，不接受下面的金錢就沒有所需費用，我不得不如此。如果我的計謀有值得採納的，希望大王您採用；假使沒有什麼有用的，那麼，我接受的金錢都還原封未動，我可以封存起來送交到官府中，我就可以請求您允許我辭職了。」漢王一聽，茅塞頓開，連忙向陳平道歉：「我這人心粗性急，聽了風就是雨，先生您可千萬別見怪！」馬上讓人拿來大量的金錢賞賜給陳平，供他費用，然後正式任命他作護軍中尉，並鄭重其事地宣布所有將領都歸他監督。眾將領這才不敢再說什麼了。

都澄清了，只有盜嫂（與嫂子私通）這事沒有正面問，也沒有辯解，別人不問他當然不好自去招供，無事生非。和許多別的問題一樣，它始終是隱祕。可是依我們看來，陳平和兄長感情深篤，又有頭腦，一向謹慎，如果不是鬼迷了心竅，很難想像他會做出這種事情。

這個陳平，後來爲漢王提供了許多絕高的計謀，所謂六出奇計，在關鍵時刻，爲漢王朝建立了奇功，做出了卓著的貢獻。

四、「爲義帝發喪」

漢元年（前二〇六年）歲首，十月，發生了一件事情：西楚霸王項羽謀殺了義帝熊心。

項羽將懷王「尊」爲「義帝」，即「假帝」，說：「古代帝王的領地，方圓千里，一定要居住在河流的上游。」於是催逼義帝遷出彭城前往長沙郡郴縣（今湖南省郴縣）。秦漢時，長沙郡轄制今湖南省資江以東以及廣東、廣西省一部分地區，是荒蠻地區。遷往此地，即爲發配，義帝卻毫無反抗的餘地。義帝的臣子們見義帝大勢已去，漸漸背叛了他。項羽仍不肯住手，既要稱霸全中國，就不能再有一個高踞於全中國之上的皇帝，於是命他的幹將英布在長江船上埋伏了刀斧手，殺害了義帝。

漢王抓住了這個機會。

漢大軍一路東進，行至新城（今河南省商丘市南）時，忽聽前面喧嘩，軍士來報，說是有一位老者伏跪路旁，說有要事求見漢王。漢王傳令，帶他前來。不多時，只見一位鬚髮飄髯，步履蹣跚的老人隨軍士慢慢小跑著（這叫「徐趨」，古代晉見帝王時表示誠惶誠恐的一種禮節），來到漢王的車駕前。老者叩首請安，自陳是當地一位三老（鄉鎮掌管教育的官吏），姓董，有重要事情要向漢王陳述。現在，漢王清楚地知道，凡是碰上這樣的人，不管說的是什麼，他都要恭敬有禮，虛心聽取，因爲他從這裡面得到的太多了。因此，漢王趕緊起身，和藹可親地請董公平身，就在路邊設座晤談。

董公先說寒暄了幾句王軍勞頓，未能遠迎之類的客套話，然後很快就轉入了正題：「大王，我聽說過，順乎民心者昌盛，違背民心者滅亡。師出無名，必不能成功。大王，敢問您揮師東進，有什麼既明確又能打動人心的政治口號嗎」？

一句話問得漢王張口結舌，他一心只想東進，去與項羽爭奪天下，他未曾考慮過，要用什麼政治口號打招牌以收攬人心。他馬上恭恭敬敬地向董公施禮，說：「寡人不才，願聽您指教。」董公遂向漢王講了項羽弒殺義帝的事情。

湖南郴州義帝陵。

漢王一怔定定地看著董公，過了片刻，眼圈就紅了。董公見狀，就向他提出了早已考慮周全的建議：「古語有言，『明其爲賊，敵乃可服』。項羽凶殘險惡，驅逐弒殺其主。逆天害理，莫過於此。大王最好率領三軍，爲義帝發喪，然後昭告各國，共同討伐弒逆之賊。四海之內，都將仰慕您的高貴德行；您師出有名，舉師東進必可戰而勝之矣。三代（夏商周）創業君主的舉動，也不過如此呀」。

漢王向董公深深地一拜，「感謝先生賜於良策，聞之如雷貫耳。得先生指教，三生有幸」！

漢王立即行動，號令三軍，爲義帝發喪。在祭壇上，漢王袒露左臂，放聲大哭。漢軍全軍穿戴袒露左臂的孝服，用這種最爲虔誠的禮節，舉哀三日，祭吊義帝。而後，分遣使者，攜舉檄文，布告全國諸侯。檄文是這樣寫的：

天下共立義帝，北面事之。今項羽放殺義帝於江南，大逆無道。寡人親爲發喪，諸侯皆縞素。悉發關內兵，收三河（河南、河東、河內）士，南浮江漢（長江、漢水）以下，願從諸侯王擊楚之殺義帝者。

檄文遍發，全國震動。漢軍全軍素縞，高舉「爲義帝發喪」的大旗，理直氣壯，情緒高漲，大軍中匯合著韓、魏、趙、殷以及三秦等「五諸侯軍」（具體爲哪五國說法不一），總數五十六萬人，浩浩蕩蕩向東方進軍。

想當初剛剛接到懷王的旨令，只收集些散兵游勇，打起「扶義西征」的旗號，開始了前途渺茫的西征。可是，僅僅過了一年！騎馬走在隊首的漢王想到這裡，不禁回頭看了看身後，在漫天的煙塵中，行進著浩浩蕩蕩、看不見尾的大軍，旌旗招展，鼙鼓震天，他心中不禁激情蕩漾，眞想放聲高歌，痛飲佳釀，酣暢淋漓地慶賀一番。

漢軍抵達外黃（今河南省民權縣）時，彭越率領他的部下三萬人前來歸附。前此彭越斬殺了項王封立的濟北王田安，大敗楚軍蕭公角。分別期年，故人再聚，今非昔比，感慨多多。漢王任命彭越爲魏國相國，獨掌軍權，即刻出發去與楚國爭奪故魏國城池土地。

還有一支小插曲。趙國（趙歇）接到漢王檄文，代王陳餘（趙王趙歇感謝陳餘助他復國之功，封他爲代王）說：「漢王殺張耳，我們就出兵。」於是漢王殺了一個相貌酷似張耳的人，取了首級送給陳餘。看著血肉模糊的首級，陳餘信以爲眞，於是派出軍隊，參加了征討項羽的戰爭。

張耳、陳餘同是大梁人，秦滅魏國之後，爲躲避秦政府的懸賞緝拿，他倆共同逃亡，相互信任，誓同生死。以後又共同投奔陳王，再一起擁立武臣作趙王，又一起擁立故趙國後裔趙歇作趙王。他們的關係一直被人們奉爲「刎頸之交」。

但是當張耳和趙王歇被秦將王離圍困在鉅鹿時，陳餘估計自己敵不過秦軍，不敢出兵救援，張

人形青銅燈，戰國・齊，山東諸城出土。這件青銅燈整體造型為一男子雙手分別托舉竹節形燈盞，盞盤下有子母口與盤柄插合，可根據需要拆卸。男子身著短衣，腰束寬頻，腳踏盤龍形底座，形象威武，底座旁還附有一個添油用的長柄青銅勺。青銅燈造型新穎，構造精巧，可能是齊國宮廷中的器物。

耳非常惱怒。其實這個時候，連張耳自己的兒子張敖，從北面收集代郡的兵力一萬人，和陳餘並列駐紮，也不敢出兵。項羽解救鉅鹿之圍後，張耳收了陳餘的官印，倆人的裂痕就此開始了。後來張耳被項羽封爲常山王，陳餘卻未被封賞，他對項王的不滿變成了對張耳的仇恨，於是他鼓動田榮將張耳趕出了封國常山。兩人遂成爲不共戴天的仇敵。在論及這段「交誼」時，司馬遷說，當初貧賤時倆人互相信任，誓同生死，可是到了據有國土爭奪權力時，相互殘殺到了那樣的凶殘程度，「豈非以勢利交哉」！這眞是一個人世間的鬧劇與悲劇。

漢王立場倒是很明確的：他與張耳素有交往，故而張耳被陳餘趕出常山之後，不去投奔項羽，而投奔他，他當然要向著張耳。但是他又希望得到陳餘手下的趙國軍隊，於是他就耍了這麼一個花招，騙過陳餘得到趙國軍隊再說。

這個時候項羽正在齊國討伐征戰。漢二年（前二〇五年）春，項王大軍北上到達城陽，大敗齊軍，田榮逃到平原（今山東省平原縣），平原百姓殺死了田榮。項羽於是又封田假當齊王，自己率大軍繼續前進，一直到達北海（今山東省樂昌縣）。項羽殘暴風格依舊：對投降的田榮殘部，全部坑殺。大軍所到之處，沿途燒殺，摧毀城郭、房屋，殘殺青壯年男子，劫掠婦女，囚禁老弱……如果說當初坑殺秦軍二十萬降卒，屠掠焚燒咸陽還是出於對秦朝的積怨的話，那麼這一次坑降卒、夷城、劫掠就實在是一種極其野蠻、而且愚蠢的行爲了。項羽的暴行，使得齊國人民無法生存，只有集結起來反抗。幾乎就在漢軍「爲義帝發喪」的同時，齊地田榮的弟弟田橫，集結潰散軍卒幾萬人，在城陽再一次發難。這一年的夏四月，田橫擁戴田榮的兒子田廣當齊王，與項羽扶植的田假對抗。項王聞訊，又趕來攻打田橫，這回卻連戰未能下。齊國內外，一片混亂。在這樣的形勢下，項王明知漢軍東進，步步逼迫，卻無法從齊國抽身，無法分出力量回軍擊漢，他只想索性快點把齊國穩定下來，好一舉西回反擊漢軍。因此，漢王得以乘著這個隙罅，高舉著「爲義帝發喪」的大旗，浩浩蕩蕩向東挺進。

值得多提幾句的是，在前方用兵打仗的同時，漢王充分注意了後方的鞏固。在西方北方，漢王先後平定了隴西、北地、上郡等地域後，設置了隴西、北地、上郡、渭南、河上、中地郡；在關外置河南郡。收復西北各郡之後，漢國又修繕整治河上郡北部一帶防禦匈奴的工事，加強了後方的防禦。恢復和鞏固秩序，發展生產，使關中成爲強大的後方根據地。攻破韓國之後，從漢中遷都到達櫟陽（今陝西省臨潼縣），櫟陽與函谷關相距不遠，這樣利於對關東的控制。鑒於關中生產遭到破壞，耕地缺乏，又將原先秦朝皇宮的獸苑、後囿、園林、池地一律交給老百姓耕種，這也是籠絡人心的重大措施，當然受到了百姓的熱烈歡呼。

社稷是國家政權的標誌（社是土神，稷是穀神，古代也把祭祀二神的場所稱爲社稷）。漢二年二月，漢王發布政令，要求各地百姓廢除秦朝的社稷，奉立漢朝的社稷。

這個時期，漢王已經能夠比較熟練地運用施行德政，施布恩德的手法了。漢王宣布，因爲感念漢中和巴蜀地區的民眾供給軍糧、運輸往返，終年勞苦，免除其兩年的賦稅和勞役。關中軍人在外從軍作戰的，免除其家人一年的賦稅和徭役。在百姓中推舉年齡在五十歲以上、品行好、能帶領眾人行善的人，立爲三老（掌管一鄉教育與民俗的官吏），每鄉一人，再從鄉三老中推舉一位縣三老，與縣令、縣丞、縣尉共同研討縣中事宜。免除他們的三年徭役，每年十月還賜給他們酒肉，以示鼓勵獎賞。對軍民中確有軍功、貢獻卓越的，漢王很大方地把爵位賜給他們。在剛剛出關時就公開宣布，各諸侯王的部將，凡率眾一萬人或者獻地一郡前來投降的，封爲萬戶侯。

這時候的漢王，好不得意。前面遙遙可見西楚霸王的國都彭城了。

五、噩夢彭城

漢二年（前二〇五年）夏，漢王乘項王陷在齊國左征右戰之時，攻進了西楚國的都城彭城。彭城就是今天的江蘇省徐州市，歷來是兵家必爭之地。漢王進入時，城中防備虛弱，大軍主力精兵強將，都被項王帶去北上了。漢王幾乎沒有遇到什麼有效的抵抗，輕而易舉地進入了彭城。

攻陷威風八面、似乎是強大無比的西楚霸王項羽的老巢，想到大局已定，漢王高興得幾乎發狂了。大軍入城，但看彭城街巷齊整，宮禁森嚴，尤其是項王宮中那些美女，個個千嬌百媚，裊娜娉婷，眞可謂一肌一容，盡態極妍。項王宮殿中雜陳的奇珍異寶更使人驚異，恍若進入了神話中的寶庫。漢王看著，不由得故態萌發，朝飲醇酒，暮擁嬌娃；更把那項王宮中的奇珍異寶、庫存的金銀財貨全部掠爲己有，日日飲酒高歌，作樂不已。漢王如此，上行下效，漢全軍日夜縱酒高歌，籠罩在一片狂歡之中。

失敗，就是在這個時候到來了。

一聽彭城被劉邦攻陷，項羽的反應猶如雷霆萬鈞，把大軍留在齊地繼續掃蕩，即刻親率三萬精銳騎兵，掉頭南下，從魯城（故魯國，今山東省曲阜），穿越胡陵（今山東省魚台縣），直抵東距彭城約五十里的蕭縣（今安徽省蕭縣）。拂曉時分，楚軍向蕭縣的漢軍發動了攻擊，沒到中午，三萬精兵，猶如神兵從天而降，轟然到了彭城！楚軍將士見漢軍霸踞自己的家園，擁摟著自己的女人，醉酒歡歌，肆無忌憚，個個仇恨滿膺。他們發動了凌厲的攻勢，其勢猛不可擋。項羽親自開道，胯下烏騅，似一團黑色火焰，一身鎧甲，似一道白色閃電，向漢軍挾怒衝來。他的身後，楚兵楚將，恰似從天而降的凶神惡煞，剽悍暴怒，拼命攻城，誓要奪回家園。

漢王昨夜狂飲佳醇，醉酒沉沉哪料得突然間楚軍如從天而降！漢王慌忙傳出命令，調集軍隊應敵。誰知各路諸侯軍剛剛歸附不久，各自爲政，軍心不一，大敵當前，竟然四散奔突，調動不來。霎時間，楚軍已經從西門攻

河南滎陽霸王城，項羽坐騎烏騅馬雕塑。

入彭城，倉皇中，漢王連忙撥轉馬頭，速速向東方逃命，漢軍立刻潰散不成軍，紛紛隨著向東逃去。

漢王敗走，將軍賀繒率騎兵緊緊追隨在後，拼力擊殺，阻擋追兵，楚騎兵才無法追及漢王。漢王回頭對賀繒說：「你留在彭城，升任你爲執圭，阻擊東面的項羽，快快斷絕他的『近壁』！」說完又拼命急馳起來。

僅僅日到正午，彭城的漢軍已然大敗無遺！幾十萬漢軍官兵被西面的楚軍追著，向東狂奔逃命，逃到彭城東面的谷水和泗水，後面追得急，漢軍士卒走投無路，情急之中，撲通撲通，紛紛跳到河裡。楚軍相隨著追到河邊，射殺、砍殺漢軍無數；加上水中溺死的，撤退的漢軍只在這一會兒，就死了總有十多萬人。

未死的漢軍又一窩蜂地往南狂奔，想逃到山上去，又被楚軍追殺，死了幾萬人。楚軍窮追不捨。漢軍完全瓦解，如同森林大火中的群獸，狂奔不已，自相踐踏；其潰敗如山崩，往南一逃就逃出了近二百里，在靈壁（邑名，故地在今安徽省淮北市西南，也有說在今安徽省宿縣西北）東面睢水（又名濉水，鴻溝支流之一，故道由河南省開封縣由鴻溝分出，東流經靈壁，至江蘇省宿遷縣西南注入泗水。它是當時溝通黃河與淮水的重要水道）上，又被楚軍追上了。楚騎兵衝進潰亂的漢軍中，刀光閃處，血肉橫飛，鬼哭狼嚎。漢殘部十幾萬人，全被楚軍逼迫、擠壓進入了睢水，溺死的，被楚軍

鐵夯錘，戰國。楚，湖南長沙出土。

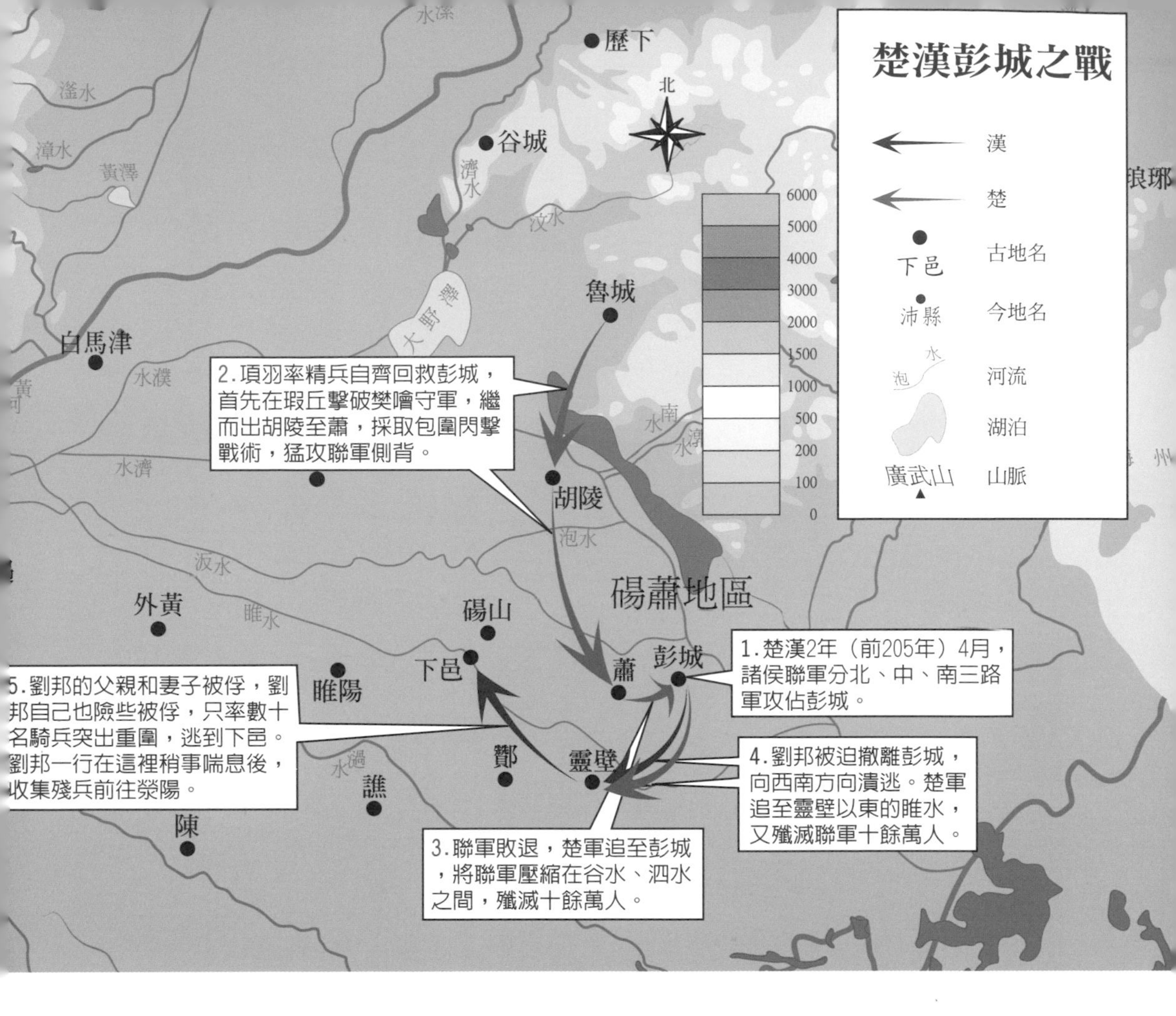

斬殺的，從岸上擠落的，尸體堆積如山，堵塞住河床，睢水爲之不流。

且說漢王落荒而去，沒命奔逃，項王指揮部隊，緊追不捨。楚騎精銳，馬快人勇，漢王情急倉皇，亂跑亂撞，終被楚軍追上。項王指揮大軍將漢王包圍起來，裡外三層，密密匝匝，水泄不通。漢王拼死掙扎，怎奈衝破一層又圍上一層，直如被勒在鐵桶之中。看到身邊人馬越減越少，且個個疲憊不堪，人人身帶傷殘，看來這番難逃活命了，漢王不禁大慟：我今生難道就要死在這裡嗎？

就在這時，突然天色大變，霎時間，從西北方向掀起了一股狂風，驟然捲地而來，合抱粗的大樹連根拔起，房屋如同玩具，全被摧毀，漫天飛沙走石，遍地漆黑昏暗，如同黑夜一般。狂風撲向楚軍，楚軍站立不住，黑暗中又看不清方向，認不清你我，霎時間亂成一團。漢王本來已經絕望了，突然逢此大風，他一下子醒悟過來，在兩軍攪成一團的混亂之中，他不顧一切，奪過車夫的鞭子，策馬狂奔，頂著狂風，瞬間已然逃脫出來。

狂奔一陣，聽聽後面似乎沒有追兵，漢王這才慢慢勒馬，放慢了步伐，回頭看看，只有幾十騎兵在身後跟隨，想想昨天還在彭城，還統領著五六十萬大軍，何等風光，僅僅一天，竟落至如此地步！禁不住要落下淚來。

漢王決定折行去沛縣，順道回家把家室接出西去。誰知趕到了豐邑家中，只見雙扉緊閉，扃鎖森然，鄰里也杳然不見蹤影。沛公西進之前，將家人委託給舍人審食其，命故沛縣獄吏任敖守衛豐邑。他倆都是沛縣起事時就跟隨他的，忠心耿耿。顯然楚軍已然攻進了豐邑，他們勢單力薄，也無能爲力了。望著人去樓空的家，漢王心中不免空落落的，一種不熟悉的感情也不禁油然而生。

漢王上了車，吩咐向西南方向行進，他決定去下邑（今江蘇省碭山縣北），呂雉的兄長周呂侯呂澤屯兵在彼，只有趕緊到達那裡，才有可能保證安全。行行復行行，漢王帶領這幾十個殘兵敗將，垂頭喪氣喪魂落魄地走向下邑。一路上，屢遇一股一股逃難的鄉民，聽口音多是他沛縣一帶的鄉親。原來是楚軍突來，燒殺搶掠，揚言要把漢王故土踏平，以報彭城之恨。

就在這時，漢王在逃難的人流中發現了自己的一雙嫡親兒女！兩個孩子被裹挾在人流中，跌跌撞撞，狼狽不堪，一面哭著，還四處張望，大聲喊著。

御者夏侯嬰連忙勒住馬，跳下車，抱起這兩個小可憐兒，放到車上。乍一見眼前這個渾身血污、滿面黎黑的凶漢子，倆孩子愣了，半天長公主才明白過來，滾到漢王腳下，抱住他的雙膝，「父王！父王！」哭叫起來。待長公主慢慢靜息下來，漢王和夏侯嬰才一點一點問明白，知道家人確實是爲躲避楚軍，全都逃了出來。剛走出不遠就遇上了一伙亂軍，結果孩子們就和祖父、祖母、母親跑散了。說到這裡，長公主又嗚嗚地哭了起來。嫡子劉盈怯生生的，一個勁兒往姐姐身後躲，抱過來也是低著頭，滿臉驚恐，倒好像漢王要吃了他似的，搞得漢王心裡又酸又惱。

突然，東面煙塵滾滾，似乎還有旗幟飄揚，是楚軍從那邊插過來了！夏侯嬰急忙站起身，狠抽了領頭的轅馬一鞭，那馬猛一聳身，前蹄騰起，其餘幾匹馬也跟著揚起前蹄，意欲奔馳。若是平日這一抽，戰車速度一下子就加快了，可是今天，這幾匹馬卻怎麼抽也快不起來。從彭城開始，它們就幾乎沒有停過，又沒有餵過草料，幾次拼命奔跑，加之人多車重，幾乎把它們累死了。幾匹馬大口喘著粗氣，呼哧呼哧，速度越來越慢。能扔的東西全扔了下去，可是車還是跑不起來。

漢王現在只有一個念頭：決不能讓楚軍捉住！就在這時，那老二哭了起來，哭得漢王性起，大聲罵著：「沒用的東西！留著你有什麼用！」一腳踹去，孩子骨碌碌滾下車去。那女孩見了，大叫「弟弟！弟弟！」一面就去抓父王的腳，漢王索性又一腳把她也踹了下去。夏侯嬰一見大驚，二話沒說，猛一下勒住馬，跳下車，三步兩步跑過去，抓起孩子，竄上車，這才揚起了鞭子，趕了起來。

戰車顛簸著，幾匹馬給抽得渾身血跡斑斑，掙扎著，拼命往前跑。那楚將煞是驍勇，坐騎又快，你加快，他也加快，你累了慢下來，他好像永遠也不知道累似的，緊緊追逐，有幾次他那馬頭就幾乎咬上了車尾，驚出漢王一身冷汗。後來知道，這員大將名叫季布。漢王發誓有朝一日一定要捉住他，給他點厲害瞧瞧！

且說漢王被楚軍追逐，越來越急，他用腳使勁往車下扒拉那

季布

季布者，楚人也。為氣任俠，有名於楚。項籍使將兵，數窘漢王。及項羽滅，高祖購求布千金，敢有舍匿，罪及三族。季布匿濮陽周氏。周氏曰：「漢購將軍急，跡且至臣家，將軍能聽臣，臣敢獻計；即不能，願先自剄。」季布許之。乃髡鉗季布，衣褐衣，置廣柳車中，并與其家僮數十人，之魯朱家所賣之。朱家心知是季布，乃買而置之田。誡其子曰：「田事聽此奴，必與同食。」朱家乃乘軺車之洛陽，見汝陰侯滕公。滕公留朱家飲數日。因謂滕公曰：「季布何大罪，而上求之急也？」滕公曰：「布數為項羽窘上，上怨之，故必欲得之。」朱家曰：「君視季布何如人也？」曰：「賢者也。」朱家曰：「臣各為其主用，季布為項籍用，職耳。項氏臣可盡誅邪？今上始得天下，獨以己之私怨求一人，何示天下之不廣也！且以季布之賢而漢求之急如此，此不北走胡即南走越耳。夫忌壯士以資敵國，此伍子胥所以鞭荊平王之墓也。君何不從容為上言邪？」汝陰侯滕公心知朱家大俠，意季布匿其所，乃許曰：「諾。」待閒，果言如朱家指。上乃赦季布。當是時，諸公皆多季布能摧剛為柔，朱家亦以此名聞當世。季布召見，謝，上拜為郎中。《史記・季布列傳》

倆孩子，現在能減輕一分重量是一分，孩子又被踢下了車。夏侯嬰見狀，又一次跳下車，抱起兩個孩子。這一回夏侯嬰先抱住兩個孩子，讓他倆緊緊摟住自己的脖子，然後才揮鞭縱馬。那員楚軍驍將越追越急，漢王又接連幾次用腳往下扒拉倆孩子，夏侯嬰緊緊抱住不鬆手。據說漢王情急中掣劍十幾回，要殺夏侯嬰，夏侯嬰就是不肯扔掉孩子。他說：「馬是疲憊，跑不起來了，可是無論如何也不能扔掉孩子！這是你的親生骨肉呀」！

大概是蒼天有眼，那季布何等驍勇，楚軍何等精盛，馬快糧足，而漢王那輛馬疲載重的破車，竟然就在他們眼皮子底下跑掉了！要說這裡卻是有一段事曲：有一名楚將（後來知道叫丁公，是季布的母舅），直追得可以短兵相接了，漢王眼看情況危急，直直盯著他，打躬作揖說：「都是天下英雄，望將軍網開一面，我劉某倘能得一活路，日後定將厚謝將軍恩德！」那人看了看漢王，竟就眞的放了他們。這才有漢王的逃脫。

後來才知道，老父母和妻子呂雉由沛縣同鄉審食其陪著逃出來去尋找漢王，怕碰上楚軍不敢走大路，結果反而在小路上被楚軍抓獲了。項王大喜，即命將這一行老小安置在軍中作人質。

兵敗如山，又家破人亡，家眷還被抓作人質，這眞如雪上加霜，初聽這消息，漢王半晌回不過神來。但他只呆立了片刻，就猛然勒轉馬頭，「去下邑！」大敵當頭，必須快點到達下邑，去晚了恐怕發生變故，連這最後的希望都抓不住了。

樹倒猢猻散，隨漢王一路東征的各諸侯王，本就是各懷鬼胎，現在一見漢王大敗，立時四散奔逃了。尤其是原來秦國的降將司馬欣、董翳見勢，馬上又投降了項羽。

這是楚漢之間的第一次大規模交戰，以漢王大敗告終。

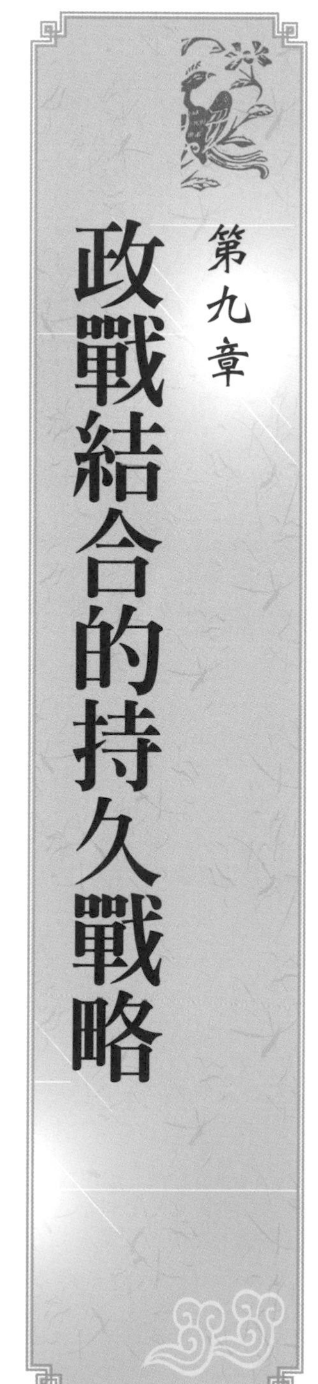

第九章 政戰結合的持久戰略

一、下邑決策

下邑在今安徽省碭山縣，在豐邑西南一百多里。漢王繞小路，一路躲躲藏藏，狼狽不堪地來到下邑。漢王彭城大敗，全軍覆沒，只有呂后的長兄呂澤保持了的一支隊伍，目前，他是唯一可以依靠的。

漢王一到下邑，立刻收編了呂澤的軍隊，他顧不得舒一口氣，馬上進入另一個戰役，其實還是在奔下邑的路上就開始想——怎樣和項羽抗爭並最終戰勝他。他決不甘心被項羽打敗，也決不願龜縮在任何一個小地方。

張良此時也已經從彭城趕到了下邑，這一天，漢王偕同張良，馳出軍營，騎馬巡視。歸來時，路過一座小小的涼亭，漢王勒住馬，「子房，咱們歇息一下吧。」下了馬，他並沒有進亭休息，卻靠在馬鞍子上，面向著西方，沉思了好一會，然後又向四方環視了一圈，問張良：

「如果我願意捨棄函谷關以東的地方作爲封賞，讓給能擊破西楚國的人，先生您看誰有力量可以和我共建功業？」只要能打敗項羽，他願付出一切代價。

張良早已下馬，見漢王若有所思，就在一邊靜靜侍立，猛聽漢王發問，馬上向漢王欠身施了一禮，顯然他已對此深思熟慮：「大王，能擔當如此重任的，只有三個人」。

「誰？」漢王立時眼中放出光來。

「一個是九江王英布，他是楚國最勇猛的大將，但是他被項羽猜忌，雙方有了隔閡，可以利用；第二個是彭越，他和齊王田榮正在故魏國的土地上聯合反楚。這兩個人都有力量勝任重負，並且可以立即使用。至於漢王您的麾下，恕我直言，只有韓信一個人可以託付大事，獨當一面。假令大王您眞有決心捨棄這些地方，您就賞給這三個人。那麼，戰勝項羽，平定楚國，就勢必無疑了」。

漢王看著張良，半晌沒有說話。這個人是如此的清秀文弱，可是他的胸中，卻那般的雄闊深廣，籌謀策劃之高卓深遠，豈非神力相助！他不輕易說話，一旦說來，就有千鈞雷霆之力！每到危難時，有他在身邊，就可以逢凶化吉，轉敗爲勝！他一把拉起張良，「走！走！到我大營裡去細說」！

彭城一戰痛遭慘敗幾乎全軍覆沒，對他無疑是一個當頭棒喝，他這才猛然醒悟：自己所率諸侯軍的戰鬥力遠不如楚軍！在如此敵強我弱的形勢下，要戰勝楚國，必須作好長期作戰的準備；並且，決不能再硬拼軍力，必須另想辦法，必須借助他力。張良剛才的一席話，好像給黑洞洞的穹窿打通了一個天窗，模糊混亂的腦子一下子明亮起來。

在下邑漢軍的大營裡，漢王召集了彭城以來的第一次軍事會議。會上，張良等人一致認爲應該作長期戰爭的打算，並爲漢王謀劃漢軍接下來應該採取的政戰結合的根本戰略方針，以及目前應該採取的具體策略。這次會議，對於漢國戰勝西楚具有決定性的作用。

張良等人或侃侃而談，或爭辯不已，漢王越聽越興奮，直至雀躍不止。現在，漢王覺得他心裡好像有一盞明燈，他知道自己應該朝哪個方向努力了。

軍事史家對劉張下邑的會談評價非常高，他們認爲，劉邦與項羽滎陽相持，最後劉邦以弱勝

滎陽

滎陽古稱「兩京襟帶，三秦咽喉」，滎陽之名取自《尚書．禹貢》中的「滎陂既豬」，意思是濟水自溫縣流入黃河南溢為滎，在邙嶺東南麓聚為澤，古稱滎澤。戰國時韓國在滎水的北岸建城，稱為滎陽，為戰國滎陽邑。漢置滎陽縣，屬河南郡，東漢沿襲。晉置滎陽郡，北齊裁京縣入滎陽縣。唐武后天授二年（六九一年），析置武泰縣，旋又併入滎陽。北宋熙寧五年（一〇七二年）裁撤，元祐元年（一〇八六年）復置。明代屬開封府，清雍正二年（一七二四年）劃歸鄭州直隸州，十年（一七三二年）復歸屬開封府，光緒二十年（一八九四年）再劃歸鄭州。現今屬鄭州所轄。楚漢相爭的漢霸二王城即在滎陽，傳說中國象棋盤上的「楚河、漢界」即是這裡。

強戰勝項羽，就在於他採取了政治、戰爭兩結合的正確戰略，而這戰略方針的制定就出於下邑與張良的會談。

諸位看滎陽相持這一部分時，請注意本節的內容，劉邦在楚漢戰爭中取得勝利，其基本戰略方針在這時都已經初步形成了。其基本作法如下：

第一是部署了長期戰爭的準備和方略，先利用豫西山麓之險的地略優勢，在今河南省漳水南沿滑縣廣武、滎陽、禹縣、葉縣至南陽之線，構成一道戰略的決戰防禦防線。這道防線以滎陽、成皋為核心，並據附近秦軍儲藏極豐的敖倉之糧，以此與楚抗衡。

第二是軍事謀略，正面，主要是漢王本人統領漢國主力承擔；北翼，韓信一舉取魏、代、趙、齊，形成了對楚的北面包抄；東面，彭越不斷游擊出沒，從背後對楚國形成威脅；南面，是英布的反叛；西面，就是漢王的後方，有蕭何坐鎮關中。戰爭中，又採取正面作戰與清掃側翼相結合的戰略方針，從而完成對楚戰略包圍的形勢；又採用疲敵策略，使彭越不斷襲擊楚後方，迫使項羽東西奔突，並曾親自率軍南出武關誘項羽南下，從而造成楚軍疲於奔命，加上因缺糧，終使精銳之師演變成疲憊之軍。

第三是採取政治手段，譬如策反英布；離間項羽骨鯁之臣，如范增、鐘離昧等人的關係，從而一面削弱項羽的力量，一面牽制項羽，形成南翼的包圍，又對項羽形成政治上的打擊、心理上的進攻。

第四鞏固大後方，使蕭何鎮守關中，保證供給，遷都櫟陽。

在楚漢戰爭中，漢王劉邦採取了政戰結合的根本戰略方針，終於使不可一世的西楚霸王項羽走上了覆滅之路。

二、占據滎陽

下邑決定了漢軍今後的戰略方針，儘管和楚軍的力量對比現在還非常懸殊，但是漢王看到了光明，心中豁亮了。於是整頓潰軍殘部，一路向西奮進。不久，就遙望滎陽成皋了。

滎陽是個秦代建立的縣治，在今天河南省鄭州市西，黃河南岸。成皋在滎陽的西面，也是秦代建立的縣治，地點就在今河南滎陽。滎陽、成皋一帶，戰略地位非常重要。它依山傍水，地形險要，退可守、進可攻。它是關中通向關東的咽喉，又是關中控制關東的重鎮。若能守住滎陽成皋，退可長期堅守，進可以長驅東進。而且，這一帶又是黃河和濟水的匯合處，東有鴻溝和淮水流域溝通，水上交通十分便利；西北面七公里處的敖倉（本爲山名，秦在此山築城修倉儲糧，名敖倉），是秦朝留下的當時關東最大的糧倉，江淮地區和山東一帶運來的糧食都儲藏在這裡。堅守滎陽，可以取食敖倉。因此，在下邑的軍事議會上，漢王及其麾下，就決定攻占滎陽成皋這個要地，深溝高壑，採取積極的持久防禦戰略，以阻止項羽的西進。

漢二年（前二〇五年）五月，漢王率漢軍西撤到達滎陽，項羽也率數萬大軍追逼到滎陽城下，敵眾我寡，情形十分危急。

就在這時候，援兵到了！韓信收集了留在關中和關東敗散的兵馬來滎陽與漢王會合；蕭何也將關中還沒有到服役登記年齡的少年和五十六歲以上本已解除兵役放歸田裡的老年男子，還有那些身體病弱本不應服役的人全部徵召起來，總有幾萬人，緊急出關，開赴滎陽前線軍中救急。關中的適齡役男，早已徵調淨光，蕭何此舉，確是沒有辦法的辦法。但是此舉對於前線的漢軍來說，無疑是救命之舉。援軍來到，軍心重又振奮，聲勢再振。於是漢王和韓信指揮著部隊，大

河南滎陽霸王城頭俯瞰黃河與鴻溝遺址。鴻溝是秦朝末年劉邦和項羽為爭奪天下割據對峙的地方，為楚河漢界。

舉出動，在滎陽以南的京邑（邑名，在今河南省滎陽縣西北）、索亭（亭名，即今滎陽縣治）之間，和楚軍展開了一系列的遭遇戰。

在整頓軍隊時，漢王最著力的是重新建立了一支有戰鬥力的騎兵部隊。彭城大敗，損失最慘重的就是騎兵。而追擊的楚軍中，最厲害的也恰是它的騎兵部隊。當初西楚霸王項羽從齊國一日之內就狂飆般地趕回到彭城並一舉擊潰五十多萬的漢軍，他率領的就是三萬精悍騎兵。西楚國強大的騎兵作爲先頭部隊，緊緊追在漢軍的後面，一步不放。它迅捷如疾風，凶狠如下山之虎，且數量眾多，常常衝入漢軍隊伍之中，奔突衝殺，如入無人之境，漢軍根本無法阻擋。要堵住即將逼近的西楚大軍主力，就必須阻住它的騎兵部隊，那麼就必須建立自己的騎兵部隊。建立騎兵部隊，首先要選擇統帥。選誰好呢？漢王和左右臣僚及將領們商討，目標很集中，大家向漢王推薦的幾乎都是這兩個人——關中重泉縣（今陝西省蒲城縣）人李必、駱甲。他倆都是故秦國的騎士，歸降漢軍後都在軍中擔任校尉（僅次於將軍的武官），諳熟騎兵部隊的運轉作戰，可以擔任騎兵部隊的將領。於是漢王召來李必、駱甲二人。

漢王剛剛說完，李必、駱甲立時跪下叩頭，謝恩之後，委婉地回絕了漢王的任命：「大王，小人不才，幸蒙您的破格拔擢，此乃萬世報答不盡的大恩！小人生當隕首，死當結草，也無法報答您的知遇之恩！只是有一事還請大王明察：小人雖對騎軍略知一二，但係暴秦罪臣餘孽，贖罪尚可，怎能統帥大軍？大軍必定不服膺我們，戰場非同兒戲，輕率不得。還是懇請大王另擇漢軍中精於騎射的將領作騎兵統帥，我們一定誠心誠意地輔佐他！」說罷再次叩頭謝恩。

彩繪陶兵馬俑，1965年陝西咸陽楊家灣兵馬俑坑出土。楊家灣兵馬俑坑共出土2500餘件彩繪陶兵馬俑。這批兵馬俑形象地表現了漢初的軍陣。成方陣的騎兵俑不僅在總兵力中的比重有顯著增加，而且成為具有獨立戰鬥力的兵種。。

漢王想他倆說的也有道理，潰敗後，一路上叛逃的諸侯國將領實在是太多了，軍中對他們的猜忌、憤恨越來越多，現在讓兩個故秦降將擔任主將，也怕有不測。於是他略加思忖，在左右親信中挑選了一位年輕的將領灌嬰。這灌嬰原是睢陽縣的一個絲絹販子，劉邦在沛縣起事後，在章邯擊殺項梁後最艱苦的時候，灌嬰跟隨了沛公。他作戰最爲勇猛，攻城略地，拼殺角搏，斬首虜敵，數次建立大功。從沛公起事到西去進關，從霸上到漢中，從回定三秦到東出函谷關，占據彭城，潰敗彭城，一路向西撤退，他都是忠心耿耿，矢志不渝。在彭城西逃的這一路，他緊緊跟隨在漢王身邊，西至雍丘時，漢王把他留在那裡駐守，抵擋西追的楚軍。在雍丘，他又協助漢王擊破了反叛的王武、魏公申徒的軍隊，然後又跟隨漢王來到滎陽。把騎兵部隊交給他，自然是放心，尤其是李駱二人又信誓旦旦要鼎力輔佐他，這確實比起用秦軍降將要好得多。想到這裡，漢王決心下定，立刻下令，任命灌嬰作中大夫，統帥騎兵部隊，李必、駱甲擔任左右校尉，輔佐灌嬰。任命之後，馬上下令，中大夫率領郎中騎兵，即刻進發，赴滎陽以東阻擊西楚追兵！

灌嬰、李必、駱甲三將領命，率漢軍鐵騎疾馳向東而去。隨即與楚軍在滎陽東面展開了激烈的搏殺，大敗楚國軍隊。此一勝利，鼓舞了久敗的漢軍，軍心立刻大振，於是漢王一鼓作氣，又接連調兵遣將，一舉擊潰了緊緊追在身後的那一支楚軍。

擊敗了楚軍，漢軍馬上修築甬道（是兩旁有牆的通道，我們今天還可以看到其遺跡，實則多是利用山地中的溝壑，加以廓清平整修築而成的）把滎陽城與黃河渡口連接起來，以便利從敖倉運輸糧秣。於是漢軍站穩了腳跟。占據滎陽，意義重大，致使幾年的相持，楚軍始未能再向西前進一步。

三、策反——計說英布

從下邑引軍西撤，漢王一行走過梁地，駐紮在虞城（今河南省虞城縣）稍做歇息。失散的將領僚臣，也陸續匯集到了這裡。這幾天來，漢王一直在琢磨怎樣才能收英布，使彭越。這一日，漢王坐在大營中，看著帳中的僚臣將領，竟然沒有一個能夠用的！怒火不禁升騰起來。他拍著桌子罵道：「你們這些無能之輩，沒有一個可以討論國家大事！一群廢物！」看到漢王生這麼大氣，大家都斂聲屏氣，低頭悚立，一時間大帳中靜得掉根針也能聽見。就在這時，一個清亮的聲音響了起來：「大王，小臣不明白您說這話是什麼意思。」眾人抬頭一看，卻原來是謁者隨何。謁者就是國王身邊司執傳達的小官。隨何從隊列裡出來，向漢王深深一鞠，繼續說道：「大王，您必定是有什麼難辦的事情要臣下們去辦。您不說，臣下們如何能表現自己的能力呢」？

對隨何，漢王當然是多少有所了解的，知道他一向倒也機敏多智，能言善辯。情急之中，見他挺身而出，怒氣稍微平息了一些。說道：「如果有一個能爲我出使六邑（今安徽省六合縣），說服九江王英布，使他背叛楚國；只要能夠把項羽牽制在楚國幾個月，那麼我奪取天下，就有百分之百的把握了」。

漢王話音剛落，隨何伏地便拜：「大王，小臣願爲您出使六邑」。

漢王大喜，「好！寡人就知道帳下必有賢能之士」！

隨何躊躇滿志，率了二十輕騎，一路向南，疾馳而去。不幾日就到了九江國首府六邑。在六邑，隨何等人通過關係，找到九江王的太宰（掌管後勤的官員），送上名片厚禮，太宰很高興地接待了他們，讓他們住在自己家裡。隨何懇切地請求太宰代爲轉達，求見九江王英布，太宰答應了。

誰知，一天過去了，兩天過去了，一連三天，都沒有見到九江王英布，連一點接見的消息都沒有。隨何就知道是怎麼一回事了，他又來到太宰房裡。介紹不得力，太宰當然覺得自己好沒有面子，見到隨何，臉上也是訕訕的。隨何索性直截了當地說起這件事，並趁勢勸太宰：

「太宰大人，貴國大王不接見我，一定是認爲楚國強大，我們漢國弱小。而這，正是我出使貴國的原因。假使我能夠見到貴國大王，我敢保證，我說的，必定是大王想聽的。如果我說的不合大王的心思，那麼我就懇請大王把我們二十人在貴國最大的廣場上斬首示眾，用以表明大王懲治漢國並交好楚國的決心」。

太宰把這些話如實報告了九江王英布，英布答應接見隨何。

諸位，那隨何是何等人，怎會那般有把握？這皆緣於他對英布與項羽之間關係的深切了解，又深知自己的口才，才這樣有充分的信心。

在九江王宮裡，隨何叩見了英布。他跪伏在地上，「漢王派我恭謹地上國書給您的御者」。

英布說：「先生平身」。

隨何起來，開口就問：「大王，小人感到很奇怪，大王爲什麼和楚國這樣親近」？

英布說：「我以臣子的身分敬侍他」。

隨何於是不緊不慢，款款而談：「大王，您和項王同爲諸侯王，本沒有什麼君臣之分。可是現在您卻要向他北向稱臣，想必是您認爲楚國強大，您可以把國家託付給他了。不過，既然如此，那麼項王攻打齊國時，親自背負著築牆的版築，身先士卒，是何等艱苦！作爲楚國的臣子，大王您應該把九江國的全部軍隊都發動起來，親自率領他們，去做楚國的先鋒，可是您卻只派遣了四千人馬，『救助』楚國。作爲人家的臣子，您理應如此嗎？再說第二件事：我們漢軍攻陷了楚國的國都彭城，項王在齊國一時無法抽身，作爲臣子，您又應該率領九江全國的軍隊，北渡淮河，日夜兼程，趕往救援。可是您擁有數萬人馬，卻沒有一個渡過淮河，只在一邊袖手旁觀，等著看誰最後取勝。這哪像把自己的國家託付給楚國的樣子？現在您空頂著一頂『依靠楚國』的名聲，卻又想完全依靠自己，我私下裡認爲這可是很不保險的。您不依靠漢國，顯然是認爲漢國的力量弱小，不敢依靠。不過我勸您看形勢要有長遠的目光。楚軍現在確是軍力強大，但是第一，它背棄盟約又殺害了義帝，因而它失卻了天下人心。第二，漢軍現在回軍駐守滎陽、成皋，深挖戰壕，又有關中和巴蜀的源源不斷的後備供應。可是楚國呢，調回軍隊，需要經過梁地，軍力後備都供應不上，攻沒有足夠的軍力，戰又不能得手，進不能進，退又不能退，它怎麼可能勝利呢？第三，即使楚國打敗了漢國，那麼諸侯國都因害怕自己的危險處境而聯合起來，從而造成天下軍力的對抗。可見楚國不如漢國。如今大王您不和可以確保勝利的漢國聯合，卻託身於行將滅亡的楚國，我這個小小的使者都替您著急啊」！

英布的眼睛緊緊盯著隨何，他從來也沒有想過這麼多、這麼深，他是個粗人，他只知道憑著一身武藝闖天下，他也以爲自己

彩繪龍虎紋陶壺，西漢，1953年河南洛陽燒溝出土。

佯附楚國可以萬無一失，讓隨何這麼一說，他忽然感到從心底裡一陣害怕。

英布的神情，隨何早就瞧在眼裡，他不讓英布喘息，再接再勵，又接著口若懸河地說起來：「大王，咱們再做一個設想：假設您不依附漢國，僅僅依靠九江國自己的力量，能夠戰勝楚國嗎？您的答案恐怕和我不會兩樣吧：完全不可能」！

英布的臉更青了，隨何趁勢向他提出勸降：「大王，如果您能夠起兵反叛楚國，就一定能夠牽制項王。只要項王能夠在楚地滯留幾個月，那麼漢王奪取天下就萬無一失了。那時侯，您就是漢王統一天下的大功臣。我願意追隨在您身後去歸向漢國。您提劍而來，漢王肯定會給您最豐厚的賞賜，割最豐腴的土地封賞，所以淮南肯定是您的呢！大王，這也是漢王的意思，他懷著敬意派我來，請大王思忖」。

英布向著隨何欠了欠身，說：「請先生轉告漢王，英布遵命。」隨即命太宰引領漢國使者回到住所歇息。

隨何在太宰府邸等了兩天，卻不見九江王有什麼動靜。隨何知道楚國的使者現也正在六邑，住在客館裡，天天催英布發兵助楚。英布實際上還是猶豫不決，特別害怕楚國知道他與漢國溝通的事情，因此嚴守秘密，也不敢有所行動。於是隨何替九江王英布採取行動了。

這一天，隨何聽說楚國使者又去會見九江王了，他就來到王宮，也不待通報，逕直闖了進去。拜見了九江王之後，大模大樣地坐到楚國使者的上座。楚國使者非常詫異，不明白九江王宮裡怎麼會冒出這麼一個不懂規矩的傢伙來。英布看著隨何，正不知道該說什麼好時，隨何轉身向著楚國使者，開口就問：「九江王已經歸附了我們大漢國，你們楚國憑什麼讓他發兵呢」？

英布大驚失色，他指著隨何，說不出話來。他決沒有想到，漢國使者會使出這麼一手！

楚國使者見到這種情景，想到英布已經背叛了楚國，於是起身離去了。

看著楚國使者的背影，英布連連頓足：「壞了！這下壞了」！

隨何這才起身，重新向英布行禮，趁勢勸他：「大王，機不可失，時不再來；事情已經不可挽回了，您必須下決心殺掉楚國使者，不能讓他回去報告！還請大王迅疾歸向漢國，起兵與漢軍協力作戰」。

事已至此，英布還有什麼可說的，他嘆了一口氣，說：「就按使者所指教的，我們起兵攻打楚國罷……」於是派人去客館殺了楚國使者，發動大部隊去攻打楚國。

項王聞聽大怒，英布幾次怠兵，他一則抽不出身，同時也是太愛英布這個人才，才沒有征伐他，想不到他竟然背叛了！他馬上派項聲、龍且帶領部隊去進攻九江國。

英布在九江與項聲、龍且搏戰了半年左右，如同漢王所希望的，他牽制住了楚國的主力部隊好幾個月，從而保證了漢王在西面滎陽、成皋一線的戰略部署的完成。

漢三年（前二〇四年）十二月，英布終於敵不住強大的楚軍主力的進攻，九江國被攻破了。英布想帶領部隊去投奔漢王，又怕項王截殺他，只得和隨何一起，偷偷抄小道溜到漢王所在的滎陽。

隨何引九江王英布來見漢王。英布一進大帳，猛見漢王正直岔著兩腿坐在床上，兩個女子正在俯身為他洗腳！聽到軍士通報「九江王到」，他竟然如同沒有聽到，大模大樣地坐在那裡，只傲慢地揚了揚下巴。這情景我們見過：當初在陳留縣，儒生酈食其來拜見時，他就是這個樣子。酈食其一個白丁布衣，尚且不能忍受，何況英布！受到這樣的侮辱，英布怒火中燒，想到自己堂堂九江王，就因為聽信了一條如簧的巧舌，竟捨家棄國，自取其辱！現在國也沒有了，軍隊也丟了，成了寄人籬下的喪家之犬，還被劉季這小子這般侮辱！憤怒、悔恨、羞愧交織在一起，他「倏」地拔出劍來，向頸上抹去！這一舉動，驚壞了漢王左右，眾人忙搶上前去，那隨何更是一個箭步，奪過英布手中的劍。漢王見狀，也說了幾句安撫話，派人把英布送到為他準備好的住所。

來到客館，英布卻又是大吃一驚：他看到，自己的住處，吃的、用的和隨行人員的配置，竟和漢王大營中全無二致！這實是大出英布意外，隨何又在一邊斡

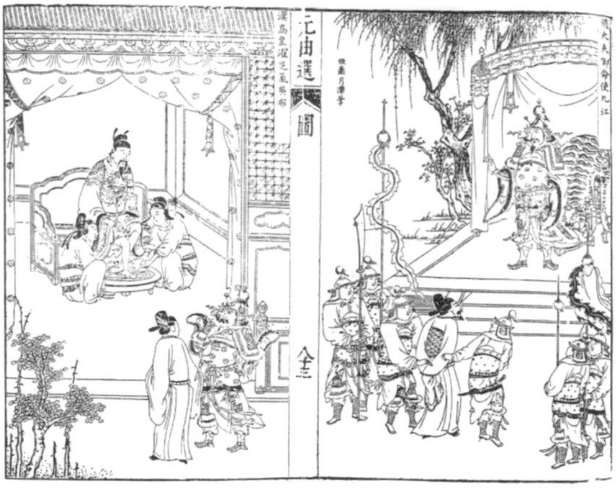

中國戲劇繪圖：《氣英布》，全名《漢高皇濯足氣英布》，元尚仲賢雜劇。寫楚漢爭霸時，劉邦招降英布的故事。

旋，英布也就漸漸轉怒悔爲歡喜了。於是他派人回到九江去招募自己的舊部，接取他的家眷，下決心跟著漢王幹了。

英布那裡知道，這是漢王慣用的手段。漢王怕他英布桀驁不遜，難於約束，就先來個下馬威，讓你心灰意冷到了極點，然後，再給你優渥的待遇，讓你驚喜交加，於是對他感恩不盡，乖乖聽他差遣。

不過英布的使者到了六邑，駭然見到項羽已經派項伯收編了九江國所有的軍隊，並且在九江大肆燒殺，九江王英布的妻子兒女全部被他們殺光了！聽說這個消息，英布悲痛欲絕。從此英布跟定了漢王，不再猶豫。英布的使者在六邑找到不少九江王的故舊老友和親近臣屬，召集了幾千九江王的舊部散兵，帶來歸屬了漢國。漢王又從大部隊中撥了一些軍士給英布，擴充了他的力量，偕同西向北上，一路招兵買馬，到達成皋，共同完成了以滎陽、成皋爲核心的防禦戰線。

招降九江王英布，是下邑制定戰略後漢王劉邦取得的第一個勝利。這個戰略目標的實現，其意義非同小可，它不僅是削弱項羽的軍事力量（楚削其一，漢增其二），最重要的是藉此牽制了整個楚國的軍事力量和全局行動，爲漢國戰略部署的完成爭取了寶貴的幾個月時間。然後又藉他以擾項羽部隊的南翼，最後在垓下，英布率部在南翼實行對楚軍的包圍，配合主力全殲項羽。英布功高業重，所以漢四年（前二〇三年），漢王封他爲淮南王。漢王朝初建時，淮南王英布被剖符定封，建都六邑，轄地除原九江之外，廬江、衡山、豫章郡都劃歸給了他。這是後話。

四、鞏固大後方

漢二年（前二〇五年）五月，占據滎陽、成皋，初步完成了戰略部署；六月，漢王即刻回首關中，開闢第二條戰線，著手鞏固大後方的諸項舉措。

建立鞏固的根據地，顯示出劉邦政治家的眼光，這是他勝於項羽的一個重要方面。事實上，不僅是項羽，中國乃至世界多少能征善戰的軍事將領、起義軍領袖，都不懂得這個道理，唐末的黃巢、明末李自成，走的都是這樣一條覆滅之路。劉邦在那個時候，就清楚地制定了這樣一條戰略方針，確實是他過人的政治才能的體現。

不過，促使漢王在前方戰事極其緊急的時候趕回關中，還有一個直接原因，那就是這個時候，關中發生了極其罕見的飢荒——

秦王朝特別是秦末的殘酷壓榨，連年的戰爭，加之劉邦項羽這些起義大軍的進入，項羽的大肆燒殺，咸陽三個月的大火，然後是漢王從漢中殺回，和雍、塞、翟三王的爭戰，緊接著就是漢王徵召了關中所有的青壯年男子，出關作戰。可想而知，關中百姓遭受了多少戰爭的禍殃，最後，春天田裡沒有勞動力來耕種，夏天沒有人來管理，甚至到了秋收的時候，竟然沒有人能夠揮鐮收割！農事到了這一步光景，整個社會的飢饉自然就來了。果然，這一年的春夏，饑饉開始在關中蔓延，並且越來越嚴重，糧價奇貴，一斛米竟然賣到了一萬錢。據《史記正義》解釋，當時的一萬錢約合黃金一斤。糧食貴到了這等地步，普通老百姓就沒有辦法活命了。據史書記載，此時關中「大飢」，百姓「人相食」！關中老百姓的苦難眞是數不勝數呀！

饑饉馬上會帶來整個社會的動蕩，隨時會顛覆漢王朝，那麼，前方戰事就無所謂戰勝與戰敗了。漢王明白這一點，所以在滎陽前線稍稍和緩之時，馬上馳回關中鎮撫後方。

第一件事是在國都櫟陽策立太子。

彭城大敗之後，漢王派人將一雙兒女送回了關中，隨著戰略部署的制定，嫡子劉盈的重要性逐漸明確起來。初六壬午，漢王在櫟陽大張旗鼓，舉行儀式，正式冊立劉盈爲太子。同時宣布大赦全國的罪犯。太子是國本，冊立太子標誌著國家鞏固，民心安定。這是穩定軍心民心、提高軍隊士氣、震懾敵人的重大措施，對於漢王國的穩定，對於前方的戰事，都是絕不可少的。

然後，漢王命太子劉盈鎮守櫟陽，命丞相蕭何佐之。再下令：諸侯子弟凡在關中者，全部集聚到櫟陽，作太子侍衛，爲國家盡力。

緊接著，漢王命韓信率領大軍，西進廢丘，去拔掉大後方的這顆釘子。十個月以前，漢王採用韓信計，明修棧道，暗渡陳倉，一舉擊敗了雍王章邯，將他趕入廢丘孤城。章邯終究是秦國一員最有威力的軍事統帥，死守

雙鐮鐵范，鑄造鐵鐮的模型，戰國．燕，1953年河北興隆古洞溝出土。戰國時期鐵製工具得到了廣泛的應用，而又以鐵製農具占主導地位，從而帶動了農業和手工業的發展，對封建經濟的發展起到了重要的推動作用。

孤城，負隅頑抗。要鞏固關中大後方根據地，廢丘就是一顆釘子，一個毒瘤，非拔掉不可！這一回，韓信一舉挖開了渭河河道，引渭水淹灌廢丘城。一座孤城，被大軍鐵桶般地圍了八個月，城內早已是彈盡糧絕，軍隊疲敝百姓羸弱，幾近人相食，不堪一擊了。一時間，廢丘城內洶湧澎湃的流水之聲、房屋倒塌的轟然之聲、士兵的哀號、百姓的哭喊聲震天動地。廢丘終於投降了，章邯揮劍自刎，他既沒有臉面再見關中父老，也知道沒有可能得到漢軍赦免，尤其是關中父老的原諒。他的自刎還多少維護了自己一點可憐的尊嚴。

漢王下令：廢丘更名爲槐里。命令掌管祭祀的官員祭祀天地、四方、上帝、山川，規定以後按時祭祀。再徵調關中軍隊去防守邊塞。

最麻煩的是解決糧荒的問題，這是最直接也是最實際的問題，別的都好作官樣文章，發宣言打幌子，只有這件事，是實打實的，倘若不能解決，則前面做的一切都可能前功盡棄。

這時候關中糧荒的情況一點都沒有緩解的跡象，秋天到了但田地裡沒有糧食可收。斛米萬錢，這只對富豪人家有意義。事實上，關中原有的富豪和在這場戰爭中因掠奪金銀珠寶而爆發起來的新富們，萬金萬金地換糧食，也差不多都破產了。這麼多人的吃飯問題迫在眉睫，怎麼辦呢？爲此漢王眞有點寢食不安了。還是蕭何提出了一個意見——疏導關中百姓去漢中巴蜀「就食」，意即南下漢中巴蜀逃難。蕭何常年任政府官吏，對於民事有經驗，他在秦宰相府和太史那裡得到大量的圖冊資料，對於全國的地理資源物產生活狀

河南永城漢蕭何造律台遺址概貌。造律台位於河南永城市以西20公里的酇城鎮，是楚漢戰爭時漢相蕭何為劉邦漢軍制定法律的地方，故稱造律台，該遺址為一高大的土台。現遺址內有蕭何祠堂一座。

況有所了解，加之他又隨漢王親自到達過漢中，在對巴蜀的物產資源、人民生活狀況作過比較細緻的調查。這項舉措，對於緩解關中飢情、穩定政局起了重大作用。漢王這才得以脫出身來。

關中根據地平定了，漢王又準備東征了。臨走前，漢王命令太子劉盈和蕭何居住櫟陽，鎮守關中，實際上，他將關中交給了蕭何。太子劉盈少不更事，立他完全是政治上的需要，眞正能夠託付大後方的唯一人選就是丞相蕭何。他讓蕭何全權主持漢中，制定法律規章，建立漢王劉氏的宗廟太廟，修築祭祀天地神的社稷壇，修蓋王室宮殿。整頓戶籍，徵收糧秣，集訓後備軍隊，供應前方作戰。爲此，漢王特別給了蕭何一項權力：地方政府請示的大事急件，可以先行處理，不必事事呈請身在滎陽前線的漢王，等漢王從前方回來後一併報告請他追認就可以了。

蕭何沒有辜負漢王的重託，他治理關中，著力恢復和鞏固秩序，發展生產，使關中成爲強大的後方根據地。在楚漢戰爭中，他是漢王最可靠的後盾：「計戶口轉漕給軍」，源源不斷地向前線輸送兵力、財力、物力，在漢王多少次幾乎全軍覆滅之時，發關中軍、糧，挽救漢王敗局；在漢王多次將關東幾乎全部丟失時，蕭何完好地鎮守著關中「以待陛下」（關內侯鄂千秋語）。在治理關中時，他還「爲法令約束」，建立了一整套法令制度，對使關中成爲前方鞏固的根據地起了重要作用。蕭何的功績，是曹參等諸將所不能代替的。所以在漢王朝建立之初封侯時，蕭何功績第一，爵位、賞賜都是眾臣之首。

五、北翼——韓信下魏

漢王彭城大敗，塞王司馬欣、翟王董翳馬上瞅個機會從漢軍中逃了出來，投了楚軍。齊國見事不妙，也和楚國議和。趙國宰相陳餘，發覺仇敵張耳並沒有死，頓時怒火中燒，立刻下令撤軍，和楚國議和。一時間漢王又成了孤家寡人，五諸侯跑了四個，只剩了一個魏王豹。

眾叛親離，分崩離析，使漢軍上下開始紛紛擾擾，滋生是非。周勃、灌嬰等人誣告陳平叛變成性，盜嫂受賄，就是在這個時候。漢王此時也不禁心生狐疑，草木皆兵了。所幸陳平一席話使漢王猛醒，這才沒有痛失人才。也是在此時，雖然秦降將李必、駱甲甚有統領騎兵的才能與經驗，但是漢王沒有敢任用他倆作騎兵統帥。

漢二年（前二〇五年）五月，魏豹以母病向漢王告假。六月，魏豹一到封國首府平陽（今山西省臨汾市），立即切斷黃河西岸臨晉關的交通；然後宣布反對漢王，與楚國訂約講和。

魏豹的反叛，使漢王直如熱鍋上的螞蟻，坐臥不安，如鯁在喉。西魏國居黃河東岸，與關中僅一河之隔，那臨晉關（後改名蒲津關，在今陝西省大荔縣東的黃河西岸）乃關中通往東方的要隘，封鎖了臨晉關，就幾乎是扼住了關中的咽喉。在滎陽前線和後方根據地之間，倘若容許這麼一個反叛的西魏國存在，無疑是姑息、滋養了一顆毒瘤，既直接威脅漢都櫟陽，又足以阻遏漢國的黃河、渭水的漕運水道（在交通不發達的古代，利用河水漕運是最方便、最快捷因而是最重要最有效的運輸方式），直接的結果就是，占據滎陽、成皋，鞏固山河之險，與楚打持久戰的戰略根本無法實現，換言之，劉邦的大漢國的前途就岌岌可危了。漢王怎個不急，怎個不惱！

於是，他派帳下最能言善辯的說士酈食其前往平陽，想說服魏豹回歸，結果魏豹一口回絕，酈食其慘敗而歸。

這一年的秋八月，漢王從關中返回滎陽前線，部署了攻擊殲滅西魏國的戰役。西魏國的地勢險要，據關而守；打，就是一場硬仗。派，就必須是最強的將領——沒有任何人能比得過韓信。漢王封韓信爲左丞相，撥他兩萬大軍，派他立刻率軍去平定西魏國。

進攻之前，韓信向酈食其詳細了解西魏國的統帥、騎將、步將的用人，心中有了底，遂開始緊張的調配部署。韓信自滎陽入函谷關，渡渭河，急趨臨晉關。韓信故意將大部隊漢軍向臨晉關方面集結，輜重也大量向臨晉關運輸的聲勢張揚出去，使魏王君臣都以爲漢軍必從臨晉關出擊，遂將西魏國的精銳主力三萬人調往隔黃河與臨晉關相對的蒲阪，封鎖了臨晉關，防止漢軍東渡。魏豹自己亦從首府平陽南下，親自坐鎮安邑指揮蒲阪的軍隊作戰。

韓信看到魏豹的布兵，大喜，知道他上了自己的圈套。爲了不讓魏豹察覺，繼續入套，他愈發虛張聲勢，源源不斷向臨晉增兵，同時在臨晉關的黃河渡口大張旗鼓地陳設了大量船隻，擺出要從這裡大規模強渡黃河的架勢。魏豹完全被他套住了，集中全部兵力，積極準備在臨晉關和蒲阪迎戰。

這時候，韓信卻暗中選派了最精銳的部隊，悄悄北上，潛入北面的夏陽埋伏起來。趁魏軍集中蒲阪，夏陽空虛，「以木罌缶渡軍」（《史記》），軍士們將木製的小口大腹的盛酒器綁在身上，浮水渡到黃河。這是中國歷史上非常有名的聲東擊西的戰例。

韓信精兵一渡過黃河，立即以疾風迅雷之勢南下，去攻擊聚集於蒲阪的魏軍的側背。然後以迅雷不及掩耳之勢，向東攻襲安邑。魏豹倉促引兵迎戰，立時潰散，忙又引殘軍退逃，漢軍急追不捨。秋九月，在東垣（即今山西省垣曲縣西），韓信軍生擒了西魏國國君魏豹。然後，韓信又回軍，逕搗平陽，數日之內即掃平了西魏國。

漢王狂喜，櫟陽的安全得以保證，滎陽側背的威脅解除，黃河、渭水的漕運有了保障。他馬上命令將西魏國精壯兵丁全部調赴滎陽前線增援守備。又命令將

魏豹父母妻子全數押解到滎陽，然後宣布在故西魏國的領土上設置河東、上黨、太原三個郡。

這時是秋九月。從漢王任命韓信爲左丞相到全數平定西魏國，還不到一個月的時間。漢軍首戰即速戰速決地達到了預期的目的。韓信的超群的軍事膽略，獨當一面的指揮才能，這時才眞正開始放出光芒來。

六、破代滅趙收燕

韓信是一個偉大的軍事家，他既具有高瞻遠矚的戰略眼光，在具體戰術的實施上，他又機動靈活，果敢無畏，知己知彼，百戰百勝。在楚漢戰爭最艱苦也是最重要的滎陽相持階段，他開闢了北翼戰場，不到三個月時間內，一舉掃平魏、代、趙、燕、齊，從而從北面對西楚國形成包圍並斷絕其糧道。這樣與滎陽、成皋正面戰場相呼應，最終殲滅項羽。其灼人的軍事才華，在古今戰史上，占有最光輝的一頁；其在楚漢戰爭中的貢獻也幾乎無人能與之匹敵。

事實上，還是在破魏的過程中，從北翼對項羽進行包抄的戰略設想就形成了。滅魏之後，韓信立即派人晉見漢王，呈上了自己的設想，要求給他三萬軍隊，以乘勢征服燕、趙、齊，然後向南斷絕西楚國的糧道。漢王急於造成整個戰略上的優勢，以緩和滎陽方面被困的危機，最終謀求楚漢戰爭的勝利，馬上同意了。

這一年閏九月，韓信合增援的三萬漢軍及前此攻打西魏國剩餘的些微孱弱之兵，從平陽出發，沿汾河河谷，揮師北上，去征討代國（今河北省西部蔚縣）。

大軍行至鄔縣，即遭遇到代國相國夏說率領四萬精兵的頑強抵抗。鄔縣位於今山西省介休縣霍山北口，背山踞河，地理環境極其險峻。韓信即命先鋒曹參率小部精銳，繞到夏說的背後，從其左側包抄進擊。夏說沒有想到腹背兩面受敵，倉皇分兵應戰，即被曹參一舉擊潰，並將他斬首。韓信大軍壓境，直如狂風掃落葉，輕而易舉地掃平了太原全境。

漢三年（前二〇四年）歲首十月，韓信大軍乘勝東向，攻打趙國。趙動員全國軍力，共集兵十萬，號稱二十萬，從趙國的國都襄國（今河北邢台市）急馳赴井徑口，修築工事以防禦韓信大軍。

那井徑口乃太行山八大隘口之第五，在今河北省井徑縣東北的井徑山上，又稱井徑關、土門關。雄偉蜿蜒的太行山脈到這裡突然中斷，形成一條險峻的山谷，兩山緊夾，山凹如井，中間僅有一條「車不得方軌（並行），騎不得成列（並騎）」的數百里長的狹窄通道。這是著名的軍事天險，易守難攻。陳餘在這裡駐紮上重兵，嚴密防守，等待韓信大軍的到來。

趙國有一位謀士李左車，建議陳餘撥三萬人馬，從小道突襲，攔截漢軍的輜重補給。趙軍則堅守要塞，決不迎戰。這樣，不出十天，就能戰勝漢軍。否則，必定會成爲韓信的俘虜！

這是中國古代戰爭史上極其有名的一條謀略，曾使韓信非常緊張。但是可惜，陳餘是個儒家的書呆子，經常宣稱他的軍隊是「仁義之師」，不肯使用詐謀詭計，惟獨相信他熟讀的兵法。聽了李左車的建議，頗不以爲然，又怕這樣做了其他的諸侯會認爲他們軟弱可欺，打他們的主意，於是，這個書呆子輕易地否定了李左車的建議。

且說韓信派出得力細作，潛入趙軍打探敵情，聽說李左車的建議沒有被採納，大喜過望，馬上命令大軍徑直東向，進入井徑道。直到離井徑口三十里的地方才停下安營紮寨，稍事休息。韓信大營則一直火燭通明，緊張地作著進擊井徑的布署。

夜半時分，韓信先行命令灌嬰選拔了精銳騎兵兩千人，每人手中持一面紅色大旗，從小路間行，爬上井徑口附近的山頭隱蔽起來，待機行動。

將近拂曉時，韓信傳令全軍，向井徑口進軍。大軍出發前，韓信通報分發乾糧，並傳令：「今天打敗趙軍，再正式會餐」！

韓信先派遣了一萬兵士出井徑口，背水布陣。按照兵法，背水乃「絕境」，此軍則爲「廢軍」。趙軍在營壘裡見了，上上下下都哄堂大笑。

天色大亮，韓信擺開大將的儀仗，率領大軍大吹大擂開出井徑口。韓信的目的就在誘敵。果然，趙軍大開營門出來攻擊韓信大軍，雙方酣戰良久。然後，漢

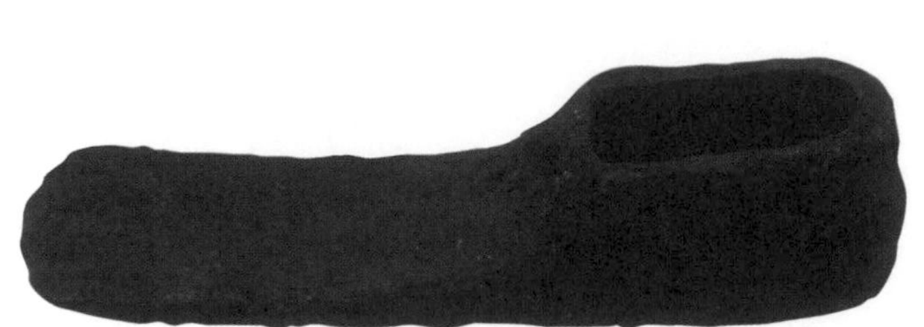

鐵钁，一種用來挖掘土地的農具。戰國・魏，1951年河南輝縣出土。

軍就開始假裝力不能支，漸漸敗退，最後就大敗而逃，逃遁到水邊的漢軍陣地，故意把大將旗幟、儀仗、鼓吹丟棄得滿地都是。水邊的漢軍也依計大開陣營，放「敗軍」進去，自己則又衝出陣地，再行反撲。趙軍果然全營出動與漢軍鏖戰，追趕「敗軍」，拼命搶奪地上的旗幟儀仗以顯功，趙軍官兵因此而上了大當。

且說灌嬰率領的兩千輕騎，埋伏在山上，時刻注視著山下趙營的動靜，一看趙軍傾營而出，只顧追擊韓信和搶奪儀仗輜重，立即飛馳而下，突入趙軍空營，迅速拔下趙軍的旗幟，插上漢軍的紅旗。

此時，背水而戰的漢軍，個個奮勇，拼死殺敵，殺聲震天。而趙軍雖多，卻因貪戀搶奪戰利品，無心死戰，看到一時不能戰勝，就打算回營。誰知回頭一看，發現自己的營壘裡竟插滿了漢軍的紅旗，在秋風中獵獵飄揚，立時驚恐震駭，士兵們四散

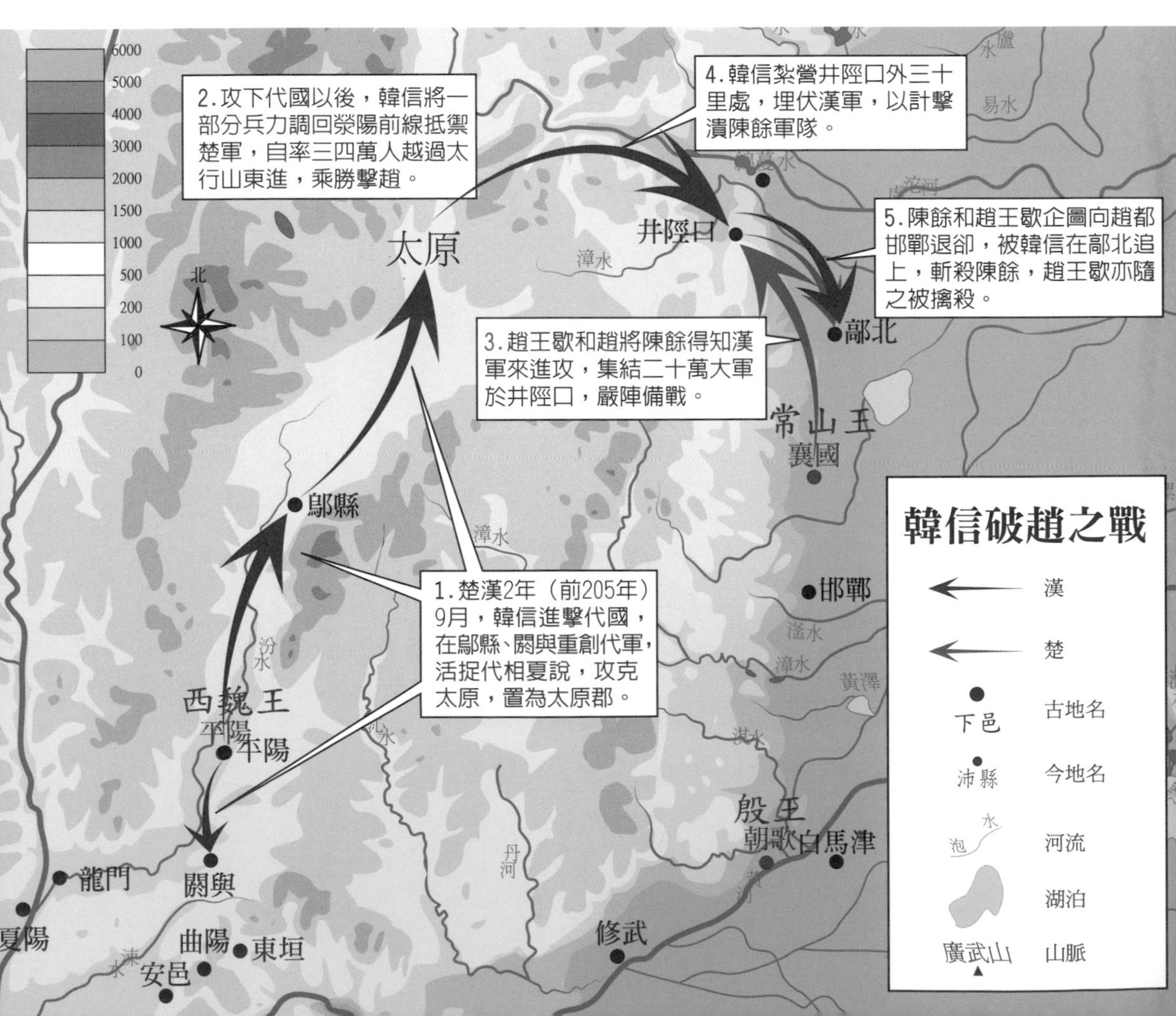

車器鐵范，戰國・燕，1953年河北興隆古洞溝出土。

逃跑，狂奔不已，將領們根本無法阻止山崩般的潰敗。這時，灌嬰的兩千輕騎業已完成了換幟的任務，他們衝出趙營，與水邊的漢軍前後夾擊，趙軍徹底崩潰。

陳餘與趙王趙歇領著潰敗的殘餘之部向趙國都城急奔，韓信揮軍急追不捨，斬殺陳餘及趙王歇，趙國被平定了。

這一仗，漢軍的兵力充其量是趙軍的五分到四分之一，卻能不終朝而一舉擊破占據著井陘之險的趙國，確實是展示了韓信過人的軍事天才。韓信不僅熟知兵法，他更能靈活運用兵法，深知自己率領的是一群烏合之眾，必將之置於死地，才能激發其鬥志從而取得勝利。他看準時機，抓住突發事件，制定戰略方針、戰術計畫，充分發揚自己的優勢，避免弱點，反過來又能及時抓住敵人的錯誤，故而取得了似乎是無法取得的勝利。韓信的超群謀略和一系列輝煌勝利，折服了漢軍上下。就是曹參等原秦朝官吏，又是漢王的親信將領，過去對漢王拜韓信爲大將極爲憤慨，開始給韓信當副將時也是三心二意，現在也徹底服了。

破趙之後，韓信鑒於百姓勞苦、士兵疲憊的實際情形，爲了避免困頓在燕國堅守的城池下，而至自墮聲威的境地，遂採納了降將李左車的策略，按兵休整，安定趙國，撫恤百姓。然後，一面擺出要揮軍北上，進攻燕國的架勢，同時派遣一位能言善辯的說客拿著勸降書到燕國去，雙管齊下，虛張聲勢，燕國聞風而降！

韓信從九月滎陽領命，然後過西河，破魏，收代，下趙，至兵不血刃降燕，總共不到三個月，可謂神速之極矣！

北線的平定，減緩了滎陽主戰場的壓力，而且每一次勝利，漢王都會「收其兵」，給滎陽方面輸送精銳的生力軍；尤其是，北翼及至後來韓信在東面滅齊破楚主力，形成了對楚的北、東兩面的包圍，對於最後的垓下徹底打敗楚國，起了不可估量的作用。

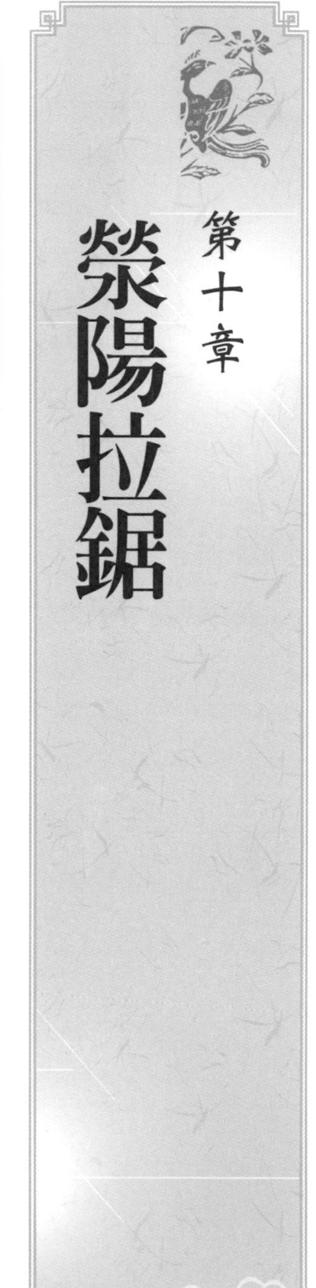

第十章 滎陽拉鋸

一、張良義阻分封

漢三年（前二〇四年），是楚漢戰爭中最爲艱苦的一年。雖然有韓信在北線的勝利，但是楚軍的主力一直壓在滎陽正面戰場，楚軍緊緊包圍著滎陽，又不斷襲擊漢軍從敖倉到滎陽的甬道，使漢軍匱食乏糧，數度陷入危機。

漢三年十月朔（三十日）發生了日食，十一月二十九日，又發生了可怕的日食。太陽不知道被什麼東西一口一口地吃掉了，天空一點一點地黑起來，最後整個天都變得黑壓壓的。人們驚恐地跪在地上，不斷向上天祈禱，哀告。滎陽戰場上的楚漢雙方，都被這前所未有的接連兩次的災難嚇壞了，占卜問卦，求神祈天，惶惶然不可終日。

漢王雖然素來膽大狂妄，但是他卻也和同時代的人一樣畏懼鬼神，他不明白天何以這樣黑了一次又黑一次；他在戰場上的弱勢，也使他對於戰爭前景、結局如何心中沒有底，甚是恐懼，憂慮。但他又是一個天生不肯服輸的人，即使是天，他也要爭一爭。這一天他問酈食其：「我想削弱楚的力量，先生您看我應該採取什麼辦法」？

酈食其認爲，古代聖王都分封前朝後代，而暴秦使六國後代無立錐之地，所以最有力響應陳勝鏟滅暴秦的，就是六國之後。因此漢王應該分封六國之後，推行仁德道義，隨著德義的實施，就可以稱霸天下。「那時侯，西楚霸王也會整肅衣冠，必恭必敬地前來朝拜您了」。

酈食其講的都是漢王似懂非懂的東西，想想無非是刻製一些印信，也不會損失一兵一卒，最重要的是能就此稱霸諸侯！於是說：「好，你趕緊刻製印信，趕緊帶上它們上路」！

恰好張良來拜見漢王。漢王正在吃飯，一見張良進來，高興地說：「子房快到我前面來！」不等張良走到眼前，他就迫不及待地說：「有個客人爲我出了一個削弱楚國的主意。」他把酈食其的話告訴了張良，然後問：「您看怎麼樣」？

張良一聽，臉就變了顏色，這可是漢王從來沒有見過的：「大王，誰給您出的這個餿主意？您一統天下的大事業要完啦」！

「啊！」漢王大吃一驚，他絕沒有想到張良會作出這種反應。

張良說：「臣請借用一下您面前的筷子。」張良接過筷子，在桌上擺起地形圖來，這裡是滎陽、成皋，這裡是關中，這裡是彭城，漢軍在哪裡，楚軍在哪裡，將楚漢相爭的大態勢講給漢王聽。漢王不知道張良說這些是爲了什麼，耐著性子往下聽。籌劃完了，張良一臉莊重：「大王，我想問您幾個問題」。

「請先生指教」。

「大王，從前商湯討伐夏桀而封夏朝的子孫於杞，那是估量自己能置夏桀於死地。現在大王您估量自己能置項籍於死地嗎」？

「不能。」對於這點，漢王當然很清楚。

「這就是您不能夠封六國後代的第一個原因。周武王封商朝的後代於宋國，那是相信自己能夠得到商紂的腦袋。大王您想想，您現在能得到項籍的腦袋嗎」？

漢王不用想，當然不能夠。

「這是您不能封六國之後的第二個原因。周武王進入殷商的都城，在賢者商容居住過的里巷大門口表彰他的德行，從監獄裡釋放了剛直不阿的箕子，重新修築了聖人比干的墓堆。大王，如今您有能力在賢者的里門表彰他的德行，過智者之門對他表示敬意，重修聖人的墳墓嗎」？

「不能夠」。

「這是第三。周武王曾經發放巨橋糧倉的糧食，散發鹿台府庫的金錢，周濟貧苦百姓。如今您能夠拿出糧食、金錢來賞賜貧民嗎」？

河南獲嘉縣同盟山周武王塑像。

北京房山琉璃河出土的西周戰車復原模型。中國軍事博物館藏品。

「不能」。

「這是第四個原因。滅商後，武王廢戰車，倒置武器，蒙以虎皮，向天下表示不再使用兵器。大王您能偃旗息鼓，刀槍入庫，實行文治嗎」？

「也不能」。

「這是第五個。武王放戰馬於華山之南，向天下表示他用不著戰馬了。大王您能做到嗎？」

漢王搖了搖頭。

「這是第六。武王將運送軍事物資的牛都放到桃林之北，以示不再運輸軍事輜重了。您能這樣做嗎」？

漢王又搖了搖頭。

「這是第七。還有一個最重要的原因：天下之士辭別了父母妻子，離開祖塋熟土，告別了親戚朋友，追隨您奔波勞頓，日夜期盼，無非是得到您賞賜的一點封地。現在您要復立六國之後，那麼天下之士只能回去服事他們的君主，那麼您依靠誰來爲您爭奪天下呢？這是您不能封六國之後的第八個原因」。

漢王聽得大汗淋漓。

「您如今要做的最重要的事情就是使西楚國無從加強力量！西楚國如果力量強大起來，您所封的六國肯定就會去追隨它，您有什麼辦法使它們臣服？您假如眞採用那個客人的計謀，那您要奪取天下的大事業就全完了」！

漢王「噗！」地一下把嘴裡的食物全吐了出來，破口大罵：「酈食其那個老笨蛋書呆子！幾乎壞了你老子的大事！」然後叫左右：「去！去！去！馬上給我把那些印信全燒了！全毀掉」！

漢王劉邦縱使是個天才，善於接納判斷，卻也有犯錯誤的時候，這一次他之所以判斷失誤，關鍵在於他的學識太淺，使他無法發揮自己的聰穎才能。這一次的糾正錯誤，充分顯示了張良的高瞻遠矚，展示了他遠遠高於其他謀士的智慧見識。

二、陳平巧設離間計

楚軍仍然像鐵桶一般緊緊

范增

據《史記・項羽本紀》所載：「居巢人范增，年七十，素居家，好奇計。往說項梁曰：『陳勝敗固當。夫秦滅六國，楚最無罪。自懷王入秦不反，楚人憐之至今，故楚南公曰：『楚雖三戶，亡秦必楚』也。今陳勝首事，不立楚後而自立，其勢不長。今君起江東，楚蜂起之將皆爭附君者，以君世世楚將，為能復立楚之後也。』」

西元前二〇七年，秦軍章邯令王離、涉間圍攻鉅鹿（今河北省平鄉縣），章邯率軍攻鉅南，楚懷王命宋義、項羽救趙，范增為末將。據《史記・項羽本紀》記載：「王召宋義與計事而大說之，因置以為上將軍；魯公項羽為次將，范增為末將，救趙。」范增後歸項羽為謀士，為其所倚重，被尊為「亞父」。

包圍滎陽，不斷發動凌厲的攻勢，滎陽岌岌可危。漢王爲此大爲煩愁。

這一天和陳平議論時，漢王心事重重地嘆了一口氣，說：「天下紛紛攘攘，什麼時候才能夠平定呢」？

陳平說：「項王的爲人，恭敬有禮，仁慈愛人，所以廉潔好禮的士人大多依附了他。但是到了論功行賞，授官爵、封食邑的時候，他又很吝嗇，所以那些士人又都離開了他。而大王您傲慢又不大講究禮節，廉潔之士大多不來歸順您。可是您能夠把食邑、爵位慷慨地賞給有功之人，所以那些沒有骨氣的投機之徒、貪利無恥的士人就紛紛歸附到大王您這裡來。如果這雙方中誰能夠擯棄自己和對方的短處，吸收雙方的長處，則天下揮手可定」。

漢王想了想，又搖了搖頭。陳平笑了笑，他把必須先說的說完了，才又接著往下說頂重要的：

「不過呢，楚國現在卻大有可乘之隙……」陳平還沒有說完，漢王就搶著問：

「快說，快說！有什麼好辦法」？

陳平道：「項王的骨鯁之臣，只有范增、鍾離昧、龍且、周殷這幾個人而已，此外，再要找到忠心、耿直、從不阿諛的親信重臣就太難了。大王如果捨得花幾萬斤黃金，使臣得以有活動的餘地，則可以離間楚國的君臣，使他們互相猜忌、懷疑，而項王這個人生性多疑，輕信讒言我們不就有了大大的可乘之機了嗎」？

漢王哈哈大笑，「好！好！陳平，眞有你的！黃金算什麼，都拿出來又何足顧惜！給你四萬斤夠不夠」？

陳平連連稱是：「足矣！足矣」！

於是漢王命左右即刻到庫府載

來黃金，交給陳平，並且對陳平大聲說：「你隨意使用，不必向我報告」。

陳平將黃金分車拉回，立即選了幾批心腹軍士，扮作楚軍模樣，懷揣黃金，悄悄混入楚軍，賄賂項王左右，散布謠言。俗話說錢能通神，有了黃金，果然不過幾日，楚軍中就謠言四散，沸揚揚，說鐘離昧、龍且、周殷諸將，因爲沒有封王，心懷不滿，要與漢軍聯盟消滅楚軍以瓜分楚國，各自稱王云云。項王果然對這幾位忠心耿耿的大將起了疑心，令他們驚懼交加，無所措手足。

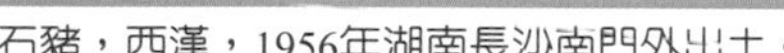
石豬，西漢，1956年湖南長沙南門外出土。

亞父范增屢屢督促項王加緊進攻滎陽，並警告他萬不可接受漢王割讓滎陽以東與楚求其撤兵的請求，以免漢羽翼豐滿，再行反撲。項王遂不斷加緊攻擊的力量。

必須除掉范增。爲此，陳平設了一計。正在這時，陳平看到機會來了，就如此這般地和漢王計畫了一番，做成了圈套，只等楚使來鑽。

一天，項王派來談判漢請割地之事的使者來見，漢王依陳平計，事先準備了最高規格的肴饌，遙遙看到楚使，便著僕役扛抬著全豬全牛全羊饌肴美酒，絡繹不絕地從堂下穿過。楚使遠遠地就見到，以爲是漢王爲求和盛情準備的太牢盛饌，心中頗爲自得。

陳平出來迎接，恭謹又親熱，行過禮之後，便詢問亞父身體諸樣情況，左一個「亞父」右一個「亞父」，搞得使者莫名其妙，心中也大爲不快，就鄭重地告訴陳平：「我是項王使者」。

誰知聽他這麼一說，陳平竟「哎呀！」一聲失口叫了出來，然後就扔下他，匆匆進到堂裡，接著就聽見漢王的怒斥，繼而就見那些僕役又絡繹不絕地抬著牛羊豕酒從來的方向回去了。陳平再迎出來時，態度判若兩人。吃飯的時候，僕役端上來的竟全是粗劣的菜羹糙糧！

使者大怒，起身拂袖而去，將所見向項王作了稟告。項王心中原就厭煩范增老唱反調，現在

蘇軾《范增論》

漢用陳平計，間(音：見)楚君臣，項羽疑范增與漢有私，稍奪其權。增大怒曰：「天下事大定矣，君王自為之，願賜骸骨，歸卒伍。」未至彭城，疽(音：居)發背死。

蘇子曰：「增之去，善矣；不去，羽必殺增。獨恨其不早爾！」然則當以何事去？增勸羽殺沛公，羽不聽，終以此失天下；當以是去耶？曰：「否。增之欲殺沛，人臣之分也；羽之不殺，猶有君人之度也。增曷為以此去哉？易曰：『知幾其神乎！』詩曰：『如彼雨雪，先集為霰(音：縣)。』增之去，當於羽殺卿子冠軍時也。」

陳涉之得民也，以項燕；項氏之興也，以立楚懷王孫心。而諸侯之叛之也，以弒義帝。且義帝之立，增為謀主矣。義帝之存亡，豈獨為楚之盛衰？亦增之所與同禍福也；未有義帝亡而增獨能久存者也。羽殺卿子冠軍也，是弒義帝之兆也。其弒義帝，則疑增之本也，豈必待陳平哉？物必先腐也，而後蟲生之；人必先疑也，而後讒入之。陳平雖智，安能間無疑之主哉？

吾嘗論義帝，天下之賢主也：獨遣沛公入關，而不遣項羽；識卿子冠軍於稠人之中，而擢為上將；不賢而能如是乎？羽既矯殺卿子冠軍，義帝必不能堪，非羽弒帝，則帝殺羽，不待智者而後知也。增始勸項梁立義帝，諸侯以此服從。中道而弒之，非增之意也。夫豈獨非其意，將必力爭而不聽也。不用其言，而殺其所立，羽疑增必自此始矣。

方羽殺卿子冠軍，增與羽比(音：必)肩而事義帝，君臣之分未定也。為增計者，力能誅羽則誅之，不能則去之，豈不毅然大丈夫也哉？增年七十，合則留，不合即去，不以此明去就之分，而欲依羽以成功，陋矣！雖然，增，高帝之所畏也，增不去，項羽不亡。亦人傑也哉！」

一聽，疑心頓起，遂開始不斷疏遠迴避排擠並漸漸收損范增的權力。范增性情極其敏感褊狹，極其暴躁，項王的猜忌排擠，使他怒氣升騰，難以自持，於是橫下了決心：「天下事大局已定，大王您自己足以應付，老臣留也無甚用處，乞望大王放臣這把老骨頭，回到故里埋葬吧！」說完，掉頭逕出，孑然離去了。歸路上，滿腹牢騷，憂鬱憤懣交相侵襲，加之路途勞頓，內熱外寒一相交迫，背上長了一個大毒瘡。還沒有走到彭城，那毒瘡遽然發作，流血不止，竟爾身亡！享年七十一歲。

范增是項羽最重要的謀臣，在項羽的戰略謀劃、戰術的實施上，他常常起決定性的作用。蘇軾在《范增論》中說：「增，高帝之所畏也，增不去，項羽不亡。」項羽之所以最後失敗，不知重用人才，是一個關鍵。天才將領韓信，奇謀之士陳平，都是項羽自己不能用，盡以資敵。漢王之所以能夠有效地施行離間計，最重要的原因是緣於陳平對楚軍內部情況的透徹了解。項羽失去奇才，自己的內幕底細也被敵人洞悉，現在又失掉了范增，這是漢王離間計的成功，更是項羽在用人上犯的一系列錯誤，楚國的滅亡，由此開始了。

三、滎陽突圍

滎陽城下，項王親率大軍屢屢發動凌厲的攻勢，晝夜不息；久陷重圍的漢軍精疲力竭，勉力強支，傷亡越來越重，又無法得到兵員的補充，加之糧道斷絕，貯糧已盡，漢軍已是危急萬分，朝不保夕。漢王焦灼不已，終日在城牆上下奔波，在大營內外晝夜不停地與眾將商討辦法。包圍日甚一日，滎陽已然是危在旦夕了，漢王此時已經像是熱鍋上的螞蟻，只剩了團團亂轉的份兒了。

紀信

紀信，秦時隴西成紀人。西元前二〇六年，劉、項鴻門宴會時，紀信已在沛公軍營，與樊噲、夏侯嬰、靳彊等齊名，都曾保衛護送過劉邦。前二〇五年，信隨漢王劉邦軍據守滎陽，官職將軍。不久西楚霸王項羽率軍大舉進攻，兵臨滎陽城下，兩軍對壘一年有餘，楚漢戰爭進入相持階段。

項羽採納范增建議，派兵「數侵奪漢甬道，漢軍乏食」，軍心惶惶，形勢危急。於是劉邦要求議和，割讓滎陽以西歸漢所有，項羽不聽。劉邦憂慮重重，遲疑不決。將軍紀信聞訊，面見漢王，提議說：「事情緊急，請允許我詐騙楚軍，王可乘機出走。」劉邦於是邀陳平出謀劃策，設計誑楚。當晚，夜幕沉沉，只見身披鎧甲婦女兩千餘人，一群接一群湧出滎陽東門。四面楚軍驚異不定。忽然將軍紀信乘黃屋(王車，用黃色車篷)，車傅左纛(車衡左上方柱有毛羽幢)，詐為漢王，大呼城內絕食，漢願降楚。楚軍皆呼萬歲，都來城東觀望。於是劉邦藉機帶數十騎出西門遁去。項羽見紀信，問漢王安在？信說，漢王已出城遠走！項羽怒，燒殺紀信，信遂以身為漢盡忠。劉邦為紀念將軍紀信，特立祠於順慶，賜號忠右。

明朝初年，又在紀信故鄉秦州，即今天水市秦城區所在地，築有祠堂，俗稱城隍廟。門前有民族形式的斗拱飛檐，宏偉壯觀的牌坊。上面懸掛現代著名書法家于右任所寫「漢忠烈紀將軍祠」橫匾；兩旁刻有天水鄉賢鄧寶珊將軍摹寫清代郡守董琴虞所作對聯一幅。聯云「楚逼滎陽時，憑烈志激昂，四百年基開赤帝；神生成紀地，作故鄉保障，千萬載祜篤黎民。」

就在這個時候，將軍紀信昂然請見，慷慨陳詞，懇切請求：「大王，情勢緊急，滎陽城破，就在今夕！我大漢國的生死存亡就在今日這一刻了！大王，紀信承您厚愛，過蒙拔擢，日夜思恩圖報，今日紀信立功的時機到了！臣願以賤身代替大王，出城詐降，鬆懈楚軍的警戒，大王可以趁此機會，衝出重圍，以重整旗鼓，橫掃天下」。

漢王被感動得涕泗橫流，他起身下座，拉著紀信的手，堅決不應允。無奈紀信決心鐵定，千次推辭之後，漢王答應了。

半夜時光，滎陽東城門轟然洞開，一領「漢」字大旗率先出了城門，後面一列隊伍，身披漢軍鎧甲，開出了滎陽東城門。楚軍馬上從四面八方圍了上來，戰鼓急敲，劍拔弩張，準備攻擊。但是很快他們就發現，這支隊伍沒有佩帶武器，也沒有一點抵抗的跡象，有氣無力地扛著旗子，拖著疲憊的步伐，慢慢吞吞，無精打采。這時，從東門裡又徐徐出來一隊人馬，中間一輛車駕格外醒目：六匹高頭大馬在前面拉著車，車頂是黃色的綾緞鋪就的車蓋，車的左面插著用氂牛尾和雉雞尾裝飾起來的御旗——這是天子輦車的標誌。車中一個人端端正正地坐著，頭戴漢王金冠，身著漢王衣袍，顯然是漢王。這時就聽到出城的漢軍中有人高聲呼叫：「城中糧秣耗盡！漢王投降！」「漢王出城投降啦！」

西楚軍頓時歡聲雷動，軍士們高呼萬歲，紛紛離開陣地，從四面八方湧到東門來，要觀看這歷史上最重要的一幕。

項羽躊躇滿志，喜盈盈地等待著受降的時刻。

漢王的車輦來到了楚軍營地轅門前，項羽大吃一驚——這人不是漢王劉季！整個大營頓時鴉雀無聲，人們都愣在那裡，一時都措手不及。就在這時，外面忽然喧鬧起來，楚軍發現那些出降的漢軍，竟然全是女子假扮的！

項王一把揪起紀信，厲聲喝

紀信廟享堂壁畫《火燒紀信》，河南鄭州古滎鎮。

問：「快說！劉季那混蛋現在在哪裡？」紀信不慌不忙地說：「稟告大王，漢王已然走出很遠了」。

原來就在兩千女子扮作漢軍，紀信扮作漢王詐降，將楚軍全數吸引到東面去時，漢王趁機帶領十數騎，悄悄潛出滎陽西門，奔往成皋去了。

項王一腳踹去，「燒死他！燒死他！」在熊熊的烈火中，紀信大笑著從容赴死。

項王氣急敗壞，再令攻城。漢王臨行前，將滎陽城留給御史大夫周苛、裨將樅公，還有韓王韓信，以及半年前被俘的魏王豹。滎陽城中，周苛、樅公等人早已下了必死的決心，楚軍攻撲數次，均被擊退。周苛與樅公覺得魏豹是反覆逆臣，怕他與楚軍內外呼應，於是趁魏豹不防，將他擒住，只說魏豹通敵，陣前斬殺不赦！

滎陽在危難之中苟延殘喘著。

四、牽住蠻牛鼻子

漢王三年五月，漢王狼狽逃出滎陽，向西經過成皋，然後經函谷關進入關中。在滎陽與楚相持了幾年，漢王屢遭項羽猛烈的攻擊，實可謂智勇俱困，幾乎已經超過了持久抗力的限度了。滎陽在他心裡時時刻刻煎熬著，讓他日夜不得安寧。到了關中，漢王一口氣也不敢喘息，馬上又與蕭何拼湊關中老弱，準備再度東出函谷關，進入滎陽。

這時，有一位姓袁的謀臣向他建議：楚漢滎陽僵持幾年，漢劣勢難於緩解。是不是可以採取另一種戰略——出武關南向宛洛。這樣，項羽必定會疑慮漢王要再次襲擊彭城，一定會南下阻擊。這樣就可以牽制住項羽大軍，從而緩解滎陽、成皋前線的壓力，給前線將士一段時間喘息、休整；同時還可以使北線韓信部充分消化吸收趙、燕、齊的軍力。這樣，西楚項羽必然處處設防，力量分散。等漢軍元氣稍微得到恢復，士氣就會重新振奮，那時候再發動反攻，就一定能取得勝利！

漢王採納了袁生的建議，實行戰略轉移。漢王率軍揮向東南，直出武關，然後抵達宛城（今河南省南陽市）。宛城是中原南部的重鎮，秦時此地是南陽郡首府。然後揮軍直指北方，到達葉縣（今河南省葉縣）。武關、宛城、葉縣在今伏牛山東麓，與北面的滎陽、成皋形成一條南北走向的依據山勢之險的戰略防線。

項羽沒有料到漢王竟然會南出武關，他怕又會出現那年漢軍攻陷彭城的事情，於是馬上率大軍南下，去攻打宛城、葉縣。漢王堅壁固守，不與之戰。於是，項羽主力就和漢王相持於宛城、葉縣，使得在滎陽、成皋正面戰場的漢軍獲得了休息整補的機會。

這個時候，漢王又命一直跟隨他入關又出關的英布，再向南，去九江，收集英布散布在九江的舊部，這樣一來，不但增加了漢軍的兵力，而且威脅了西楚國的南面。漢王軍出武關，促使楚軍兵力分散，從而削弱了它的力量，而從此疲於奔命，其行動好像是唯漢王的意志是從。

漢王又命令一直活動在梁地的彭越，加緊對西楚國後方的攻擊。楚漢滎陽相持時，彭越就率領自己的部隊，一直在楚國後方黃河下游一帶騷擾，切斷西楚軍的後方糧道，與滎陽前線的漢軍遙相呼應。接到漢王在宛城、葉縣的戰報，他遂率全部人馬渡過睢水，南下攻堅，與楚軍大將項聲、薛公所率之大軍在下邳（即今江蘇省邳縣）會戰。經過激烈廝殺，彭越大破西楚兵團，斬殺了薛公。

下邳是項王的大後方，如今被彭越攻破，項羽不可能坐視不救，他只能再行分兵，將成皋留給部下終公把守，自己率領主力部隊，撤出宛、葉，回師東歸，去保衛自己的大後方，只期速速擊殺彭越，再返滎陽前線。項羽從此東奔西跑，疲於奔命了。事實上，滎陽相持階段，漢王兩次再收滎陽，都是彭越等在西楚後方游擊騷擾，使得項羽回頭東去，從而給漢王造成機會。

楚軍的旗幟剛剛消失在東南方，鼓吹之聲還隱約可聞，漢王就率軍踩著項王的足跡，又悄然北上，避實就虛，倏然回到了滎陽成皋前線。到達，即刻發動了對成皋的猛烈進攻。終公沒有想到漢王大軍會突

河南葉縣保安鎮伏牛山脈尾稍末端地形。

然出現在城下，措手不及，成皋這個混蛋！被漢軍一舉攻破。

項王回到東方，大軍似泰山壓頂，直撲下邳。彭越到底是小小游擊軍，項王幾乎沒有費什麼氣力，就將其擊垮了。就在這個時候，他聽到了漢王乘機北上，重陷成皋的消息。項王的怒火像火山一樣爆發出來，立刻揮動大軍西去，直撲滎陽成皋前線！他顧不得再認眞思索，他也沒有這個習慣，而且自從亞父范增離去後，就沒有什麼人能夠給他好好地謀劃，也沒有什麼人敢於給他尖銳的忠告。他忙於圍追堵截，大軍像決了堤的黃河水，「呼」地捲過來，又「呼」地退回去，幾乎就是被漢王牽著鼻子走。但是這個時候，他的兵力比漢軍強大，他的武藝更比劉季強上千百倍，劉季只要碰上他，幾乎是百戰百敗！他恨不得一口吃了劉季這個混蛋！

五、小修武奪兵

漢三年（前二〇四年）六月，項王回軍猛烈攻擊漢王東進的基地滎陽。滎陽城被緊緊包圍了一個來月，早已彈盡糧絕，周苛孤軍死守，無奈項王大軍如泰山壓頂，一舉攻陷了滎陽。周苛、樅公、韓王韓信一列漢軍守將全被楚軍拿獲。

在攻城之前，項羽在城下對周苛喊話：「你若是降我，我就任命你當大將軍，還封你三萬戶的爵位」！

周苛在城上破口大罵：「項籍小子！你快投降你老子吧！你現在不快快投降，死期就在眼前！」把項羽氣得七竅生煙。滎陽城破，項羽抓獲了周苛，項羽下令：「將周苛烹死！」周苛至死仍大罵不止。副將樅公也被殺了。

滎陽終於被楚軍攻佔了。項王攻陷滎陽，立即開出大軍包圍了成皋。漢王知道成皋朝不保夕，於是在一個夜晚，他乘著一輛小

周苛

周苛，泗水郡沛縣人，秦朝為泗水郡卒史，投靠沛公劉邦為謀臣。劉邦稱漢王，周苛為其御史大夫。漢王三年（前二〇四年），項羽進攻滎陽，劉邦逃離，命周苛和魏王豹等守城。周苛認為魏王豹不可靠而殺之。城破，周苛不降，項羽怒而將他烹殺。

周苛忠義可風，也被許多地方奉祀為城隍，如福建都城隍廟、海澄城隍廟。宋代林通《長樂圖經》說：「（城隍）廟之神乃西漢御史周苛也。」《海澄縣志》記載，明穆宗隆慶年間閩南海澄人民，奉祀周苛為海澄城隍。

車，悄悄溜出了成皋北門。連跑帶顛（《史記》是記載「漢王跳」），一直向北，渡過黃河，到達小修武。

小修武在今河南省獲嘉縣，至今還有這個地名。此時大將軍韓信與張耳正帶兵駐紮在這兒。漢王在韓信破魏收代後曾經兩次將他的隊伍收走，但是韓信經過勝趙收燕，軍事力量又陡然上升。漢王這次來，就是爲了韓信的隊伍。

麟趾金，係漢代金幣，因白麟天馬之祥瑞而得名。常用於宮廷賞賜和饋贈收藏。西安市閆家巷出土。

漢王來到小修武，沒有去韓信大營，卻不聲不響在一家客棧裡住了下來。第二天凌晨，天還沒亮，漢王跳上車，逕直馳入小修武韓信大營！漢王和御者夏侯嬰一面高聲喊叫著：「聖旨到！」「漢王使節前來傳達聖旨！」一面往裡衝。轅門口的侍衛還沒來得及喊出聲來，漢王的馬車已經來到韓信主帳前了。

漢王跳下車，逕直進入韓信臥室，取了韓信大將軍印信，又取了張耳的印信。印信是古代地位、權力的標誌，漢王取了它，心中就踏實了。他手舉著印信，立刻下令召集全軍軍事會議，請各路將軍速到前帳。

直到這時，這時韓信、張耳才恍然驚醒，知道來的不是漢王的使者，而是漢王自己！他倆急急披掛，戰戰兢兢地來到大將軍主帳，跪拜在漢王面前。在這次會議上，漢王調走了韓信的大軍，然後命令趙王張耳引軍巡收故趙國城池兵員，安定趙國；任命韓信爲相國，率領張耳剩下的趙國餘卒，東向進軍，去攻打齊國。韓信、張耳領命而去。

後人們始終都在猜疑，漢王這樣一次又一次地收取韓信的部隊，尤其是這一次，使用了這樣的手段，韓信爲什麼能夠忍受並且仍然忠心耿耿呢？恐怕這只能歸功於漢王超強的籠絡人的才能。

我們想像大概是這樣一副場景：漢王喜滋滋地說：「大將軍確是天縱之才，下魏收代，破趙脅燕，勞苦功高，可喜可嘉！本王今日來到此地，就是爲了嘉獎大將軍的豐功偉績！今日本王當眾宣布：升任韓將軍爲大漢國相國」！

韓信聞言，翻身拜倒謝恩。諸將也口呼萬歲，跪在韓信後面謝恩。之後，漢王重又發布：「本王著命相國韓將軍東向進軍，攻擊齊國。著趙王張耳率趙國降卒巡收故趙國城池軍卒。」張耳在前些時候，已由韓信向漢王報請封爲趙王，此次漢王予以承認。

分配了任務之後，漢王才像不經意地說：「原漢軍和已經收編的趙軍，須調往滎陽成皋前線。」看到韓信、張耳驚駭的神情，漢王嘆了一口氣：「兩位恐怕不是不知道，滎陽丟了，現在成皋也丟了，我大漢國危在旦夕。倘若二位的軍隊不調出，我就無法再戰了。二位身手不凡，能征善戰，魏代趙燕，不都是以少勝多，甚至白手起家嗎？」說著意味深長地看定了韓信，嘴裡卻是對兩個人說的話：「望二位體諒本王的難處，克服一下吧」！

韓信從這目光裡看到了漢王對自己的信任，他也不好意思再和漢王爭什麼了，自己的一切不都是漢王給的嗎？於是他重又跪拜謝恩，領了任務，整理了張耳剩下來的殘餘趙軍，向東進發了。

漢王之所以演出了一場戲，是因爲他知道自己的窘況，從成皋重圍中「跳」出，身邊只有滕公夏侯嬰，滎陽丟了，成皋也不保。他現在是勢單力薄，手無縛雞之力。如果唐突地闖入韓信大營，倘若他們一翻臉，自己就必定成爲階下囚。那時，別說是和項羽爭奪天下，就是自家性命也未必能夠保全，所以他才演出了這麼一場戲。漢王過人的應變能力在小修武表演得酣暢淋漓。

奪回了韓信的十來萬大軍，力量大增，軍心重又大振。漢王重又躊躇滿志，要和項籍拼個你死我活。此時，項羽已經占領了成皋，並準備向西推進。漢王將收集的韓信人馬重新整編好，然後派隊伍南下，進駐東面距離滎陽僅只五六十里地的鞏縣設防，阻截急欲西進的楚軍。

八月，漢王率大軍駐紮在小修武南面。這一日，漢王大宴全軍官兵，準備南下渡過黃河，與項羽決戰。這時，郎中鄭忠建議漢王最好高壘深壑，只作堵截，不與項王作戰。漢王同意了。於是漢王派將軍劉賈、盧綰，率領步兵兩萬人，騎兵數百人，從白馬津渡過黃河，南下，深入楚國腹地，與彭越協同作戰，加強西楚國後方的游擊戰。那劉賈是漢王的堂兄，盧綰是他從小一起長大的最親近的朋友，常常同止同臥，比親兄弟還要親。白馬津在今天河南省滑縣東南，是當時黃河中下游的重要渡口，在滎陽北面。劉賈軍深入楚國腹地，專

河南滑縣，古白馬津黃河古堤遺址。

營焚燒西楚兵團物資糧食倉庫，劫掠輜重運輸車隊船隊，斷絕西楚大軍的糧道，使其斷給乏糧。同時，劉賈協同彭越游擊攻擊，接連攻下故梁國十幾座城池。九月，彭越劉賈竟然攻下了楚國的睢陽（今河南省商丘市）、外黃（河南省杞縣西南）。楚軍欲與之戰，劉賈卻堅壁清野，不與之交手。

楚軍後院起了火，越燒越大，燒得楚軍膽戰心驚。項王不能不救，他只得重新回師東進，去鎮壓後方的亂敵。臨行前，他鄭重地把成皋交給了大將軍曹咎，囑他牢守千萬不可出城迎戰，牽掛不已地揮軍東去了。

滎陽拉鋸，到了一個新的階段。

第十一章 決勝垓下

一、成皋之戰

現在到了戰爭最艱苦的階段。雖然劉賈彭越在西楚國大後方游擊騷擾；雖然有了韓信的十來萬軍隊；但是，滎陽、成皋還是牢牢地控制在楚軍手中，漢軍遠不是強大楚軍的對手。

漢王這時眞是到了身心俱疲的極限，他感覺自己和漢軍都實在難於與楚軍抗衡，想放棄對滎陽、成皋的爭奪，將大軍西撤到洛陽、鞏縣，和西楚軍保持一段距離，以免與之正面接觸。

酈食其向漢王勸諫：「大王，『天外有天』，懂得這個道理的人，才能夠完成統一大業。君以民爲天，民以食爲天。糧秣，就是取得天下的『天外天』」。

這話引起了漢王的注意，酈食其接著往下說出了關鍵：「敖倉的糧秣，雖然大量運輸出來，但是據說敖倉下面還有一個龐大的地窖，裡面貯藏著豐富的儲備糧秣。項羽這個蠢材，占據了滎陽，竟然不知道要派重兵保護敖倉，卻蒙頭轉向地把主力拉回東方去鎮壓彭越劉賈。愚蠢之極！現在成皋這個要塞，竟然只拼湊了一些囚徒罪犯給曹咎，這不正是上天助我嗎」？

漢王一想，可也是呀！立時來了興趣，「往下說！」酈食其站了起來，重新向漢王作了個揖：「大王，酈食其以爲，您犯了一個大錯誤！現在，西楚國實際已成劣勢，大王您反而要撤軍西歸，這不正是自毀長城嗎？兩雄並立，必有一傷。大漢與西楚，相持數年，現在正是要決一雌雄的時候了，大王您怎麼能夠後退呢！我建議，立即反攻，奪回滎陽」！

漢王讓酈食其這麼一說，心中豁然開朗，主意也即刻拿定了：「對！反攻滎陽，奪回成皋」！

我們再說項羽。先前他被彭越劉賈牽往東方，留下海春侯大司馬曹咎率領著一支七拼八湊的隊伍守衛成皋。曹咎是故秦一個獄掾，因爲當初救過項梁，關係非同一般，所以項王把這個任務交給了他。

項王知道這支隊伍沒有戰鬥力，曹咎也不是漢王的對手，所以臨行之前千叮萬囑，萬萬不可出擊：「縱使劉季百般挑戰，你無論如何不要出擊！你只需堵截，不使他向東行就足夠了。我十五天之內，必定能夠平定叛亂，定會趕回」！

漢四年（前二〇三年）十月，項王東去，漢王即刻率大軍從小修武開拔，南下，渡過黃河，來到成皋城下，開始挑戰，曹咎記住項王的話，不出城迎戰。漢軍見狀，遂使用心理戰術，派那些伶牙俐齒的軍士，天天在城下叫罵，污言穢語，罵了項王罵眾將，將西楚國大大小小的官員肆意侮辱。

連罵了五六日，曹咎終於忍耐不住了，他率領大軍，衝出虎牢關（成皋又名），渡過東門前的汜水，向漢軍衝去。

漢王早就盼著這個時刻了，一見曹咎率軍衝出來，大喜過望，隊伍迅速集結。楚軍剛剛渡過一半人馬，漢王的紅旗突然飛動起來，漢軍立刻金鼓齊鳴，殺聲震天，向楚軍發動了猛烈的攻擊。楚軍一股在河東，一股在河西，還有一股正在汜水裡艱難地跋涉著，首尾不能相顧，相互無法呼應。漢軍的亂箭如同雨點般地射過來，河裡的楚軍無法還擊，甚至無法躲避，紛紛被亂箭射中，死傷無數。然後漢軍像潮水般地湧殺過來，殺聲震天。楚軍立刻崩潰。曹咎、司馬欣在汜水邊上自刎了。成皋攻陷了！漢軍大獲全勝！

河南滎陽虎牢關鎮遠眺。

然後，漢王馬上將重兵推進廣武縣（即今河南省廣武縣）。成皋之戰，是楚漢戰爭中具有決定性意義的一戰，楚強漢弱的形勢從此發生了根本變化。血戰四年，西楚占盡優勢，此戰是個轉折點，從此，漢王奪取了滎陽前線的主動權，從戰略退卻轉爲戰略進攻，基本上完成了對項羽的戰略包圍，從而爲垓下決戰、消滅項羽打下了基石。

滎陽相持數年，屢遭挫敗，智勇俱困，實已超過了能夠支撐的限度。但是滎陽、成皋地勢之重要，關係著持久戰的成敗。在這裡，意志的力量占據了最重要的位置，能堅持則成，不能堅持則敗。這是考驗將帥的精神與意志力的時刻。漢王在此一關鍵時刻，能虛心採納其謀士的建議，以其最高

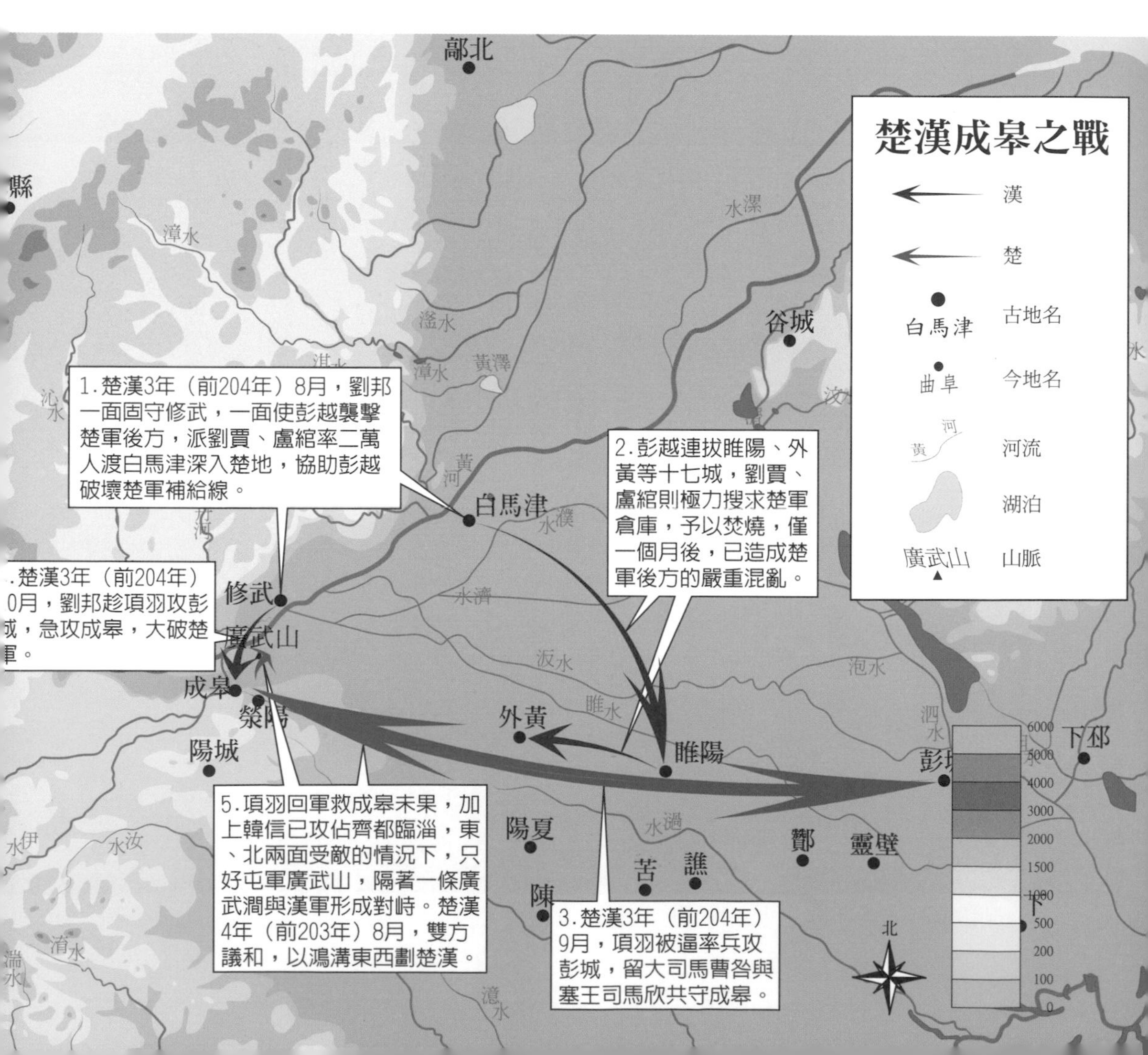

度的堅韌的意志，不屈不撓地堅持下去，重新進兵成皋、滎陽，促成其持久戰方略的成功，爲終於取得最後勝利奠定了基礎。

二、韓信破齊

在成皋之戰的同時，漢國大將韓信，在東北大破齊軍。

上年六月，漢王襲奪韓信軍，然後派他向東去攻打齊國。韓信在定趙燕向東進發的過程中，沿途收兵買馬，很快又發展了數萬部隊，直打到齊國邊境。

大軍壓境，齊國君臣驚恐萬分，緊急動員全國的力量，準備迎戰。

這個時候，酈食其正奉漢王之命出使齊國勸降。酈食其鼓動他那三寸不爛之舌，威脅利誘，終於說服了齊王歸順，並下令解除了歷下駐軍的戒備。齊王和群臣非常高興，天天和酈食其歡宴縱酒，誰也沒有想到，亡國之危就要來到了。

且說韓信率大軍臨壓齊國邊境，聽到酈食其已經說服了齊王，本打算撤兵。這時有個叫蒯徹的智囊前來勸說他：「將軍接受的命令只是攻擊齊國，您怎麼敢擅自行動，停止進攻？況且，酈食其不過一介書生，憑著三寸不爛之舌，居然一朝收復了齊國七十餘座城市；而大將軍您統帥大軍數萬，苦鬥拼殺，卻才制伏了趙國五十餘座城市。元帥幾年，竟然還不如一個舌辯之士！」韓信深以爲是，於是率軍渡過黃河。

漢四年冬十月，韓信大軍抵達歷下，突然發動了猛烈的進攻，遂大破歷下齊軍，然後長驅直入，直逼齊國首府臨淄。

齊王氣瘋了，下令烹殺了酈食其。齊國政府潰散瓦解，齊王逃到高密（今山東省高密縣西南）。韓信順利佔領了臨淄，然後追擊齊王田廣。田廣派人去向楚國求救。

直到這個時候，魏代燕趙全被平定，最後一個齊國也岌岌可危，家門不保，項羽才開始對北路的韓信警惕起來。他派了最強悍的大將龍且，率領號稱二十萬的大軍前往高密救齊。

有人說韓信爲了貪天之功，幾乎壞了漢王大事。其實漢王是不是故意派出酈食其迷惑齊王，給韓信大軍以可乘之機，也不一定。軍事上徹底摧毀，恐怕比完整保留齊國到底要好些。只不知那狂生酈食其自己是不是死得明白。

有人勸龍且堅壁不戰，只派齊王到各地號召，齊楚聯合打擊漢軍，可惜那龍且和項王一樣，驕狂傲慢，極端看不起韓信，又貪功心切，遂於漢四年十一月，與韓信在高密縣西的濰水展開大戰。韓信命軍士連夜用一萬多個沙袋，堵住濰水上游，然後下令騎將灌嬰率大軍渡河攻擊。龍且率軍迎戰，戰無幾何，灌嬰軍迅速敗退。龍且大喜過望，隨即指揮大軍猛烈追擊。

待楚軍進入濰水河床，早就守衛在上游的漢軍立刻撤除了沙壩，頓時，洪水像萬馬奔騰，從天而降！水中楚軍被洪水沖捲；佯退到西岸上的漢騎軍猛然回過頭來，猛烈反撲，亂軍之中，斬殺龍且；水東邊的楚軍一轟而散。韓信遂率大軍追逐敗北的楚軍，得到了大量俘虜，韓信軍的力量一下子增至十餘萬。

濰水一戰，殲滅了楚軍的一支精銳主力部隊，從此，楚軍再也沒有可以隨時運動的生力軍了。而漢國對楚國的北線包圍至此全部完成。這時是漢四年十一月。

去年韓信就已經爲張耳請求封爲趙王，漢王已經應允了，這個時候，就正式封張耳爲趙王。

韓信平定齊國後，派人向漢王請求說：「齊國這個國家向來狡詐虛僞，反覆無常，而它南方又和西楚國相鄰。如果不設立一個代理國王鎮撫他，局勢就不會穩定。請求您准許我作齊國假王（代理國王），這樣便於震懾，控制局勢」。

漢王此時正在滎陽前線，拆開使者呈上的信札，立時氣得七竅生煙，破口大罵道：「老子被困在這裡，日夜盼望你來解我之圍，你卻要私自立爲齊王」！

張良和陳平在旁邊，連忙在桌子下面踩了漢王一腳，附在他耳邊

公豆陶量，山東臨淄出土。高11.6公分、口徑14.9公分，容量1300毫升。廣口，深腹。壁上有印文兩處。一處陽文「公豆」二字。另一處陰文，字跡不清。此器當是戰國時齊國量器。

說：「我們被困在這裡，有什麼辦法阻止韓信稱王？不如就此機會順水推舟，立他為齊王，好好對待他，讓他服服帖帖，至少保持中立，為您獨力鎮守齊國。不這樣，就會發生巨變」！

漢王一聽，立刻轉怒為喜，又大聲罵道：「大丈夫平定了一個諸侯國，當然就是真王，做什麼假王」！

春二月，漢王派張良帶著國王印信，前往臨淄，宣布封韓信為齊王。儀式過後，張良又宣布了漢王的第二項命令：徵調韓信的部隊，開往廣武前沿，去抗拒楚軍。

三、廣武澗對峙

且說漢四年（前二〇三年）十月漢王奪回成皋，立即東去攻擊滎陽。滎陽守將是項羽部最英勇且有智謀的大將鐘離眛。漢軍將鐘離眛包圍在滎陽東郊，鐘離眛固守不戰。這時，項王在故魏國一連收復了十幾座被彭越攻占的城市，一聽成皋失守，即行撤退，西去滎陽。聽到項王回師，漢軍軍心大為震恐，馬上解圍，紛紛退回附近險要地段，加緊防守。項羽西撤，到達滎陽縣北面的廣武山，紮營築寨，與漢王隔廣武澗相對峙。

幾個月過去了，楚軍開始嘗到了「乏糧」的苦頭，丟失了敖倉，糧秣接應不上，所謂「丁壯苦軍旅，老弱罷轉漕（疲於運輸糧秣）」，項羽非常憂慮。就在這個時候，韓信殲滅了龍且部，項羽真正害怕了。這恐怕是他自出戰以來的第一次。

這一天，項羽叫人備了一副特制的大砧板，抬到廣武澗邊，把漢王的父親捆綁起來，放在砧板上。然後派人通知漢王說：「你如果再不投降，我就把你爹剁成肉醬烹了吃」！

漢王接到這個最後通牒，笑了一笑，對使者說：「請你回去告訴項王：『我與你曾共同接受義帝之命，讓我們親如兄弟。所以我爹就是你爹。如果你一定要烹殺你爹，就請分我一杯肉羹吃』」。

來人不敢隱瞞，回去將這話如實稟報了。項羽決沒有想到劉季這小子會這麼無賴，氣得他怒火萬丈，叫道：「行刑」！

軍士正待要動手，項伯在一旁勸阻了他。項伯說：「天下大事如何，我們無法預料。一個覬覦天下大權的人，根本不會考慮他爹的死活。把老頭殺掉，於我們絲毫無益，只會增加仇恨。依我之見，還是不殺為好。」項伯是叔父，而且此話也確有道理，項

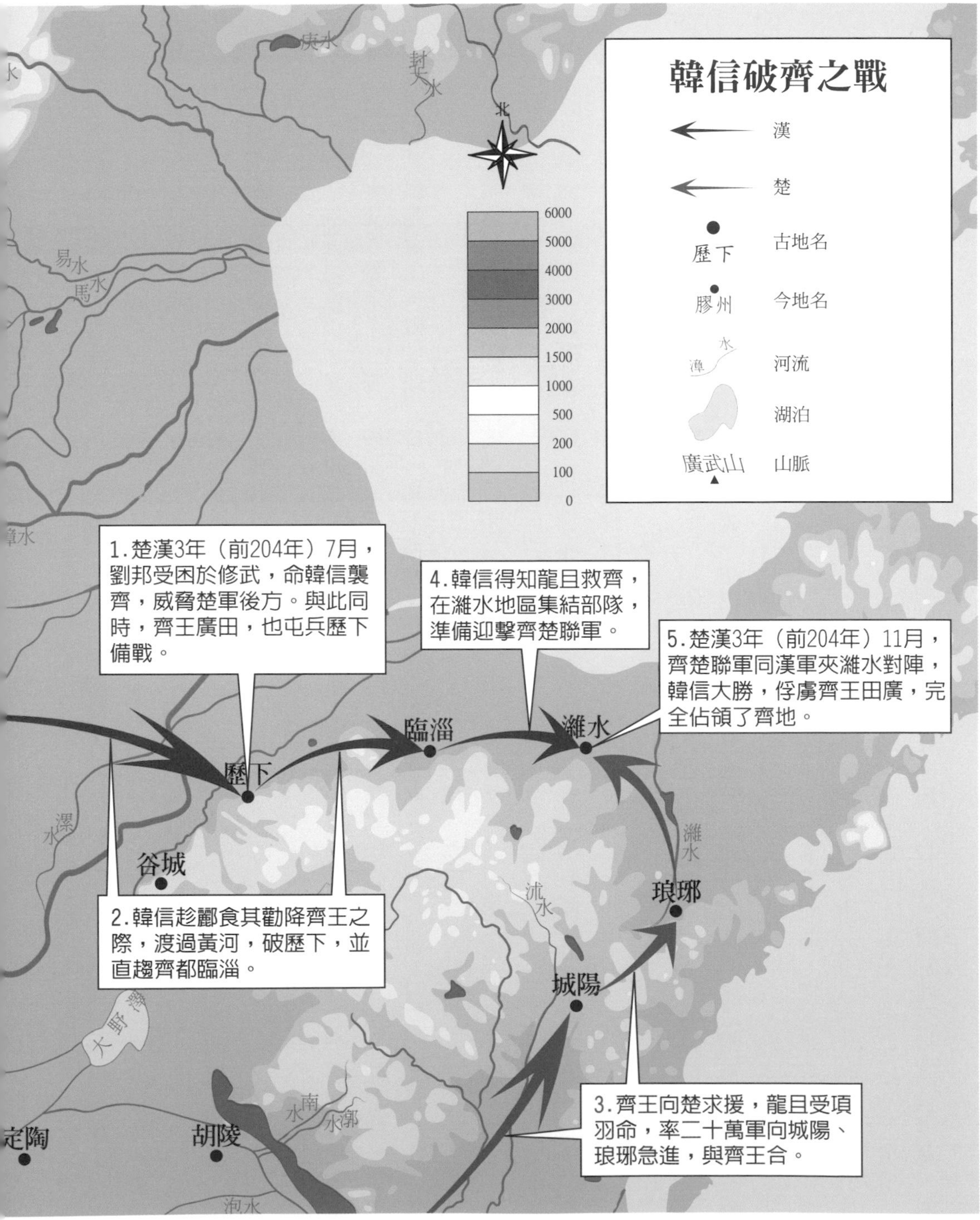

韓信破齊之戰

漢

楚

歷下 古地名

膠州 今地名

漳水 河流

湖泊

廣武山 山脈

6000
5000
4000
3000
2000
1500
1000
500
200
100
0

北

1.楚漢3年（前204年）7月，劉邦受困於修武，命韓信襲齊，威脅楚軍後方。與此同時，齊王廣田，也屯兵歷下備戰。

2.韓信趁酈食其勸降齊王之際，渡過黃河，破歷下，並直趨齊都臨淄。

3.齊王向楚求援，龍且受項羽命，率二十萬軍向城陽、琅琊急進，與齊王合。

4.韓信得知龍且救齊，在濰水地區集結部隊，準備迎擊齊楚聯軍。

5.楚漢3年（前204年）11月，齊楚聯軍同漢軍夾濰水對陣，韓信大勝，俘虜齊王田廣，完全佔領了齊地。

庚水
封大水
易水
馬水
漳水
漯水
濰水
沭水
南水
泗水
大野澤
歷下
臨淄
濰水
谷城
琅琊
城陽
定陶
胡陵

羽這才住手。

這一手沒有得逞，項羽煩躁不堪。他又隔著廣武澗對漢王說：「天下大亂已經好幾年了，這都是因爲你我二人相互搏鬥的緣故。我不想讓天下人跟著咱們倆受苦。我看不如這樣：我跟您，面對面，單獨相搏，決一雌雄！不必勞苦天下父老啦」！

漢王這回又笑了，他一口回絕說：「老弟，我只鬥智，不搏力」。

項羽命令楚軍中的三員戰將在廣武澗邊挑戰。漢軍中有一名樓煩部落的神射手，受命來到陣前，只見他滿搭弓，輕拈箭，彷佛看也不看，連發三箭，三員楚將應聲落馬！項羽大怒，立刻披掛鎧甲，手持鐵戟，馳馬上陣，向漢軍挑戰。那樓煩神射手拉弓搭箭，正待瞄準發射時，一眼看到項王怒睜重瞳雙目，盯視著他，目光直如電火，頓時嚇得膽戰心驚，竟然不敢正眼相看。項王大喝一聲，那射手頓時雙手顫抖，踉蹌逃回漢營，再不敢出來。這情景，皆被漢王看在眼裡，他好生奇怪，派人去打探，才知道對面的正是項王，心中不由得大爲震駭。

項王隻身立在陣前，威風凜凜，向漢軍大聲呼叫，再次提出要和漢王單獨決鬥。漢王當然不肯，他決定主動出擊了。他來到陣前，也開始高聲呼叫起來，他是向楚漢兩軍宣布項羽的十大罪狀：「第一，違背義帝約定，將我放逐到荒涼的巴蜀之地；第二，假冒義帝之命，殺死卿子冠軍宋義；第三，你奉命救趙之後，不回到國都復命，卻擅自脅迫諸侯進關；第四，違背懷王約定，焚燒秦國宮室，掘毀始皇墳墓，私盜其中財物；第五，你又毫無道理地殺害已經投降歸順的秦王子嬰；第六，你毫無信義地坑殺二十萬秦降卒，卻封其降將爲王；第七，你把好地方都封給諸侯手下的將領，卻把諸侯們遷徙到偏遠的地方，讓他們的臣下爭相反叛；第八，你驅逐義帝，卻將彭城作爲自己的國都，呑併韓魏楚，擴大自己的地盤，貪多無厭；第九，大逆不道，追殺義帝；第十，執政不公，信約不守，大逆不道，天下不容！我率正義之師與諸侯一起討伐你這暴賊！只須讓那些刑徒來打死你就足夠了，你怎敢向我叫陣」！

項羽越聽越氣，及至聽到最後

廣武古戰場壁壘森嚴的戰鬥氣勢。遠望它，耳邊似乎隱隱聽到激越的金戈撞擊聲，悲壯的鐵馬嘶鳴聲，慘烈的將士喊殺聲。

這句話，直氣得暴跳如雷，起身抽弓，「嗖」地一箭，正射中漢王前胸。漢王「啊！」地一聲栽到馬下。

就在落下馬的刹那間，漢王清醒地意識到：「我可不能倒下！軍心！」一落地，他馬上捂住腳，大叫道：「那賊子射中了我的腳趾」！

漢王傷勢嚴重，起不了床，軍中開始紛紛傳出謠言，軍心有所動搖。張良來到漢王病榻前，懇請漢王一定要勉強起身，走到大營外面去巡視，慰勞士兵，安定軍心，以免楚軍趁機攻擊取勝。漢王按照張良的謀劃，掙扎起身，忍著病痛，強裝笑臉，在整個漢軍營地中巡視了一番。軍心果然安定下來了。但是這一來，漢王的傷病更嚴重了，他只好回到成皋大營治療休養。

創傷還沒有痊癒，他就又開拔了，這一次他是先回到關中，來到國都櫟陽，設酒宴慰問當地父老，把原塞王司馬欣的首級掛在櫟陽街頭示眾。櫟陽原是塞王的首府，將他的人頭懸掛在這裡，既是一種威懾，也是一種號召，因爲關中的百姓都恨透了這幾個故秦降將。

漢王在櫟陽只停留了四天，安定後方民心，督促徵召軍隊的任務完成後，就又回到了成皋前線，仍然駐紮在廣武營地。這時候，關中增援的士兵，也隨著漢王，一批接一批地出關來，開赴前線。

四、韓信拒分天下

這個時候，項羽的日子更不好過。他一面要正面與漢王對峙，一面還要不斷回身去平定後方的變亂。尤其是韓信大破龍且，現率領大軍鎮駐在齊楚邊境上，隨時可以進攻楚軍，項羽感到十分恐懼。於是，他派盱眙人武涉前去遊說韓信，想說服韓信叛漢自立。

武涉來求見，勸韓信脫離漢王，與西楚和解，三分天下。他長篇大論，中心內容是談漢王的爲人，如何貪得無厭，背信棄義，忘恩負義，不可信賴。他指出，韓信之所以至今仍能夠存活，就是因爲還有項王在。他明確告訴韓信：「現在劉、項爭奪天下，輕重全在將軍，您向右投手則劉邦勝，向左投手則項羽勝。倘若今天項王覆滅，那麼，明天就輪到大將軍您。」但是韓信拒絕了。

他說：「我侍奉項王，官不過郎中，職位不過是個執戟的衛士，進言不聽，獻策不用，這才背楚歸漢，漢王授我上將軍印信，交我數萬人馬，解衣給我穿，分食給我吃，對我言聽計從，因此我才能夠到達這步田

楚漢相持

當此時，彭越數反梁地，絕楚糧食，項王患之。為高俎，置太公其上，告漢王曰：「今不急下，吾烹太公。」漢王曰：「吾與項羽俱北面受命懷王，曰『約為兄弟』，吾翁即若翁，必欲烹而翁，則幸分我一桮羹。」項王怒，欲殺之。項伯曰：「天下事未可知，且為天下者不顧家，雖殺之無益，只益禍耳。」項王從之。

楚漢久相持未決，丁壯苦軍旅，老弱罷轉漕。項王謂漢王曰：「天下匈匈數歲者，徒以吾兩人耳，願與漢王挑戰決雌雄，毋徒苦天下之民父子為也。」漢王笑謝曰：「吾寧鬥智，不能鬥力。」項王令壯士出挑戰。漢有善騎射者樓煩，楚挑戰三合，樓煩輒射殺之。項王大怒，乃自被甲持戟挑戰。樓煩欲射之，項王瞋目叱之，樓煩目不敢視，手不敢發，遂走還入壁，不敢復出。漢王使人閒問之，乃項王也。漢王大驚。於是項王乃即漢王相與臨廣武閒而語。漢王數之，項王怒，欲一戰。漢王不聽，項王伏弩射中漢王。漢王傷，走入成皋。《史記・項羽本紀》

地。別人對我這樣親近信任，我背叛他，定會不吉祥。請您替我向項王謝罪」。

楚使走了，齊國智士蒯徹，知道天下局勢的關鍵在於韓信，就以相面為名來勸說韓信。他說：「相您的『面』，不過封侯，而且還大有危險；相您的『背』，貴不可言」。

韓信心裡一驚：「您這是什麼意思」？

於是蒯徹為韓信分析天下的形勢，尤其指出，漢王現在是受挫折銳，不能自救。「當今兩主之命懸於足下」，勸他「莫若兩利而俱存之，三分天下，鼎足而居」。蒯徹尤其分析了韓信的有利條件：才高望重，軍力強大，據強齊，挾燕趙，如果出兵楚漢牽制他們的後方，然後再西向去制止楚漢紛爭，這樣，「天下諸侯必定會聞風響應，誰敢不從」！

但是蒯徹幾勸，韓信都沒有下決心。蒯徹用文種范蠡助勾踐成霸業結果身死逃亡的前車之鑒警告他，野獸已盡而獵狗就該烹殺了。「今足下戴震之威，挾不賞之功」，卻又「在人臣之位」，「竊為足下危矣」！

但是韓信始終猶豫，這裡有不忍——「漢王遇我甚厚」。他對蒯徹說：「我聽說，乘人家車子的要承擔人家的禍患，穿人家衣服的要懷想著人家的憂慮，吃人家飯的要替別人去死。我怎麼能夠為了私利而背叛別人的恩德呢？」當然，他畢竟是「素有大志」要「成就大業」的人物，這份猶豫，肯定有利益的考慮，有對形勢的估計。最後的結果是韓信終於沒有脫離漢王。蒯徹見此，知道韓信決無好下場，自己也定會受牽累，就從此裝瘋賣癲，在街頭給人算命卜卦，再不過問世上政事。

韓信的拒絕，使項羽越發困頓。這時，漢王又不斷加強政治攻勢：春二月，封韓信為齊王之後，秋七月，封英布為淮南王（首府壽陽，即今安徽省壽縣）。擢升周昌為御使大夫，周昌是滎陽被項羽烹殺的周苛的弟弟。漢王下令，軍士不幸陣亡，由漢政府負責置備喪服壽材，轉送其家屬。這項措施，深得民心。

而項羽這邊，糧秣即將斷絕，

鐵戟，西漢，西安市漢長安城武庫遺址出土，陝西歷史博物館藏。

又沒有盟友相助，前方後方都吃緊，項羽真正憂煩不堪。這個時候，漢王兩次派來特使，請求項王交還他的老父親劉太公、妻子呂雉和其他家眷。於是，項羽就利用這個接觸機會，主動與漢王談判，提出以鴻溝爲界，平分天下，鴻溝以西劃歸漢國，鴻溝以東歸楚。漢王同意了。於是雙方訂立盟約，鴻溝爲界，劃分天下。兩國友好，永不侵犯。

漢四年（前二〇三年）九月，項羽用盛大典禮將漢王的父親和漢王的正妻呂雉送還漢王。隨即率軍東撤。

五、垓下決戰

漢五年（前二〇二年），歲首，十月，漢王背棄盟約，向東追擊後撤的西楚霸王項羽。

上個月，訂立了鴻溝爲界，永結友好的盟約，項羽恭恭敬敬送還了漢王的寶眷，即行東撤。漢王也打算撤軍西去，回到關中。張良、陳平獻計說：「我們漢國已經擁有了天下多一半的土地，各地首領都已經歸順，兵力強盛，後方平定；而楚國兵力已經疲弱，糧秣已盡，這正是上天要滅亡楚國的時候。我們如果今天不乘勝追擊，一舉擊潰項王，那麼等到他回到楚國，得到時間喘息休整，養精蓄銳，那無異於養虎爲患了！」漢王大悟，遂決定乘勝追擊。

大軍追到陽夏南面，漢王派人去和齊王韓信、建成侯彭越約定日期，準備在固陵會合起來共同打擊楚軍。但是，漢王率軍抵達了固陵（邑名，在今河南省太康縣南），韓信、彭越卻沒有來會合。漢王只得孤軍作戰。憤怒的項羽指揮著大軍猛烈反攻，漢軍大敗。漢王倉皇退回，在營寨周圍深深地挖了一遭壕溝，固守營寨，再不敢出戰。

漢王反攻受挫，他怎麼也想不明白韓信、彭越爲什麼不來與他會合，貽誤戰機，致使他孤軍深入，大敗而歸。百思不解之中，他問張良：「已經訂立了約

戟

戟是一種中國古代的兵器，為戈、矛、鉞混合的武器，兼有鉤、剢、劃、刳、刺、刺六功能，裝於木柄或竹柄上，在柄前有直刃和橫刃，因此可作為矛進行刺殺，同時亦可作為戈用於車戰。從周代初年（約西元前一一二〇年）的木槨墓，曾出土了九支戟，為目前所發現最早的戟，戟在漢朝仍作為重要的武器，魏晉南北朝以後漸被長槍取代，較少使用於戰場上，轉而為儀仗、衛門的器物。

河南滎陽漢霸二王城間的古鴻溝。

期，諸侯們不遵從，您說該怎麼辦」？

張良說：「楚軍覆亡在即，而韓信、彭越還沒有封地，他們不來是必然的。大王您如果能和他們共分天下，他們可以立即就到。如果不能，那麼事態的發展就不可預知了。韓信雖然封了齊王，但不是出於您的本意，他自然心中不踏實；彭越一直在故魏國土地上攻城略地，現在魏王魏豹已經死了，可是彭越至今還沒有受封。如果您捨得分割這些土地，把從陳縣（河南省淮陽縣）以東直到海濱的地方全封給韓信，把從睢陽（河南省商丘縣）以北直到谷城（山東省平陰縣東阿鎮）的地區封給彭越，使他們爲獲得自己的封地而戰，那麼楚國敗亡在即」。

漢王說：「好！」馬上依照張良的建議，封王，劃地。使者到達，韓信、彭越都情不自禁地說：「請允許我立即進軍！」不久，韓信、彭越分別率領大軍前來會合。

十一月，漢將劉賈率軍南渡淮河，包圍壽春（今安徽省壽縣），派人勸降楚軍大司馬周殷，周殷舉城投降。周殷投降後，就率領舒城（安徽省盧江縣）軍攻陷了六邑（今安徽省六安），屠城。然後集結九江軍，迎接英布。行軍至城父（今安徽省亳州東南），屠城。然後與劉賈會合。至此，除最勇猛的英布外，項王的幾位骨鯁之臣，范增被驅逐，龍且戰死，周殷投降，只剩了一個鐘離昧。

十二月，西楚霸王項羽率領軍隊抵達垓下，築起營壘。漢軍韓信、彭越、劉賈、英布、周殷等也都開赴垓下會合，直指項王。垓下在今安徽省靈壁縣東南沱河北岸，高岡絕壁，地勢險要。漢諸侯軍將楚軍層層包圍起來。楚軍此時大約只有十萬人，兵少糧盡。漢軍韓信率領三十萬大軍獨當正面，他的兩位部下孔將軍居左翼，費將軍居右翼；漢王領兵在韓信大軍後面，絳侯周勃、將軍柴武率部殿後。韓信首先從正面向楚軍發動攻擊，不利，退下；孔、費兩位將軍乘勢從左右兩面掩殺過來，楚軍招架不住，向後退卻；這時韓信又率軍反過身來，三方夾擊，楚軍大敗。

項王百戰百勝的神勇氣概，此時業已不再，楚軍退守垓下營壁，被漢軍重重包圍，密不透風。項王內無糧草，外無救兵，坐臥不安，苦思無計。入夜，項王突然聽到四面漢軍都唱起了楚歌，臉色大變，說到：「難道漢軍

安徽蚌埠，靈璧縣，垓下遺址。

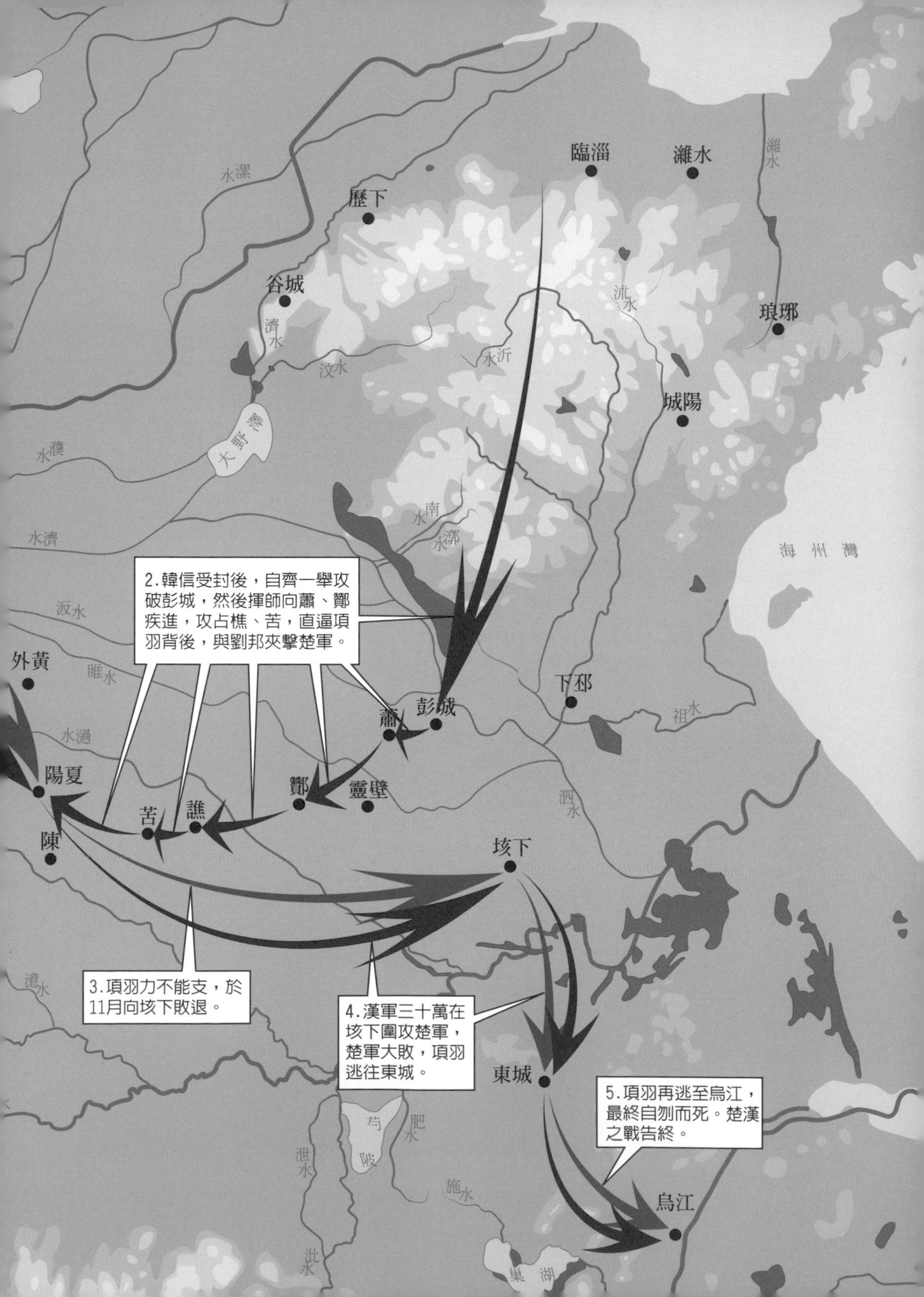
臨淄
濰水
濰水
水漯
歷下
谷城
濟水
汶水
沭水
水沂
琅琊
城陽
大野澤
水濮
水南
水濟
水漷
海州灣
2.韓信受封後，自齊一舉攻破彭城，然後揮師向蕭、酇疾進，攻占樵、苦，直逼項羽背後，與劉邦夾擊楚軍。
汳水
外黃
睢水
下邳
彭城
蕭
祖水
水過
陽夏
酇
靈璧
苦
譙
泗水
陳
垓下
3.項羽力不能支，於11月向垓下敗退。
4.漢軍三十萬在垓下圍攻楚軍，楚軍大敗，項羽逃往東城。
澮水
東城
5.項羽再逃至烏江，最終自刎而死。楚漢之戰告終。
芍陂
肥水
泄水
施水
烏江
沘水
巢湖

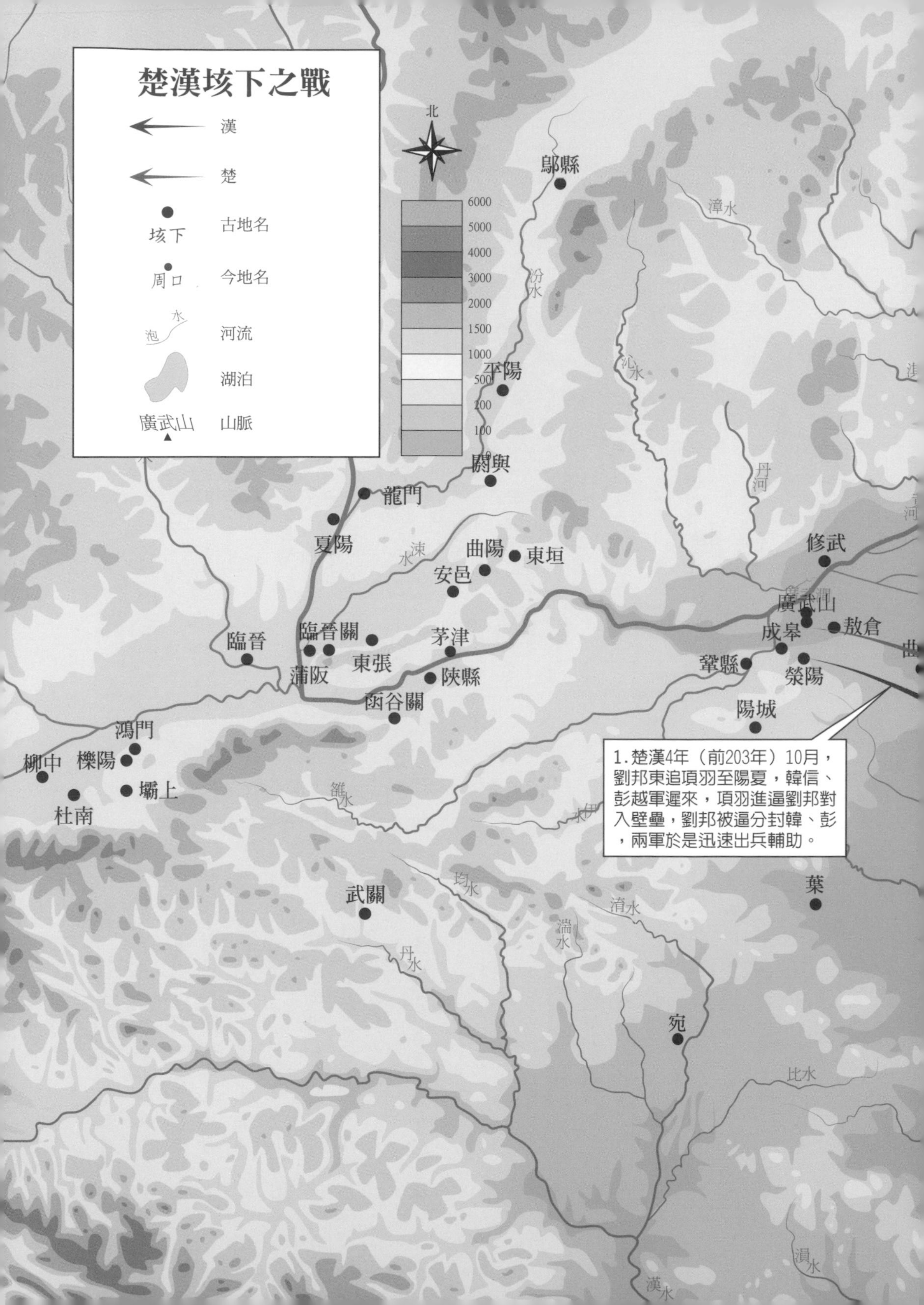

楚漢垓下之戰
漢
楚
垓下 古地名
周口 今地名
泡 水 河流
湖泊
廣武山 山脈
北
6000
5000
4000
3000
2000
1500
1000
500
200
100
鄔縣
漳水
汾水
沁水
平陽
丹河
廁與
龍門
夏陽
涑水
曲陽
東垣
安邑
修武
廣武山
敖倉
成皋
臨晉
臨晉關
茅津
東張
蒲阪
陝縣
鞏縣
滎陽
函谷關
陽城
鴻門
櫟陽
柳中
霸上
杜南
雒水
伊水
1.楚漢4年（前203年）10月，劉邦東追項羽至陽夏，韓信、彭越軍遲來，項羽進逼劉邦對入壁壘，劉邦被逼分封韓、彭，兩軍於是迅速出兵輔助。
葉
武關
均水
淯水
湍水
丹水
宛
比水
溳水
漢水

清末民初，蘇州桃花塢戲齣年畫：《霸王別姬》。描繪西楚霸王項羽與虞姬訣別時的場景。

已把我西楚國的領地全部征服？為什麼軍中的楚人這麼多？」夜半，他無法安睡，寵妃虞姬陪伴在側，愛馬烏騅在虎帳外嘶鳴，他想將馬趕走，那烏騅卻通人性似的，用鼻吻貼著他，不肯離去。面對著虞姬和烏騅，他不僅涕泗橫流，起身舞劍，慷慨悲歌：

力拔山兮氣蓋世，時不利兮騅不逝。

騅不逝兮可奈何，虞兮虞兮奈若何！

項王連唱幾遍，兩行熱淚滾滾而下。左右也都難以控制，伏跪在地，痛哭失聲，不敢仰視。虞姬向漢王深深一拜，翩然起舞，邊舞邊與項王歌聲應和。舞罷，虞姬揮劍自刎，鮮血染紅了虎帳。項王痛哭，畢，跨上烏騅，率八百親騎兵，乘月黑夜深，向南突圍。

　天亮，漢王發覺項羽逃走，立即命令灌嬰率輕騎兵五千追擊。項王逃到陰陵（今安徽省定遠縣西北）時，身邊只剩了一百多人，倉皇之中迷了路，向一個農夫問路，農夫故意騙他，向左一指，項王左轉，遂陷入一片大沼澤之中，因而被漢軍灌嬰追上。

　這個時候，項王身後只有二十八騎了，而漢軍追兵竟有幾千。項王知道他出逃無望，於是告訴身邊這二十八位騎士時：「我自起兵以來，時歷八載，身經七十餘戰，從來沒有失利過，遂統一全國，獨霸天下。今天被困在這裡，此天之亡我，非戰之罪也！今天唯有一死。我現在要突出重圍，斬殺敵將，砍倒敵人軍旗，用這三項戰果向你們證明，是上天要亡我，不是我仗打得不好！」說罷項王大吼一聲，直如狂飆飛揚，衝刺下山，漢軍隨之紛紛倒下。漢郎中騎楊喜，鼓膽追趕，項王暴眼怒睜，一聲斷喝，如同霹靂，楊喜人馬俱驚，一下子倒退了好幾里。項王接連斬殺漢幾員將領，漢軍驚魂動魄，沒有人敢上前。

　項王一路衝殺，最後退到烏江（今安徽省和縣東北）邊上。烏江亭長划了一條小船，要接他過江。烏江亭長說：「江東雖小，總還有方圓千里的土地，有數十萬民眾，足以稱王了。您快點上船吧！除了我，沒有別的船，漢軍追不上您」！

　項王慘笑道：「上天要滅亡我，我又何必渡江？想當初，我率江東子弟八千人渡江西征，今天我孤身而返，縱然江東父老憐憫我，仍然推我爲王，我又有什麼面目去見江東父老呢？」他跳下馬，摩挲了幾下烏騅的臉，說：「我知道你是位厚道長者，這匹馬，我騎了五年，所向無敵，曾經日行千里，實在不忍殺它，就賜送給你吧！」說罷，將愛馬烏騅送給這位亭長，返身徒步馳入漢軍追兵陣中，接連斬殺數百人，自己也身受十餘處創傷。

虎帳

1.舊時指將軍的營帳。唐・王建《寄汴州令狐相公》詩：「三軍江口擁雙旌，虎帳長開自教兵。」宋・邵雍《和人聞韓魏公出鎮永興過洛》：「虎帳夜寒心益壯，鳳池波暖位猶空。」明・錢邦芑《送侯若孩從軍》詩：「大帥龍堆朝卷幔，書生虎帳夜談兵。」

2.用虎皮編成的大幄。宋・陸游《南唐書・徐知諤傳》：「一日遊蒜山，除地為場，連虎皮為大幄，號虎帳。」

漢騎兵圍著滿身血痕的項王，卻沒有誰敢殺上去。項王一眼瞥見漢騎司馬呂馬童，就笑喝道：「你不是我的老友嗎」？

呂馬童大吃一驚，回身指著項王對中郎騎王翳說：「他就是項羽」！

項王說：「我聽說劉季用黃金千斤購買我的人頭，封萬戶侯爵。現在我就來成全你！」說罷，拔劍自刎。

王翳割下項王的人頭，其餘漢將和騎兵一哄而上，爭奪尸體，相互踐踏殘殺。最後楊喜、呂馬童、郎中呂勝、楊武各得項王一個肢體。拿回去一湊，正是項王。於是漢王將他們五人一律封侯，每人分得二千戶。漢王命灌嬰率騎兵追殺楚國敗軍，斬首八萬，終於徹底平定了楚國。

面對失敗和死亡，項羽表現了最後的英雄氣概，他以那獨有的力拔山氣概世的英雄形象，以他那悲壯的死，千百年來，永遠鑄入中國人民的心中，這是一曲久久低迴的蒼涼挽歌。項羽的死，也預示了上古崇武尚力的時代的結束。

楚漢戰爭，歷時五年，大戰七十餘，小戰四十。開始時，項羽兵四十萬，號稱百萬，地廣糧足。劉邦兵十萬，屈於西南一隅。然而不到五年時光，劉邦從弱變強，由小變大，終於戰勝了不可一世的西楚霸王，這是有其各方面原因的。

項羽失敗的主要原因，在於過度相信武力，自恃強勇，在戰略上，他自棄優越關中之地，恃武輕敵，被漢王牽住鼻子來回運動。他尤其不懂政治，不知道爭

安徽和縣烏江，項羽自刎處的拋首石。在項羽自刎處，後人立一巨石，名「拋首石」，傳項羽身負重傷仍力敵漢兵之時，忽見一故友——漢將騎司馬呂馬童，便說：「吾聞漢購我頭千金，邑萬戶，賜吾頭與汝。」言罷，橫劍自刎！後項羽遺體被漢將分為數塊，奪得者均封侯，項羽故友呂馬童封為中水侯。

取民心盟友。初平天下時，分封諸侯不公不當，尤其是對六國之後沒有嚴密有效地控制，遂給劉邦以可乘之機。鴻門縱劉邦，又不建都關中，以將劉邦遏制在蜀漢之地，遂使劉邦回定三秦，並逐步滋長起來。他一系列的政治錯誤，如逐殺義帝，坑殺降卒，動輒屠城，濫殺無辜，不知重用人材，遭敵離間等等，終於導致了他的滅亡。

西楚國全部投降，只有魯城（今山東省曲阜市）繼續抵抗，不肯投降。漢王大怒，立即率領軍隊北上，發誓攻下魯城，一舉屠城。據說就在漢王率領軍隊準備進攻的時候，忽然聽到城中傳出來樂聲和讀書聲，心中大爲感動，讚揚魯城爲他們的君王效忠的行爲，嘉許魯城是禮儀之邦。於是，他命人將項王的頭顱挑起來給魯城的父老們看，魯城人這才投降。魯城是當初楚懷王封給項羽的封邑，賜他魯公爵號。因此漢王用埋葬魯公的禮儀，把項王埋葬在谷城（今山東省曲阜西北的小谷城）。漢王親自主持祭禮，哀慟哭泣。禮畢，漢王命令保護項王的所有宗族，一律不得誅殺。封項伯等四位項氏族人爲侯爵，項伯射陽侯，項襄桃侯，項它平皋侯，還有一位玄武侯，俱賜姓劉。命將所有被劫掠的楚國各地百姓，一律遣送還鄉。

漢王勝利凱旋，來到定陶（今山東省定陶），突然闖進韓信大營，奪取了他的印信，接管了他的部隊。

歷時五年的楚漢戰爭結束了。

吊人青銅矛，西漢，1955～1960年雲南晉寧石寨山出土。

馬形青銅飾，西漢，1956年遼寧西豐西岔溝出土。

第十二章 登極伊始

一、定陶登極

漢五年（前二〇二年）十二月，漢王垓下大敗楚軍，斬殺項羽，徹底平定西楚國。

春正月，諸侯將相由齊王韓信領銜上書，推尊漢王爲皇帝。漢王推辭說：「我聽說只有賢德的人才能夠享有皇帝的尊稱。空言虛語，實際沒有達到那樣的標準，就不要去求取。我不敢承擔皇帝的位號」。

大臣們都說：「大王您起於平民，誅滅殘暴逆賊，終於平定了四海。大王對於有功之臣，賞以土地，封以王侯，如果您不接受皇帝的封號，人們就不會相信您的封賞。我們願以死來堅持這一建議」！

漢王再三謙辭，大臣們堅持不讓，漢王只得同意了，說：「我明白，大家堅持認爲這樣有利，

定陶

定陶古稱陶，又名陶丘，是一座歷史悠久的古城，早在四千多年前的新石器時代，人類就在這裡漁獵耕種，繁衍生息。自春秋至西漢八百多年間，一直是中原地區的水陸交通中心和全國性經濟都會，享有「天下之中」的美譽。堯、舜時期為古陶國。夏商有三朡國。西元前十二世紀，周武王封其六弟振鐸為曹伯，建曹國，都陶丘。據《史記》載：春秋末期，范蠡助越滅吳後，輾轉至陶，「以陶為天下之中」，遂在此定居經商，「十九年間，三致千金」，被後人尊為商祖，死後葬於陶，定陶之名由此而始。西元前二二一年（秦始皇二十六年）始置定陶縣。歷史上曾十二次為國，八次為郡，二次置軍，終以縣至今。

是以天下爲重。」於是著博士叔孫通恭選吉日，獻上尊號。

二月甲午日（一說申午），漢王在汜水（濟水支流，流經山東省曹縣北，是曹縣與定陶的界河）北岸，築壇即位，稱皇帝。妻子呂雉本稱王后，改稱皇后，嫡子劉盈本稱太子，現改稱皇太子。追尊其母爲「昭靈夫人」。漢皇帝死後被追謚爲高祖，所以從這篇開始，我們就稱呼他爲高帝了。

即位伊始，高帝做的第一件事是下詔徙齊王韓信爲楚王。詔書說：「楚地已經平定，義帝沒有後人，需要確立君主以撫慰楚地的民眾。齊王韓信本爲楚人，熟悉楚地民情風俗，改立他爲楚王，統轄淮北地區，建都下邳。」改封楚王，理由非常充分，實則齊地素有「東秦」之稱，富饒豐腴，地形又左山右海，易於獨立，韓信在那裡，無法使人放心。在此之前，垓下硝煙還未消散，漢王即第二次以突然襲擊的方式奪回韓信的軍權。韓信至此不會不明白高帝對他之不信任了，不過後悔也晚了。

漢高祖劉邦臨朝彩塑，河南永城芒山漢興園大漢殿。

高帝又下詔封彭越爲梁王，建都定陶。韓王韓信仍爲韓王，建都陽翟；改封衡山王吳芮爲長沙王，建都臨湘；淮南王英布、燕王臧荼、趙王張敖仍保持原有的封號不變。

五月，定都洛陽。各諸侯國都來朝拜稱臣。

登極伊始，對於舊有的敵對勢力，他以鏟除爲主，對有用的加以籠絡。全中國只有臨江王共歡忠於項羽，不肯投降，高祖派盧綰、劉賈圍攻，共歡頑抗，幾個月後才投降。押解到洛陽，高帝毫不憐惜，下詔斬殺。

齊國被韓信破滅之後，齊相田橫曾自稱齊王，窮途之中，投奔了彭越。彭越被策封梁王，田橫害怕，就逃遁到大海中一個小島上。漢高祖認爲，田氏兄弟在故齊國地域勢力深廣雄厚，久之恐會發生變亂。於是宣布赦免，並派人前去小島，徵召他前往洛陽。

田橫拒絕說：「我曾烹殺皇帝的使者酈食其，而今他的親弟弟酈食商在皇帝身邊擔任大將，我心裡害怕，不敢接受皇帝的詔令。請允許我以一個平民的身份，老死在齊國這個小島上」。

使者回來如實稟報。酈食商這時正在漢高祖身邊擔任衛尉，高帝警告他說：「田橫即將前來，包括他的侍從人馬，你敢碰他們一個手指頭，我滅你酈食全族！」酈食商噤聲。

漢高祖再派使者持節（一根長竿，頂端紮牛尾，手持節，代表皇帝御駕親征，具有絕對權威）前往，通報自己的決定，同時警告他：「你田橫來洛陽，大者封王，小者侯爵。你若固執不來，將以大軍誅伐」！

名爲招安，許以利祿，實則以勢壓迫，逼他就範。田橫沒有選擇的餘地，只得跟隨使者西去。走到離洛陽三十里地的尸鄉（今河南省偃師縣城西），對隨從說：「昔日我與劉邦皆稱孤道寡。今天他爲天子，我須向他頂禮膜拜，這種恥辱我無法忍受。況且我烹殺了人家的兄長，卻與弟弟並肩起坐，即使其攝於皇帝的威嚴，不敢動手，我亦內愧於心。劉邦召我，無非是一定親見我來到洛陽他才放心。現在你們砍下我的人頭給他送去。騎馬急馳三十里，相貌依然清晰可辨。」說罷，舉劍自刎。

徐悲鴻畫作：《田橫五百士》，1928年～1930年繪，197公分×349公分，中國徐悲鴻紀念館藏。描繪漢初，秦末起義首領田橫啓程見劉邦，與五百壯士訣別的場景。

兩位隨從捧著田橫的首級，跟隨使者，飛赴洛陽。高祖見此情景，不禁傷感落淚，說：「田橫起於市井，而兄弟三人，全都當王，豈不是奇才！」下令任二位隨從爲都尉。然後派兩千士兵護衛著田橫的尸體，以國王的禮儀埋葬了他。

田橫安葬後，兩位隨從就在田橫墓邊挖掘了兩個墓坑，自刎殉橫。小島上那五百人聞訊也全部自殺。這就是兩千年來流傳不已的「田橫五百壯士」的故事。

楚人季布，爲項羽的悍將，他在戰場上曾屢次困窘帝祖，使其受大驚，蒙大辱。項羽死後，高祖懸賞黃金千斤捉拿季布，而且下令，有膽敢窩藏季布的，誅殺三族！

季布被追捕得走投無路，只好自己剃光頭髮，頸戴鎖鏈，自賣給魯城朱家作奴隸。那朱家是遠近聞名的俠義之士，他明知這是天子嚴加追捕的要犯季布，但仍把他買下，安置在田舍中，並囑家人毋得以奴隸對待。然後，他親自到首都洛陽，求見滕公夏侯嬰，直言相告：「季布有什麼罪？人各爲其主，這是應盡的責任。項羽的族人部下難道能都殺光嗎？皇帝剛剛平定天下，如果爲了一己的私怨，去跟一個亡國將領計較，豈不是心胸太過狹窄了嗎？況且，以季布之能，如果逼之過急，他不向北投胡，就會向南投越。不知道任用英雄豪傑，反而逼他去幫助敵人，這就是當年楚平王之所以被伍子胥鞭尸的原因」。

一番話把個滕公說得心悅誠服，於是他尋機稟告，高帝深以爲是，於是下令赦免季布，召見他並委以郎中。季布感激涕零，自此忠心耿耿侍奉高祖惠帝，成爲漢初名將。

季布的母弟（舅舅）丁公，也是項羽的大將，漢王彭城潰敗，丁公急追，已然短兵相接，漢王向丁公乞求道：「你我二人，都是一代賢才，今日留我一條活路，他日定將厚報！」丁公遂手下留情。待項羽覆滅，丁公晉謁。他以爲漢王定會感恩厚遇，誰知漢王一見他，突然翻臉，下令左右：「捆起來！巡迴示眾！」軍吏將其押解各處軍營，宣讀罪狀：「身爲項王麾下，竟生貳心，使項王失去天下的就是他這種人！」然後當眾斬首。高帝說：「這樣做是爲使後世做臣子的，再不要效法丁公」。

想高帝從豐沛起兵，網羅豪傑，招降納叛，張良、韓信、陳平、英布，哪個不是叛主歸漢？倘若沒有這些人，怎麼會有他的今天？爲什麼獨獨丁公受到這種待遇？司馬光認爲，進取守成，形勢截然不同。此種做法，是漢高祖的深遠謀略，是使漢國運長遠，子孫享受權位四百餘年的根本原因。這話有些道理。

當群雄馳騁疆場，爭奪天下時，人們並沒有固定的主人。誰一旦有了機會出頭，他就有可能成爲主人；誰越有本事招降納叛，誰勝利的可能性就越大，所以對於前來投奔的人，不管是誰，一律接受。

但是等到統一天下，作了皇帝，情況就完全改變了：四海之內，皆爲子民，這個時候，如果不強調禮教仁義，臣民們還像過去一樣，心懷二志，各謀私利，那麼高帝奮力建起的這個國家，豈能長治久安？現在劉邦是大漢皇帝，而不是一個區區漢王了。這就是丁公有恩於他反而受戮的原因。高帝以此向天下昭示：大義是子民的行爲標準。背叛主人，去私結個人恩德，連新主人都不會饒恕你！殺雞駭猴，殺一個丁公，讓天下人恐懼，再不敢效法丁公。這是漢高祖的深謀遠慮，也是他寡恩薄義的突出表現。倒霉的是那個丁公，悔之晚矣。

漢初三傑圖軸，紙本設色，清代畫家蘇六朋（1791～1862年）繪。

對季布的寬大，與其說表現了高帝的寬厚豁達，其實只是政治家的政治需要而已，而對其舅丁公，亦不過是異曲同工而已。有人說這只是一種二、三流的權術，不過漢高祖的高明在於恰當地把握時機。對田橫，他則同時使用了這兩手。田橫不自殺也沒有好下場，他自己心中是清楚的。倒是那五百壯士，以自己的鮮血和生命譜寫了一曲忠貞不二的慷慨悲歌，千載之下，爲人民傳誦。當然，他們也使當時和後代的多少帝王、「人主」得了說不盡的好處。

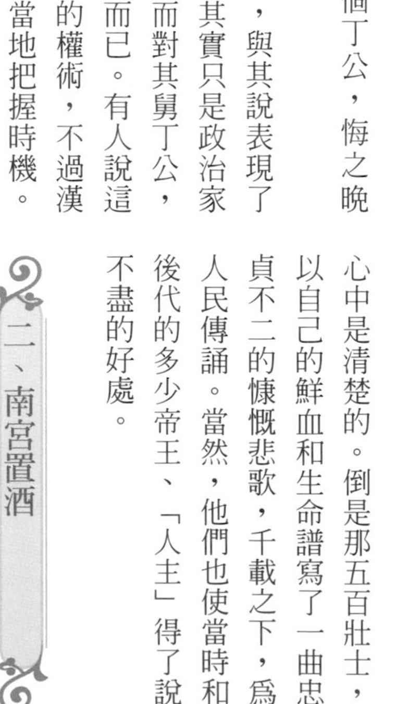

二一、南宮置酒

夏五月，高帝在洛陽南宮大擺

慶功酒宴，款待王侯將相、高級官員。酒酣耳熱之時，高祖說：「今天我想向諸位請教一個問題，請大家說一說心裡話，一點都不要隱瞞：爲什麼我能夠戰勝項羽，得到天下？項羽爲什麼會失敗」？

此話一出，頓時像開了鍋，群臣一個接一個地站起來，慷慨激昂地發表自己的看法。高起、王陵的意見最有代表性：「陛下您性情傲慢，動輒侮辱別人，而且毫不在意；項羽性情仁厚，平時很注意關懷、愛護別人。但是，有一點他與陛下有天壤之別：陛下派人攻城略地，攻陷之後，就封給有功之臣，與大家共享利益；而項羽卻妒賢嫉能，誰有功就陷害他，誰賢能就猜忌他，打了勝仗不給記功行賞，得了土地不給封賜好處，這就是他之所以失去天下的原因」。

婁敬

婁敬，漢高祖賜姓「劉」後改名劉敬，生卒年不詳，西漢初齊國盧（今山東省濟南長清）人。婁敬是齊國的戍卒，被發往隴西（今甘肅一帶）戍邊，同鄉虞將軍引薦他見劉邦，力陳都城不宜建洛陽而應在關中。劉邦疑而未決，張良明言以建都關中為便，遂定都長安。賜姓劉，拜為郎中，號奉春君。

漢高祖七年（前二〇〇年），出使匈奴，認為不可擊匈奴，劉邦非但不聽，破口大罵，反將他押在廣武。劉邦先到平城（山西省大同市），主力未至，冒頓單于傾全國四十萬大軍，乘劉邦巡視白登（今山西大同東北）之際，將劉邦團團圍住。陳平解白登之圍後，高祖復歸至廣武，特赦劉敬，當面認錯，封二千户，為建信侯。劉敬建議與匈奴和親，並徙六國後裔和強宗豪族十餘萬人至關中，成為漢初之基本國策。

群臣發表見解時，高帝一直捻鬚聆聽，微笑不語。待到王陵等說得差不多了，他說：「公知其一，不知其二。講到運籌帷幄之中，決勝於千里之外，我不如張良；鎮國家，撫百姓，供給饋餉，不絕糧道，我不如蕭何；統帥百萬大軍，戰必勝，攻必克，我不如韓信。這三位，都是人中之傑，而我能用他們，所以我才能取得天下。項羽呢，只有一個智囊范增，還不能任用，這就是他所以失去天下、被我擒殺的原因。」群臣聽了，又高興，又佩服。

在短短的八年裡，一個空前統一、空前強大的集權的秦王朝崩潰了，力拔山氣蓋世、一戰殲滅強秦主力、震懾諸侯的西楚霸王項羽也落得個身首五分、徹底滅亡的下場，只有他，一個出身微賤的泥腿子，不但戰勝了他們，完成了統一大業，而且登上了皇帝寶座。這是中國歷史上從來也沒有過的事情！也是人們按照常理根本無法接受的，但是，現在這一切都發生了，而且，你不接受也得接受，現實強迫你接受。

巨大的社會變化，促使人們思考；連當事人劉邦自己，也常常感到疑惑。他在南宮置酒慶功時問的這個問題，不是一時心血來潮，也不是虛情假意，也不是爲了檢測群臣的忠心與智力，他是眞的想搞明白這個問題。結果慶功會開成了經驗總結會。

促使高帝思考的，還有一個更重要的原因：歷史上的帝王——特別是他親眼看到的強大的秦國，竟然二世而亡，還有項羽的失敗，都給了他極深的印象。爲了鞏固政權，防止得而復失，他在奪取政權後，馬上就考慮如何吸取歷史的經驗教訓，鞏固得之不易的政權。這就是漢高祖的過人之處——他能不失時機地在每個歷史轉折關頭爲自己提出新的奮鬥目標，後來，高帝還特意命令太中大夫陸賈爲他總結秦朝之所以失掉天下，他自己之所以得到天下，以及古代國家興亡成敗的經驗教訓，以資借鑒。

登極伊始，他爲自己提出了新的奮鬥目標——坐穩江山，鞏固政權。

在他當皇帝的七年中，一直爲這個目標奮鬥，其中以削平勢力強大、獨居一方的異姓王爲最要。

短鐵劍，西漢，西安市漢長安城武庫遺址出土，陝西歷史博物館藏。

三、遷都長安

漢五年（前二〇二年），劉邦稱帝，定都洛陽（今河南省洛陽市東）。周成王時周公營建雒邑（後爲洛邑），東周時遷都於此。漢王定都於此，一爲其地形險要，二爲其地處全國中心，尤其離家鄉近，爲軍中將士所擁護。

五月，齊國戍卒婁敬被徵調前往隴西（郡名，地在今甘肅省東部，治所在狄道即今臨洮縣南）戍邊。路過洛陽的時候，婁敬掙脫繩索，逃出來求見同鄉虞將軍，請虞引薦他見高帝：「我有些對國家有好處的事要對皇帝說」。

婁敬穿著羊皮襖上大殿晉見。他問高帝：「陛下定都洛陽，是不是想和周朝比威望，比皇運久長？」然後他直截了當地說，洛陽這個地方，君王有德行就能夠靠它統治天下，君王若不施德政，只依據險要地勢，就會因其而亡國。漢依據武力取得天下，百姓塗炭，尸骸曝野，實在不能和成康時代相提並論。

高帝想來心中震撼，但是沒有說話。婁敬接著提出，關中背靠華山，面臨黃河，四周都有險關要隘作屏障。萬一發生急難，可以立即徵召百萬大軍。而且有故秦原有的基礎，有富饒肥沃的土地，是所謂「天府之國」，建議在關中建都。這樣，即令關東地區大亂，仍然可以完整地保有關中地區。以此扼住天下的咽喉，必勝無疑。

高帝猶豫不決。大臣們都是關東人，多數隨劉邦入漢時，曾經痛嘗思鄉之苦，所以一聽在關中建都，都紛紛反對：

「周朝歷時好幾百年，而秦朝二世就滅亡了，洛陽建都比關中吉利」！

「洛陽東面有成皋天險，西面有崤山（河南省陜縣東）、澠池（河南省澠池縣），北靠黃河，南有伊水、洛水，堅固猶如銅牆鐵壁，絕對可以依賴」！

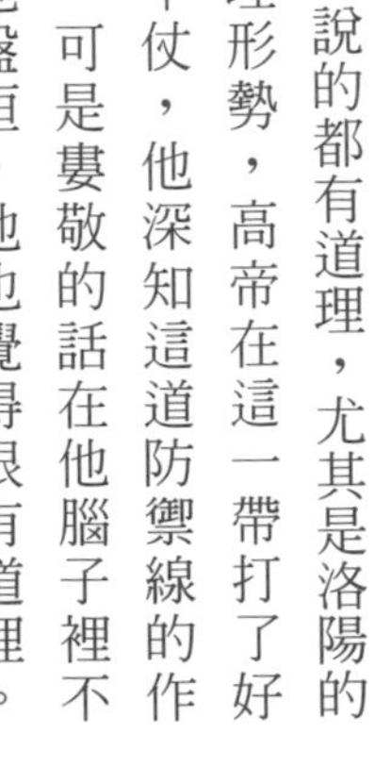

說的都有道理，尤其是洛陽的地理形勢，高帝在這一帶打了好幾年仗，他深知這道防禦線的作用。可是婁敬的話在他腦子裡不住地盤桓，他也覺得很有道理。

陶井，西漢，西安市長安區出土，陝西歷史博物館藏。

於是他請來了張良。張良心胸寬廣，高瞻遠矚，是個幹大事、謀大略、最可信賴的人。

張良聽了高帝介紹，特別是高帝對於洛陽地理地勢的想法，略略沉思之後，說：「陛下，洛陽雖然有這些優點，但是它有個致命的弱點，那就是活動的範圍太小，方圓不過數百里，土地貧瘠，糧食產量太少。而且，地處中央，四面八方，敵人隨時可以發動進攻。這個地方，不是軍事上進可攻、退可守的優勝之地。關中則不然，東有崤山、函谷關；西有隴山和蜀地的一部分，沃野千里，豐腴富饒；南有巴蜀的豐富資源財富；北方與蠻族部落接壤，其發達的畜牧業，也是一個很大的便利條件。而且地處西隅，北西南三面都沒有被攻擊的危險，只要注意向東一面控制諸侯就足夠矣！黃河、渭水，天下太平時，是東方向國都運送糧秣物資的最暢通道；東方封國一旦掀起動亂，中央軍順流而下去征伐，日行千里，能夠迅速抵達並平定。這樣的地方，確是『金城千里』、『天府之國』。婁敬的見解，確是深謀遠慮」。

張良的話一出口，高帝的決心立定，他馬上下詔：「遷都長安」！

高帝說：「首先建議建都秦地的是婁敬，婁敬有大功。『婁』就是『劉』嘛！」於是賜婁敬改姓劉，任命他作郎中，封「奉春君」。

當天，高帝的車馬就西行進關。當然，來到的是櫟陽，關中被項羽燒殺得殘破不堪，需要修建。直到漢高祖七年（前二〇〇年）二月，蕭何修築好未央宮，才正式遷都長安。

當初項羽分封已畢，要退出滿目瘡痍的關中，有人也勸過他定都於此，他想的是富貴不還鄉，有如錦衣夜行。那勸諫之人輕蔑他有如沐猴而冠，結果被他烹殺。同樣的意見，兩種結果，這也是劉邦、項羽之所以一個勝爲天子、一個敗作刀下鬼的原因。

建都長安，對西漢王朝中央政權的鞏固，在地理上創造了一個非常好的條件。

四、平叛開始了

漢五年（前二〇二年）秋七月，高祖稱帝第五個月，燕王臧荼反。

普天之下，莫非王土，高帝怎能容忍有人背叛？！他馬上親自率領大軍北上，一舉擊潰了燕軍，俘虜了臧荼。

這個時候，天下是高帝的天下，卻又不全是高帝的天下：楚漢戰爭中他征服的諸侯國，還有迫於形勢所封的王，都還保留著，除臧荼外，還有楚王韓信，梁王彭越，淮南王英布，趙王張敖（張耳已死），韓王韓信，長沙王吳芮，以及閩粵王無諸（春秋時越王勾踐的後代），南粵王趙佗。這些封國占據中國絕大部分土地，而且，除丞相由中央委派外，其他官員全部由該國王自己任免。廣土眾民，割據稱雄，擁兵自重，是對漢王朝極大的威脅。保留這樣的王國，正如秦始皇曾經指出過的那樣，是製造戰亂根源、使天下不得安寧的愚蠢辦法。高帝一絲也沒有放鬆過對他們的警惕，臧荼的反叛，使他更加堅決要把這些封國掌握在自己手中。

頭一個措施是把燕國封給最親密的盧綰。盧綰是高帝兩小無猜的好朋友，幾十年來形影不離。漢王稱帝，盧綰更是受寵有加，封為長安侯，可以隨時出入皇宮大內；衣服飲食器物的賞賜、與皇帝的親密程度等，蕭何、曹參都難望其背。高帝先發出文告給將相列侯，要大家推舉群臣中有功勞的作燕王。群臣們都知道高帝想法，一致推舉盧綰。漢五年

西漢異姓王

秦始皇統一中國後，廢除封建，設立郡縣，皇子亦不得封王。秦末，抗秦起義風起雲湧，各地封建紛紛恢復。漢高祖劉邦重新統一後，建立西漢一方面繼續推行郡縣制，同時保留了一部分封國，大者為王，小者為侯，分封給異姓功臣，主要的有七人：即楚王韓信、梁王彭越、淮南王英布，趙王張耳、燕王臧荼（後為盧綰）、長沙王吳芮、韓王信。

這些異姓王和王國大多不能得到善終。趙王張耳病逝，趙國第二代趙王張敖因涉嫌行刺被問罪，赦免後降為宣平侯，王國除。燕王臧荼謀反，被攻滅，處死。後立的燕王盧綰勾結匈奴，結果被劉邦察覺，發兵擊之，盧綰率部屬逃入匈奴，不久病死。楚王韓信被貶為淮陰侯，後被呂后處死。梁王彭越被貶，之後也被呂后處以醢刑。淮南王英布謀反，被劉邦抱病攻討，後被妹夫吳臣所殺。韓王信擔心會被漢朝誅殺，便投降匈奴約同攻漢，後戰死。漢初唯一倖存的異姓王國只有封給長沙王吳芮的長沙國，得傳五世，只因無子而除國。

在劉邦翦除了大部分異姓王後，曾召集各劉姓王結下白馬之盟，約定「非劉氏而王，天下共擊之」，從制度上取消了漢朝再封異姓王的可行性。此後呂后當政時曾廣封呂姓王，但是隨著呂后的倒台很快被消滅。

蒜頭銅扁壺，盛水器，西漢，陝西歷史博物館藏

九月，盧綰策封燕王。

同年秋天，潁川侯、楚降將利幾反。高帝遷往洛陽，召集所有在冊的列侯前來洛陽。利幾恐懼，起而反漢。小小利幾，反在身邊，當然不能容他，高帝馬上親自率領大軍，東去南下，殲滅了他。

高帝在馬上得了天下，還沒有下馬，就又開始了征戰。

五、計擒韓信

漢六年（前二〇一年）歲首十月，有人上書狀，告楚王韓信謀反。

高帝召集大臣們商議。大臣們一聽就炸了鍋，爭搶著說：「發兵！」「坑了那小子！」搶著要去討伐韓信。高帝卻始終沒有做聲。

韓信是高帝最大的心病。

從在南鄭韓信就被前所未有地破格拔擢，漢王使其充分發揮了自己的天才，他也對得起漢王，一次次爲漢王立下了昭著卓絕的大功。不僅在漢軍中，就是在整個秦末與楚漢戰爭中，論軍事才能與功績，沒有一個人能夠與其相匹敵。高帝在南宮置酒時和大臣們說得很清楚：「統百萬大軍，戰必勝，攻必克，吾不如韓信」。

矛盾就此而發生了。在滎陽相持的關鍵時刻，韓信要求封齊國「假王」，垓下會戰前韓信又不來會師，以封地要挾，使他對韓信，其實早已經動了殺機，只是時機不到，他不能發作。垓下之戰後，他馬上奪了韓信的軍隊，並且將他調離齊國，封他爲楚王，這是削弱韓信力量的一個舉措。

但是韓信好像並沒有多大警悟，據報，他到達楚國後，每次巡查封國屬地，總帶著大批軍隊，耀武揚威的勁頭，讓高帝心中非常不安。早幾個月，又有人來報：項羽的骨鯁大臣鍾離昧躲在楚王韓信那裡！高帝最恨鍾離昧，他在陣前多次打擊漢王，而且辱罵漢王，其力之狠、語之刻，讓高帝想起他來就牙根癢癢。於是，他立即命令左右，撰寫詔書，著韓信逮捕鍾離昧！但是，韓信竟不照辦！

韓信必定要收拾！問題在於怎麼收拾。眞像眼前這些大臣們說的那樣，派兵去攻打？能打勝嗎？他左右思忖，舉棋不定。

高帝沉思了許久，抬眼看到了陳平，他在一邊一直沒有說話。高帝問：「這件事情，你的意見如何」？

陳平說：「有人告發韓信謀反，他自己知不知道」？

「他自己不知道」。

於是陳平問高帝：「陛下手下的精兵，比楚國精兵，比得過嗎」？

高帝說：「恐怕比不上」。

「陛下將領中，論指揮大軍打仗，有能超過韓信的嗎」？

高帝只好又說：「恐怕沒有」。

陳平說：「兵沒有韓信的訓練精良，將領沒有韓信的能征善戰，您卻要出動大軍，豈不是逼他對抗？怎麼可能取得勝利？我眞替陛下害怕」。

高帝憂慮地問：「那該怎麼辦」？

陳平說：「古代天子，常常到各地巡視遊狩，以此會晤諸侯。南方有雲夢大澤，您不妨說要巡遊雲夢澤，派使者通告各國諸侯，到陳縣（今江蘇省淮陽市）聚會。陳縣是楚國的屬地，按理他應該來晉見您。韓信以爲您不過是來尋歡遊樂，不會對您有什麼戒備，他必定來謁見，到時候就把他逮捕，一個武士就足夠了」。

高帝如計而行。

且說韓信接到詔書後，心中甚是疑慮。他雖不知有人告他謀反，但是他知道高帝此來，決不會只是遊樂，恐怕是衝著自己來的。

十二月，韓信還沒有來得及想好對策，就聽到探馬來報：「高帝大隊人馬浩浩蕩蕩已經越過邊境了！」韓信大驚，他沒想到高

四神紋染器，飲食器，西漢，興平市茂陵出土。

帝行動這麼快。

怎麼辦？他馬上想到：「發兵，反了吧！」但是，發兵，反倒好像我眞有什麼不軌之事了。不能發！可是，就這樣去見他，不是自己送上門去給他抓嗎？怎麼辦？韓信有生以來，似乎還沒有哪一次發兵像這次這麼躊躇不決。

有個門客給他出主意：「高帝深恨鍾離昧，此來，就是爲了鍾離昧。大王您若是斬殺鍾離昧，帶著他的首級去謁見高帝，高帝必定大喜，那就不會有事了」。

鍾離昧是微時舊交，於己有恩，是他竭力向項羽推薦韓信的，可惜項羽不識人。項羽潰敗，鍾離昧窮途之中前來投奔，怎忍殺他？但是高帝顯然是要藉此興師問罪了。事已至此，韓信也無別的辦法了，於是他來見鍾離昧。

沒等韓信期期艾艾說完他的難處，鍾離昧已經明白了他的意思。他凄然地笑了笑，對韓信說：「漢家皇帝要抓您，他之所以不採用發兵攻打的辦法，就是因爲我鍾離昧在您這裡。您如果想藉殺我向漢帝討好，我今天死，您明天就會跟著我的腳步去死！」韓信不說話。鍾離昧見狀，知道韓信殺友媚主的決心已定，大罵道：「現在我才知道，你韓信不是個忠誠厚道的人！」說罷拔劍自刎。韓信大驚，隨命人割下鍾離昧的首級，用木櫝盛好，直奔陳縣。

韓信謁見高帝，呈上鍾離昧的首級。卻聽高帝一聲斷喝：「將韓信綁了！」左右武士一湧而上，將韓信五花大綁，扔在了高帝腳下。高帝吩咐將他載在大隊後面的副車裡，押往洛陽。

韓信大叫：「韓信無罪！」

高帝坐在御車裡，回過頭來說：

鎏金銅鋪首，西漢，西安市三店村出土。鋪首是一種獸面紋樣，多為椒圖（龍生九子之一，形狀像螺蚌）、饕餮、獅、虎、螭龍等兇猛獸類，鑲嵌在大門上作為門環的底座，也可不銜環而僅作裝飾用，也可用於青銅器、陶器等器物上安裝提手。

「你喊什麼！有人告發你謀反」！

到這時，韓信方知自己落入了高帝的圈套。想當初蒯徹勸他自立，說他「戴震主之威，挾不賞之功」，甚是危險，還用功成業就後文種身死、范蠡逃亡的先例警示他，但是他竟執迷不悟。韓信不禁喟然嘆息道：「果然像人們所預料的：『狡兔死，獵狗烹。飛鳥盡，良弓藏。敵國破，謀臣亡。』今天下已定，我固當烹」！

大概是沒有證據不好向群臣交代吧，削國奪地的目的已經達到，於是北返至洛陽後，高帝就宣布赦免韓信之罪，貶爲淮陰侯，安排他閑住在首都，給他個差事「申軍法」。

韓信知道自己無罪，也知道自己獲罪的原因，不是謀反，而是高帝對自己的軍事才能和割據一方由衷地恐懼，於是他就經常稱病，不去上朝晉見。平常家居，也總是怏怏不樂，悵然若失。對於跟灌嬰之流並列，有一種說不出的羞愧。有一次去拜訪樊噲，樊噲受寵若驚，跪拜相迎送，口中稱臣，說：「大王竟肯光臨小臣家門！」韓信出門後仰天長嘆：「我這一生，竟然和樊噲之流爲伍了」！

有一次高帝和韓信聊天，討論到將領們的才能高下，韓信認爲他們各有高下。高帝不禁問：「依你之見，我，能帶多少兵」？

韓信據實而答：「陛下不過能帶十萬」。

高帝心中大不悅，不過沒有表露出來，只是反問韓信：「那你呢」？

韓信道：「臣帶兵多多益善，越多越好呀」。

高帝笑了：「多多益善？那你爲什麼被我所擒」？

韓信心中長嘆，口中說：「陛下雖不善於統御士兵，卻善於統御將領，這是我之所以被你所俘虜的原因。再說，您的才能，屬於那種上天授予，不是人力所及的。我們無法與您相比」。

至此，韓信徹底敗給了高帝。問題在於韓信從來沒有把高帝當作過對手、敵人。高帝封他爲齊王，劃分具有「東秦」之稱的富饒強固的大片齊國土地給了韓信，以至韓信感激涕零，自以爲備受漢王尊寵重用。其實漢王遠不像韓信想的那麼簡單，他對韓信的才能既恨又怕，從來也沒有對韓信解除過戒備，不過這種戒備隱藏得極深，即使在他四次奪韓信軍權時，韓信都沒有警覺。這種情況，使世世代代的後人大惑不解。王夫之曾經說過，高帝幾次收回韓信的兵權，他憑什麼使韓信俯首貼耳，不背叛，不遠走高飛？肯定有令韓信口服心服的理由，不只是一種氣勢，也不只是韓信的感恩戴德，是一種完全的坦然，沒有一點隱瞞、一點隔閡，也沒有第三者的讒言，使韓信感受到高帝對他的極端坦誠與信任，他是高帝最依賴的人，高帝在山窮水盡的時候只有來找他，他把手中的軍隊給高帝，義無反顧；而且，軍隊暫時不在自己手裡沒有關係，他的重要性不在這裡。韓信被奪軍權，卻既無所畏懼，又沒有疑慮，這就是高帝的過人之處。他確是有一套籠絡人心的辦法，懂得用不同辦法駕馭各種人才，用其所長，其實質是精通政治權術，這點是韓信絕對不能比的。

從劉邦對韓信態度的前後對比，能夠看出他的真正性格：表面仁厚，內藏忌刻。他對韓信早有殺伐，卻決不泄露殺機；他能牢牢把握對方，卻不讓對方看出自己的深淺。被擒，是韓信只懂軍事，不懂政治的結果。

天下大事，情勢繁複，當然不能只從人物性格品行的角度去看。奪取政權是鬥爭的核心，軍事、政治，其目的都在於此。高帝在楚漢戰爭中慷慨封賞，「與天下同其利」，不過是戰爭時期孤立主要敵人，謀求臨時盟友的權宜之計而已。一旦消滅項羽，他就開始逐一收拾那些企圖與他平起平坐「同其利」的人物了。這可以看作是楚漢戰爭的繼續，是消滅在打項羽時不能不暫時放一放的次要敵人。這，是鞏固政權的需要。強大的秦朝二世而亡的教訓，使他極其警覺。南宮置酒，總結經驗時，他只說了自己會用人，下面的話他沒有說：會用人，也會殺人，只要需要——馬上就該需要了。

韓信是他最大的心腹之患。制服了韓信，他即使不高枕無憂，也可以放下心中最沉重的那塊石頭了。

六、分封親子弟

就在韓信押解到洛陽的那天，宣布天下大赦。有個叫田肯的上章祝賀，並趁此向高帝提出了一個重要的建議：

齊國，東面有琅琊（山東省諸城縣）、即墨（山東省平度縣）之饒，南面有泰山作屏障，西面有濁河（即黃河，因其河水渾濁而名）天塹，北面有渤海的漁鹽之利。方圓兩千里，執戟之士動輒可以徵集百萬。與諸侯國也是相隔千里。如果諸侯動兵百萬，那麼，齊國只要其二十萬就可以制服諸侯之兵。「齊國，實是東方的秦國。所以，除非是陛下的親兒弟，千萬不可封他齊王」！

這話正說到高帝的心坎上，聽到這裡，他拍案而起，大呼道：「好極了！」馬上吩咐：「賜黃金五百斤」。

最親近最忠誠最可靠最順從的，是自己的家人。只有把江山分割給血緣之親，才能保證眞正約束控制，使劉家江山萬代傳承。

但是，兒子小、兄弟少，家族勢單力薄，這，過去他一直忙於征戰，沒有將這個問題放在心上。但是現在，這個問題已在眼前，不得不考量了。秦朝，就是因爲沒有嬴姓家人在四海呼應，孤立無援，才被一哄而起，全線崩潰從而滅亡的。高帝感到了這個問題的嚴重性，遂決定發展皇族系統，作爲最可靠的力量，分封到各地，鎮撫四方。

事實上，前不久封盧綰爲燕王就是一種表示：封王，就要封給與皇帝關係最密切的人，而並不是一定要論功行封；同時這當然也是試探，看看群臣對於這種做法的反應，到底是這些大臣們出生入死爲他打下的江山，他們權重勢大，他還得靠他們鞏固這個國家，他不能不在乎他們的反應。事與願合，群臣的反映使他心中有了底兒。此後十多天，高帝開始大封侯爵。是對有功之臣的褒獎，也可以看作是先堵住他們的嘴。

正月二十一日，高帝將原韓信封國——楚國一分爲二，分別封給自己的兩個兄弟：淮河東南五十三縣稱荊國，封堂兄劉賈當荊王；淮河西北部，薛郡（今山東省滕縣）、東海（今山東省郯縣）彭城爲楚國，封幼弟文信君劉交爲楚王。

正月二十七日，劃雲中（今內蒙托克托）、雁門（今山西省右玉縣）、代郡（今河北省蔚縣）爲代

彩繪女立俑，西漢，陝西歷史博物館藏。

國，封仲兄劉喜爲代王。

劃膠東（今山東省平度縣）、膠西（今膠縣）、臨淄（今臨淄市）、濟北（今長清縣）、博陽（今泰安）、城陽（今莒縣）等故秦六郡凡七十三縣爲齊國，封高帝庶長子劉肥作齊王。凡是說齊國話的地方，都歸他管轄。親兒子的封地是任何人也比不了的。

現在的異姓王中，吳芮兵弱國小，懦弱無能，趙佗地處邊遠，構不成大的威脅；趙王張敖是魯元公主的駙馬，總是親戚；彭越、英布暫且放一放；先對付韓王信。

韓王韓信封國在緊鄰關中的故韓國地域上，西方與關中接壤，北方與鞏縣（今河南省鞏縣）、洛陽相鄰，南方緊接宛城（今河南省南陽市）、葉縣（今河南省葉縣），東方則是淮陽（今河南省淮陽），都是可以駐紮重兵、戰爭中必爭的軍事要地。剛剛結束的楚漢戰爭，就主要是在這裡打的。這樣一個天下要地，留孔武有力，雄才大略的韓王信在這裡稱王，實在不能放心。於是，高帝劃北方相對荒僻的太原郡（今山西省太原市）三十一縣，建立韓國，將韓王信遷徙到此，首府設在晉陽（今太原市）。韓王信上書說：「韓國位於北方邊陲，匈奴部落經常入侵騷擾，晉陽距離邊境太遠，不利於鎮守北邊，請准許把首府北遷到馬邑。」高帝同意了。

從高帝即位的第一天，直到他逝世，在翦滅異姓王的同時，高帝共分封其弟、子、侄等爲楚、荊、齊、梁、趙、燕、代等九國國王，臨民治國，掌握實權。這九國共占地三十九郡之多，而漢王朝直轄的只有十五個郡，僅相當於戰國時期秦國的版圖。這種封國和郡縣並立的局面，是漢初特定歷史條件下，鞏固劉氏政權必要的、也是不得已的措施，它確曾發揮過重要作用。但是，另

彩繪男立俑，西漢，咸陽市韓家灣鄉狼家溝村出土。

一方面，這種體制，又孕育著劉氏統治集團內部的分裂因素，其後的劉氏吳楚七國之亂，造成了漢帝國極大的動亂，這大概是高帝始料不及的。

韓王信

韓王信（?～前一九六年），姬姓，韓氏，韓之宗室，名信，為免與同時期另一名將，後封淮陰侯的韓信混淆，故稱韓王信。

韓王信是戰國時韓國的襄王之孫。秦末，沛公劉邦在河南作戰時，韓王信加入沛公軍中，拜為將，跟隨沛公進入關中。

秦朝亡後，劉邦被項羽封為漢王，韓王信跟隨他進入漢中。後來劉邦出兵打敗三秦並占領關中，承諾將來會封韓王信為韓王，先拜他為韓太尉，派他帶兵攻取韓地。

漢二年（前二〇五年），韓王信攻取了韓地十餘城，當漢王來到河南後，韓王信猛攻西楚霸王項羽所立的韓王鄭昌，迫使鄭昌投降。漢二年十一月，漢王立韓王信為韓王。

漢三年（前二〇四年）時，韓王信在滎陽失守時向楚投降，不久成功逃回漢營，漢又立他為韓王，韓王信跟隨漢軍擊敗項羽，平定天下。

漢五年（前二〇二年）春，韓王信獲封國於潁川一帶，定都陽翟。

漢六年（前二〇一年）春，劉邦認為韓王信封地乃兵家必爭的戰略重地，擔心韓王信日後或會構成威脅，便以防禦北方胡人為名，把韓王信封地遷至太原郡，都晉陽。韓王信上書請求遷都馬邑，得到劉邦批准。後來匈奴攻馬邑，朝廷懷疑韓王信為間諜，暗通匈奴，劉邦更致書責備韓王信，韓王信擔心會被誅，便與匈奴約定共同攻漢，以馬邑之地請降，進軍太原。

漢七年（前二〇〇年）冬，劉邦親自帶兵擊敗韓王信，韓王信逃到匈奴處。劉邦追擊時被匈奴圍困在白登，劉邦在脫險後便退兵了，此後韓王信有時率匈奴軍侵擾邊境。

高祖十年（前一九七年），韓王信派人遊說駐守代地的陳豨起兵反漢。

高祖十一年（前一九六年），韓王信又與匈奴侵漢，占領參合，漢將柴武致書韓王信，勸他歸降，韓王信婉拒，兩軍隨即接戰，韓王信戰死。

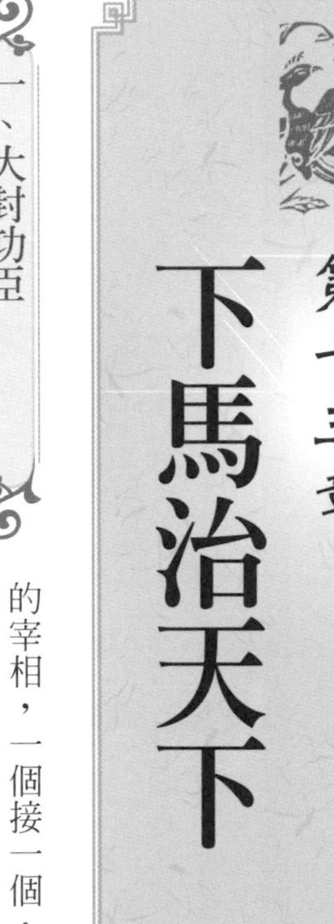

第十三章 下馬治天下

一、大封功臣

歷史上任何一個開國帝王都面臨著一個重要問題：如何對待與他共同打江山的功臣們？後代的唐太宗主要是教育，宋太祖是收買，明太祖朱元璋則是幾乎全部殺光。這裡的關鍵就是能否鎮壓得住。比如朱元璋，他的戰爭伙伴，全部是各路起義軍的首領，這些人自恃實力與戰功，驕縱輕狂，「你能當皇帝我也能當！」很難制服。朱元璋怕他們成爲日後倚天屠龍的禍根，遂全部翦滅。朱元璋殺得太狠，他在世時的宰相，一個接一個，只有一個存活下來，滿朝寥寥，無人可依靠，以致於孫子建文帝驚恐無措地問他：「如果他們造反怎麼辦？」這樣他也並沒有保住孫子的帝位，他剛剛去世不久，建文帝就被其叔父燕王朱棣舉兵推翻了。

而漢高帝，前世沒有任何現成經驗，他卻採取了很明智的做法。

漢六年（前二〇一年）十二月二十二日，在貶斥韓信的同一天，高帝大封功臣。他的總方針是「絕對忠誠」，具體做法是提高中央政府官員的地位，提高文官的地位。

今天要封賞的這些有功之臣，和那些異姓王不一樣，都是多年跟他出生入死的左右親隨，股肱之臣，是他打江山的依靠，更是他今天鞏固江山的支柱。他必須好好獎勵他們，爲「弱枝強幹」（削弱地方勢力，加強中央集權）政策服務。計擒韓信回到洛陽，高帝下了決心，即刻封爵。

所封侯爵中，蕭何封邑最大。眾將不服，說：「我們披堅執銳，身經百戰，攻城掠地。蕭何既沒有流血搏殺，也沒有汗馬功勞，不過是舞弄文墨，發發議論，封賞反倒在我們之上，這是爲什麼」？

高帝回答道：「你們會打獵吧？咱們就用打獵作比方：打獵，追逐野獸兔子的是獵狗，而操縱指揮的是人。今天諸位的功勞只是捕捉野獸；蕭何呢，他是拉著繫狗繩、告訴你獵物在什麼地方的那個人，功勞是不是最大？況且，諸位跟隨我，頂多一家有兩三個人而已，可是蕭何，全族大大小小幾十口人跟隨我作戰，這個功勞朕是不可忘記的」。

列侯封畢，再排位次，高帝還是想把首位給蕭何，而群臣多舉曹參身受七十餘處傷，立功最大，應該排第一。這時候，關內侯鄂千秋上言：「大家的議論都錯了。曹參雖有野戰奪地之功，但只是一時之事；而蕭何有萬世之功。陛下與項羽相持五年，失軍亡眾，隻身脫逃就有好幾次，每次都是蕭何從關中補充兵員，使陛下度過危機時刻，這些都不是陛下命令的。滎陽相持數年，蕭何水陸運輸糧秣，使前線軍隊從來沒有斷過糧，反觀項羽，就是沒有蕭何這樣的人，最後才陷於絕境的。陛下多次丟失關東地區，而蕭何總是保全關中以待陛下，這是萬世不朽之功。曹參這種人，即使少了幾百，於大漢王國有多少虧損？有了他們也不一定能夠保全。怎麼能讓一旦之功凌駕於萬世功勞之上呢」？

《漢殿論功圖》，立軸設色絹本，縱165公分，橫106.5公分，取材於「漢殿論功」典故，明代劉俊繪。描繪漢高祖劉邦初立漢朝，對眾臣論功封賞的場景。

高帝大聲說：「好！」於是確定蕭何位列居首，特恩賜他可以帶劍、穿鞋上殿，朝見皇帝也可以不必遵照常理小步快走。

第二位曹參，封平陽侯，食邑萬戶。

張良是高帝的智囊，戰時不上戰場，也沒有什麼戰功。但是他運籌帷幄之中，決勝千里之外，從高帝起兵，就是高帝最好的謀略之師，在多少個關鍵時刻，是他的謀略使漢軍獲得勝利。對他，高帝是最爲信任、最爲依賴，推心置腹，無話不談。這次封侯，高帝對他特加恩惠，特賜他在故齊國土地上，隨便挑一個三萬戶的采邑。對張良之功，群臣並沒有什麼反對意見，但是張良卻婉拒說：「當初，我在下邳起事，和陛下在留縣相遇。後來陛下採用了我的一些建議，也有僥倖成功的。這是上天把我交給陛下，讓我輔佐陛下的。爲紀念這份緣分，我希望把我封到留縣，就足夠了。」於是封張良爲留侯，食萬戶。

再封陳平戶牖侯，陳平推辭說：「我並沒有什麼功勞。」高帝說：「我用你的計謀，取得了勝利，這不是功勞是什麼？」陳平說：「陛下，請允許臣說句話：如果沒有魏無知，我怎能晉見陛下？又怎能爲陛下效勞？請……」陳平話還沒有說完，高帝大笑道：「像你陳平這樣，才是眞正的不忘本。賞魏無知」！

這次封賞，只封了二十多人，這些人的最大特點就是忠誠，是高帝的親信。除了張良、陳平等人之外，多數人都沒有什麼特別的才能功勞。而這個時候，絕大部分將領都沒有得到封爵。他們心中焦躁，日夜爭功，鬧得不可開交，封功只好暫停。有一次，高帝在洛陽南宮復道上，遙遙望見在洛水沙灘上，聚集著不少將領，三三兩兩地在說著什麼。他頗爲不解地問跟隨在身邊的張良：「我最近常見到他們在洛水河沙灘上聚會，他們在談什麼呢」？

張良出語驚人：「陛下難道不知？他們在謀反呀」！

高帝大驚：「天下已經平定，他們怎麼還要謀反」？

張良說：「陛下以一介平民起事，如今貴爲天子，您是靠這些人才打下的江山。可是您所封賞的，都是您的親屬和舊好私交，而誅殺的都是陛下平時怨恨的人。現在把

金餅，西漢，西安市未央區譚家鄉東十里鋪村出土。非流通貨幣，主要用於餽贈和賞賜。

那些人的功勞算一算，恐怕把天下之地都封了也不夠。這些人既怕得不到封賞，更怕日後陛下想起他們的過失遭到誅殺，所以就聚在一起準備謀反啦」。

高帝不無憂慮地問：「那你說怎麼辦」？

張良問：「陛下平素憎恨厭惡、而且群臣也都很清楚的人中，以哪個爲最？」高帝想都不用想，脫口而出：「雍齒」。雍齒不僅舉豐邑背叛了他，而且在後來還多次在戰鬥中圍困侮辱高帝。後來雍齒跟隨魏王歸順了高帝，因爲他英勇善戰，屢建奇功，沒法殺他。現在說起，高帝還是牙根癢癢：「他多次困辱我，我一直想殺他，可是，他功勞多，我不忍心」。

張良說：「請快封雍齒！封給群臣看，他們對自己受封就會堅定不移了」。

高帝馬上在宮中設置酒宴，款待群臣。在宴席上，高帝宣布再行封爵，封雍齒爲什方侯。然後當眾催促丞相、御史，趕快評功行封。酒宴的氣氛頓時活躍起來，群臣歡天喜地地說：「連雍齒都封了侯，咱們這些人就不必擔憂了」！

二、叔孫通制定朝儀

漢高祖七年（西元前二〇〇年）歲首，冬十月，長安城（在今西安市西北）內東南隅，長樂宮落成。漢五年，高帝決定定都關中，即日下令，在長安城內破土動工，由丞相蕭何督辦，修建長樂宮。名爲修建，實則是在秦興樂宮基礎之上重新加以擴建的，興樂宮是秦朝多如瓦礫的宮

長樂宮

長樂宮是漢高祖劉邦根據秦朝的興樂宮改建而成。漢高祖七年（前二〇二年），劉邦從原本居住的櫟陽城，入主業已改建完工的興樂宮，並更名為長樂宮，與同年修建的另一座宮殿——未央宮，稱長樂未央，寓意「永遠快樂，無窮無盡」。

自劉邦入主後，長樂宮便作為皇帝所居之宮室，同時有其他附屬建築：前殿、鴻台、臨華殿、溫室殿、長定殿、長秋殿、永壽殿、永寧殿等等。劉邦死後，其子漢惠帝繼位後，並改居未央宮，往後的西漢皇帝都住在未央宮，長樂宮便改為皇太后的宮室。

西漢末年，王莽篡位，建立新朝，仍居住在漢朝宮殿，並將長樂宮更名為常樂室，但新朝覆亡時，長樂宮於戰火中焚毀。

殿中的一座偏殿，只因它離秦都咸陽較遠，僥倖躲過了項羽的那把大火。歷時一年有餘，在歲首之前，新長樂宮終於建成。它由前殿、臨華、長信、宣德、溫室等共十四座宮殿組成，周長二十餘里。剛剛經歷戰亂的長安，斷壁殘垣，瘡痍滿目，在一片破敝之中，長樂宮顯得格外輝煌氣派。

這一天是個不平常的日子，高帝心情頗不平靜，今天，就要按照新的朝儀制度舉行盛典了。

漢五年，高祖在定陶登極時的禮儀和官員設置制度，都是由叔孫通制定完成的。叔孫通依照秦始皇稱帝時的典章制度，制定了一套禮儀，寫成奏本呈上。左右還沒念完一頁呢，皇帝就煩了，大罵道：「把秦朝那些煩瑣的玩意兒都給我去掉！越簡單越好！老子事兒多著呢，沒功夫跟這些豎儒扯淡！」於是叔孫通就將這些禮儀大量刪去，簡單到實在不能再減少的程度。高帝在定陶汜水之濱的登極，其實是草草走了一個過場，算是有那麼一回事而已。

叔孫通這個儒生，跟他的祖師爺孔丘可不一樣，他「知事變」、「知當世之要務」，極其靈活，沒有一點孔子的迂腐。當初他在秦國作候補博士，陳勝起義，秦二世問博士們：「這事你們怎麼看？」三十多個儒生博士一起上前奏道：「這就是反叛！是死罪，不可赦，應該馬上派兵鎮壓！」秦二世心中惱怒，馬上變了臉色。叔孫通一看，就走上前去，說：「這些儒生們的話都不對。現在天下歸於一統，太平無事，主上英明，法制完備，人人盡忠職守，四面八方歸一，哪裡會有反叛！這不過是一伙盜賊在偷摸扒竊罷了，不值得憂慮！」結果秦二世把所有說是叛亂的儒生都關進了大牢，獨獨賞給叔孫通絲綢二十四匹，華衣一套，任命他作正式博士。出來之後，眾儒生都斥責他：「您說話怎麼如此阿諛！」叔孫通說：「諸位不知，我幾乎逃不脫虎口！」之後就逃跑了。他接連侍奉過項梁、懷王、項羽、漢王等多位主人。漢王最討厭儒生，卻能重用叔孫通，這得歸功於叔孫通的開通、靈活，不死守儒家和任何定則。初時他著儒服，峨冠

玉耳杯，酒器，西漢，西安市三道巷出土。

博帶，寬大迂闊，漢王討厭，於是叔孫通就穿起了楚人的短衣短衫，緊身窄袖，漢王就高興了。

且說高帝廢除了秦代所有的苛刻和繁瑣的法令規章制度，一切都要求簡單明瞭。這樣簡潔是簡潔了，但是又出現了一系列的問題。稱帝之後，在朝會議事時，那些將領們沒規沒矩，粗野放誕。特別是策封功臣以來，更是各自爭相表功，強辯不休。高帝御前賞宴，那些將領們居然藉著酒勁兒，吵鬧肆罵，有幾個人大耍酒瘋，竟然拔出寶劍，亂砍金鑾寶殿裡的殿柱，鬧得天翻地覆，不成體統。

叔孫通知道機會來了，於是趁機向高帝進言：

「陛下，您現在已經得到了天下，我認爲下一步應該認眞整頓，建立君臣禮法上下秩序。儒家的禮制對於治理朝廷，統御百官是最爲適宜的」。

高帝雖然討厭儒生，但是已經有些人進過言，也覺得應該來點「文」，在馬下治理天下了。尤其是叔孫通說「君臣禮法，上下秩序」，正是他近日來常常思慮的事情，就點了點頭，讓叔孫通說下去。

叔孫通道：「那些儒生，雖然難於用他們進取天下，但是可以用他們保守已成之業。」高帝又點了點頭。叔孫通受了鼓舞，接著往下說：「我願意去魯城（今山東省曲阜，孔子的家鄉，儒家學派的根據地）徵召那些儒學專家，和我的弟子們一起制定朝會的禮儀」。

高帝有點擔心，說：「這些禮儀執行起來該不會很難、很麻煩吧」？

叔孫通說：「這您不必擔心。五帝的樂制有變化，三王的禮制不相同。禮樂制度，是適應時代人情，制定出來給人們作行爲規範的。有一種說法：『從夏、商、周三朝之間禮制繼承、刪減、增補的過程可以推知將來的禮制。』這就說明了古今禮制是不相重複的。它根據時代、社會、觀念的不同而不斷改變。我建議，參考古代的禮樂制度，再採用一些秦朝的儀法，綜合制定」。

高帝同意了，說：「好吧，去試著辦一辦。要簡單明瞭，估計著我能做到的去制定」。

當下叔孫通奉命去魯地徵召了三十多位儒學專家。有兩位巨儒不肯跟隨他前往，並且不無鄙夷地說：「您服事了十來位君主，都靠著當面阿諛獵取了寵信和官職。今天下初定，死者還沒有安葬，傷者還不能行走，您就想制定禮樂了。眞令人驚詫。禮樂是何等大事，沒有積累上百年的道德教化，怎有資格制定！我們實在不忍心去做這種不符合古代禮法的事情。您自己去吧，莫要玷污了我們」！

叔孫通跌足失笑：「腐儒！你們哪裡懂得天下時勢的變化」！

叔孫通帶領著三十多位魯儒，又請來高帝身邊有學術修養的近臣，還有自己的學生總共一百多人，在野外開始演練。他們在演練場外圈起繩索，豎起茅草表示尊卑的位次，日日不息，一直練了一個月。然後叔孫通向高帝報告說：「請陛下來檢驗一下。」叔孫通之所以請高帝身邊的近臣參加演練，就是爲使高帝覺得親近，更加容易理解。高帝看了儀式的全部過程，說：「這些我可以做」。於是命令大臣們也全都參加練習。

高帝七年十月，長樂宮落成，諸侯、群臣，都來朝賀，按照新制定的朝儀來朝見高帝。儀式如下：

天亮之前，謁者引導百官，按次序進入大殿門。這時廷中排列著戰車、騎兵、步兵和侍衛組成的儀仗隊，手持武器，擎舉旗幟。然後謁者傳令：「快步——走！」數百名文武官員遂快步進入自己的位置，在殿下夾陛站立，武官在西，文官在東。掌管交際禮儀的大行令下設九位儐相，從上到下傳令。這時高帝乘坐玉輦從內宮冉冉而至，百官高舉旗幟，傳聲唱警，禮賓官引導從諸侯直至六百石級的官員，按位序朝拜皇帝，莫不震恐肅敬。禮畢，舉行正式宴會。陪坐殿上的官員，皆伏身低頭，依職位高低次序起身，向高帝敬酒祝福。斟酒九巡，謁者宣布：「朝會禮成！」這時，御史（主監察）起

叔孫通所制朝儀

漢七年，長樂宮成，諸侯群臣皆朝十月。儀：先平明，謁者治禮，引以次入殿門，廷中陳車騎步卒衛宮，設兵張旗志。傳言「趨」。殿下郎中俠陛，陛數百人。功臣列侯諸將軍軍吏以次陳西方，東鄉；文官丞相以下陳東方，西鄉。大行設九賓，臚傳。於是皇帝輦出房，百官執職傳警，引諸侯王以下至吏六百石以次奉賀。自諸侯王以下莫不振恐肅敬。至禮畢，復置法酒。諸侍坐殿上皆伏抑首，以尊卑次起上壽。觴九行，謁者言「罷酒」。御史執法舉不如儀者輒引去。竟朝置酒，無敢讙譁失禮者。於是高帝曰：「吾乃今日知為皇帝之貴也。」乃拜叔孫通為太常，賜金五百斤。《史記・叔孫通列傳》

身執法，凡是舉止不合乎禮儀的都逐出金殿。從朝會開始到宴會結束，沒有一個人敢大聲喧嘩違反禮節的。

高帝高興極了，說：「到今天我才知道皇帝的尊貴！」於是擢升叔孫通爲太常，賞賜黃金五百斤，並命他繼續制定其他各種禮法。

制定朝儀，看起來好像只是些表面形式，但是在漢高祖的時代，一個剛剛在農民起義、暴亂、戰爭基礎之上建立起來的政權，需要增強其權威性。確立皇權的尊貴威嚴，加強封建等級制度，這是新興的封建制度的急切需要。漢宮朝儀的建立，對於封建中央集權制度的強化，起了重要的保障作用。近代資產階級革命家陳天華說：漢高祖命叔孫通創朝儀，「以定皇帝之貴，嚴堂陛之辯」。漢高帝不一定認識這麼高，但是他在實踐中清楚，他要讓所有的臣民極其畏懼他，就必須建立自己個人的絕對權威。所以高帝才這樣興奮，才會對叔孫通這麼重視。這套漢宮朝儀，對於後世影響非常大，雖然歷代有所增減，但都是基本上採用這套朝儀。

擴建長樂宮的同時，在其西面約半里路的一片高地上，未央宮開始破土動工，四個月後落成。其規模之大、屋宇之高、氣勢之壯闊宏偉，確是長樂宮所不能比的。宮室台閣有四十餘座，前殿、東闕、西闕，後面是承明、清涼、宣室，再後面是武庫、大倉。只前殿台基，東西長有六十丈，南北寬有三十餘丈。

誰知高帝一見，勃然大怒，「天下紛紛擾擾，到現在也不能平定。老子東奔西戰這麼多年，還吃不準明天是誰的天下呢！竟敢修這麼豪華的宮殿，居心何在」？

未央宮也是蕭何承辦的，他有深遠的考慮：「陛下，看待事情，須因時而異、因勢而異。當天下未定之時，忙於征伐，宮殿簡陋一些，尚可將就。但是今天，四海之內皆爲皇土，有個把賊子叛亂，正需藉此把宮殿建造得壯麗華美，以顯示天子的尊嚴。況且，修建的這樣宏偉壯闊，也是使子孫後代再不靡財費力、企圖超過它呀」！

原來如此。高帝大爲歡喜，即令丞相：「馬上遷都到長安」！

是月，政府機構開始從櫟陽遷往長安。從此，未央宮作爲皇家主要宮殿，延續了有漢四百餘年，又一直爲王莽新朝、西晉、前趙、前秦、後秦、西魏、北周至隋初等八個朝代的行政中樞。至今這裡仍常出土「長樂未央」、「長生無極」等瓦當以及漢空心磚、水道等文物。

三、先尊卑後長幼

未央宮建成後，皇族也全部遷來長安，政府有宗正官，是專門負責處理皇族事務的部門首長，可見皇族事務之多、之繁雜、之重要。

在諸皇族丁口中，以高帝之老父太公爲最老、最尊，關係最難處理。

長樂未央瓦當，漢代，陝西歷史博物館藏。

讀史方輿紀要

《讀史方輿紀要》，歷史地理著作。原名《二十一史方輿紀要》。清顧祖禹撰於順治、康熙年間，歷時二十年。全書共一百三十卷，附《輿地要覽》四卷。

《讀史方輿紀要》前九卷記述歷代王朝的盛衰興亡，內容包括歷代州域，中間的一百十四卷，專記明代兩京十三布政使司及所屬府州縣的疆域、沿革等，包括河渠、食貨、屯田、馬政、鹽鐵等，並記載其地發生的歷史事件。還有「川瀆異同」六卷，專敘禹貢山川。最後有《分野》一卷。另附《輿圖要覽》四卷，有兩京十三布政使司、九邊、黃河、海運、漕運及朝鮮、安南等圖，「以顯書之脈絡」。此書集明代以前歷史地理學之大成，對於山川、道里、關津無不注意察看，有濃厚的歷史軍事地理學特色。

漢五年（前二〇二年），在洛陽定都，就將太公接駕到洛陽。

漢六年，遷都櫟陽，又遷太公駕到櫟陽。高帝對太公恭謹敬誠，盡管事務龐雜，每五天朝拜一次。恭謹敬畏，行禮闕如。初時太公也泰然接受，如同常家父子。

太公的一位家令勸太公說：「《禮記》有言：『天無二日，土無二主』。皇帝雖然是您的兒子，但是他是一國唯一的君主。太公您雖然是父親，但是於國家，您卻是臣下。怎麼可以叫君主拜見臣下呢？長此以往，君主將『威重不行』呀」！

太公大爲驚恐。於是那家令如此這般教了太公一個辦法。等到下一次高帝前來朝拜，只見太公懷裡抱著一把掃帚，早早站在門口等待，見高帝的玉輦一停，就抱著掃帚倒退著往裡走。高帝大吃一驚，趕緊下車，去扶太公。太公說：「皇帝是萬民之主，怎麼能夠因為我而亂了天下的法度呢！」太公堅持，不敢讓皇帝再來朝見臣下，高帝最後沒有辦法，只能答應。從此這項有損於大漢國皇帝至高威重的活動就被取消了。

五月二十三日，高帝尊父親為太上皇。他心中讚賞那個家令的進言，特賜他黃金五百斤。

又是爹又是臣，劉太公的地位實在是尷尬得很。漢六年（前二○一年）高帝遍封劉家的大大小小嫡系旁支的兄弟們，但是，只有一個人他沒有封，這就是他大哥的兒子劉信。劉信當時正以高祖兒子的身分從軍，跟隨高帝征討反韓王信，為郎中將。以其與高帝的血緣關係、年齡、功績，他封侯是情理之中的事情，但是高帝不但不封他，而且不將他看作是劉氏家族子弟。這完全緣於大嫂佯裝羹竭那段舊怨。

太上皇心中憐惜長房長孫，替他說情。高帝說：「我並非忘了封他，只因他母親實在沒有個當長輩的樣子！」現在想起來，高帝仍怨恨不已。

太上皇又多次求情，高帝才勉強答應了。

高帝七年，他聽說燕代之地有個山名叫羹頡山（在今河北省懷來縣東南），正中下懷，於是就封大嫂之子為羹頡侯。頡，竭也。皇帝的威重至高無上，你羞辱了我，我讓你世世代代都背著這個侮辱。《讀史方輿紀要》中說，安徽廬州舒城縣西北有羹頡城。

未央宮建成，漢九年十月歲首，同異姓諸侯王都來朝拜。高帝很高興，在未央宮前殿舉行盛大酒宴。看到未央宮的恢宏氣勢，壯麗豪華的建築，大家都被震懾住了。

在一片恭賀與祝福之中，高帝雙手捧著一只晶瑩透亮的玉杯，向太上皇敬酒祝福。他說：「當初，父親大人總以為我是個無賴，在出事生產拓闊家業上，不如仲兄得力。如今我所成就的

鑲金銀雲紋青銅犀尊，西漢，1963年陝西興平出土。此尊通體是鑲金銀雲紋，精美華麗。犀牛體態雄健，比例準確，肌肉發達，是古代生活在我國的蘇門犀的形象。

產業，和仲兄比起來，哪一個多呢」？

高帝的話一落音，四座「轟」地響起一片笑聲，殿上的大臣們都高高舉起酒杯，齊聲歡呼：「吾皇萬歲！萬萬歲！」大殿裡洋溢著一片歡慶氣氛。我們能想像出當時高帝躊躇滿志的樣子，大概也能想像出作爲父親、又是「太上皇」、卻又是「臣下」的劉太公的神情，歡慶氛圍之中的那點不協調。

西漢，市印、市府印。漢承秦制，設市官管理城內的市場交易等。

高帝下了馬，拿起了儒家禮教的這個武器，治國又治家，一切都爲他的鞏固江山服務，所以他才對太公禮拜起來。不過在他的心裡，對父親，其實與在廣武澗「請分我一杯羹」時，並沒有多大區別。不能說沒有親情；但是，只要碰上有關國家的大事，父親就自然靠邊站了。長幼與尊卑，父子與君臣，就是這樣的一種關係。

太上皇在關中，雖然吃喝享受，應有盡有，但是卻倍感寂寞孤獨，他越來越思念豐邑老家，想念在老家的那些個朋友，那些屠夫、小販、賣酒的賣餅的，想起和他們在一起玩耍、鬥雞、踢球……唉，那時候多有意思！漸漸地，太上皇就生起病來。

高帝也覺得欠了父親，他得知太上皇病了，並且聽說太上皇心情抑鬱，他命人把太上皇的家令召來，詢問太上皇的情況。當得知太上皇思鄉心切時，他說：「那好辦。」於是，命人去櫟陽，在城東面，仿照家鄉豐邑的格局，建了一座城市，定名酈邑，專供太上皇居住。爲了解除太上皇的思鄉、思友之情，高帝又命人將豐邑原來那些老街坊、太上皇的親朋故舊、年輕時候一起玩耍的伙伴，全都遷居到酈邑來。太上皇的心情這才逐漸好了。

漢十年（前一九七年）夏五月，太上皇在櫟陽酈邑駕崩。秋七月二十四日，葬於萬年（櫟陽即今陝西省臨潼北）。高帝宣布大赦櫟陽囚犯，並下詔，將酈邑更名為新豐——新的豐邑，以此記念太上皇。

四、漢承秦制

中國封建專制的中央集權制度，是由秦始皇確立起來的。這個「秦制」，對於鞏固統一的多民族國家，對於發展早期的封建經濟、封建文化，都有重大意義。漢高帝即位後，基本上繼承了這一制度，這就是人們所說的「漢承秦制」。

首先是承繼了秦代的基本經濟結構。

高帝統一全國時，社會經濟基本處於崩潰狀態，戰亂加上飢荒，不少地方幾乎到了人相食的地步。高帝即位後，發布了一系列有利於恢復發展社會經濟的法令，制定了一系列的措施。這些規定既承認了原有大小地主的財產和社會地位，又增添了新的軍功地主和更多的自耕農民。這些地主和農民，既得到了土地，同時就列入了國家戶籍，承擔賦稅徭役。這是使當時社會穩定、減少動亂，進而促進生產發展，使社會經濟逐漸活躍起來的重要政策。這項政策的實行，恢復了秦代封建地主制社會的傳統秩序，培植起漢王朝堅實的社會基礎。

秦漢社會基本結構的一致性，決定了它們在上層建築領域的共通性。這主要表現在政治體制、法律條令、財經制度等方面。

法律是統治階級實行統治的工具，秦代以法治國，既有其刻暴的一面，又有其鞏固新興的地主階級政權的積極作用。西漢初年，高帝叫丞相蕭何「捃摭秦法，取其宜於時者，作律九章」（《漢書・刑法志》）。蕭何在《秦律》的基礎上，選取其適應漢初情況的六章（分別為盜法、賊法、囚法、捕法、雜法和具法），再另外增加了三章（戶婚律、擅興律、廄庫律），制成了《漢律》九章。秦代的大部分禁令，漢代都沿用。少數禁令比如禁止學習古書的「挾書律」、以及「夷三族、妖言令」、一人犯法家屬連坐的「收帑相坐律令」等，在漢初都沿襲使用，直至惠帝四年（前一九二年），高后元年（前一八八年），文帝元年（前一八〇年）分別予以廢除。民間有句諺語：「蕭何為法，較若畫一。」（《史記・蕭相國世家》）具體的增刪篇章，我們是從《晉書・刑法志》和《唐律疏議》的記載中看到的。蕭何所制《漢律》作為封建法典，是處理政事的依據，對後世的影響極大。漢朝以後各代的法律，大致都是以《漢律》九章為藍本的。

曹魏「傍採漢律，定為魏法」，晉武帝「命賈充等定法令，就漢九章，增十一篇」（《文獻通考．刑考》）。《明史．刑法志》說：「歷代之律，皆以漢九章為宗。」所以後代人評論說：「蕭何成九章，此關（後代）百王不易之道」（《北堂詩鈔》引〈風俗通〉》）。

漢代政府機構和公卿百官的設置，基本上也是沿用秦代的舊制來建立中央政權。中央政府設置三公九卿制，由皇帝一人總攬大權。丞相輔助皇帝，處理國家政事，是三公之首。太尉掌管兵事，是全國最高軍事長官。御使是副丞相，全國最高監察官。三公之下設九卿：一、奉常，主禮儀、祭祀、考試等；二、郎中令，負責宮廷門戶、皇帝的最高警衛官和宮廷政務秘書長；三、衛尉，皇宮內警備長官；四、太僕，掌管皇帝的馬車；五、廷尉，全國最高司法長官；六、典客，負責國內少數民族事務；七、宗正，管理皇族；八、治粟內史，全國最高財政長官；九、少府，皇帝私人財政長官，管山海池澤稅收。

地方亦實行郡縣制。戰爭中，高帝每攻破一個地方，占領一個諸侯國，都依秦制，恢復和設置郡縣。漢初皇帝直接控制的郡有十五個，後來鑒於秦代郡的範圍太廣，權力太大，中央不易控制，故而又將它們分割成二十六郡。郡、縣及基層組織的官員設置名稱，也都是沿用秦制。

河南原陽谷堆村，漢丞相張蒼紀念堂壁畫。

這一整套從中央到地方的政權機構，由上往下織成了一張封建中央集權的統治網，有效地控制了封建制的國家，對於維護國家的統一，鞏固新的政權，發展封建經濟文化，都是十分必要的。

漢代的列侯以及後來的封國國君，也只是衣食租稅並不管轄土地人口，和秦代的列侯封君是一樣的。漢初封了一些國王，權力很大，管轄土地人口，這確是對於秦代中央集權郡縣制度的一種反動，但這是緣於漢初國力太弱，乃萬不得已，高帝稍一站穩腳跟，就開始了翦滅諸侯王的行動。

在新興國家的經濟、政治體制、法律法規的制定建設方面，蕭何功不可沒。當年，沛公劉邦率兵進入秦國首都咸陽，蕭何把官府的律令檔案、文書圖籍收藏起來，從而掌握了天下形勢險要、戶籍情況、民間生活生產風情習俗等狀況的寶貴資料。他的這一行動，顯現了一位政治家的遠見卓識，爲楚漢戰爭中規劃作戰、爲大漢國重建統治秩序，提供了極大方便。他所建立的大漢國家法律制度、政治體制和經濟制度，對於鞏固大漢王朝、甚至對於後世，都有極大影響。

還有一個張蒼。

張蒼原是秦朝御史，一直從事在殿柱之下收錄四方文書的工作。他精於詩書、音律、曆算，熟悉天下的圖書典籍統計報表等情況。後從沛公。漢六年（前二〇一年）以後，擔任主管朝廷財政收支的主計，以列侯身分住在丞相府，負責管理郡縣和諸侯王國呈報朝廷的財政收支統計圖表等事宜。後來他陸續擔任過淮南王劉長的相國，漢文帝時的漢丞相。

從漢朝建立到漢文帝的二十多年，正是天下剛剛安定之時，將相公卿都是軍人出身，沒有幾個人能像蕭何、張蒼那樣精通吏事，尤其像張蒼這樣天下書無所不讀、天下學術無所不曉，兼又精通天文曆法、音律數算的，更是鳳毛麟角。

漢初的曆法，就是張蒼制定的。他根據高帝最初是十月分到達霸上的這一事實，仍然承繼秦代運用的顓頊曆，把十月作爲歲首，不加改革了。他根據五德運行的規律，確認漢朝正當水德的時代，就顏色來說，應當崇尚黑色。張蒼這樣做，可以減少曆算改革在全國引起的不必要的混亂，符合了「與民休息」，有利於穩定與發展。

張蒼精通音律，他吹奏律管，調整音階，譜上樂章，爲高帝採用叔孫通制定的朝儀以禮制治天下，補上儒家「樂制」這一方面，爲高帝下馬以「文」治天下，作出了不可磨滅的貢獻。他還用音律作類比來確定時令，確定天下百工製作工藝流程的規程模式，並確立了度量衡制度。

後來，文帝時代的魯儒公孫臣上書，主張修改曆法，認爲漢朝應該值土德之運，崇尚的顏色也應該改變，其徵象是將有黃龍出現。這正是漢儒鼓吹鄒衍「五德終始」說的正本。文帝把這本奏章交給張蒼處理，張蒼認爲是胡說八道，罷黜了賈誼、公孫臣的意見。後來也不知道怎麼回事，竟然就眞的在甘肅成紀出現了黃龍，於是文帝徵召公孫臣，制定改變曆法的工作。張蒼自動請求罷免。

張蒼初隨高帝時，曾觸法，判斬。當時已經脫掉衣服按在砧板上了，恰巧王陵路過，一眼看到砧板上趴著的這個犯人，竟然是那般的高大俊美，覺得殺了他太可惜，就勸說沛公，饒他不死。因感激王陵的救命之恩，張蒼像侍奉父親一樣侍奉王陵。王陵去世後，張蒼作了丞相，每逢休假，他都要先去朝見王陵夫人，直等到王夫人吃完早飯，他才敢回家。

張蒼的父親身高不滿五尺，可是張蒼身高八尺有餘，他的兒子也挺高。張蒼免相後，年老，無齒，嚼不動食物，他就每天吸食年輕女子的乳汁。張蒼有妻妾上百，凡是懷過孕的，他就不再與之同房了。這老爺子一直活到一百多歲才去世。

五、以「文」治天下

從漢七年叔孫通制定朝儀開始，高帝的統治有了一個很大的改變，在以武力鎮壓平定全國的同時，他開闢了一條「文治」的戰線。

這是有一個過程的。《漢書》講「初，高祖不修文學」，高帝從小討厭文墨，起事後不改舊習，尤其討厭儒學，見了儒生就破口大罵，甚至往儒生的帽子裡撒尿！雖然在楚漢戰爭中吸收了個把儒生，但是在高帝心裡，並沒有改變對儒生的基本看法。

高帝在洛陽大封功臣，有一次他在南宮酒宴上，和群臣討論今後治理國家應該怎麼辦。大伙兒議論紛紛中，也有人說今後治

陶提筩，西漢，1953年廣東廣州華僑新村出土。提筩是典型的越式盛酒器，可與匏壺搭配使用。

理天下得用隨何這種人。聽到這話，高帝不高興了，說：「你們說誰？那個書呆子？治天下難道非得用他這種書呆子」！

這時，只見隨何不慌不忙地離開坐席，在高帝面前跪下，說：「陛下，當初您率領大軍攻打彭城，楚王大軍當時也還在齊國戰鬥。那個時候，假如您調撥五萬步兵、五千騎兵，能靠著這些兵力奪取淮南國嗎」？

高帝想也沒想，說：「不能。」那當然了，且不說英布的驍勇，就當時的軍事力量來看，這五萬步兵、五千騎兵也決不是他的對手。

陶匏壺，西漢，1953年廣東廣州華僑新村出土。

隨何又接著說：「當是時也，陛下讓我帶了二十人出使淮南國。到達，即遂了陛下的心願。這件事上，我的功勞，可比五萬步兵、五千騎兵強吧？可是您卻說我是書呆子，還說治理天下哪裡用得著書呆子！您這是什麼道理呢」？

一席話說得高帝啞口無言，他馬上哈哈一笑，說：「我這不是正在估算您的功勞了嗎！」後來由丞相御使核算諸將功勞後，就任命隨何擔任護軍中尉。

稱帝之後，高帝面臨著治理國家這個問題，他過去打仗時的那一套作風，那種簡單的唯武至上的思想，就顯然不夠用了，這個時候，儒家學說給了剛剛建立的漢朝一個重要的支撐力。

我們前面曾提過，高帝想總結歷代成敗的經驗教訓，他曾經令陸賈給他總結，陸賈每寫成一篇，都得到高帝的稱讚。這件事情是其來有自的。陸賈是楚國人，是個口才極好的說客，他以門客的身分跟隨高帝平定天下，經常出使諸侯。高祖稱帝以後，他曾爲高帝出使南越，以口才降伏了自封爲南越王的趙佗。高帝十分高興，任他爲太中大夫。陸生向高帝進言時，動不動就說《詩經》中怎麼說，《尚書》裡怎麼講，氣得高帝破口大罵：「你老子是在馬上奪得天下的，用得著什麼狗屁《詩經》、《尚書》」！

陸生一點不害怕，對著高帝理直氣壯地說：「居馬上得之，寧可以馬上治之乎？商湯、周武，雖以武力奪取天下，但奪得天下之後，都能順應形勢，以文治理天下，鞏固政權。文武並用，才能長治久安！窮兵黷武，像吳王夫差、晉國智伯，最後自取滅亡。秦朝是您親眼所見，一味使用嚴刑苛法，不知改變，終於毀滅了自己。說句不好聽的話，假使當初秦始皇統一天下之後，效法古代聖王，施行仁義，怎麼有陛下您取得天下的機會呢」？

話說得太直，高帝聽了非常不高興，但是這話又切中高帝的要害，他的臉色一下子就變了。想了一下，他忍住了心頭的火氣，對陸賈說：「你回去準備一下，試著給我講一講，秦朝是怎麼失去了天下，我又爲什麼取得了天下。講得好，我重重賞你。還有，你再把古代各國的史事給我講講。」他太需要學習，太需要總結了。

陸賈於是夜以繼日趕寫奏章，將國家存亡的種種最初表露微象，加以總結，呈給高帝。他一共寫了十二篇，其主要內容是：不知節制，窮兵黷武，最後一定會滅亡，譬如秦始皇，譬如項羽；作爲君臨國家的人主，只有崇尚推行禮教，國家才困難興盛。他認爲禮教的作用巨大，用於個人，動靜有法，盡善盡美；用於家族，內外有別，敦睦九族；用於地方，長幼有分，浸潤民俗；用於國家，君臣有序，政通人和；禮教御統天下，則四海臣服，紀綱永行。他每奏一篇，高帝都連聲稱讚「好！」「有理！」群臣也禁不住高聲歡呼「萬歲！」於是就將陸賈所奏十二篇奏章命名爲《新語》。這十二篇《新語》不僅內容精辟深刻，將歷代所以興盛、所以衰亡的情況、原因分析的鞭辟入裡，而且縱橫捭闔，恣肆汪洋，妙論不絕，使武帝時的司馬遷看了都覺得陸生「固當世之辯士」。從這時起，高帝初次體會了以文治天下的意味。

「居馬上得之，寧可以馬上治之乎？」這句話是儒生陸賈在高帝取得了天下之後，及時向高帝指明的重要治國之道——現在需要

越式青銅鼎，西漢，1983年廣東廣州象崗山南越王墓出土。

以儒家之道來治理國家了。對於一個依靠武力贏得政權的軍事統帥來說，他必須懂得：他需要補上這一課，以「文」治天下。這個「文」，包括經濟、政治、法律、文化等各種制度。法家學說的刻暴，使秦王朝陷入了困境，使天下畏之如虎；而此時的其他思想學說，事實上，都不可能作爲一個國家整頓秩序的思想武器，只有儒家學說，在當時能夠承擔起這個任務。

儒家學說「難於進取，可與守成」的特質，在這個歷史的關鍵時刻，發揮得淋漓盡致，這是符合歷史潮流的。不過這個時候的儒學，還主要是叔孫通們這種懂得審時度勢，不因循固守，能夠靈活變通的儒家學子，適應形勢從而改造過的儒家學說，與後世的固守成規的儒家禮教是有所區別的。

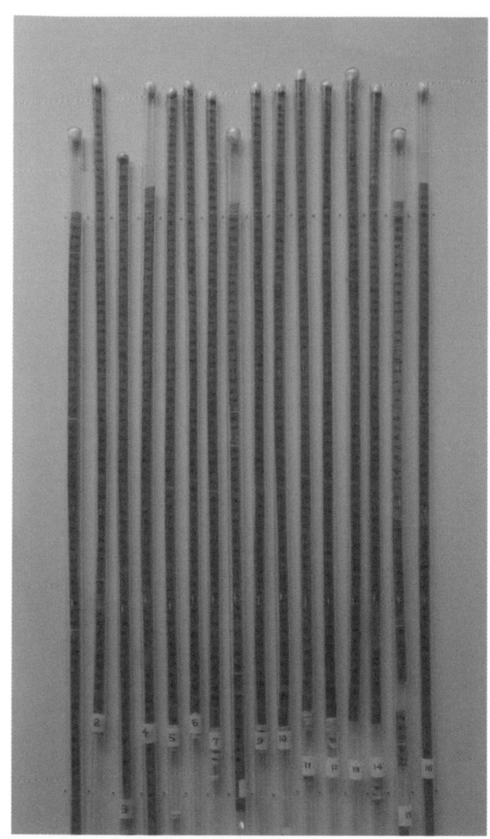

《儀禮•士相見之禮》木簡，西漢，1956年甘肅武威磨嘴子漢墓出土，中國國家博物館文物。這是目前所見《儀禮》的最古寫本。

玉枕，西漢，1995年江蘇徐州獅子山楚王陵墓出土。

第十四章 「與民休息」

一、醫治戰爭創傷

漢初的「與民休息」方針，包括對外的息兵和邊政策，因此對於醫治戰爭創傷及恢復經濟，發揮了關鍵性的作用。而這個方針是從高帝開始的。

由於秦始皇、秦二世的橫徵暴斂、強用民力，到秦末時，社會經濟已經接近崩潰。然後，又是連續八年的戰爭，社會經濟所受創傷之嚴重，難於想像。滎陽相持時，關中大飢，米賣到萬錢一石（過去石米不足百錢），但也常常是有價無市。就是富貴人家，也難以抵抗這天災人禍。項羽率諸侯進關時，搶掠秦王宮殿，劫掠金銀珠寶，使許多人暴發成巨富。但因爲戰爭，糧價直線上升，這些新巨富只好以金銀珠寶換取食糧，結果又重新淪爲赤貧。最可憐的是那些百姓，在飢荒面前毫無抵禦能力，最後竟至易子而食！

當時連皇帝都舉步唯艱。漢高祖在定陶稱帝，去汜水北岸舉行儀式，皇帝的軒車，竟然找不到顏色相同的四匹馬來拉！後來在洛陽、在櫟陽，都是如此，大臣們，包括丞相，上朝退朝，都沒有馬騎，只得坐牛車。

戰爭加上飢荒，國家人口減

牛形青銅飾，西漢，1956年內蒙古包頭市郊出土。

少了幾近一半。至於那些繁華名都，人口散落至十分之二三。直到漢七年（前二○○年），高帝北征匈奴，回經曲逆（今河北省完縣東南），望見闊大的內城外郭，不禁慨嘆道：「這城好大呀！我走遍天下，見過的，只有洛陽和它這般大。」然後問御史：「這個城市有多少人口？」御史回答：「秦時三萬餘戶，現在只有五千戶了。」可見人口死亡散落的情況之嚴重了。

經濟到了這種地步，不醫治，國家就無法生存。醫治，首先就要恢復生產。

生產的基本要素是勞動力。高帝恢復生產的頭一條措施，是解放勞動力。十二月楚漢戰爭剛剛結束，夏五月，高帝下復員令：「兵皆罷歸家」，讓從軍吏卒復員，回到田間從事農業生產。同一個月，高帝頒布了「以有功勞行田宅」和「復（免除徭役）從軍吏卒」兩個命令。這兩個命令的基本內容是：第一，按軍功大小、從軍時間長短，給復員吏卒各種待遇，賜以不同的爵位。規定凡從軍的軍官和士卒，有因犯罪雖被赦免但失去爵位的，或者沒有犯罪而失去爵位的，以及爵位不到大夫一級的，都賜予大夫級的爵位。第七級大夫以上爵位的，都封給食邑；六級以下的，免除本人和全家的徭役賦稅。第二，凡是復員的從軍吏卒，都有向地方官吏領取田地房屋和應用器物的權利。原籍東方六國的士兵願意留在關中的，免除十二年徭役，回原籍的也免除六年徭役。這對於復員軍士吏卒安心從事生產，是非常必要的。解決勞動力的一個最重要的措施是招撫流亡的百姓，使他們回到安定的生活。漢五年（前二○二年）五月，高帝頒布的「復故爵田宅」令，號召流亡的人民回到原籍，恢復他們原有的爵位，歸還他們的田地房屋，各地官吏必須認眞做好這個工作，不得強迫，更不許鞭打。這些流亡的民眾，顯然有中

鐵钁頭、鐵鍤頭（即鍬），漢代農具。

小地主，也有自耕農，當然還有無田無地的貧苦農民，還包括復員回家的從軍吏卒。

六月初九，高帝頒布大赦令，現在天下大定，除凡死罪者外，一律赦免。這樣，大批囚徒獲赦免，爲新興的國家提供了大批的勞動力，也有利於社會安定。

對於人民在戰爭中所遭受的苦難，漢政府大小官員們都感同身受，對於戰爭給社會帶來的災難，也是有目共睹的。在大赦令中，高帝講到：「兵不得休八年，萬民與苦甚」，因而在天下大定的時候，漢政府盡一切可能減輕百姓負擔，減輕賦稅徭役，從而減緩政府與人民的矛盾，安定社會秩序，發展社會經濟。恢復生產，發展社會經濟，除了增加勞動力之外，輕徭役，薄賦稅，減輕百姓的負擔，創造一個寬鬆的社會環境，也是一個重要因素。爲了調動農民勞動生產的積極性，高帝定「輕田賦」，「十五而稅一」的輕徭薄賦的政策。這和秦末時的「賦斂無度」相比，和「耕豪民之田，見稅十五（即收一半）」相比，農民的負擔確實是減輕多了。

後來，高帝又頒布了釋放奴婢的命令：「民以飢餓自賣爲人奴婢者，皆免爲庶人。」八年的農民戰爭，使得秦代還殘存的奴隸——奴婢，得到徹底解放，高帝此令，是對他們的解放予以法律上的承認，這對於發揮他們的勞動積極性是非常有利的。

漢七年（前二〇〇年），高祖又下令，「民產子」，免除徭役兩年。這個措施，大大有益於勞動力的增長，生產的恢復。

漢高祖十一年（前一九六年），規定：凡跟隨進入蜀、漢、關中的士卒，終身免除徭役。漢高祖十二年三月規定，隨高祖入蜀漢、定三秦者，世世代代免除徭役。

高帝一系列恢復生產、減輕人民負擔的種種「與民休息」的措施，正是後來「文景之治」的先聲，爲漢武帝時代中國政治、經濟的空前強大創造了基礎和條件。

二、匈奴冒頓的崛起

秦漢之際，中國北方崛起了一個強悍的匈奴汗國。匈奴原是夏后氏的後代，當時還處於奴隸制階段，過著游牧生活。匈奴富於掠奪性，屢次侵擾中原地帶，把戰爭作爲掠奪奴隸和財富的手段。秦始皇統一中國後，派蒙恬帶兵數十萬，抗擊匈奴的侵犯，收復了河套以南地區。從臨洮一直到遼東，築城牆，挖壕溝，長達萬餘里，並沿黃河築了四十四座縣城，遷徙內地囚犯刑徒，充實到那裡戍邊備戰。匈奴畏懼秦國軍力強大，向北遷徙了十多年。秦國覆滅之後，匈奴趁中原戰亂之機，重又南下侵襲，渡過黃河，抵達河套地區。

當初，匈奴單于（王）欒提頭曼立長子欒提冒頓爲太子。後來老單于又寵愛一位閼氏（皇后），生下一個幼子，打算廢掉冒頓立幼子。於是老單于就將冒頓送到月氏國（部落名，活動於今甘肅省西部和青海交界地區，時已衰落）去作人質，之後，立即向月氏發動了猛烈進攻，想借月氏之手殺掉冒頓。不料冒頓竟盜馬逃回。

冒頓特製了一種鳴鏑（發出響聲的箭），命令部下日夜苦練。他命令屬下：「我的鳴鏑射向什麼地方，你們就跟著往什麼地方射！」於是，他用鳴鏑射自己的良馬，又射自己寵愛的閼氏，射畢，冒頓檢查鳴鏑，發現沒有跟著射的，立刻拉出隊列斬首！左右驚恐震懾。然後冒頓就帶著這些人馬去射殺父親的坐騎，左右果然響箭齊發。於是有一天，冒頓跟隨父親出獵，他瞅準了機會，搭弓瞄準父親，「嗖」地一箭，鳴鏑帶著尖銳的響聲，牢牢插入老頭曼的胸上，緊接著，「嗖」、「嗖」、「嗖」，亂箭齊發，老單于還沒有來得及弄明白是怎麼回事，就暴死在自己親兒子手中。然後，冒頓將閼氏、幼弟以及一切企圖反抗的高級將領和大臣們全部殘殺。冒頓宣布，繼任匈奴單于。

漢代鳴鏑，內蒙古紮賚諾爾墓出土，內蒙古呼倫貝爾民族博物館藏。

東胡（部落名，分布在今內蒙古西遼河上游一帶）強大，聽說冒頓自任單于，就派使節來要頭曼單于的千里馬，又來要頭曼單于的一位閼氏。群臣羞怒交加，冒頓卻將寶馬、閼氏全交給使者帶回去。東胡以為冒頓決不敢和他們對抗，於是提出要匈奴和東胡之間的無人地帶。冒頓大發雷霆：「土地是國家的根本，怎麼能夠隨便給別人！」把贊成割讓的大臣一律誅殺，隨即上馬，命令道：「最後上馬的殺頭！」遂向東發動閃電襲擊，攻入東胡。東胡迅速土崩瓦解。然後，冒頓又反過身來向西攻擊月氏，月氏隨即潰敗西逃。冒頓又順勢向北，打敗了渾庾、屈射、丁零等國。接著就向南進攻，吞併了樓煩、白羊等二十餘國。然後，就攻擊中原的燕國、代郡。當初蒙恬所收復的土地，現在又全部奪回。這個時候，中原正混戰，無暇顧及北部邊陲，匈奴得以趁勢迅速壯大起來，它所占有的地域，東起內興安嶺、遼河上游，西到蔥嶺，他的精壯騎兵所謂控弦之士，有三十萬。它不斷侵犯燕、代，搶掠人口、牲畜。雲中、遼東一帶，每年被殺被擄的人口達一萬以上。

漢六年秋季，冒頓大軍把韓王韓信包圍在馬邑（今山西省朔縣），遂演化了一段大漢國與匈奴的戰和淵源。

三、千古白登之謎

漢六年（前二〇一年）秋天，匈奴冒頓單于派大軍，將韓王信重重包圍在了韓國首府馬邑。韓王信因抵擋不住匈奴鐵騎的凶猛進攻，只得幾次派人衝出包圍圈，去到匈奴汗國，希望謀求和解。

聽說韓王信被匈奴包圍，高帝即調派軍隊前往營救。救兵到達，卻發現韓王信多次私下派遣使者和匈奴聯繫。高帝接到報告，大怒，馬上派人帶著責讓書前往馬邑。

使者到達，宣讀了高帝的責讓書，言辭切峻，態度嚴厲。韓王信越聽越恐懼，最後索性投降了匈奴。九月，韓王信打開了馬邑城門。冒頓立刻率軍從馬邑南下，越過句注山（山西省代縣西北約五十里），攻擊太原（今太原市東北），其前鋒直抵晉陽

馬踏匈奴石刻（複製品），西漢，興平市茂陵。

（今太原市）。

漢七年冬季，高帝剛剛在長安接受了百官朝拜，體會了當皇帝的尊貴後，就親自率三十二萬大軍出征，北上去迎擊匈奴和韓王信的軍隊。這時候，韓王信的部隊已經越過太原三百多里，到達銅堤（今山西省沁縣南）。高帝大軍在這裡大敗韓王信的部隊，斬了他的部將王喜。韓王信逃亡到匈奴。他的部將曼丘臣、王黃等擁立故趙國後裔趙利當趙王，招收韓王信的潰散部隊人員，與韓王信及匈奴組成聯盟，準備攻擊高帝軍。

單于天降瓦當，西漢，1955年內蒙古包頭召灣出土。

冒頓派他的左右賢王，率領一萬多精銳騎兵，會合王黃的趙軍，駐紮在從廣武（縣名，在馬邑的東南約一百里）到晉陽間南北長達三百里的戰線上。漢軍發動進攻，敵人抵禦不住，紛紛潰退。但馬上又重新集結，繼續阻撓漢軍的進攻。高帝命戰車與騎兵會同再發動攻擊，匈奴軍不敵，又潰退。漢軍窮追猛打，一直越過了樓煩（今山西省寧武縣）西北，企圖徹底殲滅匈奴的野戰軍主力。

這個時候，北方正值隆冬，滴水成冰，又正趕上天降大雪，氣溫奇低。漢軍多是中原和蜀漢人，不適應北方的氣候，又缺乏足夠的禦寒裝備，士兵被凍掉手指的，占全軍的十分之二三。

而此時，高帝在晉陽的宮殿中，他並沒有體會到士兵的痛苦和戰事的凶險，只想一舉擊敗匈奴，使他們再不敢向南進犯，好一勞永逸地解決北方邊患；他還想好好教訓教訓韓王信這個小子。聽說匈奴單于冒頓率大軍正駐紮在代谷（今山西省代縣的西北），該地離樓煩就只有不到一百里了，於是他派人前去偵察。

冒頓佯裝敗退，迷惑漢軍。在代谷，他把軍中的精銳士兵和肥壯的馬匹全部藏匿起來，只讓羸弱病殘的軍士和馬匹在外面活動。高帝接連十幾次派使者去察看，他們見到的都是羸弱的兵士馬匹，回來都說匈奴非常疲弱，可以進攻。高帝不放心，又派了劉敬（婁敬）去。

劉敬出發後，高帝等不及了，就將大軍派了出去。結果劉敬出使回來，報告與前面十幾位使者截然相反，他說：「兩國交戰，本應相互顯示自己的強大，藉誇耀自己以震懾敵人。可是臣這次出使，見到的，竟都是老弱兵士，病殘馬匹。這顯然是故意示弱以麻痺我們，而藏匿起他的精銳，準備出奇兵襲擊我們，陛下，我認為萬不可出兵」！

山西廣武古長城。廣武長城與雁門關長城相接，歷史較為久遠，與河北懷淶縣的趙長城都屬內長城，歷史上漢高祖劉邦被冒頓單于困於小白登前，就是從這裡撤走的。

劉敬透過現象看本質，從而提出了正確策略。可是此時，漢軍二十萬已經越過了句注山，豈能再行更改！高帝大罵道：「齊國的混蛋！靠著要嘴皮子騙了我的官，現在竟敢胡說八道阻撓我進攻，渙散軍心！給我捆起來！」把劉敬用木枷鐐銬鎖起來，囚禁在廣武，自己則率領騎兵突進，一直到達平城（今山西省大同市東北）。大部隊係步兵，行動遲緩，高帝等不及，就率領騎兵進入平城東七里的白登。

高帝剛剛進入白登，突然，四下裡冒出無數的騎兵，鋪天蓋地壓來，原來，冒頓趁高帝在白登巡視時，突然傾全國精銳——四十萬騎兵，將白登團團圍住，水泄不通。匈奴軍騎兵四面包圍著白登，西面的都騎白馬，東方全是青馬，北方一色黑馬，南方俱跨紅騎，好不整肅剽捷！匈奴國關係簡單，律法也簡潔明確，完全按習俗加以勒肅，譬如拔刀傷人，如果傷口長到了一尺，則傷人者處死；盜竊則沒收家屬財產；輕罪者處以壓碎骨節的刑罰，重罪者處死；坐牢最多十天，所以全國也沒有幾個犯人。在戰鬥中，誰有所斬獲賜一壺酒，抓到的俘虜就作他的奴隸，他繳獲的戰利品就歸他本人。所以匈奴作戰，人人自動趨利，衝擊則奮勇異常，潰敗便土崩瓦解。這樣的軍隊，戰鬥性強，掠奪性大。將漢朝皇帝圍困在平城白登，皆躍躍欲試。

高帝被圍在白登城裡，整整七天七夜，內外阻隔，完全孤立。軍士的糧食、馬匹的草秣斷了，四處搜索搶劫，也斷難維持。眼看陷落就在旦夕，如何是好？

這個時候，陳平作爲護軍中尉跟隨高帝，情急之中，他爲高帝出了一個奇計。於是高帝派出祕密使節，偷偷縋出城，走小路，找到冒頓的王廷，晉見閼氏，送上貴重的禮物。於是閼氏就對冒頓說：「兩國君主，不應該使對方窘迫。今天即使得到漢的地方，單于您也不能居住呀。再說漢王也有神靈的保護。請單于您好好考慮一下」。

冒頓原來和韓王信的部將王黃、趙王趙利約定好日期會師。可是時間到了，趙軍卻沒有來。冒頓懷疑趙軍和漢軍之間有什麼勾結，於是他下令解開一個城角的包圍圈，讓城裡的漢軍出去。

這天大霧彌漫，對面不見人影。高帝率領騎兵從匈奴騎兵包圍圈的缺口撤出。陳平讓騎士們拉滿強弓，搭上箭，面向兩邊匈奴軍隊，一步一步慢慢往外走。每走一步，都聽到匈奴軍馬的鼻息聲，嘶鳴聲，聽到匈奴騎兵哇里哇啦的吼叫聲。每一步都感覺匈奴要衝將出來。走得越慢，心弦繃得越緊，人的神經似乎都快要繃斷了。一出包圍圈，高帝就要縱馬狂奔，太僕夏侯嬰不聽，拉著韁繩，堅持慢慢地走出去。

回到平城，漢軍主力也到達了，匈奴軍遂解圍，撤回本土。高帝經過這次挫折，也自感無力再戰，於是也撤退回國。回到廣武，高帝將劉敬放了出來，對他說：「我不聽先生您的話，以致於被圍困在平城。我已經把前面那十幾個說可以進擊的使者都殺啦！」於是高帝封劉敬爲關內侯（秦漢時二十級爵位的第十九級，僅次於列侯），號建信侯，封賞給他二千民戶。

回師途中，路過曲逆（縣名，今河北省完縣）。登上城樓俯瞰城景，不禁驚嘆道：「好大的城市！我走遍天下，觀城無數，只有洛陽可以和它相比。」於是改封陳平爲「曲逆侯」，全城所有的人家（原有三萬戶，當時因戰亂飢荒，只剩下了五千戶），都作爲他的食邑民戶。陳平跟隨高帝，曾經六出奇計，每次高帝都增加他的食邑。陳平的計謀，多是不可對人言說的祕計，所謂「陰謀」是也。陳平曾經對人說過：「我多用詭祕的計謀，這是道家所禁忌的。我的繼承人如果被廢黜，陳家子孫承我蔭庇餘澤的命數也就此完了，永遠不能再次興起，因爲我種下了太多的隱患。」後來還果眞如此，到第四代封國被廢除。後來雖然他的曾孫感藉衛氏的親戚關係而顯貴，希望得以接續陳氏的封號，卻始終沒有成功。

至於平城這一次的奇計到底是什麼，卻是一個千古之謎。《史記》說：「其計祕，世莫得聞。」後世多少人想了解這個祕密，都沒有得到答案。閼氏說服冒頓的那段話，並沒有說服力；而趙軍失約，並不影響匈奴軍的優勢。高帝究竟使用了什麼辦法，能夠讓冒頓撤回大軍？沒有人能夠回答。我們只能想到，這決不會是一個很光彩的計謀。如柏楊說的：「雖然我們不知道祕計內容，但可以肯定，祕計一定嚴重地傷害劉邦先生的自尊，使子孫和中國人蒙羞，否則，匈奴不會平空網開一面。」但是，在這種時刻，什麼都得忍，他才能夠度過難關，取得最後的勝利。

四、劉敬和親

漢七年嚴冬，高帝撤軍回長安，留樊噲率軍再次收回了代、雁門、雲中各郡。這些地方都是代國（首府在今河北省蔚縣）的屬地。當初高帝大封劉氏族人，其中封他的仲兄劉喜作了代王。誰知仲兄是個窩囊廢，擔不了重任。匈奴攻擊代國，他一見匈奴來勢如潮湧，嚇得丟下領國抄小路逃回了洛陽。

聽到這個消息，高帝肺都要氣炸了，大罵不止。在關鍵時候，要依靠自己家裡人，可家裡人竟是這麼沒出息！樊噲一收復失地，他馬上下詔，貶劉喜爲部陽侯。十二月封幼子劉如意爲代王。

韓王信事敗逃亡到匈奴，匈奴冒頓單于就越發兵強馬壯，僅射手就三十萬，漢大軍撤退後，他又多次進犯北部邊境。連年戰爭，人力物力的消耗無法計算，各諸侯王國尚未收服平定，自己封的劉姓王，又多不頂用，像劉如意，才剛七歲，讓他不禁感到孤立無助，無法對抗匈奴。高帝想不出對付匈奴的辦法，憂慮不已。

玉璜，西漢，1994-1995年江蘇徐州獅子山楚王陵墓出土。

漢八年（前一九九年）秋九月，一天，他把劉敬召來，詢問對付匈奴的辦法。在建議遷都、力諫不可出軍平城之事後，他對劉敬是非常信服的。劉敬說：「天下剛剛平定，士卒們被戰爭搞得太疲累了，我們無法使用武力制服匈奴。另一方面，冒頓殺父自立，娶庶母爲妻，只知憑藉武力逞威風，這種人根本不懂得仁義道德，所以我們也不能用仁義道德去勸說他。唯一的辦法是使用謀略，使他的子孫後代作漢朝的臣子了。只是，恐怕您不願意這麼辦」。

高帝說：「只要能行得通，爲什麼不！你說吧，究竟應該怎麼做」？

劉敬回答說：「您如果能夠將皇后所生的嫡長公主嫁給他，再送一份厚厚的大禮給他，他一定會敬重長公主，進而立長公主爲閼氏，等將來長公主生了兒子，他定會立之爲太子，將來接替他作單于。爲什麼會這樣呢？因爲他貪圖漢朝的財富。之後，拿我們大漢國多餘的、而他們缺少的東西，每年派使者去幾次，慰問、饋贈，趁勢以禮義勸告說服他。這樣，冒頓活著，他自然是我大漢國的女婿；他死了，就由我大漢國的外孫接任單于。哪有外孫敢跟外祖父平起平坐的呢？這樣，我們就可以不使用軍隊，卻讓他們逐漸臣服」。

一聽這個主意，高帝興奮不已，這下問題就可以解決了，送女和親，這個辦法眞是高妙極了，不動干戈，少費民力，卻可以降伏那些吃人生番一般的匈奴，他就可以騰出手來安定國家，於國家、於百姓當然都是最大的好事。這麼簡單，這麼容易！可是……他回頭看了看劉敬：「非得皇后生的嫡長公主嗎」？

劉敬一看高帝的神情，就明白了他的心思。他語重心長地說：「陛下，您要送，只能送嫡長公主，如果您不送嫡長公主，而隨便找個女子冒充嫡長公主，他肯定會發現，那麼，他就不會尊重她，也不會親近她，那麼就一點用也沒有了。請您深思」。

高帝聽了，決心立定：送魯元

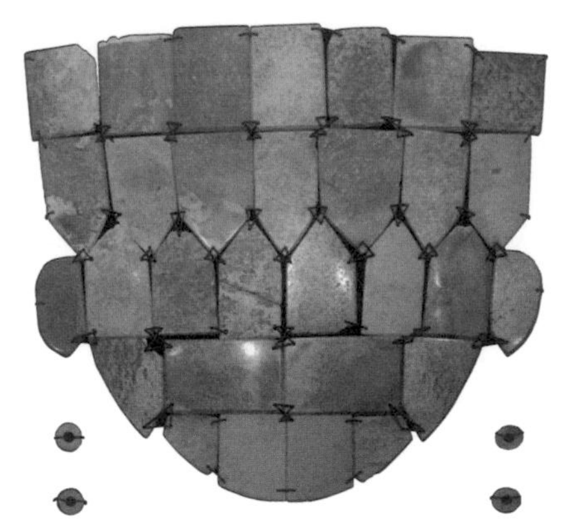

玉面罩，西漢，1977年江蘇徐州子房山漢墓出土。

到匈奴和親。他根本就沒想魯元公主已是張敖之妻這事，只要需要，當然什麼都可以做，何況讓女兒改嫁這種小事。可能潛意識裡，他倒覺得這樣更好，他早就不想讓這小子再占著趙國了。

這事他本想瞞著呂雉，等生米煮成熟飯，她也就沒奈何了。呂雉和別的女子不同，她是皇后，極其剛毅，對她高帝是敬重中多少有些畏懼的。不料卻走漏了風聲，呂雉知道了，自此糾纏不已，日夜哭泣，哀求高帝：「陛下，我只有這一個女兒和一個兒子，您卻要狠心把她送到匈奴那種蠻荒之地！您不可憐她，也可憐可憐我吧！」高帝看著自己的結髮之妻，滿臉的皺紋，頭髮散亂，淚痕滿面，不禁動了惻隱之心。呂雉年老色衰，高帝久不與她同房，想想也怪可憐的……他的決心終於動搖了，最後一跺腳，連聲叫道：「罷了罷了，換人吧」！

這一回，政治敗在了兒女情手中。

不過高帝是不會放棄任何一個上好的政治計謀的。漢九年（前一九八年）冬季，高帝在皇族中物色到了一位才貌雙全、又頗有幾分像長公主的女子，佯稱長公主，盛裝重抹，寶馬金車，隆重送往匈奴國，作單于冒頓的妻子。同時派劉敬作全權大使，帶著大批金銀珠寶、糧食絲綢，護送「長公主」到匈奴，前去與冒頓締結和親盟約。

冒頓果然高興極了，他馬上封漢「長公主」爲閼氏。劉敬見時機不錯，就建議雙方訂立和親盟約，約爲兄弟，漢將每年饋贈絲綿、綢絹、酒、糧食和其他食物。冒頓也同意了。實行和親後，冒頓果然稍有收斂，南下侵擾的次數明顯減少，規模也大大縮小了。

對於和親，中國歷史上一直有兩種截然相反的看法。以宋儒爲代表的一種人說：對於蠻族，順時用恩德仁義去感化他；不順時，就應該用武力去鎮壓他。和親，喪權辱國。另一種人的意見是，敵人，也包括邊族，能征服時征服它，不能征服時，只有和解，而和親是一種和解的方式。漢代自高帝後，歷代都奉行和親的政策，後來的唐代、清代，這些比較強盛的朝代，也都實行和親，其效果如神；這種方式於國家，於天下蒼生，都是大爲有利的。

至於漢高帝，他之所以採取和親政策，完全是他一貫的思想、他所奉行的人生觀決定的；不管是什麼辦法，能解決問題就是好辦法，他不在乎什麼禮義，什麼原則，只要結果是勝利的就行。

五、強徙豪族

漢九年十一月，劉敬完成和親任務，從匈奴返回長安，求見高帝。他談到：匈奴自從統一了中國北部以後，疆土遼闊，它在黃河河套以南的屬地，如白羊部落、樓煩部落，與漢國首都長安的距離，最少的只有七百里，輕騎部隊南下突襲，一日一夜就可以抵達關中。而關中，歷經戰亂，一片荒涼破敝，地廣人稀，匈奴進犯，無力阻擋。

五銖錢紋青銅鼓，漢，1954年廣西岑溪出土，此青銅鼓鼓面及周身用五銖錢紋裝飾，表明南方各族和漢族在文化上的融合。

高帝一聽又急了：「怎麼辦？我只要你拿出辦法來」！

劉敬好像沒有聽見，又擺出了一個問題：「當初，天下號召力最強的有這麼幾家：齊國的田姓，楚國的昭、屈、景三姓。當群雄反抗暴秦，沒有這幾個大家族的響應，就不可能取得勝利。現在，陛下您取得了天下，但是殘留在東方的這幾個家族，勢力仍然強大，一旦發生變亂，陛下恐怕要臥而不能安眠呢」。

「怎麼辦」？

現在劉敬才向高帝提出了他深思熟慮的一條建議：「關中雖有肥美良田，卻人口奇缺，現在的當務之急是使其人口迅速增加。臣有一條辦法，陛下請考慮：請把六國後裔，還有天下的英雄豪強、知名士族，都強迫他們遷徙到關中來，這樣的話，既可以補充關中人口的缺額，又可以防止東方的叛亂。和平時期，可以使他們北禦匈奴；一旦東方有亂，陛下還可以有足夠的兵源撻伐。這是固本弱枝的辦法」。

高帝說：「好極了」！

王夫之曾經說過：「富豪大族之所以強者，因其地也。諸田非渤海魚鹽之利，不足以強；屈、昭、景非雲夢澤藪之資，不足以強；世家非姻婭之盛，朋友之合，小民之相比而相屬，不足以強。」秦始皇時期，就曾經遷徙了十二萬戶東方豪戶到咸陽。高帝於十一月當即下令，將齊國田姓諸族，楚國昭、屈、景，以及燕、趙、韓、魏的後裔，還有豪族名家，總共十多萬口，遷入了關中。這一下，大大削弱了豪強的勢力，「豪傑大族，摧折凋殘，而日以衰」（《王夫之《讀通鑑論》卷二：〈漢高帝〉）。對於北禦匈奴，東禦諸侯國的叛亂，具有極大的好處。

六、南安百越

漢十一年（前一九六年），高帝下詔，封故秦南海（郡名。轄今廣東、廣西，治所在今廣州市）尉趙佗爲南越王。派陸賈奉符節印信前往，使其鎮撫南海百越，不侵犯中國邊境。

當初，秦二世胡亥即位後，暴肆爲虐。南海郡尉任囂病重，將他假造的詔書頒發給趙佗，讓他行使

趙佗南越稱王

秦始皇統一六國之後，開始前進嶺南百越之地。前二一九年，秦始皇派屠睢為主將、趙佗為副將，率領大軍力攻嶺南。屠睢因為期間濫殺無辜，引起當地人的頑強反抗，被越人殺死。秦始皇於是重新任命任囂為主將，並和趙佗一起率領大軍。經過四年努力，於前二一四年取得嶺南。

秦始皇接著在嶺南設立了南海郡、桂林郡、象郡三郡；任囂被委任為南海郡尉。南海郡下設博羅、龍川、番禺、揭陽四縣。趙佗被委任為龍川縣令，龍川的地理位置和軍事價值都極其重要。趙佗到龍川（今龍川縣佗城鎮）上任後，採取「和輯百越」的民族政策，並上書秦始皇，要求從中原遷居五十萬的居民至南越，加強漢族（華夏族）、越族（百越）的民族融合。

秦始皇死後，秦二世繼位。由於二世的暴政激起了陳勝、吳廣起義，接著是劉邦和項羽的「楚漢相爭」，中原陷入了一片混亂。前二〇八年，南海郡尉任囂病重。臨死前，把時任龍川縣令的趙佗召來，向他闡述了可依靠南海郡傍山靠海、有險可據的地形來建立國家，以抵抗中原各起義軍隊的侵犯；併當即向趙佗頒布任命文書，讓趙佗代行南海郡尉的職務。

不久，任囂病亡；趙佗即向南嶺各關口的軍隊傳達了據險防守的指令，防止中原的起義軍隊進犯，並藉機殺了秦朝安置在南海郡的官吏們，換上自己的親信。秦朝滅亡後，前二〇三年，趙佗起兵兼併桂林郡和象郡，在嶺南建立南越國，自稱「南越武王」；疆土北自南嶺（今廣東北部、廣西北部和江西南部一帶），西至夜郎（今廣西，雲南的大部），南抵海（今越南的中部和北部），東至閩越（今福建南部），都城在番禺（今廣州市）。

南海尉職務。

任囂去世，趙佗即派人傳遞檄文，切斷通道，聚集兵力，殺掉了秦朝官員，任用自己的親信爲郡縣官員或代理長官，先後兩次北侵奪地。秦朝滅亡後，趙佗就吞併了桂林、象郡，自稱南越武王。

高帝平定天下後，中原戰亂不已，韓王信、陳豨、盧綰、英布等，先後反叛，高帝沒有力量來對付趙佗，只得放過他，不予討伐。高帝十一年，派陸賈出使南越，追認趙佗爲南越王。

陸賈到達番禺，趙佗態度極其傲慢，頭髮在頂上束成一個髻儿，伸開兩腿，像簸箕一樣坐著。陸賈以其三寸不爛之舌，威之以兵，曉之以禮。他指出：「高帝五年之內，平定四海，這是天意。天子知道你在南越自稱爲王，大臣宰相都要發兵討伐你。但是天子憐憫百姓剛剛經歷征戰的勞頓，所以暫且休養生息，派我前來，授給足下印信，剖分符信作爲憑證，互通使節。您應該恭恭敬敬，北面稱臣。如果你竟妄想憑你小小的越國和天子對抗，我看你大禍臨頭了！」

趙佗大驚，向陸賈賠罪說：「請您原諒，我在蠻夷部落鬼混得太久，剛才非常失禮，請您千萬不要怪罪！」遂接受了漢朝的策封，向漢朝南面稱臣。

陸賈大勝而返。漢南部邊境百越族遂不戰而平定。高帝很高興，任命陸賈爲太中大夫。

北和匈奴，是被迫，南撫百越，是自然。北和南撫，結果是省卻武力，節約民力，與民休息，對於剛剛統一的大漢帝國來說，是非常必要而且是非常有益的，也是符合百姓意願的。這恰是高帝「下馬治天下」的一種表現，而南撫百越這件事恰讓陸賈來完成，倒不一定是巧合。除了陸賈爲天下著名辯士外，「居馬上得之，寧可以馬上治之乎？」陸賈的這句名言，給了高帝這個時期的一個思想武器，是他在開國初期，實行攘外先安內、近攻須遠交這一策略的思想淵源。

《統一歸漢》銅雕，廣州陳家祠廣場。描繪西元前196年，漢高祖劉邦派遣大夫陸賈南下勸服南越王趙佗歸漢。在陸賈耐心勸說下，趙陀被陸賈所感動，遂接受了漢高祖劉邦所賜的南越王印綬，歸附稱臣。

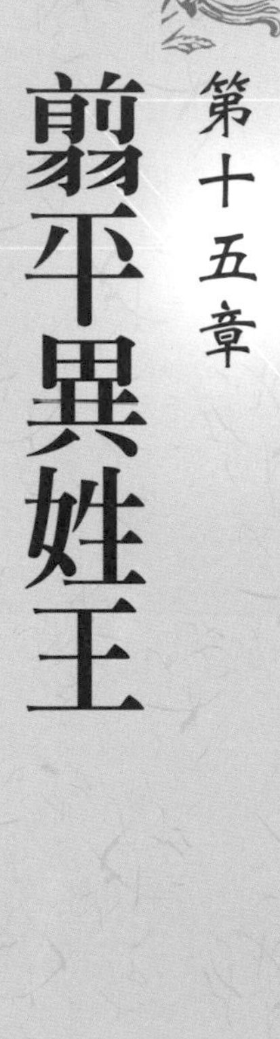

第十五章 翦平異姓王

一、削平張敖封國

異姓諸侯王是高帝最大的心病，如鯁在喉，因而也是他稱帝之後最耗心、最費力的事情。一切都可以作表面文章，惟獨這件事，一絲一毫也不能放鬆。第一個是楚王韓信，高帝用陳平之計，僞遊雲夢，將他擒拿，褫奪封國，貶爲淮陰侯。第二是韓王信。第三個就是趙王張敖。

漢五年（前二〇二年）七月，趙王張耳病死，高帝這時候封同姓王的條件還沒有成熟，於是他就封了兩個關係親近的人。八月，高帝封張耳之子、魯元公主駙馬張敖爲趙王；九月封盧綰。但是後來卻廢了趙王張敖。

事情是這樣的：漢七年二月，高帝從平城回軍路過趙國的首府邯鄲（今河北省邯鄲市）。

趙王用最恭敬的禮節，到郊外跪迎，且每天早晚都要脫去外衣，戴上套袖，親自給高帝進獻食物。這是當時最表恭謙的禮節。可是高帝動輒破口大罵，且岔開兩腿直攤在席上。這種坐法，狀貌像簸箕，古人叫「箕踞」。因爲當時人身著裙裝，裡面不著內褲，這樣坐，顯然是一種極其不禮貌的舉止。高帝輕侮詈罵，趙王卻諾諾退讓，這激怒了趙國宰相貫高、趙午等人。他們都是張耳的老門客，生性剛強，容易動氣。他們決計殺掉高帝雪辱。計畫告知張敖，嚇得他魂飛膽散，咬破手指，說：「我趙國一草一木，都是皇帝陛下的恩賜，我決不敢做這種喪家滅國的事情！諸位不要再說了！」但是貫高等並不肯罷休，他們就瞞著張敖謀劃刺殺高帝。「事情成功，當然歸功於大王，事情敗露，我們自己承擔責任」！

漢八年冬季，高帝率軍在東垣

（今河北省石家庄市東）討伐韓王信的殘部，回軍時路過趙國的柏人縣（今河北省隆堯縣西），準備留宿。貫高等知道了，就派刺客埋伏在柏人的館舍夾壁裡，準備刺殺高帝。高帝來到柏人，正準備休息，忽然覺得一陣心驚肉跳。他問隨從：「這個縣叫什麼名字？」答曰：「柏人。」高帝說：「『柏人』，就是『迫於人』嘛，這可不是好地方！」便不宿而去。

漢九年（前一九八年），貫高的仇人探知了這件事，就向朝廷告發了。高帝怒不可遏，下令把被告發的十幾個人和趙王一起逮捕。趙午等十幾個人聽到消息，都爭相自刎。貫高見狀，怒罵道：「誰強迫你們幹這事了？現在事發了，你們都一死了之，大王明明沒有參與，你們死了，誰爲大王辯白？」於是他坐著密封的囚車，跟著趙王來到長安。

在審訊中，貫高供稱：「是我們當臣子的自己私下搞的行動，大王一點也不知！」主審官對他嚴刑拷打，鞭子和刑棍，笞撻足有幾千下，甚至用鐵錐在他身上亂扎，動刑程度之殘忍酷烈，世所罕見。貫高全身稀爛，沒有一處完整的皮肉可以再動刑了，但是他仍然一口咬定：「和大王毫無關係」！

此時宮中也是一片緊張。張敖被控謀反，直接牽連到魯元公主。呂后幾次晉見高帝，訴說張敖不可能參與，他的妻子是劉家的女兒，怎麼會生二心？高帝咆哮道：「他當了皇帝，還有你女兒什麼事嗎？」撇下呂后，拂袖而去。

這時候，廷尉把審訊情況和貫高的供詞上報，高帝不禁讚嘆道：「好一個烈士！」然後問左右：「誰認識他？去拜訪一下，試著用私情套出他的實話」。

「皇后之璽」，是呂后執政的玉璽。玉料呈白色，為新疆和闐羊脂玉，印體為正方形，上飾凸雕的螭虎紐，四側陰刻雲紋。

「皇后之璽」印文為陰刻篆書「皇后之璽」四字，是迄今所知漢代帝后用玉璽僅有的一件出土遺物。1968年於陝西咸陽狼家溝出土。

中大夫泄公說：「我和他是同鄉，了解他的爲人。他是有名的義士，一身硬骨，重名譽道義，誓死守信。」高帝命泄公爲使者，手持符節，去慰問貫高。貫高像死人一樣癱著，見來人，掙扎著睜開血肉模糊的眼睛，問：「您是泄公嗎？」泄公殷勤地慰問他，像老朋友一樣和他聊家常。然後趁勢問：「您說實話，趙王眞的沒有參與謀殺計畫」？

貫高上氣不接下氣地說：「人之常情，誰不愛自己的父母妻子？如今我的三族都已被判死刑，哪有拿我親人的性命去換張王的道理？張王確實沒有參與謀反，就是我們這些人自己幹的！」然後他詳細述說了他們策劃謀殺的起因和經過，說明張敖確實沒有參加的事實。

泄公如實稟報。春正月，高帝下令赦免張敖。因爲知情不報，削去王爵。因爲是魯元公主的丈夫，封宣平侯。

高帝欣賞貫高爲人俠義，派泄公去告訴他：「陛下已經赦免了張敖。」貫高非常高興。泄公接著對他說：「陛下推重您，所以也赦免了您」。

貫高說：「我之所以體無完膚地強活到今日，只爲證明張王沒有參與謀反。今日張王已然得到赦免，我已盡責，死而無憾了。況且作爲臣子的有了謀殺君主的罪名，即便皇上寬大爲懷，不殺我，我還有什麼臉面服侍皇上呢？」說罷，仰面斷頸而死。一時間，貫高名揚天下。

當初逮捕張敖時，高帝下了命令：趙國大臣和賓客們，有膽敢隨趙王進京的，一律滅族。但是，就還眞有郎中田叔、門客孟舒等十幾人，自剃髮，用鐵環束頸，自稱張敖家奴，跟隨到長安。張敖被赦免後，高帝特意召見他們予以讚賞。談話中，發覺他們的學識才能遠遠高過現任政府官員，就給他們封官加賞，後來這些人沒有不做到封國卿相或者郡守的。

漢九年（前一九八年）春正月，張敖被削平封國，改封代王劉如意爲趙王。

二、平陳豨

高帝十年九月，陳豨反。

陳豨當年帶兵五百隨高帝入關，又以游擊將軍參加平臧荼之戰，平定代地。高帝六年被封爲陽夏侯。高帝七年，韓王信反，劉仲棄逃，代地淪入匈奴之手，高帝異常著急，於是任命陳爲代相，指揮趙代兩國的軍隊，既是統帥，又是監軍。北部邊防部隊，都歸他統轄。

陳豨這個人因爲家鄉宛朐（今山東省菏澤西南）在戰國時代屬

魏梁，所以從少年時代就非常景慕魏公子信陵君，他欽慕信陵君好結交天下英雄豪傑，門下食客數千，也極力仿效，廣招門客，態度恭謙，故而四方士人多來相投。陳豨任代相後，曾休假回鄉，歸途中路過趙國。其隨行門客乘坐的車輛竟有一千多，浩浩蕩蕩，塞滿了道路，邯鄲的官府館舍也都被陳豨的人住得滿滿當當的。

當時因趙王劉如意年幼，高帝爲輔佐他，遂調遷周昌任趙國相國。周昌對高帝忠心耿耿。他見跟隨陳豨的賓客的陣勢，遂請求進京，向高帝詳細述說陳豨賓客盈塞道路的情況，提醒高帝：「陳豨手握重兵，在外幾年，恐怕會發生變故，請皇上明察」！

高帝聞聽，立刻派人到代國去暗地裡調查陳豨賓客們在財務方面的種種違法亂紀的事實。特使們查訪到的事實中，幾乎每一件都牽連到了陳豨，陳豨非常恐慌。就在這時，逃亡到匈奴的韓王信派了他的部將王黃、曼丘臣等來遊說引誘。於是陳豨讓他的賓客暗中與他們接觸。高帝略有所聞。十年七月，太上皇葬於萬年。高帝派人召喚陳豨赴櫟陽參加葬儀，還特告，楚王劉交、梁王彭越，都來送葬。陳豨害怕高帝藉此機會對他下手，於是推託病重，拒不奉詔。

八月，陳豨公開反叛，自稱代王，勾結王黃等人，發兵攻打趙國、代國，劫掠土地。

九月，高帝親率大軍北征陳豨。

此次行動，高帝對代國採取打擊少數首要、爭取多數的策略，詔令：「陳豨曾在我麾下，本是很講信用的。當初因代郡是緊要之地，故封陳豨爲列侯，以相國的身分鎮守代地。想不到他今天竟然跟王黃等人劫掠代地！我只能親自前往征

信陵君

信陵君（？～前二四三年），名無忌，中國戰國時代魏國人，是魏昭王的兒子，魏安釐王同父異母的弟弟。信陵君是戰國時代著名的政治家、軍事家，魏安釐王時期官至魏國上將軍，和平原君趙勝、孟嘗君田文、春申君黃歇合稱為「戰國四公子」。

前二七七年，魏無忌的父親魏昭王去世，魏無忌的哥哥魏圉繼承魏國王位，是為魏安釐王，翌年把其弟魏無忌封於信陵（今河南寧陵），因而稱為信陵君。

魏無忌為人仁愛寬厚，禮賢下士，士人因而爭相前往歸附於他，最高峰時門下曾有三千食客。所以當時的魏無忌威名遠揚，各諸侯國連續十多年都不敢動兵侵犯魏國。

討。但是，代地的官吏百姓是無罪的，應該赦免他們」！

皇帝親征，到達邯鄲，一看邯鄲平靜無事，喜形於色，說：「我知道陳豨豎子是個無能之輩！邯鄲是多麼重要的地方，不占領邯鄲，只顧在南面的漳水上設防，眞是個笨蛋」！

這時，周昌來報告說：常山郡（今河北省唐河以南，治所在元氏縣西北）二十五城，陳豨反，竟然丟了二十座！應該判郡守、郡尉斬首。

高帝問：「他們倆謀反啦」？

「沒有」。

高帝說：「城市丟了，是他們的力量不足，有什麼罪？」宣布赦免並復任常山郡郡守、郡尉。二人本以爲必死無疑，萬沒想到竟被皇帝赦免，頓時涕泗交加，誓死與城池同在。

高帝又問周昌：「趙國有沒有可以領兵打仗的壯士？我想任命他們作將領。」周昌引了四個人來謁見。

看到四個壯漢畢恭畢敬地跪在面前，高帝突然破口大罵：「你們這些癟三，能當將軍？」四個人又慚愧又驚恐，伏在席墊上不敢抬頭。誰想高帝突然又轉怒爲喜，下令說：「好，我就封你們當將軍！再，每人封一千戶！」四個人驚極喜極，千恩萬謝，誓爲皇上效忠。

高帝身邊的近臣也被這超常的封賞驚住了，等這四個人走了，他們就一起向高帝進諫：「陛下，跟隨您進入蜀郡、漢中的，跟隨您征伐楚王項羽的，到現在還沒有普遍得到封賞，這幾個人是憑什麼功勞得到封賞的」？

高帝嘆了一口氣，說：「你們懂得什麼！陳豨反叛，邯鄲以北都被他占領了。我用緊急文告征召天下各封國的軍隊，可是沒有征召來一兵一卒！眼下就只有邯鄲城中的趙國軍隊了。你們說，我不依靠他們依靠誰？我能吝嗇這四千戶封賞，不去撫慰趙國子弟嗎？」左右大爲欽佩，讚嘆不已。

又有人向高帝舉薦了一個人，是燕國名將樂毅的後代，名叫樂叔，現居住在趙地。高帝命人將他找來，封在樂鄉（今河北省清苑縣東南），號華成君。這種爭取多數，打擊首惡，收攏民心的策略，是在局勢不利時的靈活的選擇，是漢軍最後得以順利平定陳豨之亂的法寶。

爭取多數收攏人心的同時，高帝還對陳豨部採取了分化瓦解的策略。他問趙國了解情況的人：「陳豨用的將領是些什麼人」？

「王黃、丘曼臣，還有好多人，他們原來都是做買賣的」。

高帝擊掌而笑，說：「我知

道該怎麼辦了！」於是派人用重金行賄，果然，陳豨部將多人都投降了。高帝出黃金千斤懸賞王黃、曼丘臣的人頭，後二人終爲部將所殺，呈其首級於高帝。

這時，陳豨的大將侯敞，率領萬餘人的部隊在邯鄲外圍往來游擊；王黃率千餘人的騎兵，駐紮在曲逆（河北省完縣東南），這地方在七年冬季率軍從平城南撤時封給了陳平，現在又被陳豨奪去了；張春率領萬餘步兵，渡過黃河，進攻聊城（縣名，今山東省聊城縣西北）。

高帝派將軍郭蒙和齊國的將領分頭進擊，大舉擊潰陳豨部隊，斬其將侯敞。漢太尉周勃帶領另一路軍從太原挺進，在樓煩（今雁門關北）攻破了陳豨、韓王信和「趙王」趙利聯軍，接著又乘勝收復了燕門郡十七縣，雲中郡十二縣。周勃抵達馬邑，叛軍堅守，不肯投降。周勃大怒，揮軍強攻，遂將其全城摧毀。

高帝親自率軍攻打東垣（今河北省正定縣），趙利拒力堅守，一個月竟然攻不下來。而且，那些守城的士兵們竟然敢放肆辱罵高帝！高帝氣得渾身發抖，調集大部隊，全力進攻。東垣終於攻陷。高帝命令：「將那些辱罵過朕的，全部斬殺！那些沒有罵過的……」高帝現在不必忍了，他咬著牙說：「黥刑！」於是，殺的殺，臉上刺字的刺字，東垣一片血腥。高帝下令，改東垣爲眞定。

漢高帝在邯鄲直坐鎮了兩三個月，十一年冬，高帝回到洛陽。說：「代地處在常山以北，趙國在山南，要越過常山轄制它，太遠了！」於是下令將趙國一分爲二，劃常山以北地區爲代國，封四子劉恒爲代王。就是後來的漢文帝。

十二年十月，在當城（今河北

山西省忻州市代縣雁門關（西陘關），長城的風采。在中國歷史上，雁門關一直是中原抵禦北方游牧民族南下的前線要塞，具重要的戰略位置。趙國李牧曾誘敵深入，大破匈奴十萬餘騎。漢朝霍去病、衛青和李廣先後由雁門關出兵，北討匈奴。

省蔚縣東）斬殺陳豨，收復了代郡。陳豨叛亂被平定。

三、計殺淮陰侯韓信

漢十一年（前一九六年）春正月，高帝還淹留在北方征討陳豨，韓信被告發謀反。

事情據說是這樣的：陳豨被任命爲代相鎮守趙、代邊防重鎮。出發前來淮陰侯府邸辭行。淮陰侯屏退左右，拉著陳豨的手，在庭院中散步。淮陰侯心事重重，半晌，仰天長嘆一聲，然後望定了陳豨，說：「可不可以和君說心裡話？我有幾句話，想和您談」。

陳豨頓住，向韓信深深一揖：「小人一切聽從將軍吩咐」。

韓信說：「君所管轄的地區，是天下精兵聚集之處；而您，又是陛下親信的寵愛之臣。如果有人報告說您謀反，陛下一定不會相信；但是消息再次傳來，陛下就會產生懷疑了；等消息第三次傳來，陛下必定勃然大怒，親自帶兵討伐」。

陳豨點點頭，這種話，只有對信得過的人，才可能說。淮陰侯是把他當作肺腑知交的。下面的話，肯定讓陳豨大爲震驚：「等高帝討伐您時，我就從京城起兵，作您的內應。那時候，天下就可以在掌握之中了」。

據說陳豨向來對韓信最爲敬佩，最爲信服，見韓信這麼說，就完全相信，回答說：「謹從指教」。

後來，高帝十年八月，陳豨果然發動了叛亂。高帝出兵北征，韓信稱病，沒有追隨前往。據說韓信祕密派人前往陳豨處，指示機宜，並且說：「只管起兵，我在裡面協助您！」於是韓信就和家臣謀劃，準備趁黑夜假傳詔書，大赦各官府做苦工的罪犯和奴隸，然後徵調他們去進攻皇

鐘，是中國古代的一種金屬撞擊器。通常作為一種軍事或宗教建築的附設器具，用於報時或召集人群、發布消息等。宮廷所用的鐘都刻有銘文，以祈求天神保佑。圖為西周晚期的柞鐘。

宮，襲擊呂后和太子劉盈。部署停當，就等陳豨方面的回報。

這事是淮陰侯舍人欒說首告的。原來他的哥哥得罪了韓信，韓信將其囚禁起來，準備殺掉。十一年春正月，欒說情急之中，就上書告發韓信謀反。呂后想把韓信召來，又怕他不肯就範，於是她把相國蕭何召來商議，想了一個計策：派人假裝從前線歸來報捷，說陳豨已被捉拿處死，皇后準備在長樂宮舉行盛大慶功會，讓韓信參加。呂后又派蕭相國去韓信府邸，說：「您雖然有病，但是這是朝廷大慶，諸列侯都要從封國專門進京。作為臣下當然並不能不去朝賀。您不去會引起猜忌。您無論如何要掙扎著進宮去一趟」。

江蘇淮安市碼頭鎮韓信釣魚臺。幼時韓信苦於生計，常於水邊上釣魚換錢，但依然食不裹腹。在他釣魚的地方，有一個漂母（清洗蠶絲的老婆婆），經常救濟他，給他飯吃。多年以後，韓信衣錦還鄉，以千金回報，這便是成語「一飯千金」的由來。

韓信一向信服蕭何的為人，而且他對蕭何一直心懷感激，不好意思駁蕭何的面子，於是，就答應蕭何去長樂宮朝賀。

呂后這裡早就作好了一切準備，待韓信剛走進長樂宮，一群武士蜂擁而上，七手八腳，就將他捆了個結結實實，韓信大叫、掙扎，無奈武士人多勢重，不容分說，就被押到鐘室，這是宮中專門懸掛鐘的房間。

韓信知道上了當，知道自己的末日來到了，他不掙扎，也不喊叫了，只長長地嘆了一口氣，說：「悔不該當初沒有聽蒯徹的話，今天竟被一個娘們兒騙了，豈不是天意！」話沒有說完，武士一擁而上，什麼話也不說，立即將韓信處決在鐘室！為了根除後患，呂后下令，迅速擒拿韓信父、母、妻三族，全部殺光，斬草除根！

可憐韓信，英才蓋世，卻落得個如此下場！他信的是恩德必報。封為楚王，回到家鄉，他第一件事情就是將那位漂母召來，賜給她千斤黃金；又賜給下鄉南昌亭亭長一百錢，說：「你是小人，做好事有始無終。」對那個使他受胯下之辱的年輕人，卻出人意料地任命他作了中尉。韓信告訴部下說：「這是個壯士。當他侮辱我時，我難道殺不了他嗎！但是我殺他沒有正當名目，所以我才忍受了下來。是他促使我達到了今天這樣的成就。」他素有大志，相信自己日後定能出人頭地。少時母親死了，貧窮得無法安葬，他卻仍到處尋找，終於將母親葬在一塊又高又寬敞的墳地裡，墳旁能安置下上萬戶人家！他哪曾想到，自己的大志，自己的才華，竟然導致三族夷滅，死無葬身之地！

對於韓信之死，歷代的史家、政治家、文學家、老百姓，莫衷一是。有的人認爲，韓信被貶爲淮陰侯，鬱鬱不得志，「常居快快」，必定要反叛。當初他不聽蒯徹的話脫離漢王三分天下，是因爲力量不夠。高帝誅殺韓信，是粉碎了一場未遂政變；韓信之死是他逆歷史潮流而動，咎由自取。當然更多的人是對韓信懷有深深的同情，「飛鳥盡，良弓藏；狡兔死，走狗烹」，這眞是千古悲歌。

其實，客觀講，兩種說法，都有道理，高帝、韓信，各有各的理由。

首先，漢王朝之所以統一天下者，大半是韓信的功勞。清人王鳴盛甚至說：「漢得天下，皆韓信功」。

至於說韓信反叛，除了一份變說的誣告，並無實證，在韓信死前死後別人也都沒有提出任何證據。後人，譬如說司馬光說過，看韓信握有重兵，在楚漢戰爭舉足輕重，有充分條件叛變時，他拒絕策反；在高帝僞遊雲夢，預感其來者不善時，卻仍親到陳丘迎接，且違心殺友，委曲求全以迎合高帝。這種種舉動，豈是有謀反之心？陳丘被擒，如夢方醒，但他在長安，削王爵，奪兵權，須按時朝拜，形同軟禁，在嚴密監視之下，插翅難飛，再想謀反，豈是一紙假聖旨就能解決的？韓信縱英雄蓋世，多次以少勝多，但是他到底知道全局的大勢已去，所以他才「常居快快」。

但是，韓信也確有其誤己之處：楚漢戰爭關鍵時刻，一要齊「假王」，二要封地。此等乘人窘迫逼取利益的商賈市儈之舉，卻是不那麼磊落仗義。得到了許諾，馬上興高采烈，信以爲眞，等待著高帝論功行賞，坐享榮華富貴，那又太天眞了。自己的非君子之舉，卻幻想著對方以君子之度來回報，那本來就是太難了，更何況對方是高帝呢。

韓信是軍事天才，卻是個不

懂政治、不懂權術的低能兒，他不知那些欲奪取權力財富的天下梟雄，沒有狠心、毒辣，是不能夠成事的。他也不知道高帝在楚漢戰爭中對他的種種破格拔擢封賞、親近友愛的表示，說到底，不過是一種利用。隨著楚漢戰爭的勝利，他的用處、優勢就將隨風飄逝，他的輝煌也到頭了。他把希望寄託在高帝的友情上，寄託在高帝的知恩厚報上，終於招致了滅族之禍。所以司馬遷說：「假令韓信學道謙讓，不伐己功，不矜其能，則庶幾哉，於漢家勛可以比周、召、太公之徒，後世血食矣」。

高帝殺韓信，卻是早就內裡下定了決心的，他決不會容忍別人要挾自己，更何況是握有重兵的屬下呢！僞遊雲夢，計擒韓信，實已使人們嗅到了其中的血腥味，只是當時大開殺戒既沒有充足的理由，他對於諸侯群臣的態度心中沒底，各方面條件都還不成熟，他自己一時對殺不殺也還沒有認識太清楚。現在條件成熟、決心也鐵定了，他當然要行動了。有人說故意在邯鄲久留，名爲平叛，實則避開，由呂雉出面殺韓信，也很可信。

這件事情上，只說皇帝是梟雄，忘恩負義、喪滅天良、屠戮功臣，似乎也不大正確。作爲天下的最高統治者，他思考問題的方式、角度、立場、層次之類，和我們普通人是不一樣的。除了楚漢戰爭中韓信的要挾使他耿耿於懷，必欲報復外，更重要的其實還不在他的性格狹隘，錙銖必較，而在於他爲了鞏固自己的統治，必須毫不留情。他的心目中，只能有權勢利益，決不能有人情友誼之類。如他人指出的，他對韓信，一直有一種自卑感的恐懼，韓信是他心中最大的陰影，韓信不死，他就無法安眠。除韓信，不是是與否的問題，而只是早晚的問題。陳豨事給了他一個警告，自己的時間不多了，要在有生之年，徹底鏟除那些在他身後可能興風作浪的勢力，特別是那幾個割據一方的異姓諸侯。

這就是專制政治的殘酷。且不說一位偉大的軍事天才慘死亂刀之下，只想那三族老少婦孺，又有何罪？霎時間，血泊橫飛，哀號震天，京師多座府邸，變成了

青銅柄鐵劍，西漢，1956年遼寧西豐西岔溝出土。

屠場、墳墓，其慘烈之狀，千古之下，依然可見，其哭聲嚎聲，兩千年後，猶響耳邊。

韓信死，高帝即平定陳豨叛軍從北方歸來，到達京城。聽說韓信已死，「且喜且憐」。他問：「韓信臨死時說了什麼沒有？」呂后說：「韓信只說了一句話：『我後悔當初沒有聽蒯通的話！』」高帝一聽，心中倏然火起，罵道：「那渾蛋是齊國的一個什麼說客！」遂下詔，命齊國緝拿蒯通。蒯通很快被捉拿歸案，迅速解遞到京城。

高帝親自審問：「是你教唆淮陰侯謀反嗎」？

蒯通坦然地答道：「是啊，當初我是教過他。可惜那小子不聽我的謀劃，結果自尋死路，落得如此下場。倘若他採納了我的意見，恐怕今天就不是陛下您殺他了」。

高帝大怒，一掌，幾乎把案子擊碎，大聲喝道：「煮死他！」左右武士一擁而上，拖了蒯通就走。

蒯通高呼：「冤枉！煮死我冤枉」！

高帝罵道：「你唆使韓信謀反，還有什麼可冤枉的」！

蒯通回答道：「秦朝綱紀敗壞，政權解體，山東英雄群起，中原逐鹿，風起雲湧。當是時也，誰力疾足快，誰就能得到它。跖犬吠堯，不是唐堯不仁，是因爲盜跖的狗忠於自己的主人。那個時候，我只知有韓信，不知有陛下。況且，天下磨快武器，手握利刃的人多得是，大家都想做陛下您所完成的大事業，不過是力量不夠，或者是能力不夠而已。陛下您能把他們全部都煮死嗎」？

高帝笑了，一揮手：「算啦，饒了他！」於是赦免了蒯通。

虎鈕青銅錞于，漢，傳四川成都出土，此錞于是漢代蜀人或巴人的遺物。

四、屠滅彭越

漢十年（前一九七年）秋，高帝親自出征討伐陳豨，派使者徵召諸侯軍隊。梁王彭越聲稱自己有病，只派部將率領一支隊伍到達邯鄲。高帝大怒，把那帶兵的偏將一腳踹倒在地，喝人馬上去梁國責讓彭越。

使者依著高帝的話，嚴厲斥責

彭越，彭越害怕了，想親自去邯鄲向高帝解釋，請罪。他的部將扈輒勸他說：「大王您一開始不去，現在高帝發怒了，您挨了罵才去。這樣去，您難道不會像淮陰侯那樣給抓起來？」彭越沒了主張。扈輒說：「依小臣之見，不如就此也反了吧！也好彼此有個呼應。」梁王想想，還是沒有聽扈輒的，繼續裝病。

這時候，彭越的太僕犯了罪，彭越非常惱怒，要殺他。太僕逃跑到了高帝那裡，告發梁王彭越和其部下扈輒謀反。

高帝接報，緊急部署，派使者連夜出發，趕到定陶，突然襲擊，在出迎的儀式上逮捕了梁王，然後大聲宣布：「梁王彭越和部將扈輒謀反！與其餘眾等無關！」之後使者將彭越帶到洛陽囚禁起來。經有司審訊，判定彭越謀反罪狀，請依照法屠滅三族。高帝接到呈報，特別開恩赦免，只削去王爵，降爲平民，流放到蜀郡青衣縣（今四川省名山縣北）。整個事件過程，如同戲台上的過場，迅速得讓人還沒回過味兒來，就已經結束了。彭越就這樣稀里糊塗地走上了流放之路。

就在流放西去的路上，在鄭縣（今陝西省華縣東），恰巧遇到皇后呂雉從長安東回洛陽。彭越痛哭流涕，申明自己確實是清白無辜，現在不敢企望恢復王位，只求皇恩浩蕩，將自己改判流放回故鄉昌邑（今山東省金山縣）。彭越跪倒在地，哭成一團。呂后趕緊下車，扶起彭越：「梁王，這中間定有所誤會！我一定好好向陛下陳述，洗白梁王您的冤情」。

彭越感恩不禁，呂后則讓彭越跟她一起折回洛陽晉見高帝請求赦免。於是呂后帶彭越返回了洛陽。

正當彭越慶幸自己幸虧碰上了呂后，又重獲生機之時，呂后對回到洛陽的高帝說：「彭越，他可是個不甘平庸的梟雄，如今把他流放到蜀地去，天高皇帝遠，他正可爲所欲爲，這不是放虎歸山嗎？」高帝一驚。呂后接著說：「依臣妾之見，不如索性殺了他，免留後患！」高帝點點頭。於是呂后將彭越交給了廷尉王恬開，又使人召來彭越的一個舍人，指使他告發彭越又要謀反。在這種時候，賣主求生的人並不少見。這個舍人按照呂后的意思檢舉了彭越。於是，廷尉據告呈報，奏請依謀反律，誅滅彭越三族。高帝批准了。

漢十一年（前一九六年）三月，誅殺韓信屠其三族後的兩個月，彭越及其三族，在洛陽城外被集中處決，封國也被削除。彭越的首級被高懸在洛陽城頭示眾，有司下令：有膽敢收斂彭越及其族人尸首的，一律斬首。

梁國大夫欒布爲彭越故友，出使齊國歸來，悲憤之極，就在彭越的人頭之下，跪拜行禮，匯報他出使齊國的經過，然後焚香祭拜，放聲大哭。

高帝聞之破口大罵，要烹殺他。欒布臨危不懼，慷慨陳詞，述說彭越在楚漢戰爭中的作用，申明其冤情，高帝無話可說，竟赦免了欒布，封爲都尉。

正如欒布指出的，彭越根本沒有謀反，他所遭遇的，是比韓信更爲明顯的「誣以謀反」的陷阱。在史籍中，我們沒有找到一點彭越謀反的證據，就連記載，也明明白白地說：部下勸他發兵反叛，而「梁王不聽」。後來再定其謀反罪，是「呂后乃令其舍人告彭越復謀反」。這一點，高帝心中是非常清楚的。

高帝用那麼殘忍卑劣的手段翦滅了一個潛在的敵人，使他的統治得以順利進行，以保子孫萬代傳之無窮，但是，他的內心深處，卻不可能那麼坦然。他也怕功臣們寒心，與他產生矛盾，在可能的範圍內，他還是想盡力作些補償。他也必須盡可能籠絡廣大文臣武將，他之赦免欒布等，用意就在於此。

五、東伐英布

漢高帝十二年秋七月，淮南王英布反。

項籍死，天下定，高帝遂與英布剖符（封功臣時，把表示憑證的符分爲兩半，朝廷和功臣各存一半，以表信用），策封英布爲淮南王，首府設在六邑（今安徽省六安縣）。這是一個領土極其廣大的封國，四個大郡：九江（轄境相當於今安徽省淮河以南、江蘇省長江以北和江西省全省）、盧江（在今安徽省潛山縣一帶）、衡山（轄境包括今河南省南部，湖北省東部和安徽省西部，南到長江，北到淮河的部分地區）、豫章（轄境相當於今江西省全部，治所在南昌即今南昌市），都劃歸淮南國。項羽當初封英布爲九江王，其領土還不到今天英布所轄的一個九江大——今江蘇省長江以北的部分，當時已被西楚國劃走了。英布對高帝還是感激的。漢六年（前二〇一年）十二月，高帝到陳縣會諸侯，英布去陳縣朝拜。此次朝會，高帝逮韓信，英布心有所懼。以後，一直是老老實實的，漢八年，朝拜於洛陽，漢九年，朝拜於長安。

南城門（通淝門），安徽省六安市壽縣古城。壽縣是安徽省六安市下轄的一個縣，為中國國家歷史文化名城之一。秦代稱壽春，為四十八郡之一——九江郡的治所。漢太祖時先後為外姓王英布和宗室淮南王的王都。

漢十一年春正月，高后在長樂宮鐘室誅殺淮陰侯韓信，英布大爲恐懼。三月，高帝命人盛著彭越的肉醬，「遍賜諸侯」以震懾。使者到達淮南國時，英布正在打獵。急急趕回王宮，見到的竟然是彭越的肉醬！當下英布的心既悲且恐，他知道這遭遇早晚會降臨到自己頭上，於是英布開始暗中集結人馬，偵察臨近郡縣的動靜。這架勢，只要其他郡縣有警，他就要發動。英布和韓信的書生氣不同，和彭越的只認家鄉膽識不夠也不同，更重要的是諸侯國一個接一個被翦滅的事實告訴他，他不能不自衛了。

事情的爆發和韓信、彭越的差不多，也是手下人告發。只是英布的情節最爲具體。英布有一個最得寵的愛姬病了，多次到醫生那裡去診治。醫生家和中大夫賁赫家住對門，賁赫就備了一份重禮贈給英布的愛姬，然後服侍那愛姬在醫生家裡宴飲，很得她的歡心。

有一次那愛姬服侍英布，沒事閑聊，說起賁赫，一力稱讚，說他如何忠厚老成，勤懇得力。誰想英布聽了，勃然大怒，厲聲喝問：「你一個婦人，怎麼會熟悉賁赫的？」接著拳腳交加，將那女子打得血肉橫飛，然後拖入冷宮囚禁起來。

賁赫聽到消息，嚇得五魄俱飛，第二天竟推託有病，不敢再去上朝。英布命人去抓他，賁赫聽說，跳上北去長安的驛車，出首告發英布謀反！英布聽說賁赫匆匆趕往長安，馬上親自帶人馬去追趕，然而直追到國界，也沒追上。

見到賁赫告變的奏本，蕭何說：「英布不會這樣吧？恐怕是仇家陷害他。不如先把賁赫囚禁起來，派人祕密到淮南國調查一下再說。」高帝同意了。密使到達淮南國，發現確實是有積聚兵馬，處處警戒的跡象，於是他們火速返回長安，向高帝報告了這些情況。

英布知道事情不好，一不做、二不休，反了吧！於是他就下令，先把賁赫一家殺光，然後宣布起兵造反！

高帝一聽到這個消息，馬上把賁赫從監牢裡放了出來，任命他為將軍，馬上召集將領們商討對策。

高帝問：「英布謀反，你們說說，應該怎麼辦」？

將領們紛紛說：「發兵攻打他，活埋了那小子」！

高帝罵道：「廢話！淮南國這麼大，英布你們誰打得過？抓不住他活埋你們哪！還有什麼辦法？說」！

將領們都面面相覷，誰也拿不出個好辦法來。這時候，汝陰侯滕公夏侯嬰推薦他的門客、故楚國令尹（宰相）薛公，說這是個非常有見識的人。初聞英布反叛的消息時，他就入情入理地分析過英布非反不可。

高帝接見了薛公，徵詢他的看法。薛公認為英布有上中下三策：「如果英布採取上策，那麼山東地區就不會是陛下您的了；如果他採用中策，勝負就難以預料；如果採取下策，陛下就可以高枕而臥了」。

高帝來了興

七弦琴此為(複製品)，西漢，湖南長沙馬王堆出土。

趣：「什麼是上策」？

「向東攻取吳郡，向西奪取楚國故地，向北再奪取齊國和故魯國地區，然後向燕趙下一道文書招降它們，然後牢固地守衛住這些地方。那麼關東就不是陛下您的了。」當然，這樣就占領了中原的東半部，高帝沒有力量與他爭奪。

高帝著急地問：「那什麼是中策呢」？

薛公回答道：「向東攻取吳郡，向西攻取楚國，然後直上西北去吞併韓國，占領魏國，占有敖倉的糧食，封鎖成皋的要道，雙方相持，那麼勝負的命運就不可知了」。

「下策是什麼」？

「向東攻取吳郡，向西取蔡台。然後把貴重物品運送到大後方的越國故地，向南去和長沙王吳芮會合。如果這樣，陛下就可以高枕無憂了」。

高帝問：「您認爲英布會用哪一條策略」？

薛公斬釘截鐵地回答：「下策」。

「爲什麼？」高帝的眼睛閃閃發光。

「英布是驪山的一個刑徒，雖然爬到國王的高位，但是他眼光短淺，見識極差，從過去的行徑看，是個只顧身前，不顧身後的人。他只會自保，不可能爲百姓、爲子孫後代著想。所以他必定會採取下策」。

高帝頓時渾身輕鬆，立馬封給薛公一千戶人家，然後就調動軍隊，親自統帥，向東去征伐英布。

英布果眞如同薛公所預料的那樣，先向東攻打荊國（略同於故吳國），荊王劉賈大敗而逃，被他追殺在富陵（今安徽省盱眙縣東北）。然後，他吞併了荊國全部人馬，率軍北上，渡過淮河，進擊楚國。楚王劉交發兵，阻截英布軍，將楚大軍分爲三路，結果英布打敗了一支，則楚全軍頃刻瓦解潰敗。

英布戰勝了荊國和楚國，果然他沒有如薛公所講的上策行事北上攻取齊魯，而是率軍西進。

漢高祖十二年十月，英布大軍在蘄縣西面的會甄鄉與高帝的大軍遭遇。英布的軍隊，全是精銳，高帝只能在庸城固守。高帝登上城頭，看到英布軍隊的列陣，和以前項羽軍隊的列陣仿彿相似，心中有些恐懼。兩軍對壘，高帝遠遠望見英布，大聲詰問道：「我對你不薄，你何苦要造反」？

英布豁出去了，故意氣高帝說：「什麼反叛？我不過是要當皇帝罷了」。

高帝果然氣得七竅生煙，縱兵

進擊，雙方展開激戰。英布曾對部將說過，他畏懼的只有韓信和彭越，都被高帝翦滅了；他怕的是高帝親征，但是覺得高帝年紀大了，不可能親征，這才敢於造反。現在面對高帝，他心中不由得恐懼。而高帝軍隊人多勢眾，又有皇帝親征，人人奮勇爭先。英布軍竟支撐不住，只得向後撤退，退過淮河，再布陣反撲，再敗，再撤退。如此多次反覆，最後在洮水南北兩岸，漢軍大破英布重新集結起來的殘軍，英布終於全軍潰敗。英布只帶了百十來親軍，向南逃過了長江，去投奔長沙王吳臣。

英布剛從驪山出逃到江南時，曾經和當時的番縣令吳芮情誼甚篤，做了吳芮的女婿。時吳芮已死，吳芮之子吳臣作了長沙王。今見英布大敗且南渡長江，怕牽連長沙國，也怕英布威脅他的王位，於是派人與英布聯絡，願跟著英布一起逃遁到南越去。英布在先前確已將一些貴重財物囤聚在了南越，現在聽了吳臣的話，信以爲眞，遂跟著使者前往長沙國。至此，英布全部完成了薛公所謂的下策：向南，投向長沙。其結局也是薛公早已預料到的，在番陽縣一個叫茲鄉的村莊裡，在一家民舍中，英布被番陽人殺害了。

高帝終於平定了英布軍。

至此，高帝彭城全軍覆沒後，在下邑制定戰略決策時，張良所提出的三個人——可以與漢王共同擊楚從而完成統一大業的韓信、彭越、英布，在充分發揮了各自的作用幫助高帝奪取了天下之後，終於被全部翦滅了。

異姓王，除了偏遠的南越王趙佗、長沙王吳臣外，就只剩了一個盧綰了。

六、北破盧綰

漢十二年（前一九五年），高帝東征黥布時，聽到燕王盧綰集軍代地與陳豨勾結，有謀反的跡象。

眾所周知，「諸侯王得幸莫如燕王」。他怎麼也反了呢？

事情的點火索還是陳豨造反。漢十一年秋，高帝率軍北征，燕王盧綰也率軍在代地的東北部攻擊陳豨。陳派王黃到匈奴去求救，恰巧盧綰也派了使節張勝到匈奴通告冒頓：陳豨隊伍已經被消滅了。

張勝到達匈奴，故燕國國王臧荼之子臧衍，以「唇亡齒寒，陳豨一滅，燕國不保，您本人也必將成爲俘虜」，鼓動張勝反叛。張勝遂暗自勾連匈奴，建議冒頓幫助陳豨，反過來攻打燕國。張勝回來復命，向燕王盧綰細說自己這樣做的原因，盧綰頓時醒悟，竟然全部接受。祕密派張勝作使節，代表自己長駐匈奴；又祕派特使，教唆陳豨游擊抵抗，不要正面與漢軍決戰。後來，當高帝率領大軍東征英布時，陳豨就經常率軍進入代地，游擊騷擾。高帝無法分身，只得命樊噲率領軍隊北擊陳豨，並終於將他斬殺。陳豨的裨將投降，和盤托出盧綰和陳豨相互勾結的內幕。

高帝派使者徵召盧綰，盧綰害怕，聲稱重病臥床，推脫不往。高帝又派辟陽侯審食其、御史大夫趙堯，前往燕首府薊（今北京市）迎接盧綰，就勢調查眞相，盧綰愈發恐慌。他在私下裡對親信說：「現在非劉姓爲王的，只剩下我和長沙王吳臣了。去年春天，漢屠滅韓信三族；夏天，屠滅彭越，剁成肉醬。這都是呂后的陰謀。呂后是個女人，專門找藉口殺害異姓王和漢朝大功臣！」辟陽侯和御史大夫再三催請，盧綰一力推脫，不肯動身。他的近臣們都嚇得四處逃匿，他的話也泄露出來。辟陽侯回到京城，向高帝作了詳細匯報。高帝很生氣。這個時候，樊噲又送來匈奴中投降過來的人，他們告發說，張勝作燕王盧綰的特使，聯絡友好，長駐匈奴。高帝大怒，大叫道：「燕王果然反了！」即刻令樊噲討伐燕國。

燕王盧綰自知敵不過樊噲大軍，就率領著燕王宮中的近侍、家眷和數千騎兵，盤桓於長城腳下，時時察看動靜，希望皇上病癒，好親自進京向高帝解釋，請罪。

然而等到了四月間，突然傳來了確鑿的消息：高皇帝駕崩！盧綰徹底灰心了，終於投降了匈奴。投降後，他因爲經常遭受蠻夷的欺凌掠奪，心情抑鬱，一年多後就去世了。

高帝終於在他辭世之前，將異姓王全部翦滅。

北京薊城紀念柱。北京地區是戰國七雄之一的燕國所在地，燕國以薊城為都。

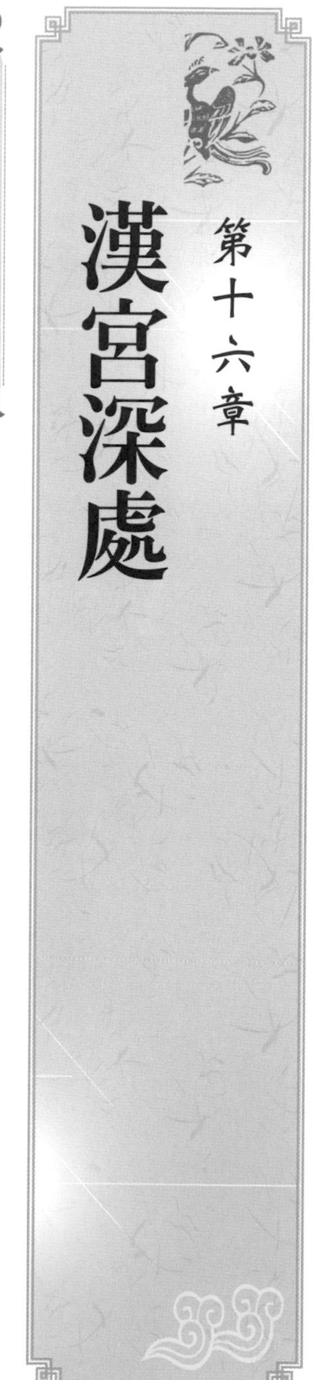

第十六章 漢宮深處

一、皇后與嬪妃

和後世的皇帝比起來，高帝的內宮實在算不上氣派。《漢書．貢禹傳》中有一段：「至高祖孝文孝景皇帝，循古節儉，宮女不過十餘，廄馬百餘匹。」即便如此，他的皇后嬪妃僅史有所載的就有如下幾位：

高帝皇后呂雉，字娥姁，是高帝當泗水亭長時娶的正妻。我們在第一章時就講過呂公嫁女的故事，就是因爲呂雉的父親爲劉邦相面，以爲他有大貴之相，遂不顧他人微位卑，堅持將女兒嫁給了他。

呂雉爲人性格極其「剛毅」，堅定、果斷，敢拿主意。她主意多，能耐大，不達目的決不罷休，自然就形成對周圍人的支配，在娘家時是如此，嫁到劉家也是一樣，特別是沛公西征後，全仗著呂雉苦力支撐，一撐就是好幾年。高帝無論微時還是當皇帝後，在外面威風八面，回到家裡，總多少要讓呂雉幾分。呂雉的剛毅還有一種表現，就是心硬。遇上苦難，她咬著牙挺過來；遇上敵人，她毫不猶豫地予以打擊，決不低頭讓步。必要時，手辣心狠，有些時候其狠辣超過高帝。和她打交道，誰都得讓她幾分。

呂雉跟著劉邦，從泗水亭長開始，一步步，經過千辛萬苦，波折磨難。《史記．呂太后本紀》中說到呂后的功績時，有兩句話：「佐高祖定天下」；「所誅大臣多呂后力」。誅殺異姓王，其中韓信、彭越，都是呂后下的手。有人說殺韓信這事是高帝預先醞釀好的，然後故意躲出去，讓呂后下手，否則對於這樣一個重要的人物，呂后是不敢貿然行動的。這話很有道理。從這裡我們也可以看出呂后對高帝的忠誠，高帝對她的倚重。對彭越，就更能看出呂后的積極主動了。高帝本沒想殺彭越，可能因爲沒有眞憑實據，還是有所顧慮，覺得不好下手。是呂后，路逢流放到巴蜀的彭越，假裝慈悲，騙他回洛陽，捏造罪名，將他斬首示眾，屠其三族，甚至把他的尸首剁成肉醬，遍賜諸侯。這般的殘忍，確是世之罕見。

好像和高帝一樣，當皇后之前，我們看到的呂雉是忠誠、堅忍，是盡心盡力的輔佐，沒有叫苦，沒有怨言，也沒有什麼使人難以接受的表現。當皇后之後，輔佐還是輔佐，但是，在內宮的爭鬥中、在對朝臣的殺戮中，我們看到的，是一個手段極其殘忍、心腸極其狠毒的形象。

這前後的變化原因，可能有歷史家記載的缺漏，一個性格的完成，總是有其基礎的；但是，我們更應該看到促其發展變化的具體原因——亦即後宮內你死我活的權力之爭，於是人變成了禽獸；尤其是天性爭強、忌刻、不肯容人的女子，在有了機會之後，可能會做出男人都做不出來、甚至想不出來的事情。呂后就是這樣。

還有一個情況，我們必須在這裡談一談：這就是呂雉和辟陽侯審食其的關係。沛公西征，留舍人審食其爲其照料家小，從此逃難，作人質，直至呂后去世，他一直在呂后身邊。《史記》上明白記載：「食其……幸於呂太后。」爲這事，惠帝劉盈惱羞恨極，要殺審食其。問題是呂后和審食其私通是從什麼時候開始的？以其交往歷史和呂后一直被冷落的情況看，高帝在世時，就有可能。所以後人有許多諷刺高帝的議論，說呂后私通審食其，高帝佯爲不知，還有人寫詩曰：「果然公大度，容得辟陽侯。」但是以高帝的性格和帝王的無限權威，還有呂后處心積慮保太子自救的情況看，她似乎又不敢那麼膽大妄爲。

和人類歷史上任何有權勢的男人一樣，劉邦早就是妻妾成群

劉邦、呂后和漢惠帝劉盈。

了。因爲她們多數和政治的關係不大，所以史書中根本就沒有留下她們的姓名。甚至有幾位生了皇子並且兒子當上封國國王的，史書上都沒有留下她們的痕跡，比如皇五子劉恢、皇六子劉友、皇八子劉建的母親各是誰？我們都不得而知。現在我們知道的，有庶長子劉肥的母親，高帝當平民時的外婦曹氏；嫡子劉盈的母親呂雉；皇三子劉如意的母親戚姬；皇四子劉恒的母親薄姬；皇七子劉長的母親趙美人。

先說薄姬。她是四子劉恒的母親，劉恒就是後來的漢文帝。薄姬的父親是吳國人，生性木訥。他曾在故魏國與魏王同宗的一位女子（魏媼）私通，生下了一個女兒，即薄姬。薄家女兒生下來就粉面桃花，玲瓏可人。薄女還有一個弟弟，和她們的父親一樣，老實木訥的。薄父死後埋葬在會稽山北面的山陰縣（今浙江省紹興市）。魏媼一個女人家，要帶領兩個兒女過活，日子煞是難捱。

等到魏豹代其兄立爲魏王，魏媼就託本家，把這個越長越美的女兒送到魏豹的王宮裡去了。薄女天生麗質，又溫婉柔順，自進宮後，就得到魏王豹的寵愛。

魏媼聽說有個姓許的婦人，特別會看相，於是她請許給自己的女兒算算命。那許婦人左掐掐，右算算，又叨咕了半天，然後滿臉驚恐地說：「這位女子相大貴！將來她要生天子！」一語驚天，震得魏媼半天不能動彈。回來告訴了薄女，薄女也喜不自禁，她一向安於聽命，送進了魏王宮，魏王對她有所顧眷，她就很滿足了，不敢多想，沒想到竟然算出了這麼一個貴命！魏王豹一聽這事，大喜，立刻大加賞賜，對這女子越發寵愛起來。

此時魏王豹正在漢王軍中，聽到許夫人的話後，心中按捺不

青銅連弧四乳鏡，西漢，海淀區清河出土。

住了。楚漢相持，天下到底會是誰的，還看不出個究竟。我何苦要爲別人做嫁衣裳呢？於是他謊稱母親病重，告假歸省，渡過黃河，立即宣布叛漢自立！

韓信率大軍滅魏，將魏國所有男子全部送往滎陽前線，將魏王後宮所有女子全部送往漢都櫟陽，薄女被送進織室。這織室是專門爲皇宮織造絲帛的地方，妃姬犯了過錯的，都被罰送到這裡服勞役，織絲染色，苦不堪言。

漢三年（前二〇四年）五月，滎陽危急，魏豹被周苛斬殺。漢王西逃，經過成皋回到櫟陽休整。這個時候，漢王心情很不好，滎陽相持到了最艱苦的階段，他無論是心理是還是身體，都到了幾乎不能支撐的地步了，但是他還得撐著。這一天他隨意在宮內溜達，不經意中走進了織室。猛然間見到了一位女子，在蒸汽騰騰骯髒不堪的染坊裡，眞如天上仙女被貶下凡遭罪！他頓時感慨不已，遂命將這個女子送入後宮。這位女子就是薄女。但是這個時候前線戰事頗急，漢王又須出武關了，就沒有召幸她。此一去就杳如黃鶴，然後就是一年多，薄女再也沒有見到漢王。

薄女年少時，有兩個最要好的女友，一位姓管，另一位叫趙子兒。她們三人都曾經是魏王豹宮中的嬪妃，那時曾相互約定：「苟富貴，勿相忘！」後來，這兩位女子也都先後受到漢王寵幸，那姓管的還被封爲夫人，這是僅次於王后的嬪妃品級。

有一次，漢王坐在河南宮成皋台上，屛退了左右，獨自歎息。忽然聽到台下有兩個女子在說笑，一個說：「呦，還說她的相貴能生天子哪！到現在，也沒見大王召幸過她呀」！

一陣笑鬧後，又聽另一個說：「想想其實也怪可憐的，都一年多了，從來也沒被召幸過……」。

家常富貴銅鏡，西漢，海淀區八里庄出土。

「當初，咱們三人還約定過：『苟富貴，勿相忘』」。

「誰知道將來怎樣呢……」然後這兩個女子一陣嘆息。

高帝在這邊聽著，心中忽然一陣慘然，忙命人召來那兩個女子，詳細詢問。原來這兩個女子就是管夫人和趙子兒。二人不敢隱瞞，將實情一五一十地稟報給漢王。漢王心中越發傷感，對這位薄女產生了少有的同情，當天晚上就召幸了這位薄女。

薄女被帶來，叩伏在地上，向漢王說：「昨夜妾夢見蒼龍盤臥在我的腹上」。

漢王說：「這是個吉兆，貴兆，我來成全你吧。」於是當夜同房。只這一宿，薄女就懷了孕，十個月後，生下了一個男孩子。漢王得子，自然很高興，讓人測字卜命，起了名字叫劉恒。

從這次同房後，漢王就好像全忘了這個薄女，一直到最後，幾乎沒有再召幸過她。那可憐的女子，就這樣寂寞孤獨地銷蝕著她的青春，讓時光磨蝕掉了她那天生麗質。可是又應了老子那句著名的論斷：「禍兮福所依，福兮禍所伏」。高帝駕崩後，呂后專權。她非常怨恨高帝生前寵愛的嬪妃，如戚夫人等，下令把她們全部囚禁起來，不許出宮。獨薄姬等不受寵幸的嬪妃，因爲很少能夠陪在高帝身邊，更少有服侍過夜的機會，所以呂太后反而對她們比較寬容，允許她們出宮。薄姬就這樣跟隨著兒子劉恒去了代國，作了代王太后。薄姬的弟弟薄昭也一同跟隨前往。代王劉恒受母親的影響，寬厚謙讓，諸呂專政時，呂后想封自己家的人，就先封代王爲趙王，劉恒辭謝，表示願意住在邊陲，呂后很高興，就封侄兒呂祿作了趙王。劉恒遂躲過呂后的殺戮。

代王立十七年後，呂太后去世，大臣們商議擁立新皇帝。他們恨呂氏，也怕別的外戚勢力大，惟獨覺得薄氏家族仁厚善良，沒有什麼大力量，於是一致擁立代王劉恒爲漢皇帝。就這樣，薄太后改號，

珠飾，西漢，1956年遼寧西豐西岔溝出土。

成為大漢朝的皇太后。這是高帝生前不曾想過的，呂后肯定也不會想到她放走的窩囊廢，日後竟然成了皇太后，連薄姬自己，別看又是算命又是做夢的（這大概都是後來的漢儒附會的），實際上，她之得福，全因她性格上的無欲不爭，她當然也決不會想到的。

呂雉想專寵專權，當然做不到，但是她的嫉妒心卻始終極其強烈，在可能的情況下，她是要盡力除去一切情敵的。有一位趙國的美人，是高帝北征陳豨，駐紮邯鄲時，女婿趙王張敖呈送給高帝的。這位美女很幸運，高帝一見就很喜歡她，寵幸倍加，很快就有了身孕。這個時候貫高謀刺高帝事件暴露，這位美女自然脫不了關係，於是被抓起來，囚禁在河內（今河南省沁陽縣）。

美女家人原是附就著家裡的姑娘攀升，沒想到飛來橫禍，都急得了不得。美女的弟弟趙兼，通過各種關係，找到辟陽侯審食其，請求他設法說動皇后，看在趙女懷有龍胎鳳骨的份上，懇請皇后向高帝說情，饒恕這個女子。誰想這一說反而壞了事，呂后一聽她竟然懷了孕，妒火中燒，口中答應，卻故意把這事擱置下來。結果這個女子在獄中生下個男孩，卻不見皇帝的赦令，自殺身死。

趙王被赦免，監獄官員將這個孩子呈送給高帝。看到自己的血骨竟然在獄中出生，想到孩子的母親，高帝心中不禁有些後悔。他給孩子起名劉長，總有個長命百歲的意思吧。高帝將把他送到

劉長

劉長，是漢高祖劉邦的第七個兒子，被封為淮南王。死後諡淮南厲王。他死後，由長子劉安（《淮南子》的作者）繼承淮南王的爵位。

前一九六年，淮南王英布謀反被誅，劉長被封為淮南王，決定向當年沒有力保母親趙姬的審食其報仇。但由於審食其的後台皇太后呂雉權力太大，劉長一時不敢妄為。漢文帝即位後，劉長依仗自己是皇帝的弟弟，驕橫跋扈，藐視朝廷，但是文帝並沒有怪罪他。後來，劉長親自刺殺審食其，為其母趙姬報仇。

前一七四年，劉長勾結匈奴、閩越謀反敗露，丞相張蒼領群臣要求文帝處死劉長。文帝只將劉長消去王爵，發配蜀郡的邛萊山，並且送給他十個美女，每天五斤肉、兩斗酒。大臣袁盎反對，認為劉長必定會在途中死去，漢文帝不相信。後來，劉長因為不堪屈辱，自殺而亡。

呂后那裡，讓她撫養。高帝平定英布造反後，封劉長爲淮南王。這個劉長因爲是呂后親自撫養大的，所以在呂后專政時期，沒有受到迫害。但是他心中懷恨審食其，認爲是他沒有盡力說服呂后，使自己的母親慘遭不幸。呂后死後，他親自用大鐵椎突擊捶死了審食其。劉長極其驕縱，不要說滿朝文武，就連薄太后、太子劉啓都對他心懷恐懼。後來因爲謀反被放逐，絕食而死。

後宮裡還有一位石美人，是萬石君石奮的姐姐。「美人」是後宮嬪妃的稱號，倒不是這位女子眞的相貌如何美麗。石奮的父親是趙國人，秦滅趙後，全家人遷居到溫縣（今河南省溫縣境內）。當初高帝是東進，路過河內郡（今河南省北部），這時石奮剛剛十五歲，當了一名小吏，服侍高帝。石奮這個人，文章學問都沒有什麼値得說的地方，惟獨有一條，他爲人特別恭謹溫順。高帝長年在一幫整天就知道打打殺殺的粗野的軍人中間，突然有這麼一個特別恭順的小傢伙，覺得十分稀罕，心中不禁產生愛憐，沒事時也愛和他閑聊幾句。

有一次高帝問他：「你家裡還有什麼人呀」？

石奮恭恭敬敬地回答說：「石奮只有一個老母，不幸眼睛失明了。我家境貧困，尙有一個姐姐，善於鼓琴」。

高帝不禁心生憐憫，問：「你願跟隨我嗎」？

石奮伏跪，答道：「石奮願竭盡才力服侍您」！

於是高帝召他的姐姐入宮，封爲美人。用石奮作中涓，專管傳達。高帝還讓他舉家遷往長安城內的戚里，這里是外戚居住的地方。這位美人沒有聽說是否受到高帝的寵幸，只知道石奮的恭謹，是整個漢廷內外無與倫比的。他自己和四個兒子，都擔任兩千石級的官，且皆品行善良、孝順父母、恭謹從事，故而景帝恭稱他爲萬石君。他一家以孝順恭謹聞名於各郡各國，連齊魯的儒生，都自認爲比不上他。這樣家庭出來的女子，大概是不會太過於爭寵的，所以也沒有再聽到一點有關她的消息。

後宮裡，和呂后爭奪最厲害、最具有力量、且幾乎戰勝了呂后的，是皇三子劉如意的母親戚姬。這就是高帝最後那幾年裡最頭疼的「奪嫡之爭」。

二、奪嫡之爭

隨著高帝年紀越來越大，繼承人的問題一天比一天突顯出來，鬥爭也一天比一天激烈，以至於白熾化。鬥爭的雙方，一方是以呂后爲代表的正統派，擁戴嫡長子、已立的太子劉盈；向呂后和太子劉盈發起挑戰的，是高帝的寵妃戚姬，要廢太子劉盈，立戚姬之子劉如意。

戚姬是定陶（今山東省定陶縣西北）人，估計沛公是在西進之初得到這個女子。當時，呂雉留在沛縣，劉邦一向好色，自有不少隨軍的女子。但是獨有戚姬受重寵，想來這戚姬除驚人之貌，以及種種雨打梨花嬌羞欲滴的神態之外，定然是極其的善解人意，委曲溫婉，能知道高帝的心思，渴了、累了、煩了、悶了，高帝話還沒有說出來，水端上來了，輕捶軟摩已經讓高帝舒舒服服的了，煩了她能給你解憂，悶了她讓你開心。在戚姬那裡，高帝定是得到了他從前在別的女人身上都沒有得到過的東西，他的心熨熨帖帖的，人舒舒服服的。這是他在多年艱苦卓絕的征戰中最需要的，因此他將這位戚姬看得比誰都重。

自得了戚姬之後，高帝愛女色的毛病似乎也改變了不少，就是臨幸哪個嬪妃，也是偶爾爲之，很快就又回到戚姬這裡。高帝入關出關，尤其是稱帝後親征叛軍，總跟在身邊的，就是戚姬。

如果只是寵誰愛誰見誰不見誰的問題，矛盾可能還不會那麼尖銳，關鍵在於「母愛者子抱」，高帝寵愛戚姬，就格外喜愛戚姬生的兒子劉如意。這孩子由於母親的關係，也常年跟在高帝身邊。對自己身邊看著長大的孩子，自然格外疼愛，這一點是人所共通的，高帝也不可避免。這孩子顯然活潑健壯，大概也很機靈，會哄人，從母親的榜樣中，他知道討好父親，哄他高興。這麼一對比，嫡長子劉盈的種種使高帝討厭的地方就更加顯眼了。

我們知道，古今中外，都有這樣一種現象：男孩子在成長的過程中，需要父親的教養。只依在母親身邊長大的男孩子，較易缺乏陽剛之氣；尤其若他的母親是個悍婦的話，那麼情況就幾乎是無可挽回了。太子劉盈的情況恰恰就是如此。從生下來父親就從不理會他，也很少在家，而他

醬黃釉奩，梳妝用具，西漢，陝西歷史博物館藏。

的母親又恰恰是一個極其強悍、具有不可摧毀的意志、支配欲極強的女人。可以想像她是如何隨時隨地嚴厲地管束他；可同時，對這唯一的兒子，她又是如何愛他、呵護他、嬌慣他。在這樣一個環境裡長大，他就像一棵細細的藤，依附在母親這棵大樹上，形成了一種柔弱、怯懦、與世無爭的性格。可是這種性格，恰恰是高帝最不喜歡的性格！

他要的繼承人，必須像自己一樣，能征戰會打鬥，尤其是心得狠，要不怎麼奪取天下，怎麼維持這個國家！換太子的念頭，在他心裡，隨著劉如意的一天天長大，越來越強烈了。

戚姬很清楚自己的處境和優勢，多次展開她的進攻。她的辦法是向高帝施展她的功夫：一哄二哭。她自己哄，日夜侍奉在高帝身邊，千般溫柔，萬種風情，那般哄功確是頭等；她也越來越會用兒子哄，劉如意常常被抱在皇上的面前。有一次，高帝把如意抱在膝上，哄著他玩耍，看著愛子活潑勁道的模樣，聽著他爽朗的笑聲，高帝不禁說：「我終究不能讓那個不肖之子居於他之上！」很明顯，這就是說，他要讓如意置換太子了。戚姬當即跪下，叩頭謝恩，又把如意抱過來，給父皇謝恩。

戚姬日夜陪侍在高帝身邊，她也常常向高帝哭泣，請求立劉如意爲太子。戚姬從來都是溫婉柔和，笑面迎送，一旦她哭，高帝常要弄得手足無措，總是竭力撫慰她，應允她，說事關重大，待朕慢慢來。於是戚姬破涕爲笑，又轉而哄高帝高興了。

戚姬的哭泣，也不完全是施展手段，她的哭，確實是眞的，她害怕。隨著奪嫡呼聲的一天天高漲，她和呂后之間的仇恨越來越強烈，她知道，這是一場你死我活的鬥爭，兒子當不成太子，她們娘兒倆誰也別想活！

但是這是個太大的、太重要的問題，一不小心，國家就會大亂；況且皇帝知道，朝廷大臣們都反對奪嫡。因此，他猶豫不決，下不了最後的決心。就是這樣，戚姬和呂后成了不共戴天的仇敵。

在這場戰鬥中，呂后長時間地處於劣勢。高帝討厭太子，這是最大的障礙。同時，她還有個非常大的弱點：比起戚姬來，呂后自然是年老色衰，而且因爲她的剛硬、妒忌，使高帝對她總是有所顧忌，見到她就不免心中惴惴的。這一比，就更顯出戚姬的溫婉可人來，因此高帝久已疏遠了呂后。越見不到越疏遠，越疏遠越見不到。她恨透了戚姬，但是她也害怕戚姬，怕的是一旦廢了太子，立了劉如意，那麼就不光是她們娘兒倆死的事兒了！於是，她發揮了最大的能量，施展了最大的本事，進行了殊死的反擊。

呂后與戚姬的搏戰，就在高帝身邊，沒有刀光血影，沒有血肉橫飛，卻你死我活地展開了。呂后的主要鬥爭策略是內外結合：對內，對高帝，她也使用戚姬的辦法之一——哭。她到底是高帝的結髮之妻，輔佐高帝成就大業的有功內助，是大漢的皇后；高帝對她，不能不有所顧忌、照顧，不能不給她面子，也不是毫無感情。她在關鍵時刻，譬如高帝要送魯元公主到匈奴去和親，她就會死纏硬纏，日夜哭泣，高帝在長安甚至到洛陽，都沒辦法躲過她。在後宮，她是皇后，包括戚姬，誰也別想壓過她。對外，在國家大事上，她的分量是戚姬沒法比的。她在高帝十來年的鬥爭事業中占有舉足輕重的作用。她在朝廷重臣和諸侯們中廣有人緣，且有力量，她就是依靠這種勢力，最後戰勝了戚姬。

該提一下的是漢十一年（前一九六年）正月呂后殺韓信，緊接著三月殺彭越。當然，殺韓信、殺彭越，都是高帝的心願，但是動手的時機、動手的實施、殺的方式等等，都是呂后一手操持的。其心之毒、手之狠，行動之乾淨俐落，結局之斬草除根，對諸侯們震懾作用之大，確是高帝都做不出來的。這就是我們在前面提出的問題：從史書記載看，當皇后以後的呂雉，爲什麼顯得手段極其殘忍，心腸格外狠毒？只要對這個時候的宮廷形勢有所了解，我們就能夠清楚地看到這裡面的聯繫：高帝行當垂暮，越來越顧忌身後戚姬和如意的命運，因此，奪嫡的念頭越來越強烈，且屢有所表示。呂后和劉盈的命運危在旦夕。在這個時候，呂后毒殺韓信、彭越，可以同時產生幾個效果：最重要的是向高帝邀功，幫高帝除卻心頭最

彩繪雁魚青銅釭燈，西漢，1985年山西朔縣照十八庄出土。釭在此處指中空的煙管。此燈魚身、雁頸和雁體中空相通，可納煙塵、燈盤，燈罩可轉動開闔以調整擋風和光照，各部分可拆卸以便除垢，構思設計精巧合理。

大的忌患，而且做得那麼漂亮！還替高帝擔了責任和罵名，好人給了高帝做。這才眞是結髮妻，休戚與共，患難同當，這是誰也無法與她相比的。同時也向高帝展示了她治理朝廷大事的能力與手段，這是她過去並沒有怎麼顯露的。通過這幾次建功，她還向朝臣和諸侯王展示了她的威懾力量，告訴他們，我才是國家的女主人。這幾方面，是她與戚姬鬥爭中舉足輕重的砝碼。

三、態度鮮明的朝臣們

漢九年（前一九八年）十二月，高帝已封劉如意爲趙王，卻不捨得放他就國，一直將他留在長安。高帝的意思，已經顯露無疑，這下朝廷上也鬧開了，太子是一國之本嘛，立誰當太子的問題，可不光是後宮的事情了，朝廷大臣們的態度非常鮮明，都竭力反對。

有一位大臣反對得最爲強硬，他就是御史大夫周昌。周昌是一位極方正嚴刻倔強的人，敢於直言進諫，毫不顧忌。這一點，從蕭何、曹參到滿朝文武，沒有人能和他相比。有一次，高帝正在休息，周昌有要事去內宮謁見，恰巧看到高帝正摟著戚姬調笑，周昌一見，扭頭就跑。高帝見了，追上去，抓住他，按倒在地，騎在他的脖子上，問他：「說！我是什麼樣的君王？」周昌被壓在底下，氣都喘不上來，卻拼力仰面直視，大聲說道：「陛下您就是夏桀、商紂一樣的君主！」看著周昌昂頭死掙的樣子，高帝不禁大笑。於是起來，吩咐戚姬退下，然後讓周昌呈告

石刻壁畫：曲沃人傑「晉獻公」，山西曲沃縣公路通往晉國博物館路口。

驪姬之亂

獻公五年（前六七二年），伐驪戎，得驪姬及少姬，二人受到獻公寵幸。獻公十二年，驪姬產下一子，取名奚齊，驪姬有意廢嫡立庶，便與優施淫亂，策劃陰謀。

獻公二十一年（前六五六年）晉發生了驪姬之亂，驪姬與優施通姦，兩人設計陷害太子申生，申生逃到新城，十二月自殺。驪姬又誣告重耳、夷吾，二人只好離開都城，退居蒲、屈。二十二年，獻公怒二子不辭而去，認為他們有逆謀，派兵伐蒲，重耳逃到翟。獻公又派兵伐屈，卻未能攻克。同年晉獻公向虞國請求借路討伐虢國，虞國大夫宮之奇警告虞公說不可以讓晉軍攻打虢國，因為虢國是虞國的屏障，虢國滅亡了的話，虞國一定隨之而亡。虞公不聽勸諫，宮之奇離開了虞國。這年冬天晉國滅亡了虢國，回師時滅虞，俘虜了虞公和虞國大夫百里奚。晉獻公把女兒穆姬許配給秦穆公，把百里奚當作陪嫁的僕人送到秦國。

獻公二十三年，獻公派兵再伐屈，夷吾奔梁。二十五年，晉伐翟，受到反擊而退兵。當時晉國強盛，「西有河西，與秦接境，北邊翟，東至河內」。驪姬之妹為獻公生卓子。

獻公二十六年（前六五一年）夏，齊桓公在葵丘主持盛大盟會，晉獻公因生病及周之宰孔勸他不應去而沒有赴會。獻公病重，把奚齊託付給荀息，以荀息為相。九月獻公病逝，奚齊及悼子先後被里克殺害，夷吾立，是為晉惠公。

事情。對於周昌，高帝確是特別敬畏，也格外信任。為了廢太子的問題，周昌在朝廷上爭得面紅耳赤。高帝讓他說出道理。周昌本來就有口吃的毛病，現在又滿肚子怒氣，急扯白臉地說：

「我嘴上不會講得，可我極、極知道這不行！陛下就算要廢掉太子，我也極、極不奉詔！」高帝大笑。於是這一次朝議廢太子，就這麼流產了。

這個時候，最緊張的是呂后，她一直躲在東廂房裡暗中側聽。散朝以後，她看見周昌，趕忙跪立，滿含著熱淚，向周昌表示謝意：

「周大夫，妾身不知如何感激您才好！沒有您，太子險些兒廢了」！

還有一位大臣明確表示堅決反對，他就是太子太傅叔孫通。

叔孫通於漢七年（前二〇〇

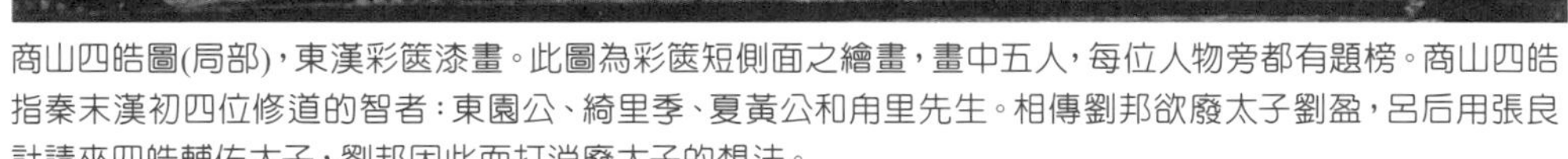

商山四皓圖(局部)，東漢彩篋漆畫。此圖為彩篋短側面之繪畫，畫中五人，每位人物旁都有題榜。商山四皓指秦末漢初四位修道的智者：東園公、綺里季、夏黃公和甪里先生。相傳劉邦欲廢太子劉盈，呂后用張良計請來四皓輔佐太子，劉邦因此而打消廢太子的想法。

年）爲高帝制定朝儀，使高帝初次體驗到當皇帝的尊貴，提拔他爲奉常。漢九年，高帝拜叔孫通爲太子太傅。漢十二年，高帝親征黥布以後，病得特別厲害，於是廢太子，改策趙王如意爲太子的想法就越發強烈了。大臣們勸諫並無效果，這時，叔孫通一反靈活變通的常態，直言向高帝進諫。周昌講不出道理，叔孫通可不一樣，他先從歷代經驗教訓開始：

「從前晉獻公因爲寵愛驪姬的緣故，想立她的兒子奚齊做繼承人，逼死太子，放逐了重耳（晉文公）、夷吾（晉惠公）諸公子，晉國因此混亂了幾十年，遭到天下人的恥笑。還有秦國始皇，因爲不早確立公子扶蘇作太子，讓趙高得以假傳聖旨立起胡亥，自己造成宗族滅絕的慘劇，這是您所親眼見到的」。

高帝一頓，他最不願意別人把他和秦始皇相比，秦始皇一生赫赫威名，想不到秦國竟然二世而亡！他一時竟然無話可對叔孫通說，只得繼續往下聽。叔孫通接著說，話題開始轉：

「如今太子仁愛又孝順，這是天下人所共聞的；皇后跟著您歷經千磨萬難，吃過粗茶淡飯，這樣的皇后難道可以背棄嗎！」高帝沒說話，這些他當然知道，可是……叔孫通看到高帝的表情，臉色突然一變：

「陛下，如果您一定要廢掉嫡子立幼子，我願意先受死刑，以我頸項裡的血污染這地面」。

高帝大驚，連忙笑道：

「咳，先生您別認眞哪，我不過是開開玩笑罷了。」叔孫通可不笑，正色道：「太子是天下之本，根本一動搖，天下震動，陛下怎麼能拿天下大事開玩笑」！

高帝無可奈何，只得說：「您的話很對，我不會亂動一國之本的。」這一次朝儀廢太子又沒有成功。叔孫通善於迎合世俗，一向有阿諛媚上的名聲，但是，他其實確實是隨時審時度勢，根據具體情況考慮事務，隨著形勢變化決定去就取捨，終於成爲漢初開創型的大儒。所謂「大直若詘，道固委蛇」（最正直的好像彎曲的，事理本來就是曲折發展的），叔孫通是深諳此道的。這個時代就是風雲變幻的動盪時代，因此，像儒家這樣慣於因循的學派中，也能出現叔孫通這樣的既肖又不肖之子。

不過高帝只是迫於群臣的壓力，招致朝廷內外的動蕩，故此假意答應叔孫通不再置換太子，但他內心裡並沒有放棄這個想法。群臣再進言，說的還是這番道理，他聽聽就煩了，不許大臣們再進言。爲此，呂后驚恐萬狀，卻又不知如何是好。這時有人給她出了個主意，對她說：「留侯之善於謀劃計策，世上無雙。而且皇上對他言聽計從。現在只有去請留侯謀劃，才有可能挽回」。

張良自高帝遷都長安後，一直因爲身體不好，辟谷養氣，很少參與政事。後來，高帝廢嫡之事越鬧越甚，張良曾經勸阻過，高帝不採納，於是留侯就不再說話，且閉門謝客，不上朝，不管事，一心養病。呂后知道張良決心不理政事，要讓他出山確實很困難，自己又是皇后，不好親自出面，她和最親近的娘家人反覆商量，最後決定派次兄建成侯呂釋之去找留侯張良，不管用什麼辦法，一定要讓他開口！

呂釋之見到張良，軟硬兼施，要挾張良出面。呂釋之說：「您一直是陛下最信任的謀臣，陛下尊您爲『天子之師』。現在陛下要廢太子，您豈能高枕而臥」！

張良婉言回絕道：「我所謂的『天子之師』，不過是當初高帝處於危急之中，而我的一些小小的謀劃，萬幸被陛下採納了，不是我眞有什麼能耐。如今天下安定，我病疲俱全，本就是無用的廢材了。況且陛下因爲重愛的緣故想置易太子，這是至親骨肉的家事，我們外臣，就是一百個人去勸說，又有什麼用處呢？」

呂釋之不肯罷休，：「請留侯一定看在太子仁厚孝義、皇后隨陛下受盡磨難的份上，為他們出個主意」！

張良想了想，說：「這件事情，確實是很難靠言辭爭辯做成的。我想，只有一個辦法可以試試：皇上橫掃天下，吸引了八方人士、四海賢能；但是，卻有四個人，皇上無論如何也徵召不來——即著名的商山四皓。他們是秦末的隱士，年紀非常大了，都覺得皇上待人傲慢，動輒侮辱人，故避到商山，不做漢臣。正因為他們不肯來，所以皇上格外尊崇這四個人。如今您果真不吝惜金玉璧帛，請太子寫一封信，言辭謙遜，態度誠懇。再備上安車（古代乘車一般立乘，只有高官告老或徵召有名望的人，往往賜一種小型的坐車，稱安車），派能言善辯的說客去敦請」。

呂釋之有些疑惑：「這樣商山四皓就會來」？

張良點了點頭：「他們會來。」然後張良接著說：「四皓到來，請必以貴客待之，且隨太子上朝。皇上見到他們，必會驚異並詢問。皇上和他們談了話，知道這四個人果然賢德，這樣對太子必有好處」。

呂后馬上派人捧著太子的書信，帶上豐厚的禮物，去迎接四皓。商山四皓到了，就以貴客的身份住在建成侯呂釋之家裡，等待著時機。

漢十一年（前一九六年），英布造反。這時高帝生病，想讓太子擔任主將，前往討伐。商山四皓聽到這個消息，商量如何保全太子。他們對建成侯說：「太子領兵，戰功再大，位置也超不過太子；可是別說打了敗仗，就是無功而返，那麼從此也要遭受大禍了！況且跟隨太子出征的將領，又都是曾經跟隨皇上平定天下的猛將，讓太子統帥他們，無異於以羊驅狼，他們怎麼肯老老實實為太子賣力？太子怎麼可能建立戰功？」他們又說到這樣趙王恐怕會就此替代太子，最後建議呂釋之速請皇后找個機會對皇上哭泣，將這些理由向皇帝講述，懇請皇上，即使患病，也要勉強起來，將領們才不敢不賣力。還是要強打精神出征！

建成侯連夜進宮去見呂后，呂后急忙找了個機會，向高帝哭訴了一番。高帝一聽，大罵道：「這個笨蛋，我原來就覺得不能派他這個差事！你老子自己去一趟算啦！」當初英布預計高帝年老了，不能親自出征，才敢發動反叛；結果沒想到高帝眞來了。黥布哪裡會想到這裡面還有這麼一段故事呢。

高帝親征，群臣送行到霸上。留侯強掙扎著送到曲郵，謁見高帝說：「楚人剽捷，希望陛下不要與他爭一時的高低。」並且就此乘機勸高帝：「陛下出征，國中須有中堅，希望您任命太子作將軍，監領關中的軍隊」。

看著張良顫顫巍巍的樣子，聽到張良的話，高帝有點動情，他說：「子房，你再有病，躺著也要強打起精神輔佐太子。那孩子不成器，我全要靠你了！」隨即任命張良行使太子少傅之職。

有人說請商山四皓出山這事，純粹是張良導演出的一場戲，這話也不是沒有道理。因爲這辦法也沒有什麼新鮮的，不過是金銀財寶，外加一封言語恭謙的信，這是高帝左右朝臣都可以想出做出的。張良爲此，不過是向高帝表示朝廷重臣的強烈態度，表示所謂的士人民心罷了。

瀘山光福寺的九龍漢柏，四川省涼山西昌市。相傳為西漢惠帝所植。

第十七章 高處不勝寒

一、鴻鵠悲歌

高帝在世的最後幾年，是他一生中最有權威卻又最不能爲所欲爲、負擔最重卻時時想卸擔子、各種矛盾鬥爭最激烈而他也最無可奈何的幾年，也是他一生中少有的心境極其寂寞荒涼的幾年。

最讓高帝心頭千縈萬繞難以釋懷的是愛姬戚夫人和愛子劉如意。

漢十年（前一九七年）春正月，高帝封愛子劉如意爲趙王。高帝喜愛這個兒子，總想立他爲太子；加之本年，劉如意才十歲，高帝不放心讓他孤身北上；也捨不得放他的母親戚姬離開自己跟隨他北上，所以始終沒有讓他去封國就位。至此，高帝想立劉如意的心思在內宮外朝逐漸明顯起來。大臣們據理力爭，高帝則幾次都是打著哈哈敗下陣來。高帝自忖如意無法保全自己，爲此鬱鬱不樂，常獨自憂傷地唱著歌。大臣們都不知道皇上爲什麼這麼憂鬱，也不知應該怎麼勸解。

只有一個人心中有數，就是掌管皇帝符信印章的符璽御史趙堯。趙堯被調到高帝身邊後，不言不語，卻非常細心地觀察揣摩。這天他獨自侍奉皇上，說：「陛下心中憂慮的事情，莫不是因爲趙王年幼，而戚夫人與皇后之間又有嫌隙，恐怕您萬年之後趙王不能保全自己」？

高帝看了看趙堯，這小子，看他乳臭未乾，倒挺會猜人心事，一說就說到我心裡去了。他不由得說：「是呀，我心裡眞是擔心得很，卻又想不出什麼好辦法」。

趙堯說：「陛下最好爲趙王任命一位相國，這個人必須是地位非常尊貴，爲人又極其剛直，不僅是群臣懼怕，而且必須是皇后和太子都非常敬畏的人」。

高帝嘆了一口氣說：「我也是這麼想的。只是大臣們間，誰能夠擔當此任呢」？

趙堯緊上一步：「依小臣之見，御史大夫周昌最合適。這個人堅毅不拔，質樸剛直，最恪守職責，最講求信義原則；而且，從皇后、太子到滿朝文武，無人不敬畏他。只有周昌行」。

鎏金銅沐缶，盥洗器，西漢，西安市席王鄉唐家寨出土。

高帝一拍几案，「好！」馬上召見周昌。

高帝擺下酒席，賜酒給周昌，說：「朕一定要麻煩您，請您勉力爲我輔佐趙王」。

周昌一聽大驚，匍匐在地，大哭著說：「陛下，自您一起兵，我就追隨您，怎麼偏偏半路上把我拋棄給諸侯王呢」？

高帝扶起周昌，說：「朕內心深知這是降職，可是我心裡實在擔憂趙王的身家性命……」他說不下去了，停了半天，才又接著說：「除了您，我實在找不出第二個人來！周大夫，看在朕的面子上，請您無論如何去一趟吧」！

話說到這個地步，周昌什麼也不能說了，即刻卸任北上，去趙國任相國。自此忠心耿耿，堅貞不二地爲保全趙王劉如意盡心盡責，直至得罪了呂后，被召回朝，趙王被毒死，周昌遂稱病不上朝，三年鬱鬱而死。

這裡還得插上一段事。當初趙堯還是符璽御史時，趙地有位方與公對周昌說：「您的御史趙堯，別看他年紀輕輕，他可不是一般的人。這個人將來會取代您的職位。」周昌不信，笑著說：「趙堯毛頭小子，不過是個抄抄寫寫的刀筆吏罷了，他哪能到那一步！」過了沒有多久，就發生了剛才這件事情。後來，周昌走了很久了，御史大夫的缺還沒有補上。有一天，高帝手裡拿著御史大夫的官印，摩挲把玩了好久，沉吟著說：「誰可以作御史大夫呢？」然後盯著趙堯說：「沒有誰比趙堯更合適的了」，於是就任命趙堯作了御史大夫。周昌去世後五年，呂太后聽說趙堯謀劃保護趙王如意和戚夫人的計策，就罷免了他御史大夫之職。

任命周昌是不得已而爲之，前提是如意當不上太子，性命難以保全。所以高帝雖然忍痛左遷了周昌去輔佐如意，但是他不會不知道周昌力量的限度，他對戚姬和如意的擔憂並沒有因爲周昌的就任而有所減緩。

漢十一年（前一九六年），呂后乾淨俐落地屠滅韓信、彭越，讓他高興，他心裡也不會不隱隱地感到害怕，這婦人手段眞是夠毒、眞是夠狠！他不會不想到：我死後，她會怎樣對待戚姬、如意？

他知道戚姬母子沒有任何力量可以依靠，皇后卻在內外宮廣有勢力。漢十二年，高帝擊英布中流矢，病得更厲害，更想換太子了。返京後，他盡了最後的努力，發動了一次攻擊，但是結果被呂后依靠朝廷重臣挫敗了。叔孫通以死諍保太子，高帝不得不假裝應允，但內心仍舊在籌劃。這一天高帝擺宴招待群臣，太子依張良之計，帶上了商山四皓。酒宴上，太子侍奉在高帝身旁，高帝見身後跟隨著四位老人，都已年過八旬，鬚髮雪白，高冠博帶，狀貌奇特，心中好奇。得知他們就是商山四皓後，高帝大驚：「我訪求您諸位好幾年了，您們總是躲著我。今天您們爲什麼自動跟隨我兒子交遊呢」？

四位老人都說：「陛下您輕視士人，喜歡侮辱詈罵。我們無法忍受侮辱，所以惶恐地躲避起來。我們聽說太子爲人仁義孝順，禮賢下士，天下士人無不引頸延項，爭爲太子拼死效力。所以我們來侍奉太子」。

高帝笑笑，「麻煩您們幾位，希望幾位能善始善終地關心

商山四皓

商山四皓，簡稱「四皓」，秦末隱士東園公、夏黃公、綺里季、甪里四人，因避秦亂世而隱居商山，采芝充飢，四人年皆八十多歲，鬚眉皓白，世稱為商山四皓。

世家索隱引《陳留志》云：「園公姓庾，字宣明，居園中，因以為號。夏黃公，姓崔名廣，字少通，齊人，隱居夏里修道，故號曰夏黃公。甪里先生，河內軹人，太伯之後，姓周名術，字元道，京師號曰霸上先生，一曰甪里先生」。

傳說這四人是秦始皇時秦朝七十名博士官中的四位，其職掌有三：一曰通古今；二曰辨然否；三曰典教職。後四皓先生因見秦政暴虐，隱居商山，過著「岩居穴處，紫芝療飢」的生活。

保護太子。」四個人敬酒祝福完畢，告辭，急趨而去。高帝凝神注視四個人飄飄洒洒的背影，許久，招呼過身邊侍酒的戚姬，指著說：「這四個人，不簡單哪！我多想讓如意當太子，可是，他們四個人都願意跟隨太子，太子的羽翼已成，我再也動搖不了他的地位了。呂后眞作了你的主人啦」！

戚夫人悲痛絕望恐懼得渾身發抖，高帝心中也說不出的悲涼。他對戚夫人說：「你爲我跳個楚舞吧，我給你唱一個咱們家鄉的歌！」戚夫人滿臉淚水，慢慢起身，裊裊婷婷地飄舞起來。高帝忍住湧上喉頭的哽咽，放開嗓門，唱起自己即興作的歌來：

> 鴻鵠高飛，一舉千里。羽翮已就，橫絕四海。橫絕四海，當可奈何！雖有矰繳，尚安所施！

高帝唱了一遍又一遍，幾曲下來，戚夫人抽噎流淚，已然是歌不成曲，舞不成形。高帝覺得自己的淚水馬上就要流下來，他遽然起身離去。

酒宴散了。

在最後這次酒宴上，他知道自己的一切努力都沒有作用了。在這事上他孤立無援，怎麼努力也無法取得勝利，只有罷休。這就意味著，自己死後，愛姬愛子都將死於非命。他是統御四海的天子，他是至高無上的皇帝，但是，他毫無辦法！當他高唱《鴻鵠歌》，戚姬爲他翩翩起舞時，戚姬的淚水和他的流在了一起，只是他的淚水全流到了自己的肚子裡。

死亡一天一天逼近了，他的這種憂慮一天一天變成了內心排解不開的痛苦，變成無盡的寂寞與荒涼。

二、械繫蕭何

現在高帝心中更多的是因不信任而起的孤獨。

皮囊形銅壺，漢代，陝西歷史博物館藏。

內宮，呂后尚且生分二心，貌合神離，更不要說那些嬪妃宮人了。外面，滿朝文武，侯爵若干，有誰可以信賴、有誰可以依靠？

高帝從取得了天下以後，其性格中的刻忌，逐漸顯露出來。在對丞相蕭何的態度上，就可明顯地看出變化。

高帝對蕭何其實從來沒有眞正信任過。在楚漢戰爭中，高帝就多次對蕭何心懷猜疑，多次從前線派人回來「慰問」丞相。還是別人提醒，丞相才意識到這是漢王對他不放心，趕緊把家族中所有能上前線的男子全部送往戰場，漢王才放心。在全國平定之後，高帝的猜忌不放心更明顯了。曾發生好幾次大的事件。

漢十一年（前一九六年），高帝親自北征陳豨，不在長安。正月呂后接韓信謀反舉報，召蕭何謀劃並由蕭何親自行動，騙韓信來長樂宮。呂后快刀斬亂麻，待韓信一進宮，立即著武士拿住，送往鐘室處決！

後世有句話「成也蕭何，敗也蕭何」，韓信的被毒殺，蕭何無論如何也脫不了關係。他的處境與苦衷，是他做出這種選擇的主要原因。

高帝在洛陽聞聽呂后「用蕭何計，誅淮陰侯」，立刻派使節馳回長安，第一，拜蕭何爲相國，這個官號比宰相、丞相都要尊貴。第二，高帝又加封蕭何的食邑五千戶。本來蕭何的封邑就是群臣之首，他的弟子族人也都有封邑，此外蕭何還比別人多兩千戶，這是高帝對當初送刑徒到驪山的回報，現在又錦上添花。第三，高帝還派了五百士兵、一名都尉作相國的衛隊。

消息傳出，許多同僚都來祝賀。相國府一時間熙熙攘攘，車水馬龍，熱鬧非凡。

可是這一天，門外來了一個人，一身縞素，說是來給相爺吊喪。此人叫召平，乃是秦朝的東陵侯，秦亡後，種瓜於長安東。他的瓜美味可口，天下無雙，人們稱這瓜爲「東陵瓜」。

召平進來，就對相國說：「您的禍患就要來到了！皇帝日夜在外露宿風餐，而您並沒有蒙受戰爭風險，卻反而增加您的封邑，還爲您加設衛隊，您難道沒有想想這是爲什麼嗎」？

蕭何沒有說話，召平接著說：「這是皇上對您有疑心啦！淮陰侯剛剛反叛，您又一向與淮陰侯友善，皇上自然會懷疑到您，您怎麼還能高枕而臥呢？五百衛士，您以爲是眞的保衛您的嗎？我勸您，趕緊辭謝封賞，再把您的全部家產資財捐出來佐助軍費。這樣，皇上才會高興」。

蕭何大開竅，趕緊捐出家產資財，送往前線，高帝果然大爲開心。

韓信的死，使蕭何的良心大爲不安，彭越之死，又使他大受震駭，他決心不再讓高帝和呂后借自己之手來殺功臣了。於是，當賁赫首告英布準備造反時，高帝詢問他的意見，他說：「英布不會這樣的，恐怕是仇家陷害。應該先把賁赫囚禁起來，再派人去調查，核實情況。」可惜，英布被逼無奈，果眞造反了。這使高帝更加深了對相國的懷疑。於是，在東征的過程中，高帝就不斷派人回來詢問相國在幹什麼。

蕭相國因爲這一次仍然是皇帝帶兵外出，自己鎮守關中，於是就和上次高帝征討陳豨時一樣，傾盡家產，捐助軍隊，並用一部分撫恤百姓，鼓勵生產。

正當蕭相國心安理得、勤勤懇懇工作時，又有一位門客來進言：「相爺，您被滅族的日子不遠了！」蕭相國又一次大驚，詢問何故。門客說：「您從當初入關，至今十多年了，深得民心，可是您還不知自制，反而繼續勤勤懇懇地辦事而得到百姓的愛戴親附。您位居相國，功勞第一，還有可能再加功嗎？那麼您是爲什麼呢？所以皇上不放心您屢次派人回來詢問您的動靜，是太怕您動搖關中了！」一席話說得蕭何順著脊梁骨直冒冷汗。那位門客給他出了一個主意：「多買些田地，將價錢壓得很低，甚至於強行賒欠，這樣老百姓很快就會罵您，玷污了您自己的名譽，皇上才會安心。」蕭相國這樣做了，果然很快就怨聲載道。

高帝征討完英布，回軍長安途中，多次被民眾攔住去路告御狀，告蕭相國賤價強買老百姓的田地房屋，高帝讓左右算了算，竟然價值數千萬！看著這些狀紙，高帝心裡越來越輕鬆。回到長安，蕭相國前

上林苑馴獸圖(局部)，西漢晚期磚質彩繪壁畫，縱37.5公分，橫240.7公分，1925年發現於河南洛陽八里台。圖中三人，右邊一人右手執斧，左手握鞭，正在馴獸；左邊穿白衣者似馴獸表演的小丑；著紅衣的官吏側首看著前方。

來朝見，高帝笑著說：「蕭相國，您這才是利民哪！」說著，把百姓的狀書全都摔給他，「你自己向老百姓請罪去吧」！

蕭何這樣小心翼翼，仍然沒有徹底解除高帝對他的猜忌。有一次，因爲長安地狹人多，而咸陽南秦上林苑（專供皇帝行獵用）中卻荒蕪著很多空地，蕭何請求高帝允許百姓進入開墾種植；收獲後，禾稈、麥穗留下，作爲上林苑中禽獸的食料。高帝暴怒，咆哮道：「你這相國收了商人多少賄賂，打主意打到我的上林苑頭上來了！」即下令把相國交給廷尉。蕭何到底沒有保護住自己，戴上了手銬腳鐐，成了階下囚。

滿朝嘩然。

過了幾天，一位姓王的衛尉侍奉高帝，向高帝進言：「陛下，相國犯了什麼大罪，被陛下拘禁得這麼嚴厲」？

高帝說：「我聽說李斯作宰相輔佐秦皇帝，有了成績歸功於主上，有了差錯自己承擔。如今蕭何貪圖奸商的賄賂，竟然來要我的上林苑，買好民心，所以我械繫治罪於他」。

王衛尉說：「職責在身，一旦有便於民就要爲他們請求，這才是相國分內之事。陛下怎麼可以疑心蕭相國受賄呢？況且，當初陛下在關東和西楚國對抗，相持數年，陳豨、英布反叛，陛下親自出征討伐，相國鎮守關中，那個時候，相國一跺腳則關中搖撼，那就不是陛下您的關中了。相國不在那個時候牟利，卻非要在當今貪圖商人的那幾兩銀子嗎？秦王朝就是因爲不愛聽人說自己的過錯，才喪失天下的。李斯那種包攬過錯的小動作，有什麼值得效法的？您可眞把蕭相國看得太膚淺了」！

高帝聽了，心中覺得有愧。他一向不放心蕭何獨自坐鎮朝廷，但是事實上，蕭何從來沒有過反叛的表現甚至意圖，顯然，這一次蕭何被委屈了。於是當天，高帝就派使者手持符節，到牢獄中赦免並釋放了蕭何。

蕭何出獄後，赤著雙腳，入宮晉見，向高帝請罪。看到蕭何鬚髮飄白，光著兩隻腳，蹣蹣跚跚地叩頭謝罪，想想蕭何平素一向恭謙謹慎，也覺得自己有點過分

榆莢半兩，西漢，劉邦建立漢朝後，決定重新鑄造貨幣，但由於初期百廢待興，所鑄半兩錢重量極輕，僅2克左右，俗稱「榆莢半兩」。漢武帝時廢半兩錢，始造五銖，五銖才成為漢朝的主要貨幣。

了。他想說點什麼，面子上又很過不去，於是就故意嘻嘻哈哈地說：「得啦相國！相國您求上林苑，是爲了百姓。我卻不應允，我不過是夏桀商紂之流，而您可是最賢德的相國。我所以械繫相國，就是爲了讓老百姓知道我是個暴虐君主」！

這件事情就這麼過去了，但是從此，群臣和他之間的關係就更加疏遠了，功勞最高、謙恭謹慎、恩寵最重的相國尚且如此，何況我們！

三、四顧茫然

三個最大的隱患除了，戰無不勝的軍事天才、無敵的游寇、英勇的梟將，全沒了……後世的《紅樓夢》裡有一句詞兒「落得個白茫茫大地一片眞乾淨」，以它來形容高帝此時的心境倒還眞有幾分恰切。

在高帝的肱股之臣中，確實是有極其明智、清醒的，早早就洞悉了這個前景，譬如張良。封爵時，他謝絕了高帝特別的恩賜，只要了留縣。遷都長安，他就開始稱病，閉門謝客，一年多沒有出門。他終日沉於道家的養生之法，靜坐運氣，辟穀不食，只吃一種據說可以延年益壽的藥物。他說：「我們張家，五代相韓。韓國滅亡後，我變賣萬金家產，向暴秦復仇，也曾引起過天下轟動。今天，我僅以口舌之功，就被尊爲帝王師，賜封萬戶侯。一個平民到此，確是到頭，大大超過了我自己的願望了，我還有什麼可求的呢？現在我唯一的願望就是追隨赤松子，遨遊於天外。」赤松子是太古時代的神仙，據說在神農時代，可以造雨。此後，他一直很少參加政治活動（除了保全太子一事，實在拗不過呂后之請），也沒有再爲高帝謀劃什麼計策。他出身高層，做過大事，見過大世面。他的智慧，足以洞悉神仙之事，他說話，也從不虛言妄語。他所宣稱的要追隨

赤松子像，清代丁善長（1860～1902年）繪。

赤松子，不過是假托神仙，捐棄功名利祿，在嚴酷的政治鬥爭中的一種退避，得以明哲保身。張良沒有野心，他最高的願望就是作「帝王師」。做到了，急流勇退，保全了自己。終張良之生，沒有受到帝王的猜忌懷疑，這實在是難得的，也只有張良能以他超群的明智與見識做到這一點。

蕭何沒有張良看得那麼透澈，他到底是故秦國的一個地方小官吏，將功名利祿看得較重。儘管蕭何忠心盡職、小心謹慎，爲了消除高帝的疑心，維艱維難、如履薄冰，但也還是沒有逃脫被投入牢獄的命運。

高帝常年在戰場上奔波勞頓，殫精竭慮，且傷病交加，據說在滅秦與楚漢戰爭中，他受過十二次傷，東征英布時，他已經無法乘戰車了，只能乘一種爲他特製的能夠躺臥的車。病重之時，心情暗淡，疑心就更大。對最忠心耿耿的相國蕭何的械繫，就是在這個時候發生的。現在，他已經沒有任何可以信任的人了，後宮沒有，朝臣沒有，最好的朋友和親戚中也沒有。

我們知道，盧綰可以說是高帝最親近以至親昵的人了。他並沒有多少戰功，也不會打什麼仗，他卻是大漢帝國建國前後掌握軍權的太尉。燕王臧荼反叛，高帝因他最可靠，封他去作燕王。可是盧綰最後也謀反了。不管是不是被逼反的，反正五六十年的交情，就此徹底完結！

在高帝那裡，利益和任何東西相比，都是最重要的，當它和友情衝突時，毫無通融的可能。其實，在得到燕王之封時，盧綰的命運就已經決定了。只不過不要說盧綰是喜不勝收，就連高帝自己當初也還沒有眞正意識到這一點。當他覺得友誼和國家也就是他自己的利益產生矛盾時，他毫

雙魚銅杅，水器，漢代，陝西歷史博物館藏。

西漢兵俑，1965年陝西咸陽楊家灣兵馬俑坑出土，北京國家博物館。

不猶豫，立即發兵！

但是盧綰對這事情的認識並不那麼清楚，他以爲是呂后在中間阻隔，是地理距離在中間阻隔。所以樊噲大軍一到，他逃遁到長城腳下徘徊，等待著高帝病好些，上京向他請罪。但是，盧綰有兩點估計錯了：第一是他對高帝的估計始終沒有離開兒時的感情、兒時的關係，以爲高帝應該相信他，而且不會加罪於他；第二，對高帝身體健康的估計過高了。結果高帝去世，盧綰只得投降了匈奴。

盧綰的反叛，雖然說不上是給高帝一個沉重的打擊，但是使他對人更沒有任何信任可言。

他的猜忌也延伸到了樊噲的身上。

樊噲是高帝最親近的重臣，是高帝群臣中最英勇善戰、屢建奇勛的大將。《史記》中記載樊噲攻城略地、斬將擒虜的業績，數不勝數。他雖是個殺狗的屠夫，但和那些織席的、賣繒帛的莽漢們不一樣，他有比較清醒的政治頭腦和政治遠見。他還有一點是重臣們無法與之相比的：樊噲娶的是皇后呂雉的妹妹呂須，他和高帝是「一擔挑」（連襟），「故其比諸將最親」（《史記》）。功高勛重，策封侯爵，再加皇親國戚，樊噲威重朝臣。

英布反叛的消息傳來，時高帝病得很厲害，心情也極抑鬱，想讓太子劉盈統兵出征，又遭到群臣的反對，呂后也日夜哭泣。高帝心裡煩極了，他躺在內宮，命令守門的尉衛，不許放大臣們進來。將領們如周勃、灌嬰等，雖然急得火燒眉毛，但是光在宮門口徘徊，誰也不敢進去。就這樣一直過了十多天，英布已摧垮了荊國劉賈的防線，又向西進攻楚國劉交，情況危急，怎麼辦？

這時舞陽侯樊噲站了出來，「事已至此，光在這裡發呆有什麼用！」說罷搡開門衛，逕直往宮禁裡闖。幾個門衛被他推得七撲八倒，誰也不敢再行阻攔。大臣們這下才敢跟隨在他後面，忽嚕嚕擁進了內宮，直到高帝榻前。

內宮裡寂靜無聲，榻上，只見高帝正把頭枕在一個宦官的身上，閉目養神。樊噲撲通一聲跪在地上，淚流滿面，哭著向高帝說：「陛下！您當初帶領我們從豐沛起事，平定天下，那是何等雄壯！如今天下平定了，您為何這般萎靡不振？您說病得厲害，滿朝文武震驚恐懼，心神不寧。可是您拒絕和大臣們見面商議國家大事，卻單獨和一個宦官待在一起，您難道要跟宦官交代遺言嗎？」那宦官頓時臉色焦黃，哆嗦起來，看著高帝。

樊噲全不理會，繼續慷慨陳辭：「陛下，您難道忘了趙高幹的勾當」？

聽到這裡，高帝哈哈大笑，一躍而起，「好啦好啦，有什麼事說吧。」這以後才有高帝親自率軍東征英布。

漢十二年（前一九五年）二月，高帝派樊噲統帥大軍北上燕國討伐盧綰。樊噲大軍橫掃燕軍如同捲席，捷報頻頻傳來。但是這時，高帝已經感覺不到喜悅興奮這類的感情了，他病得越來越重，已經無法起床，心情也越來越焦躁了。

有一天，有人在高帝的病榻前告了樊噲一狀，說樊噲是呂后的妹夫，他和呂氏族人結成死黨，揚言說皇帝哪一天「宮車晏駕」（皇帝死的諱稱。宮車代稱皇帝；晏駕是宮車晚到，意味死），他就哪一天發兵，把戚夫人劉如意那幫人全部殺光！

高帝一聽，頓時氣得渾身哆嗦，大罵道：「我還沒有死！馬上去！去！叫陳平」！

陳平遠比不上張良，但是他在

西漢彩繪單轅軺車復原模型。單轅四馬軺車，是秦漢時期普遍流行的一種車型，由傘、車輿、車轅、衡等組成，是秦漢時期貴族級別和權力的象徵。

所有朝廷重臣中，還算清醒的，所以他在封侯時也曾退讓，也沒有忘記爲默默無聞的恩人魏無知求封。這正是他在高帝身前身後基本能保全性命並在關鍵時刻協助周勃挽救劉氏政權的前兆。陳平爲高帝出了一計：絳侯周勃爲人厚重可靠，可召他到病榻前接受詔令。高帝即發詔令：「陳平趕快乘坐傳車載著周勃到燕地，奪樊噲軍權，著周勃代替樊噲領兵！陳平到達軍中立刻斬下樊噲的頭」！

陳平周勃急速北上。沒有到達樊噲軍中時，陳平與周勃商量：「樊噲是皇上的故舊，功勞最多，又是皇后的妹夫，皇親國戚，地位又尊貴，那是輕易殺得的！現在皇上一時憤怒要殺他，等怒氣平息下來又要後悔。那時候咱倆……」

周勃一聽，恍然大悟。於是他倆決定把樊噲抓起來，不殺，把他押解到長安，讓皇帝自己去殺他。「寧可犯個小錯，也別惹殺身之罪！」

於是他倆這樣做了。果然，陳平押著樊噲的囚車走到半路，就聽到了高帝去世的消息。陳平趕緊馳回皇宮，在高帝靈柩前放聲大哭，向呂后匯報出差經過，由此得以幸免。

四、追思昔所行多不是

漢十年（前一九七年）以後，高帝心境一年比一年蒼涼，這是一種身體的極度衰弱帶來的下世的悲涼，是眼看著利刃懸在愛姬愛子頭上，卻毫無辦法的無奈，是消滅和震懾了昔時共同戰鬥的伙伴後的一種四顧茫然，是一種身體和心理的極度倦乏。

有史籍記載，高帝在臨去世前對太子劉盈說了這麼一句話：「追思昔所行多不是」。想來就是在這樣一種心境之下，作爲一個父親，在即將辭世之前對兒子說的由衷之言。這「所行多不是」，既有對一般軍事政治事務錯誤處理的檢討，也不會沒有對於自己由於心理情感諸方面錯誤的反省。有人評價說，劉邦「一生言行多（流）氓氣，惟此言有正人味」。「鳥之將死，其鳴也哀」，在人生的最後時刻，在被權力之爭搞得精疲力盡、心灰意懶之時，他發出的哀鳴，倒顯出他的一段眞情。

第十八章 大風歌

一、非劉氏不得爲王

中國大一統君主專制制度的起點在漢不在秦。

何以這樣說？

羅素在《權力論》中說過：「從廣義上說，王權是維護現狀的一種力量，無論那是怎樣一種現狀。在歷史上，它最有用的功能是產生一種有助於社會團結的普遍情感。人類天生不喜歡群居，因此無政府狀態是一種永恒的危險，而王權對於防止這種危險有過很大的貢獻。」中國自戰國以來，中央集權的專制主義政治制度逐漸形成。集權中央的過程就是集權於君主個人的過程，廢除分封制，推行郡縣制，成爲歷史發展的必然。秦朝廢除了分封制，推行了郡縣制，建立了君主專制的政體，但是，秦始皇完全採用了以韓非爲代表的極端專制主義的主張，以國家暴力支持法、術、勢三合一的暴虐統治，其專制主義政治建設的失敗，致使秦朝二世而亡。因此，怎樣完善這個中央集權的體制，使這種政治制度得以千秋萬代延續下去？這個任務，就落到漢朝統治者身上。

高帝「爭於氣力」，掙得了一份「貴爲天下，富有四海」的大家業，然後就殫心竭慮保住它。

分土封國，這在當時已是一個落後於時代的制度，但是，它卻有著極大的力量，特別是在人民的意識中，更是根深蒂固。一方面是羅素所說的人類天生的無政府傾向，一方面是千百年來的習慣性。這種習慣性的勢力，將項羽拉入了泥沼，在楚漢相持的關鍵時刻也幾乎將漢王拖下去。他處於一種迷惘和矛盾之中，一方面由於張良的幫助認識到分封不好，但是同時，爲了團結籠絡力量，又必須封。在登極稱帝之後，「劉邦爲了完善君主專制主義的政治制度，完成對專制君主人格的塑造，在理論準備嚴重不足的情況下開始同巨大的歷史慣性力量作正面的抗衡」（愛默生《日記》）。古今周知，高帝是非常愛才、善用才的，這是他奪取天下的根本原因，也是項羽和後代多少帝王所無法望其項背的。但是，何以在登極立國之後，以種種口實大開殺伐，除地處荒僻、性格儒弱的長沙王父子外，翦滅了所有的異姓王？這些異姓王，絕大多數並無謀反的事跡乃至意圖，但是「僅僅由於他們那種隱隱同皇帝的對立和自成一體的氣勢」就足以使爲消除割據的隱患、維護國家的統一不遺餘力的漢高帝對他們大興屠戮了。

秦王朝不分封子弟，結果一方造反、全國呼應，以致孤立無援而滅亡的歷史給了漢高帝深刻的教訓，他感覺到，必須與親屬子弟建立起共存共榮的關係。於是，在建立中央集權的郡縣制度的同時，高帝封了一系列的同姓王，作爲爲他「守四方」的理想人選，企圖以封建宗法關係來維護和支持中央皇權。這既是他的局限，也是他在當時不得不採取的措施。

但是這時，出身微賤，且宗族人丁稀少枝蔓孱弱，少有賢能，「子幼，昆弟少，又不賢」（《史記．荊燕世家》）的問題突顯出來了。

高帝的兄弟共四人，長兄劉伯，早夭；次兄劉仲，是個只知經營家庭生產作業的平庸之人；幼弟劉交，異母，和高帝關係最好，高帝曾經爲他請過儒生爲師傅。他自己共有八個兒子：庶長子劉肥、嫡子劉盈、三子劉如意、四子劉恒、五子劉恢、六子劉友、七子劉長、八子劉建。

剩下的只有少數旁系，其中劉賈戰功最多，還有一個遠房侄劉澤，因跟隨討伐陳豨，虜得王黃，被封爲營陵侯。文帝時因誅諸呂有功，被封爲燕王。

但是，劉氏的江山，必定要留給劉氏子孫，這是高帝鐵定的原則。劉氏封王大約順序如下：

漢六年（前二〇一年）春正月

平都鼎，禮器，西漢，橫山縣張家坬村出土。

二十一日，削楚王韓信，分楚爲二，封劉賈爲荊王，幼弟文信君劉交爲楚王。

正月二十七日，封仲兄劉喜爲代王，封庶長子劉肥爲齊王。

從此，劉氏宗族封王的歷史開始了。

漢七年十二月十日，高帝封三子劉如意爲代王。

漢九年春正月，削趙王張敖，徙代王劉如意爲趙王。

漢十一年春正月，高帝封四子劉恒爲代王。

漢十一年三月，高帝誅梁王彭越，分梁國爲二，封五子劉恢爲梁王，六子劉友爲淮陽王。

漢十一年秋七月，英布造反，殺荊王劉賈。封七子劉長爲淮南王。

漢十二年冬十月，改荊國爲吳國，封仲兄之子劉濞爲吳王。

漢十二年春二月，討伐燕王盧綰，封八子劉建爲燕王。

高帝與群臣刑白馬，歃血爲盟（古代訂立盟約宣誓時，須宰殺牲畜，以畜血塗口，以示鄭重，此爲歃血）：「非劉氏而王，天下共擊之」！

當然，高帝封這些同姓王，根本目的是希望利用親屬關係加強統治，他決不允許有削弱對整個大漢國統治的威脅存在，所以，對這些王國，他決不放棄領導和控制，保留隨時懲罰、廢黜他們的權利。親哥哥劉喜棄國逃跑，他就廢黜其爲侯。他還將王國中的一些重大權力收歸中央。他規定王國與郡相等，都要受中央派出的刺史的監察，還規定王國的丞相、太傅都要由中央委派。派遣得力大臣周昌擔任趙相、曹參擔任齊相也是他加強封國力量的一種辦法。這些大員，代表中央監督諸侯王的行爲，管理王國政事。同樣，沒有中央的虎符，諸侯王不得擅自發兵。王國不能違反中央制定的法令，不得擅佔山林池澤之利。總的來說，高帝時的同姓王國的權力，遠不如異姓王國的權力，更比不了春秋戰國時期的諸侯王。

劉濞是高帝仲兄劉喜的兒子。高帝不忍心用法律制裁仲兄，這才廢黜他的封國，貶爲郃陽侯。十一年（前一九六年），劉喜的兒子沛侯劉濞年方二十，有氣力，跟隨高帝平定英布。荊王劉賈被英布殺死，他沒有後代。高帝憂慮吳郡、會稽郡一帶民風輕躁剽悍，必須有強有力的國王去鎮守這些地方，而自己的兒子們年紀小，於是便封劉濞爲吳王，統轄三郡五十三縣。這也多少是對他的老爹被降職的補償。封王授印過後，高帝接見他，這才仔細觀察他的相貌，一看心中一驚，口中就不由發出來：「你的相貌有反相！」他心裡已經後悔了，於是他拍著劉濞的脊背說：「據說我大漢帝國興起五十年東南地區有作亂的，莫非是你」？

劉濞嚇得連連磕頭，口中不斷說：「臣不敢」！

高帝說：「你要記住，天下姓劉的都是一家人，你萬不許反叛」！

劉濞再一次匍匐在地，叩頭如搗蒜，「微臣萬不敢」！

結果景帝時，劉濞果然帶頭發動了叛亂，這就是著名的以「清君側」爲旗號的「吳楚七國之亂」。高帝的分封同姓王，顯然孕育著劉氏統治集團內部的分裂因素，但是，它是漢初特定歷史條件下鞏固劉氏統治的一種不得不採取的、同時也是發揮過一定作用的辦法。

二、大風歌

漢十二年（前一九五年）冬天，高帝率領大軍在會缶這個地方大敗英布，英布向南方潰逃，高帝派別將追擊，自己則率領大部隊班師回朝。路上，他特意向北拐了個彎，回到沛縣老家，停留了下來。

高帝在沛縣行宮裡，擺開盛大的宴席，將家鄉那些男女長輩、兒時的小伙伴、當平民時的老朋友、中陽里的老鄰居、老少爺們兒，全都請了來，把個沛縣行宮坐得滿滿當當的。宴席上，大家敘起往事，歡聲笑語，舉酒祝福，開懷痛飲。高帝酒酣興濃，人已微醉，不自禁地擊起筑，唱起了自己即興編的歌曲。鄉里人找來一百二十個兒童，教孩子們跟著他唱，一人起百人合，唱啊唱啊，越唱越興奮、激昂，高帝不禁翻身躍起，手之舞之足之蹈之，邊舞邊唱，酣暢淋漓：

大風起兮云飛揚，威加海內兮歸故鄉，安得猛士兮守四方！

高帝邊唱邊舞，多年征戰建立豐功偉績的自豪與喜悅，奪取天下的勝利者的躊躇滿志，烈士暮年不已的壯志，對天下宴然的希冀，渴求有更多猛士爲自己鎭守天下四方的強烈願望，以及掩在豪邁後面的蒼涼、悲愴、寂寞，以及沉重的擔憂，全都融化在這氣魄雄壯、豪放蒼涼的歌聲和舞蹈之中了。他無限感慨、無限悲

銅釜甑，炊器，西漢，寶雞市出土。

愴，行行熱淚不禁滾滾而下。

舞罷，他的情緒久久不能平靜。他對沛縣父老兄弟們說：「遠行的遊子，總是懷念他的故鄉。我雖然建都在關中，但是千秋萬代之後，我的魂魄還是要思念故鄉沛地的。況且我是從作沛公開始起事，最後才取得天下的。就將沛縣作我的湯沐邑吧。從今天開始，沛縣的民眾免服傜役賦稅，而且，世世代代不要交稅服役」。

父老百姓頓時跪拜叩首，三呼萬歲，滿堂歡聲笑語。自此，沛縣的父老兄弟、嬸子大娘和親戚朋友，天天陪著高帝開懷暢飲，拿往日的舊事說笑取樂，高帝極爲高興。多年的征戰，特別是這幾年的殺伐征討，保不住愛姬愛子的無奈，使他的心情極其寂寞荒涼；年老多病，更常常使他連生的欲望都漠然了。這次回家鄉，他得到了極大的歡暢與幸福。十幾日之後，高帝準備回長安了，但是沛縣的父老兄弟執意不肯讓他離去。高帝說：「我的隨從人員太多，父老兄弟們負擔不起」，於是定下來離去的日子。

動身的那天，整個沛縣傾城而出，都趕到西郊敬獻酒食物品。寒風中，男女老幼手捧酒食，滿含熱淚，依依不捨。此情此景，使高帝又大爲心動，於是又留了下來，在郊外搭起帳篷，與鄉親父老痛飲了三天，這才啓程。

臨行前，沛縣的父老們都一起給高帝叩頭，說：「我們沛縣人有福氣，能夠免除傜役，豐邑人卻沒有免除，祈請陛下哀憐」。

高帝說：「豐邑是我生長的地方，我何嘗有一日忘懷？只因爲先前豐邑人跟隨著雍齒背叛我而倒向了魏王，此事難以釋懷」。沛縣的父老兄弟們又再三爲豐邑人求情，最後高帝長嘆一聲，「好吧，比照沛縣，永遠免除傜役。」萬歲呼聲震蕩天地。

十一月，高帝北上來到魯城（今山東省曲阜市），用最高的祭祀禮儀太牢（牛、羊、豬三牲）祭祀儒家學派的始祖孔子。下馬治天下，正是儒學給了他精神營養。後世武帝「罷黜百家，獨尊儒術」，也是在他的曾祖父肯定了儒家的學術地位的基礎上發展起來的。漢高帝之祭孔，開了後世帝王祭孔之先。從此以後，地方官也總是先祭孔之後，再去處理政務。

十二月，高帝發布詔令說：「秦始皇、楚隱王陳涉、魏安厘王、齊緡王、趙悼襄王等都絕了後代，秦始皇撥給二十戶人家看守墳墓，其餘各撥給十戶人

山東曲阜孔林大門至聖林。曲阜是中國古代偉大的思想家、教育家、政治家、儒家學派創始人孔子的故鄉。

家，魏公子無忌撥五戶」。「守冢令」反映了高帝對秦始皇和陳勝等人的悼念和崇敬的心情，也是他希望後代不忘先輩創業之艱難，要他們堅守先人事業的示意。

高帝又發詔令：「代地的官吏百姓，凡被陳豨等脅迫參加叛亂的一律赦免」。

三、最後的日子

高帝病越來越重，到病情最嚴重的時候，呂后請來了一位醫術非常高明的醫生。醫生入內，跪著爲高帝切脈、視診，之後，高帝問：「怎麼樣，我的病可以治好嗎」？

醫生顫顫巍巍地說：「陛下的病可治。」《漢書．高帝紀》云：「不醫曰可治」，這是醫生的委婉說法。錢鍾書在《管錐篇》中說：「不醫之症而婉言曰『可治也』。……班固……申意，明醫之畏諂至尊，不敢質言，又於世態洞悉曲傳矣」。

高帝一聽，罵道：「我以一個平凡百姓，提著三尺寶劍奪得天下，這還不是天命嗎？人的命運，掌握在上天手裡，就是扁鵲來了，能有什麼用！」然後下令，「給他五十斤黃金，打發他趕快滾蛋，老子沒功夫陪他這個鳥醫生瞎治」！

高帝知道自己大限就要到了。就是在這一階段，他對自己一生奮戰奪得的天下的未來，格外擔憂，所以才衍生出對朝臣的不放心、對呂氏家族勢力的憂慮、對戚姬和劉如意命運的擔憂；尤其是對在外割據、擁兵自重的封國國王們的不放心。他知道，這一切，他已沒有能力去根本解決了，但是在最後的日子裡，他還是要盡一切可能去阻止將來可能的反叛。春三月，下「同安輯」令：我作皇帝統治天下，已經有十二年了。我與天下豪傑和賢士大夫共同安定了天下，並使天下凝聚團結起來，他嚴厲告誡：「其有不義背天子擅起兵者，與天下共伐誅之」！

在最後的日子裡，呂后知道高帝隨時會死，也在爲自己的命運和朝廷的命運擔憂。有一次她趁高帝精神好時請示後事：「陛下百年之後，如果蕭相國也死了，丞相的職務由誰來接替呢？」丞相輔佐皇帝總攬中央大權，於國家安危舉足輕重，她不能不問。

高帝說：「曹參可以」。曹參從高帝起事就一直忠心耿耿，輔佐高帝奪取天下，經受過嚴峻的考驗，是高帝的骨鯁之臣，是高帝最信任的人中最應該擔當此職的。

呂后又問：「那曹參以後哪個合適呢」？

高帝說：「王陵行。不過王陵有些莽撞，過於剛直，陳平可以幫助他。陳平才智有餘，但是他的魄力不夠，難以獨當一面。周勃穩重厚道，就是缺乏點文才。但是將來安定劉氏天下的一定是他，可以讓他擔任太尉」。

呂后再問後面的人選，高帝嘆息道：「再以後的事，也用不著你擔心了」。

漢十二年（前一九五年）四月甲辰這一天清晨，漢高祖劉邦告別了紛爭的世界，告別了一生的文治武功，告別了他的權勢地位財富，還有他念念不忘、掛憂不已的大一統的大漢帝國，在長安長樂宮溘然逝世了。享年五十三歲。

我們不知道漢高帝在去世的一剎那想了什麼，是「憶昔之所爲多錯矣」，還是自己的偉大功績，或者是什麼都沒來得及想。我們只知道，他在這一生中，盡了自己最大的努力，能做的他盡自己的全力去奮爭了。一個被世人斥之爲流氓無賴的平凡百姓，短短十五六年間，創建了一個宏大的、綿延四百餘年的大漢帝國，這於一個人也夠了。

四、身後事

漢十二年四月甲辰（二十五日）高帝逝世於長樂宮，直到二十八日還沒有發喪。何以拖了四日？是因爲呂后在困惑恐慌之中，欲有所舉。

高帝駕崩，呂后心裡非常緊張，她最怕高帝那些老將領們擁兵肇事。高帝臨終前，單獨向呂后交代身後的人事安排，既表明了高帝對呂后的信賴，也表明了呂后對高帝身後大一統的政局能否穩定的極度擔憂。她的擔憂不是沒有根據的。古今中外歷史上，每當君權交替的時刻，總會伴隨著政局的動蕩和社會秩序的紊亂。作爲一個久經風雨具有豐富鬥爭經驗的政治家，她清楚地看到，兒子太年輕，閱歷又淺，性情過於柔弱，想依靠他統御重臣撐持天下，是非常困難的。事實上，高帝稱帝之初，諸將因封賞不遍而怨恨，曾「相聚謀反」，後急封雍齒並普遍行封，才算平息了這場風波。這些將領，會不會趁高帝駕崩之際興亂動兵？

正是這深重的顧忌，使她心中大動殺伐。高帝咽氣，她哭了幾聲，就急忙與最親近的辟陽侯審食其商量，把高帝去世這件事捂住，不向外朝報告，一面在暗裡積極活動，準備屠殺一大批老將。

將軍酈商聽到了這個消息，馬上去見辟陽侯審食其。他是高帝重將，且與呂氏兄弟關係非常親密。酈商警告審：「陳平、灌嬰統帥著十萬大軍，駐紮在滎陽；樊噲、周勃統帥著二十萬大軍，正在平定燕地、代地。他們要是聽說皇上駕崩後將領們都遭到屠戮，肯定會聯合起來，回軍西進攻打關中。到那個時候，大臣們

青銅龍首木枕，西漢，北京豐台區大葆台遺址。

必定會在朝廷內反叛，諸侯們在外叛亂，內外呼應，覆滅的結局翹足而待呀」！

呂后聽了這話，嚇出一身冷汗，於當日即刻發喪。這是四月丁未，二十八日。同時宣布大赦天下。

五月丙寅，十七日，皇帝安葬於長陵。下葬完畢，皇太子和大臣們都返回到太上皇廟。大臣們說：「皇上由平民起家，撥亂反正，平定天下，是我大漢王朝的開國始祖，功勛最高。」於是獻上崇高的謚號稱爲高皇帝。

五月己巳，二十日，大臣們擁立太子劉盈當皇帝，這就是孝惠皇帝。

孝惠帝詔令，各郡國諸侯都建立高祖廟，每年按時祭祀。

孝惠五年，皇上因高帝生前想念家鄉，喜愛沛縣，於是下詔，將沛縣行宮作爲高祖原廟，將高帝原先教唱過《大風歌》的一百二十名兒童全部召集起來，讓他們在原廟奏樂唱歌。並命以後但有缺額，隨時加以補充。

劉盈登極，即發詔令，尊母后爲皇太后。皇太后要做的第一件事，是除去她最嫉恨的戚姬。她下令將戚姬囚禁起來，剃光她的頭髮，戴上刑具，穿上用赤土染紅的囚服，迫她終日搗米。戚姬滿心悲憤，一面舂粟一面不停地唱：

子爲王，母爲虜，終日舂薄暮，常與死爲伍！相離三千里，當誰使告汝？

呂后聽到這支充滿憤怨的楚歌，殺機勃起。於是，她派使者徵召趙王劉如意入朝。

趙相周昌說：「高皇帝將趙王託付給我，我不敢讓趙王去送死。」堅不讓趙王奉詔前往。呂太后大怒，改變策略，先徵召周昌進京。之後，呂太后再行徵召趙王劉如意進京。

孝惠帝劉盈知道老母盛怒難測，於是，在劉如意即將到達時，親自到長安郊外的霸上，將劉如意接入宮中。自此，隨時將劉如意帶在身邊，同吃、同住，竭力想保護住這個弟弟，呂太后一時竟無法下手。直至第二年歲首十月，有一天孝惠帝去打獵，劉如意貪睡沒有去，呂太后得到消息，急派人持毒酒闖進惠帝寢宮，強迫劉如意喝下，劉如意遂被毒死。

根苗既除，復仇之劍直指戚姬。呂太后馬上命人砍斷戚姬的雙手雙腳，挖去她的眼睛，薰聾她的耳朵，灌下啞藥，讓戚姬連呻吟之聲都發不出來，然後將她丟在廁所裡，叫她「人彘（人豬）」。她要讓這個從前使她倍受煎熬的人吃盡這世上所能想到的一切苦痛，以解其心頭之恨。

她還要讓那沒有男人氣的兒子好好受受教育！過了幾天，呂太后叫惠帝去看「人彘」。看到牆角一堆血肉模糊，蠕蠕而動的物體，竟然是戚夫人，劉盈不禁痛徹心腹，放聲大哭，回去就病倒了，一年多不能起床。病中劉盈派人對母親說：「這不是人幹的事情，我作爲太后的兒子，竟不能保護先帝的愛姬和弟弟，我還有什麼臉面治理天下？」從此，劉盈每天沉湎酒色，恣意淫樂，不理朝政，七年後去世。這是不是更中呂太后下懷我們不知道，但是我們知道，對劉盈阻撓她鴆殺劉如意的怨恨，是她讓劉盈看「人彘」的一個原因，她也要用「人彘」震懾住兒子，使他順從。沒有想到這個兒子竟是這麼柔弱，最後以二十三歲的青春年華早夭。但是惠帝不問朝政，呂后正好可以大權獨攬。於是就出現了呂氏家族專權的局面。

漢高帝生前的擔心變成了現實。一個是戚姬如意母子果然被呂后所害；另一個是劉盈果然柔弱綿善，在母親強悍凌厲的壓迫下，力不能支，竟致大權落入以母親呂太后爲代表的呂氏家族手中。他臨終前下了一道「同安輯」令，但是他不能同樣爲戚姬下一道護身符。他清楚地知道，呂后與戚姬，劉盈與劉如意，都是二者只能存一，爲了大漢王朝的一統，就只能你死我活。戚姬的命運，他是不想也不能再考慮了。

呂太后專權，惠帝元年（前一九五年）十月鴆殺趙王劉如意，遷淮陽王劉友爲趙王。再逼皇帝劉盈不問朝政。

惠帝二年（前一九四年）十月，因惠帝尊齊王劉肥爲兄長，在宴會上請他坐右邊尊位，呂太后怒火中燒，欲毒死劉肥，被惠帝搶先拿去了酒杯。劉肥大爲驚恐，按照下屬的建議，將城陽郡奉獻出來作爲魯元公主的湯沐邑，並尊魯元公主爲王太后，才保全了性命。

但是他的齊國，被太后大削，

黃腸題湊為西漢帝王及高級貴族使用的一種埋葬形制。以柏木心製成，故稱「黃腸」，一端均朝向棺槨，故稱「題湊」。共一萬五千多根，整齊堆疊棺槨之外，成為墓室的承重牆。西漢，北京豐台區大葆台遺址。

銅甗，西漢呂后五年（前184年），荊州謝家橋一號墓出土，湖北省荊州博物館江漢平原楚漢青銅文化展。

魯元公主的兒子被封為魯王；呂太后稱制，少帝二年（前一八七年），呂太后封她侄子呂台為呂王，割齊國的濟南郡；八年，呂太后割齊國琅邪郡，立太后女弟呂須的女婿劉澤為琅邪王。齊國，已經和高帝時無法相比了。

西漢少帝七年春正月，呂太后徵召趙王、高帝的六子劉友到長安。劉友的王后是呂家的女兒，劉友不愛這位王后，呂王后嫉恨異常，惱怒而去，在呂太后面前進讒說劉友說過：「姓呂的怎麼能封王！等太后百年之後，我一定要誅殺他們！」太后聽了大怒，遂起殺機。劉友到長安，呂太后下令封鎖趙王官邸，斷絕一切飲食供應。趙王的臣下有偷偷送飯的，一經發現，立刻逮捕治罪。趙王遂被餓死。死前作了一首歌自己唱：

諸呂專政啊，劉氏臨危；脅迫王侯啊，強授我妃。我妃妒忌啊，誣我以罪；讒女亂國啊，上竟不悟。我無忠臣啊，何故失國？自殺荒野啊，蒼天可鑒！不早自裁啊，後悔莫及；為王餓死啊，有誰哀憐！呂氏絕理啊，託天報仇！

劉友死後，太后命人用平民的禮節將他埋葬在郊外平民墓地旁。

是年二月，將梁王、高帝五子劉恢改封為趙王。劉恢心裡很不高興，呂太后就將呂產的女兒嫁給他做王后。呂王后的隨從人員在宮裡專橫跋扈，監視趙王。趙王寵愛哪個嬪妃，王后就派人用鴆酒毒死。劉恢悲憤，自己作了四首歌，讓樂工反覆演唱，然後自殺。太后下令廢除他後代的王位繼承權。

秋天，呂太后派使者告訴代王，即高帝的四子劉恒，打算改封他作趙王，劉恒辭謝不受，表示願為朝廷守衛代國邊境。代王此舉，實出於謹慎小心，接連三個劉姓趙王劉如意、劉友、劉恢都被廢掉，丟了性命，改封他，這並不是什麼好事。他知道呂太后心裡想封自己家人，不敢與呂太后爭利。而此一恭謹謙讓的舉動，不僅挽救了他的性命，也成了他後來被群臣推舉即皇帝位的重要原因。

這年九月，燕王劉建去世。他有一個姬妾生的兒子，呂太后派人殺掉他，絕了燕王的後代，封國因此廢除。一個月以後，呂太后封侄孫孫呂通爲燕王。

高帝的八個兒子，被呂太后殺了三個，廢了一個，孝惠有位無權，劉肥被削弱，劉恒偏居邊邑，還有一個是呂后養大的劉長得以幸存。

削弱劉氏勢力，呂太后是爲了加強自己的勢力，這是任何居於最高統治地位的人都會這麼做的。在呂太后專權的十五年裡，她先封侯，再封王，將呂氏宗族的勢力遍布朝廷內外。惠帝死後，她更加變本加厲。

少帝元年（前一八八年）四月，封魯元公主的兒子作魯王；命大謁者張釋，發動高官，請封兄呂澤之子呂台爲呂王。

少帝七年正月，趙王劉友被餓死，二月，改封梁王劉恢爲趙王，封呂王呂產（呂台子）爲梁王。趙王劉恢自殺後，代王劉恒辭謝，呂太后封亡次兄呂釋之的兒子呂祿當趙王。九月，燕王劉建逝世，呂太后殺其子，廢封國，一個月後封呂王呂台子呂通爲燕王。

到呂后逝世前，趙王呂祿爲上將軍（總指揮），統帥北軍，梁王呂產統御南軍，呂產爲相國，呂祿女兒作皇后。王國在手，軍政大權也在手，呂氏家族勢鎮滿朝。

呂后的殘忍，既有她性格上的原因，也有她所處的地位決定她不如此就可能被敵人所殺，還有她那個時代的色彩，激進尚武，重氣任俠，怨惠比仇，常常置生命於不顧，更遑論可以操縱生殺予大權的帝王了。就是她的大封諸呂，其實是無論哪個最高統治者都會作的，和大封劉氏家族的性質是一樣的，只不過呂雉是個代天子「稱制」的女人，天下總是劉氏的天下。

五、大漢帝國

高帝苦心營造的劉氏天下，岌岌可危。這，他不知道可曾想到過沒有？但是，他臨終前與大臣們歃血爲盟，下「同安輯」令，「非劉氏而爲王者，天下共擊之！」深入人心。故而呂后凡想封呂氏子弟時，總得先費一番腦筋。少帝元年，她就封諸呂爲王事詢問右丞相王陵的意見。王陵當場頂了回去，說：「高皇帝生前曾經和我們大家刑白馬歃血爲盟：『非劉氏而王，天下共擊之！』今天要封呂氏爲王，就是違背當初高皇帝與我們共同定立的盟約！」呂太后最後不得不將王陵明升暗降，調離右丞相的位置，此議才得以通行。

除了立呂氏爲王之外，呂后對於高帝時期所制定的各種政策，基本上是忠實執行的，特別是遺囑中確立的丞相人選，她都一一任命了。其中的陳平，由於有樊噲事件，還真的是險象頻生呢。原來呂須因爲當初陳平爲高帝謀劃逮捕樊噲的事情，多次在呂后面前詆毀他。陳平當了丞相以後，呂須又跑到呂太后那裡進讒說：「陳平做丞相不理政事，每天就是喝酒作樂玩女人！」

蒜頭壺，西漢呂后五年（前184年），荊州謝家橋一號墓出土，湖北省荊州博物館江漢平原楚漢青銅文化展。

陳平聽說這事後，每日越發飲酒作樂，且日甚一日。時左丞相是呂太后的幸臣審食其，但不理政務，只處理宮中事務。陳平不理政事，與曹參是一樣的，清淨無爲，一切按照高帝在世時制訂的政策辦。呂太后聽說陳平的表現，非常高興。有一次她當著呂須的面對陳平說：「俗話說：『兒女子言不可信』，我是只看您對我怎麼樣，您不要怕呂須說您的壞話。」就這樣，陳平終於保全了自己，從而保全了劉氏大漢朝的天下。

高帝爲呂后選擇的將相們，在關鍵時刻發揮了作用。左丞相陳平、絳侯周勃等之所以同意呂后封諸呂爲王，不過是權宜之計，待到呂太后去世，他們看到時機成熟，馬上發起反攻，一舉屠滅諸呂，回復了劉氏天下。

景帝三年（前一五五年），終於爆發了同姓王的反叛。此時距大漢帝國建立近五十年時，以吳王劉濞爲首的吳楚七國發動了著名的打著「清君側」旗號的「吳楚七國之亂」。景帝派太尉周亞夫統帥主力大軍前往反擊吳楚聯軍。周亞夫與堅決支持中央的梁王、景帝親弟劉武配合，吳楚七國之亂僅僅用了三個月時間就全部平定了。

漢帝國威望大大提高。維護統一，這是高皇帝日夜思慮的問題，也是幾十年來天下民眾所擁護嚮往的，所以短短三個月就平息了分裂叛亂。景帝趁勢加強中央集權，嚴格控制各封國。在殲滅異姓王的同時，漢政府規定，封國國王只准衣食封國的租稅，不得領土治民，治理國事；還規定王國官員一律由皇帝任命，同時減少封國官員人數，降低其品級，規定封邑上的行政權歸郡縣所有。這些措施對後世的封建帝王產生了巨大的影響。此後，王國的勢力越來越弱，獨立性越來越小。武帝時繼續加強這方面的控制，最後終於解決了由分封引起的割據叛亂的問題。但是，直到清帝國，才眞正實行了封王不裂土的政

繞襟衣陶舞俑，西漢，1989年江蘇徐州馱籃山楚王墓出土。

策，徹底結束了這個幾千年封建割據的局面，但是，這離封建專制主義的大限已經不遠了。

漢高帝在位七年，還做了一件大事，那就是爲與民休息準備各種條件。他作出了下列措施：

（一）建立制度。對秦朝的各種制度予以吸收借鑒，刪繁就簡，蕭何定律令，張蒼定曆法及度量衡程式，叔孫通定禮儀，韓信定軍法，很快建立了漢朝制度。

（二）招募官員。高帝徵召天下「賢士大夫」到京城，分派大小官職，給予田地，充實了官僚機構，也免得士人失意謀亂。

（三）抑制商賈。

（四）對匈奴和親。

這四大政策，對於漢初實行與民休息、對於封建大一統的帝國的鞏固起了重大作用，爲盛大的漢王朝奠定了基礎。

高皇帝時期制訂的一系列政策，無論是呂后主持朝政還是「文景之治」時，都基本沒有改變。呂后遵照高皇帝的遺囑，重用高帝開國重臣，蕭何死後，用曹參爲相。曹參奉行道家清靜無爲的原則，「舉事無所變更，一遵蕭何約束」。百姓歌曰：「蕭何爲法，較若畫一；曹參代之，守而勿失。載其清淨，民以寧一」。漢初在大政方面推行休養生息政策，使「天下宴然，刑罰罕用，罪人是稀，民務稼穡，衣食滋殖」，對於當時的經濟恢復乃至後來「文景之治」時的發展都是非常必要的。

高帝呂后之後，是著名的「文景之治」。高帝的四子漢文帝劉恒，在劉氏宗族的一致贊同之下，於群臣的擁戴中，正大光明地當了皇帝，從此開創了中國封建社會治世的樣板——文景之治的先聲。他繼續奉行高帝時開創的休養生息政策，修改高帝時來不及修改的秦法中苛刻的刑罰，鬆弛了秦以來的過於緊張的社會政治局面，形成了一種比較安寧平靜的社會政治環境。他注意發展農業生產，不斷減輕農民的徭役賦稅。他深明君道，嚴於律

秦代鐵斧，生產工具。秦始皇兵馬俑博物館。

己，節儉勤政，減少一切軍事活動，有效地控制了政府開支。他的兒子景帝延續了這一套政策。由於文景幾十年的休養生息，漢代社會經濟有了非常大的恢復和繁榮。到武帝即位之初，京城的府庫滿得串錢的繩子腐朽，銅錢散落遍地無法清點；太倉的糧食舊的沒吃完新的又進來，裝不下只好堆在外面以致於腐爛；馬匹遍野，民眾聚會都騎健壯的牡馬，騎牝（雌）馬的竟然不准與會；和漢初高帝即位時眞是無法相比了。「文景之治」不僅爲漢王朝的鞏固發展奠定了基礎，而且，它在中國兩千多年封建政治史上具有重要的作用，被史家稱頌爲可以同西周成康媲美的治世，文景時期的繁榮，被看作封建盛世的標本。

高帝的曾孫、雄才大略的武帝劉徹，繼承文景之治所成的富強國勢和安定政局，對內加強皇權鞏固統一，對外開疆擴土宣揚國威，在文化思想上實行「罷黜百家，獨尊儒術」的政策，完成了封建專制主義中央集權的建設，創立了空前龐大的漢帝國。武帝廣開東南沿海，西北西南、東北三面邊土，結束了對匈奴臣服進貢的屈辱局面，致使「漢南無王庭」，使漢朝版圖擴大了一倍。高帝臨終種種不已的牽掛，至此總可以放下了吧？

石豹鎮，西漢，1995年江蘇徐州獅子山楚王陵墓出土。

秦朝短促，二世而亡；漢朝綿長，子孫享受國祚前後綿延四百餘年。高帝功業，千秋萬代任人評說。

國家圖書館出版品預行編目 (CIP) 資料

劉邦 / 季燁作 . -- 第一版 . -- 新北市：風格司藝術創作坊出版；[臺北市]：知書房出版發行，2021.05

面； 公分 . -- (知書房頂尖人物)

ISBN 978-986-5493-27-1(平裝)

1. 漢高祖 2. 傳記

622.1 110004425

知書房頂尖人物

劉邦

主　　編：季　燁
責任編輯：苗　龍
發　　行：知書房出版
出　　版：風格司藝術創作坊
地　　址：235 新北市中和區連勝街 28 號 1 樓
Tel：(02) 8245-8890
總 經 銷：紅螞蟻圖書有限公司
Tel: (02) 2795-3656　Fax: (02) 2795-4100
地　　址：台北市內湖區舊宗路二段 121 巷 19 號
http://www.e-redant.com
版　　次：2021 年 7 月初版　第一版第一刷
訂　　價：300 元

ISBN 978-986-5493-27-1　Printed in Taiwan